"十二五"国家重点图书出版规划项目·新编法学核心课程系列教材

国际法学

——理论·实务·案例

（第二版）

◆ 主 编　王丽华

◆ 撰稿人（以撰写章节先后为序）

刘恩媛　王丽华　谢可训

万　震

中国政法大学出版社

2017·北京

图书在版编目（ＣＩＰ）数据

国际法学：理论·实务·案例/王丽华主编. —2版. —北京：中国政法大学出版社，2017.2
ISBN 978-7-5620-6894-5

Ⅰ.①国…　Ⅱ.①王…　Ⅲ.①国际法－法的理论　Ⅳ.①D990

中国版本图书馆CIP数据核字(2017)第024421号

出　版　者　中国政法大学出版社
地　　　址　北京市海淀区西土城路25号
邮　　　箱　fadapress@163.com
网　　　址　http://www.cuplpress.com（网络实名：中国政法大学出版社）
电　　　话　010-58908435(第一编辑部)　58908334(邮购部)
承　　　印　保定市中画美凯印刷有限公司
开　　　本　720mm×960mm　1/16
印　　　张　23
字　　　数　477千字
版　　　次　2017年2月第2版
印　　　次　2017年2月第1次印刷
印　　　数　1~4000册
定　　　价　46.00元

出版说明

　　"十二五"国家重点图书出版规划项目是由国家新闻出版总署组织出版的国家级重点图书。列入该规划项目的各类选题，是经严格审查选定的，代表了当今中国图书出版的最高水平。

　　中国政法大学出版社作为国家良好出版社，有幸入选承担规划项目中系列法学教材的出版，这是一项光荣而艰巨的时代任务。

　　本系列教材的出版，凝结了众多知名法学家多年来的理论研究成果，全面而系统地反映了现今法学教学研究的最高水准。它以法学"基本概念、基本原理、基本知识"为主要内容，既注重本学科领域的基础理论和发展动态，又注重理论联系实际以满足读者对象的多层次需要；既追求教材的理论深度与学术价值，又追求教材在体系、风格、逻辑上的一致性。它以灵活多样的体例形式阐释教材内容，既推动了法学教材的多样化发展，又加强了教材对读者学习方法与兴趣的正确引导。它的出版也是中国政法大学出版社多年来对法学教材深入研究与探索的职业体现。

　　中国政法大学出版社长期以来始终以法学教材的品质建设为首任，我们坚信，"十二五"国家重点图书出版规划项目定能以其独具特色的高文化含量与创新性意识，成为集权威性和品牌价值于一身的优秀法学教材。

中国政法大学出版社

第二版说明

    2012 年中国政法大学出版社出版的《国际法学》，是上海政法学院国际法学院国际公法教研室全体老师辛勤耕耘的结果，也是老师们在相关领域长期教研实践的心得体会。该书结构完备、体例新颖、构思精巧、逻辑严密，注重理论与实践的结合，每章后附典型案例和拓展阅读等内容，以拓宽读者的学术视野。由于参与编写的教师学术功底扎实、治学态度严谨，编辑亦投入大量时间、精力严格审读及编校，该书一经推出，即深受广大学生及读者的欢迎，更于 2015 年荣获上海市教委优秀教材奖。但该书出版至今已有数年，其间国际法学的学科领域又有了新发展，加之首版成书时间仓促，不免遗珠之憾。为吸收本学科的最新研究成果，反映最新学术动态，并对教研实践中师生们的宝贵建议做出回应，国际公法教研室的教师们再次凝聚心力，对《国际法学》进行了精心的修订和完善，以期为读者提供更好的阅读体验。但囿于编写者的学术水平和能力，书中疏漏和不足之处仍然在所难免，敬请读者不吝指正。

编 者

2016 年 12 月

编写说明

　　《国际法学》是根据教育部《全国高等学校法学专业核心课程基本要求》的规定，针对大学本科法学专业的教学特点和人才培养目标，在借鉴、吸收国际法实践和最新科研成果的基础上，由长期在高校从事国际法教学和科研工作的老师精心编写而成的，全书分为十三章。

　　本教材全面、系统、科学地阐述了国际法的基本理论和基本制度，主要包括国际法导论、国际法主体、国际法律责任、国际法上的个人、国际人权法、国际法上的领土、海洋法、空间、外交和领事关系法、国际组织法、条约法、和平解决国际争端、战争与武装冲突法等内容。

　　本教材吸收了国内外的优秀学术成果，在理论与实践相结合的基础上，达到了理论性、实践性和应用性的有机统一。在理论上具有较强的系统性和概括性，在应用上具有针对性和实用性，在内容上则反映了国际法学的发展和时代特征。此外，本教材在体例和结构上简洁、明了，具有一定新意。

　　本书由主编王丽华设计、编写规划及要求并组织编写，各章撰稿人分工如下（以撰写章节先后为序）：

　　刘恩媛：第一章、第五章、第六章。

　　王丽华：第二章、第七章、第九章。

　　谢可训：第三章、第八章、第十二章、第十三章。

　　万　震：第四章、第十章、第十一章。

编　者

2012 年 6 月

规范性法律文件名称缩略语

本书使用法律文件名称	法律文件名称全名
《关于陆战法规惯例的第四公约》	《海牙第四公约〈陆战法规与惯例公约〉》
《国际销售货物时效期限公约》	《联合国国际货物买卖时效期限公约》
《美国宪法》	《美利坚合众国宪法》
《民法通则》	《中华人民共和国民法通则》
《民事诉讼法》	《中华人民共和国民事诉讼法》
《行政诉讼法》	《中华人民共和国行政诉讼法》
《邮政法》	《中华人民共和国邮政法》
《环境保护法》	《中华人民共和国环境保护法》
《宪法》	《中华人民共和国宪法》
《缔约程序法》	《中华人民共和国缔结条约程序法》
《海商法》	《中华人民共和国海商法》
《独立宣言》	《美国独立宣言》
《人权宣言》	《人权和公民权宣言》
《公民及政治权利国际公约》	《公民权利和政治权利国际公约》
《罗得海法》	《罗得海商法》
《国际刑事法院规约》	《国际刑事法院罗马规约》
《尼布楚条约》	《尼布楚议界条约》
《大西洋宪章》	《罗斯福丘吉尔联合宣言》
《灭绝种族罪公约》	《防止及惩罚灭绝种族罪公约》
《大陆架公约》	《联合国大陆架公约》

续表

本书使用法律文件名称	法律文件名称全名
《关于强迫劳动公约》	《强迫或强制劳动公约》
《关于双重国籍问题的条约》	《中华人民共和国和印度尼西亚共和国关于双重国籍问题的条约》
《外国人入境出境管理法》	《中华人民共和国外国人入境出境管理法》
《外国人入境出境管理法实施细则》	《中华人民共和国外国人入境出境管理法实施细则》
1999 年《蒙特利尔公约》	《统一国际航空运输某些规则的公约》
《难民地位公约》	《关于难民地位的公约》
《难民地位议定书》	《关于难民地位的议定书》
《国籍法》	《中华人民共和国国籍法》
《英希条约》	《英希土塞保证条约》
《维也纳公会宣言》	《维也纳宣言和行动纲领》
《刑法》	《中华人民共和国刑法》
《巴黎非战公约》	《关于废弃战争作为国家政策工具的一般条约》
《五国条约》	《美英法意日五国关于限制海军军备条约》
《凡尔赛和约》	《协约国和参战各国对德和约》
《特别使团公约》	《联合国特别使团公约》
《外交特权与豁免条例》	《中华人民共和国外交特权与豁免条例》
《关于领海的声明》	《中华人民共和国政府关于领海的声明》
《国际海港制度公约》	《国际海港制度公约与规约》
《海洋法公约》	《联合国海洋法公约》
《国际海上避碰规则》	《1972 年国际海上避碰规则公约》
《国际船舶载重线公约》	《1966 年国际船舶载重线公约》
《统一船舶碰撞若干法律规定的国际公约》	《1910 年统一船舶碰撞若干法律规定的国际公约》

本书使用法律文件名称	法律文件名称全名
《统一海上救助若干法律规则的国际公约》	《1910 年统一海上救助若干法律规则的国际公约》
《外层空间条约》	《关于各国探索和利用包括月球和其他天体在内的外层空间活动的原则条约》
《营救协定》	《营救宇宙飞行员、送回宇宙飞行员和送回投入外层空间的物体的协定》
《国际责任公约》	《外空物体所造成损害之国际责任公约》
《登记公约》	《关于登记射入外层空间物体的公约》
《月球协定》	《关于各国在月球和其他天体上活动的协定》
《巴黎航空公约》	《1919 年国际航空管理公约》
1929 年《华沙公约》	1929 年《统一国际航空运输某些规则的公约》
《芝加哥公约》	《1944 年国际民用航空公约》
《东京公约》	《关于在航空器内犯罪和其他某些行为的公约》
《海牙公约》	《关于制止非法劫持航空器的公约》
1971 年《蒙特利尔公约》	1971 年《关于制止危害民用航空安全的非法行为的公约》
《补充蒙特利尔公约的议定书》	《制止在用于国际民用航空的机场发生的非法暴力行为以补充 1971 年 9 月 23 日订于蒙特利尔的〈制止危害民用航空安全的非法行为的公约〉的议定书》
《领海及毗连区法》	《中华人民共和国领海及毗连区法》
《民用航空法》	《中华人民共和国民用航空法》
《华盛顿条约》	《关于在战争中使用潜艇和有毒气体的条约》
《战争开始公约》	《关于战争开始的公约》

目　录

第一章

国际法导论

【本章概要】 本章主要介绍国际法的基本概念和原理。内容包括：国际法的名称和定义，国际法的性质，国际法的效力根据；国际法的渊源；国际法编纂的意义和发展，联合国与国际法的编纂；国际法与国内法关系的理论与实践；国际法的基本原则的概念和内容及与国际强行法的关系；国际法的产生与发展，中国与国际法等。

【学习目标】 通过本章学习，学生应重点掌握国际法的定义、国际法的渊源、国际法的基本原则、国际法的效力根据、国际法与国内法关系的理论与实践、国际法的性质、国际法的编纂与国际法的历史。

第一节　国际法的概念

一、国际法的名称

国际法，英文称为 International Law，即国家间的法律，是 18 世纪末开始使用的名词，现已成为通用词语。

国际法，最初被称为万民法（Jus gentium）。万民法是罗马法的一部分，是指调整罗马公民与外国人之间以及外国人与外国人之间关系的法律，与只适用于罗马公民的市民法（Jus civile）相对称。万民法其实并非是国家之间的法，而是国内法。1625 年，被称为"国际法之父"的荷兰学者格老秀斯发表其名著《战争与和平法》，沿用"万民法"这个名词来称谓调整国家间关系的法律。实际上，他所称"万民法"已不是指调整非罗马市民间关系的法律，而是将"万民法"含义扩大为万国法（law of nations）。在格老秀斯之前，西班牙学者维多利亚提出以拉丁文"Jus intergentes"（国家间的法）这个词来称呼调整国家间关系的法律；英国牛津大学教授兼海事法官苏支在其著作《万国法的解释和一些有关的问题》中使用了"万国法"的称呼。但这些称呼都没有得到广泛的应用。直到 18 世纪末，英国哲学家和法学家边沁在其著作《论道德与立法的原则》的绪论中首次使用"国际法"（international law）这个名称，由于"国际法"这一名称科学地反映了这门法律的本质特征，所以为各国普遍接受并沿用至今。还有学者称其为"国际公法"（public international law），以对应

"国际私法"（private international law）。

中文"国际法"的名称来自日文。在清末时，国际法被称为"公法"，源自于丁韪良翻译的国际法系列著作。丁韪良首次将惠顿的著作 *Elements of International Law*（《国际公法原理》）翻译成中文，将其命名为《万国公法》，其后他又将伍尔锡的著作 *Introduction to the Study of International Law*（《国际法引论》）译为《公法便览》，把霍尔的著作 *A Treatise on International Law*（《国际法总论》）译为《公法新编》。直到1908 年尹献章将日本国际法学家有贺长雄的著作《战时国际公法》译成中文，"国际公法"才成为普遍使用的中文名称，有时亦简称为"国际法"。

二、国际法的定义

国际法，即国际社会的法，用于维护国际社会秩序，调整国家间的关系。只要有社会存在，就需要有法律。随着国际交往的日益频繁，没有人会否认国际社会的存在，国际社会要存在和发展，需有法律来维护秩序。从法的本质上说，国内法与国际法一样。法是一个社会正当的政治权力，为了社会的共同利益，各国以自然秩序为依据，反映该社会的道德、习惯等合理的价值因素而制定或确认适用强制性的社会生活规范，以此在各主体之间实现最低限度的正义并维持正常的社会秩序。[1]

国际法一般被定义为规范各国之间行为的规则。例如，凯尔森在其著作《国际法原理》中指出："国际法或万国公法是一些规则的总称，这些规则——按照通常的定义——调整各国在其彼此交往中的行为。这些规则被称为法律"。[2]《奥本海国际法》中将其定义为"国际法是对国家在它们彼此往来中有法律拘束力的规则的总体"[3]。周鲠生先生在其著作《国际法》中将国际法定义为"在国际交往中形成出来的，各国公认的，表现这些国家统治阶级的意志，在国际法关系上对国家有拘束力的行为规范，包括原则、规则和制度的总体"[4]。学者们的意见被国际社会所接受，国际常设法院在其 1927 年判决的"荷花号案"中指出，"国际法支配独立国家之间的关系"。[5] 国际法主要是支配国家之间的关系，但国家不是唯一的国际法主体，随着国际社会的发展，各国都承认类似国家的政治实体、国家组成的国际组织以及在一定条件下和范围内的个人，也是国际法主体。因此，应将国际法定义为调整各国际法主体相互间的关系并决定其权利义务的各种原则、规则和制度的总称。

因国际法适用地域、范围的不同，实践中有普遍国际法和区域国际法的区分。对一切国家有拘束力的国际法规则以及大部分国际习惯被称为普遍国际法；区域国

---

[1] [韩] 柳柄华：《国际法》（上卷），朴国哲、朴永姬译，中国政法大学出版社 1997 年版，第 1 页。

[2] [美] 凯尔森：《国际法原理》，王铁崖译，华夏出版社 1989 年版，第 1 页。

[3] [英] 奥本海著，詹宁斯、瓦茨修订：《奥本海国际法》（第一卷第一分册），王铁崖等译，中国大百科全书出版社 1995 年版，第 3 页。

[4] 周鲠生：《国际法》（上册），武汉大学出版社 2007 年版，第 3 页。

[5] 李浩培：《国际法的概念和渊源》，贵州人民出版社 1994 年版，第 2 页。

际法是指于世界某个区域的国家在它们彼此关系中发展起来并适用于它们的原则、规章和制度的总称。[1] 如有所谓的"美洲国际法"。

国际法就其本质而言，普遍适用于所有国家，通常所说的国际法指的是普遍国际法。区域国际法是由于某些特定的环境和关系而形成的特殊原则、规则，但是它们不得违背普遍国际法的基本原则，不能限制和排除普遍国际法的适用，只能拘束有关区域的国家间关系。[2] 如果区域国际法接受的范围不断扩大，也会逐渐演变成普遍国际法，因此，二者的区分不是绝对的。另外，国家之间所形成的规则往往会分别适用于不同领域的国际关系，如有调整领土关系的、有调整海洋关系的等，这些领域的规则逐渐完善和系统化，就形成了国际法的各个部门法，例如，条约法、领土法、海洋法、空间法、国际人权法、国际组织法、国际争端法等。这些部门法都是国际法的组成部分。

三、国际法的性质

国际法是不是法律，这是讨论国际法的性质所必须回答的问题。早期的法学家曾经否认国际法的法律性，19世纪的英国法理学者奥斯汀（Austin）是这种主张的代表，他将国际法称为"实在道德"，对国际法采取否定的态度，认为国际法类似于约束社团的那些规则。[3] 反对国际法具有法律性的原因在于法律的定义。法律一般被定义为"由国家制定或认可的，由国家强制力保证执行的社会行为规范"。这显然是将法律与国内法相等同，以这个概念来衡量，由于国际上不存在高于国家的立法机关，也没有高于国家的强制执行机构，国际法就不具有法律性。但是，我们一般认为法律是有强制力的社会行为规范体系，国际社会虽然没有像国家那样由立法机关来制定法律，但可以通过制定条约、国家反复实践等方式创设国际社会成员的行为规则；虽然没有像国家那样由行政机关和司法机关来执行法律，但却在一定程度上存在让国际社会成员遵守国际法原则、规则和制度的机制。

"国际法是法律"的观点获得了理论和实践的一致承认和支持。在理论方面，普遍的观点认为，哪里有社会，哪里就有法律。既然有国际社会存在，当然就有国际法的存在——国际法是调整国际社会的规范。《奥本海国际法》指出，法律的存在有三个主要条件：①必须有一个社会；②这个社会中必须有一套人类行为的规则；③必须有这个社会的共同同意，认为这些规则应由外力来强制执行。[4] 一个包括一切国家的普遍性国际社会已经得到了肯定，在这个国际社会内存在着国家间的行为规则，这些规则在必要时是由外力强制执行的，例如，受害国自助、安理会在维护

---

[1] 王铁崖编：《国际法》，法律出版社1995年版，第5页。

[2] 饶戈平编著：《国际法》，人民法院出版社2002年版，第2页。

[3] ［英］J. G. 斯塔克：《国际法导论》，赵维田译，法律出版社1984年版，第19页。

[4] ［英］奥本海著，詹宁斯、瓦茨修订：《奥本海国际法》（第一卷第一分册），王铁崖等译，中国大百科全书出版社1995年版，第6页。

国际和平与安全方面采取的强制措施等。

国际法是否具有法律性，关键是看各国是否视国际法为法律并予以遵守。首先，各国政府都毫无例外地承认国际法是对国家有拘束力的规则。其次，各国在其缔结的条约中，不仅接受权利而且承担义务。各国在违反国际法时，并不否认国际法的存在，而是设法证明其行为的合法性。例如，美国打击南联盟的借口是米洛舍维奇独裁、犯有灭绝种族罪；俄罗斯打击车臣的理由是车臣搞恐怖活动；美国打击伊拉克的借口是萨达姆藏匿大规模杀伤性武器，对国际和平造成威胁。最后，自从20世纪初第二次海牙和会《关于陆战法规惯例的第四公约》规定交战国违反陆战法规者应负赔偿责任后，国际上出现了有关制裁的规则。如第二次世界大战后的纽伦堡军事法庭、远东军事法庭；联合国对南非、伊拉克的经济制裁和武器禁运。之所以产生国际法被破坏的印象，是因为国际法被破坏往往作为新闻见于报端，其实破坏是例外，遵守是经常发生的，只是不被人们所注意。例如，WTO规则基本都得到执行；国际安全航海、航空法，关于卫星通信安全的法律，人道主义法等都得到执行。

国际法作为一个不同于国内法的体系，具有一般法的共同性，但也有其特殊性，与国内法相比具有如下特点：

1. 国际法的主体主要是国家，虽然还有其他主体，但国家是国际法最重要的主体；

2. 国际法的制定者也主要是国家，由于没有立法机关，国际法的制定主要是通过国家间的协议方式来实现，如召开外交会议制定条约；

3. 国际法调整的对象是国际关系，主要是主权国家间的关系；

4. 国际社会不存在有组织的超越于国家之上的强制机关，国际法的强制实施主要靠国家本身或通过国家按照国际法采取个别或集体的行动，包括要求违背国际义务或违反国际法的国家承担国家责任、实行报复、进行自卫。

综上所述，与国内法相比，国际法是国际社会法，是一种以国际社会主权者"平等协作"为条件的法律体系，是一种国家间的法律体系。因此，国际法是较弱的法，这是由它的性质决定的。但受国家间联系日益密切的影响，各国相互依存度越来越高，促使国际法的强制力日渐加强，许多学者都乐观地认为国际法最终会发展成"世界法"。[1]

四、国际法的效力根据

国际法的效力根据讨论国际法为什么对国家有拘束力。国际法根据什么取得法律效力，是国际法的基本理论问题，也是一个久有争议并且迄今仍未达成一致的问题。自19世纪迄今，有关国际法效力根据的各种理论学派大致可分为两大派别：自然法学派和实在法学派。此外，还有一个介于两派之间的折中学派（格老秀斯学

---

〔1〕　〔韩〕柳柄华：《国际法》（上卷），朴国哲、朴永姬译，中国政法大学出版社1997年版，第5页。

派）。在 20 世纪，又产生了新自然法学派和新实在法学派。新自然法学派包括社会连带学派和规范学派等许多流派；新实在法学派中比较流行的有权力政治说学派和政策定向说学派等。

（一）自然法学派

自然法学派产生得很早，盛行于 17 世纪至 18 世纪，对现代西方法律思想曾产生过很大影响，这种影响至今还存在。自然法学派主张，国际法是自然法的一部分，或者是自然法对国家之间关系的适用。自然就是本性、理性、正义，是社会的本性或者事物的本性，法律本身就是自然法，自然法是绝对公正的。在神权时代，上帝的意志是法律效力的根据。法学摆脱了神学的影响后，自然现象所抽象出的一些概念，如人类良知、人类理性、人类共同法律意识等成为国际法的效力根据。到了 19 世纪，随着国家间关系的发展，自然法学派曾一度消沉，但在第一次世界大战后又有了复兴的趋势，出现了社会连带法学派和规范法学派等新自然法学派。法国公法学家狄骥提出的社会连带法学派认为，一切法律的根据在于社会连带关系，国际法也不例外。国际法的效力根据在于从国际社会连带关系所产生出的“各民族的法律良知”。[1] 规范法学派也被称为纯粹法学派，代表人物主要有奥地利学者凯尔森和菲德罗斯。这一派认为，国际法和国内法属于一个法律体系，其中的法律规范有不同的等级，每一级规范的效力来源于上一级规范，最上级的是国际法规范。国际法规范的效力来源于“最高规范”或称为“原始规范”，“最高规范”或“原始规范”本身既是法律规范，又是法理原则，也就是从所谓人类的“正义感”或“法律良知”所产生的规范，即“条约必须遵守”。[2]

（二）实在法学派

19 世纪，实在法学派代替自然法学派成为优势学派。该学派认为，国际法的效力根据不是自然法学派所说的“理性之所命”，而是国家的承认。国际法的规则不是依推理的程序来发现，而是用归纳的方法从国际交往史上去推求。“公认”或各国的共同同意（common consent）是国际法的唯一基础，表现为习惯和条约。把国际法建立在事实和实践的基础上，强调人造法、人定法，而不是自然立法，是这个学派的特点。在新自然法学派出现的同时，也出现了新实在法学派。这一派的新学说有很多，其中较为流行的有两种：权力政治学说和政策定向学说。权力政治学说认为，国际政治支配着国际法，而国际政治的核心是国家权力。因此，该派代表人物汉斯·摩根索提出“势力均衡”是国际法存在的基础，也是国际法效力的根据。[3] 政策定向说比权力政治学说的影响大。政策定向说也是以权力为国际政治和国际法的

---

〔1〕 王铁崖：《国际法引论》，北京大学出版社 1998 年版，第 28 页。
〔2〕 ［美］凯尔森：《国际法原理》，王铁崖译，华夏出版社 1989 年版，第 339~348 页。
〔3〕 徐晓明：“国际法是一种弱法——汉斯·摩根索国际法思想述评”，载《上饶师范学院学报》2002 年第 1 期。

核心，但该学说认为，权力的表现为政策，因此，政策是决定因素。国际法其实是国家对外政策的体现，所以，国际法的效力取决于国家的对外政策。[1]

（三）格老秀斯学派

格老秀斯学派是指那些接受格老秀斯学说的学者，除格老秀斯外，代表人物还有德国的沃尔夫和瑞士人瓦特尔。格老秀斯被誉为国际法的奠基人。他在《战争与和平法》中提出，国际法的效力根据是自然法和国家的同意。他认为，国际法之所以对国家有拘束力，一部分是依据自然法，出于理性；另一部分是依据各国的公认，出于各国的意识。[2]格老秀斯虽然主张国际法包括自然法和意志法两类，但其本人的兴趣主要集中在自然法上面，他认为意志国际法是次要的。

我国的法律思想长期受苏联影响，国际法的理论也不例外。苏联的国际法学家童金提出，国际法是国家意志协调一致和相互制约的结果和体现。[3]该理论对我国的影响很大，致使我国许多学者都接受了实在法的思想。例如，王铁崖先生在其著作《国际法引论》中指出，"国际法的效力是依据于国家的同意。当然，所谓国家的同意并不是每一个国家的同意，也不是各国的'共同同意'，而是各国的意志经过协调而取得的一致"[4]。该理论具有一定的可取性，也反映了国际现实，然而，国家在协调意志时，国家的强弱决定着国家意志体现的多少，"势力均衡"的结果体现为协调意志，难免也会产生"强权即真理"的结果。其实，该理论可以被视为"权力政治说"的翻版。

自然法学派和实在法学派在理论上都存在问题。自然法学派所强调的"自然""理性"等概念都缺乏确定性，且不同的人对"理性""公正"会有各种不同的见解。实在法学派主张国家同意是国际法效力的根据，但却无法解释为什么同意后就一定要遵守。国际法的效力应源自于自然法和国家的同意。世界主要是由国家组成的，国家彼此往来形成国际社会，这个社会需要由法律来调整。国家既受国际法拘束，也是国际法的制定者，因此，国际法的效力一部分是来源于国家的同意，国家的同意表现为国家间的协议——条约与习惯。然而，自然规范了人类生存的条件和方式，人类要顺应自然规律才能生存和发展，如果违背自然，人类将遭到毁灭，因此，还有一部分国际法的效力来源于自然意志。例如，近年来迅速发展的国际环境法就是遵从自然意志的体现。国际法的效力来源于自然法和国家的同意，也被国际法院所接受。《国际法院规约》第38条规定："一是法院对于陈诉各项争端，应依国际法裁判之，裁判时应适用：①不论普通或特别国际协约，确立诉讼当事国明白承

---

〔1〕　参阅麦克杜格尔、拉斯韦尔、雷斯曼："国际法理论：结构法理学的序言"，载《弗吉尼亚国际法杂志》1968年第8期。参见赵理海：《国际法基本理论》，北京大学出版社1990年版，第118页。

〔2〕　［荷］胡格·格老秀斯：《战争与和平法》（英译本），牛津大学出版社1925年版，第38页。

〔3〕　［苏］童金主编：《国际法》，邵天任等译，法律出版社1988年版，第142～143页。

〔4〕　王铁崖：《国际法引论》，北京大学出版社1998年版，第35页。

认之规条者。②国际习惯，作为通例之证明而经接受为法律者。③一般法律原则为文明各国所承认者。④在第 59 条规定之下，司法判例及各国权威最高之公法学家学说，作为确定法律原则之补助资料者。二是前项规定不妨碍法院经当事国同意本'公允及善良'原则裁判案件之权。"国际条约和国际习惯体现了国家的意志，"一般法律原则"与"公允及善良"则体现了自然理性。总而言之，国际法效力的根据是国家同意和自然意志。

第二节 国际法的渊源

一、国际法渊源的含义

法律渊源非常重要，它能使法律规则得到认定并与其他规则相区别，还涉及确立新的行为规则的法律效力和变更现行规则的方式的问题。但是法律渊源没有一个明确统一的概念。法律渊源的含义很多，一般我们将法律渊源分成形式渊源和实质渊源。形式渊源是规则产生有效性的渊源；实质渊源则表明该规则的实质内容的出处。通常所说法的渊源一般指的是形式上的渊源。

国际法渊源没有一个权威的、明确的定义解释。《奥本海国际法》中将法律渊源定义为："用以指行为规则所由发生和取得效力的历史事实。"[1] 周鲠生先生在其著作《国际法》中指出，国际法的渊源有两种意义：一是指国际法作为有效法律规范所以形成的方式或程序；二是指国际法的规范第一次出现的处所。[2] 周鲠生先生的定义为国内学者所推崇。根据第一种定义，形成有法律拘束力的国际行为规范的方式只能是国际习惯和国际条约；按照第二种定义，除条约和习惯外，还有其他与国际法规范有历史联系的各种渊源，如国际法院的判决、重要国际文件和外交文件、著名国际法学家的学说、政府间国际组织决议等。但是这些其他的渊源本身只具有历史的意义，并不能当然形成国际法[3]，只有经过各国长期实践成为国际习惯后，才具有国际法的效力。

《国际法院规约》是国际法院的组织文件，其第 38 条第 1 款涉及国际法院裁判案件时应适用的法律。该条款本身并没有说明它包含着国际法的渊源，但通常却被认为是对国际法渊源的最权威说明和宣示。该条第 1 款规定："法院对于陈诉各项争端，应依国际法裁判之，裁判时应适用：①不论普通或特别国际协约，确立诉讼当事国明白承认之规条者。②国际习惯，作为惯例之证明而经接受为法律者。③一般

---

[1] ［英］奥本海著，劳特派特修订：《奥本海国际法》（上卷第一分册），王铁崖、陈体强译，商务印书馆 1989 年版，第 17～18 页。

[2] 周鲠生：《国际法》（上册），武汉大学出版社 2007 年版，第 8 页。

[3] 周鲠生：《国际法》（上），武汉大学出版社 2009 年版，第 9 页。

法律原则为文明各国所承认者。④在第 59 条规定之下，司法判例及各国权威最高之
公法学家学说，作为确定法律原则之补助资料者。"

该条款所列举的各项并非都能成为国际法的渊源，前三项，即条约、习惯和一
般法律原则，才是国际法的渊源，司法判例和公法学家的学说不能作为国际法的渊
源，只是作为帮助确定法律规则的辅助手段。并且，第 38 条对国际法渊源的列举并
非详尽无遗，国际法的渊源在实践中是随着国际社会的发展而发展的。六十多年来，
政府间国际组织有了极大的发展，甚至出现了欧盟这样的超国家组织。政府间国际
组织，特别是一般性的政府间国际组织，如联合国，对国际法的发展产生了重大影
响。国际组织的决议，特别是联合国大会的决议，对国际法渊源的意义也是很明显
的，它的作用要远超司法判例和公法学家的学说。实际上，联合国大会的决议是被
作为确定法律原则的补助资料而应用的。[1]

二、国际法的渊源

条约和习惯作为国际法的渊源得到广泛的承认。绝大多数国际法规范产生于条
约和习惯，所以条约和习惯是国际法的主要渊源，但不是独有渊源，国际法还有其
他渊源。一般法律原则也构成国际法的一个独立渊源，司法判例和权威公法学家的
学说只是确定法律原则的补助资料，也称为辅助渊源或认识渊源。国际组织的决议
与司法判例和权威公法学家的学说具有类似地位。总之，国际法的渊源包括条约、
国际习惯和一般法律原则，另有辅助渊源包括司法判例和权威公法学家学说以及国
际组织决议。

（一）国际条约

条约是指国家间、国家与国际组织间或国际组织相互间所缔结的"以国际法为
准之国际书面协定，不论其名称如何"。[2] 国际条约在历史上是国际法的第二渊源，
但现在已成为国际法最重要的渊源。这是因为国家间缔结的条约数目庞大，特别是
近几十年来，条约数目增加得更为显著。

条约数量繁多，形式多样，名称各异，内容庞杂，因此，不是所有的条约都可
以成为国际法的渊源。就法律性质而言，条约一般可分为契约性条约和造法性条约。
契约性条约主要是双边条约，其主要内容和目的是规定缔约国各方的权利和义务。
这类条约也可能包含有对缔约各方有拘束力的行为规则，但这种规则的效力是有限
的，只限于缔约各方，而在缔约各方之外不具有拘束力。在这个意义上，契约性条
约不构成法律的渊源。造法性条约在形式上多是多边条约，其内容和目的在于规定
未来国际行为的新的一般规则或确认、确定、废止现行的一般性的习惯或协定规则，
只有这类条约才被认为是国际法的渊源。造法性条约能作为国际法的渊源直接产生
一般国际法规范，原因在于以下几方面：①有些多边条约最初缔约国的数目虽然不

---

[1]　王铁崖：《国际法引论》，北京大学出版社 1998 年版，第 122 页。

[2]　参见 1969 年《维也纳条约法公约》第 1（a）条。

多，但包括了当时的重要国家，通过各国的长期实践形成习惯，因而进入国际法范畴。②有些造法性条约包含的一些规则本身已经是国际习惯法的一部分，条约的规定只是宣告性质，因此，那些规范对非缔约国仍然有拘束力。③一般都认为，凡是世界上绝大多数国家，包括主要国家在内，共同参加的造法性条约，即具有一般国际法的拘束力。这种造法性条约不因为有极少数国家不参加或新产生的国家来不及参加而被认为不具有一般法律的效力。

契约性条约和造法性条约的区分是相对的，很难在二者之间划出一条明确的界限。有些契约性质的条约，无论是双边还是多边条约，除了义务的渊源以外，还可以有作为法律渊源的成分——那些创立或重述特别规则的部分。如果涉及国际行为规范的双边条约所规定的规则继续为许多同类双边条约所援引，这样的一贯实践就可能产生一项普遍国际法规则。但即使是造法性条约也不能约束非缔约国，而事实上几乎没有、也不可能有一个造法性条约是全世界一切国家都参加的。因此，无论是双边条约还是多边条约，只要它们扩充着或编纂着既存的规则，都应视为国际法的渊源。

（二）国际习惯

国际习惯是指在国家交往中形成并被广泛接受为法律的一般实践、惯例或做法。国际习惯是国际法最古老、最原始的渊源，在条约出现之前就已存在国际习惯，并且其他国际法渊源，如条约和一般法律原则，归根结底在效力上都是以国际习惯法——约定必须遵守——为依据的。虽然大量的国际习惯被编纂成国际条约，但国际习惯仍然占较大的比例，而且国际实践中还不断地涌现出新的习惯规则。因此，国际习惯现在仍是国际法的主要渊源之一。

国家交往实践中存在大量的惯例，但并非所有的惯例都会演变成习惯法。通常认为，习惯和惯例是两个不尽相同的概念。惯例是指某种行为的惯行，不具有法律拘束力；习惯不仅是某种行为的惯行，而且被各国认为具有法律拘束力。不过，这种区别并不总是这样明显。在某种条件下，惯例会转化为习惯。至于惯例在什么阶段成为习惯，这是一个事实问题，而不是一个理论问题。

国际习惯必须同时具备两个要素：①物质因素，即各国不断重复相同的或相近的行为和做法，即形成所谓的"惯例"，这是量的因素。这包含时间、数量和实践三方面内容。要多长时间才能形成通例，不能一概而论。20世纪以前，往往需要几十年，甚至一二百年的时间才能确认，如"海洋自由论"从17世纪提出，到19世纪才确立。在现代，随着科技的发展，时间则被大大缩短，如大陆架制度，只花了不到半个世纪的时间就形成了国际习惯法。数量，一般包括有关国家的众多国家参与。实践的同一性虽然不是绝对的，但非常重要。国际法院宣称"持久和划一的惯例"

形成习惯法上的权利义务。[1] ②心理因素，即被各国接受为法律，这是质的因素。这一因素便是通常所说的"法律确信"。至于持续时间、重复频度等，都不是决定性因素，关键在于是否存在法律确信。例如，国际礼仪也是反复重复的国际行为，但其不具有约束力，因为其在国际社会无法形成法律确信。只要有相当程度的普遍实践和必要的法律确信，在相对较短的时间内，也可以促成新习惯规则的发展和确立。当然，一般而言，采取同样实践的国家越多，惯例就越容易获得普遍接受。

国际习惯是不成文的，为证明国际习惯是否存在并且是否被接受为法律，必须寻找证据来证明。证据只能在各国实践中寻找，主要有三个方面：①国家之间的外交关系，表现于条约、宣言以及各种外交文书；②国际组织和机构的实践，表现于国际组织和机关的决定、判决等；③国家内部行为，表现于国内法规、法院判决、行政命令等。这三方面的资料体现了国家的实践和意志，能够有力地证明国际习惯的存在。

（三）一般法律原则

在1920年的《国际常设法院规约》第38条将"为文明各国所承认的一般法律原则"列为国际法的渊源之前，一般认为国际法渊源只有条约和习惯两种。1945年成立的国际法院，其规约承袭了《国际常设法院规约》的规定，使一般法律原则成为国际法一项独立的渊源。在国际法学界，"一般法律原则"引起了长期的、热烈的争议。对一般法律原则的讨论主要集中在两个方面：一是一般法律原则指的是什么；二是它在国际法的渊源中处于什么地位。

学者们对一般法律原则的概念有不同见解，这些意见可概括为三种：①一般法律原则就是国际法的一般原则或基本原则。一般法律原则在《国际法院规约》第38条第1款中于条约和习惯之后作为一项适用法律单独列举，表明一般法律原则不可能是国际法的一般原则或基本原则，因为国际法的一般原则或基本原则就存在于条约和习惯之中，不可能再有另外一种"一般法律原则"。②把一般法律原则视为从一般法律意识或文明国家的法律良知中产生出来的原则。这种理解体现了自然法学派的观点。但有学者认为，由于各国的文化和历史发展不同，很难真正形成共同的法律意识或法律良知。即使各国法律中存在相同的法律名词，在理解时也存在巨大差异。因此，这种理解在实践中很难找出可适用的"一般法律原则"。③一般法律原则是各国法律体系所共有的原则，例如时效原则，这些原则可以在国际法领域填补条约和习惯的不足。这种观点为我国学者所推崇。[2]

---

[1] ［英］奥本海著，詹宁斯、瓦茨修订：《奥本海国际法》（第一卷第一分册），王铁崖等译，中国大百科全书出版社1995年版，第16页。

[2] 王铁崖主编：《国际法》，法律出版社1995年版，第15~16页；程晓霞、余民才主编：《国际法》，中国人民大学出版社2008年版，第12页；饶戈平：《国际法》，北京大学出版社1999年版，第14页。

对于第二个问题主要有两种见解。一种主张否定"一般法律原则"是国际法的渊源；另一种则认为"一般法律原则"是最重要的国际法的渊源。否认"一般法律原则"是国际法渊源的主要支持者是苏联的童金和其他苏联学者。童金认为，一般法律原则不可能是国内法律体系的原则，只能是国际法原则，因为《国际法院规约》规定法院应当适用国际法来裁判案件。[1] 西方国际法学者也有少数否定"一般法律原则"是国际法的渊源。凯尔森认为，由于存在着资本主义与社会主义的对立，不可能存在"文明各国"都接受的一般原则，因此，《国际法院规约》第38条的规定是多余的。[2] 周鲠生先生也对"一般法律原则"持否定态度。[3] 主张"一般法律原则"为最重要的国际法渊源的代表人物主要是劳特派特。他认为，国际法在协定和习惯法之外存在广泛剩余层，这个剩余层就需要"一般法律原则"来填补。"一般法律原则"是各国意志之外的义务的渊源具有拘束力的明显确认。[4]

多数学者虽然认为"一般法律原则"过于抽象、难以把握，但还是认为它是一个独立的国际法的渊源。一般法律原则在国际法渊源中不占有重要地位，因为一般法律原则为数不多，主要有时效、善意、禁止反言等，国际法院很少有机会适用，在外交实践中更少有适用的情况。在这个意义上，与条约和习惯相比，一般法律原则只是补充渊源或次要渊源，它的主要作用在于避免拒绝司法。

（四）确定法律原则的辅助方法

确定法律原则的辅助方法有两种：司法判例和公法学家的学说。既然是辅助资料，它们就没有取得像条约、习惯和一般法律原则那样作为国际法渊源的地位，只是国际法的补助和间接的渊源或认识渊源。

通常认为，司法判例包括国际司法判例和国内司法判例。国际司法判例主要是国际法院的判决，也包括其他国际法院和法庭的判例以及国际仲裁庭的判例。国际司法判例不是国际法的渊源，《国际法院规约》第59条规定："法院之裁判除对于当事国及本案外，无拘束力"。国际法院只是司法机关，无立法权，因此它的判决只是司法文件，不是法律。不过，由于国际法院是联合国的主要司法机关，其法官是由世界各大文化和主要法系的权威公法学家组成，因此它的判决对于认证、确定和解释国际法具有十分重要的作用，是国际法的权威证据。国内司法判例更不是国际法的渊源，但一国的司法判决表明该国对国际法的认识，也是国家实践的一种形式，因此它也起着国际法的证据的作用。

权威最高之公法学家的学说对国际法的形成与发展产生过重大影响。权威学者的著作的主要作用在于其证据价值，用以证明国家的实践，从而说明一项国际法原

---

〔1〕 ［苏］童金主编：《国际法》，邵天任等译，法律出版社1988年版，第53页。

〔2〕 ［美］凯尔森：《国际法原理》，华夏出版社1989年版，王铁崖译，第328～329页。

〔3〕 周鲠生：《国际法》（上册），武汉大学出版社2007年版，第13页。

〔4〕 王铁崖：《国际法引论》，北京大学出版社1998年版，第91页。

则、规则和制度的存在。另外，权威学者的学说也对国际法的发展施加影响。在实践中，早期的国际法学者，如格老秀斯、普芬道夫、宾刻舒克、瓦泰尔等人的著作在外交文件中被引证，在法院判决中也受到重视。[1] 现代，由于各种国际法资料增多，国际法院的判决已很少直接援引国际法著作。

（五）国际组织的决议

《国际法院规约》第 38 条中没有提到国际组织的决议，是因为联合国成立时国际组织的作用还没有现在这样重要。第二次世界大战后，国际组织、特别是联合国在国际法的发展中起着越来越重要的作用。国际组织在外交会议上就重大问题通过决议或宣言是其主要的工作方式之一，这些决议或宣言虽然没有法律拘束力，但也能够表明各国对某些制度和事项的态度，因此国际组织的决议对国际法渊源的作用引起各方注意。

国际组织的决议，特别是联合国大会的决议，与国际法渊源的关系，是几乎所有学者和教科书都予以讨论的一个问题。联大的决议可以分为三类：①关于联合国内部事务方面的决议；②就具体事项对会员国所作的决议；③宣示一般规范的决议。就与国际法渊源的关系而言，第三类决议，即那些阐明、确认、宣示现有或正在形成的国际法原则、规则和制度的决议，与国际法的渊源直接相关。多数学者认为，联合国大会的这类决议不是国际法的渊源，但它们具有重要的证据价值。王铁崖先生的评论具有相当普遍的意义：联合国大会的决议虽然不是像条约和习惯那样的国际法的直接渊源，但可以借以确定国际法原则、规则或制度的存在，可以与司法判例和公法家学说并列为确定法律原则之补助资料，而且应该说，它们的法律价值是在司法判例和公法家学说之上的。[2]

第三节 国际法的编纂

一、国际法编纂概述

国际法的编纂也就是将国际法"法典化"，即把国际法或国际法某一部门的规则（包括国际习惯和条约的规则）以类似法典的形式更精确、系统地制定出来。由于国际法的大部分内容是由国际习惯组成的，因此缺乏明晰性和确定性，通过编纂为法典可以使国际法更能在国际关系中发挥规范的作用，也可以进一步促进国际法的发展。但国际社会没有专门的立法机关来制定法律，因此，国际法的编纂和国内法的编纂在制定、程序和效力上是不同的。

从严格意义上说，国际法的编纂是将现有法律法典化。但从广义上来说，国际

〔1〕 王铁崖：《国际法引论》，北京大学出版社 1998 年版，第 104 页。
〔2〕 王铁崖主编：《国际法》，法律出版社 1995 年版，第 20 页。

法的编纂还包括对正在形成中的规则的法典化，即制定新法律——修改、补充原有规则或提出新规则，以促进国际法的"逐渐发展"。现代的编纂都是广义的编纂，例如，1961 年《维也纳外交关系公约》、1982 年《联合国海洋法公约》就是广义编纂的成果。

国际法的编纂是外交和国际法上的一个重大课题。国际法编纂在现代具有重要的意义。首先，习惯国际法的形成和发展要经过较长的时间，编纂可缩短或直接完成这个过程。例如，外交关系法的发展经过了几个世纪，而关于大陆架的制度通过三次海洋法会议的讨论和编纂，半个世纪左右即已发展成熟。其次，习惯法规则缺乏明确性和精密性，编纂使之明确、精密。例如，外交关系法中对于大使的任命是否要得到接受国同意的问题，各国的实践并不一致，编纂可以弥补习惯法上的这一欠缺。1961 年的《维也纳外交关系公约》对这一问题做了明确的规定。最后，习惯法的证明不太容易，因而给适用带来不便。通过对习惯法的成文化，使其易于证明和适用。

国际法的编纂主要有以下几种类别：第一种分类是全面编纂和部门编纂。全面编纂是指将国际法的全部原则、规则和制度编纂为一个法典。部门编纂是指将国际法的某部分原则、规则和制度分别编纂为法典。全面编纂都是早期的私人编纂，例如奥地利法学家多明·贝特鲁维史 1861 年所作的编纂。私人编纂纯粹属于学术性的，对各国政府没有任何法律拘束力。官方的编纂都是部门法编纂，例如 1982 的《联合国海洋法公约》即为部门编纂。第二种分类是私人编纂和官方编纂。私人编纂是指个别学者或国际法学术团体所进行的编纂。最有名的私人编纂机构有国际法研究院（Institute of International Law）和国际法协会（International Law Association）。这两个机构都是由各国著名的国际法学者组成，定期召开会议。这些学术团体的编纂虽然没有拘束力，但对官方编纂起了重要影响作用。官方编纂是指政府间的国际法编纂。还有一种分类是全球性的国际法编纂和区域性的国际法编纂。这是根据编纂适用的范围不同所作的划分。通常所讲的编纂指的是全球编纂，即编纂适用于所有国家。区域编纂则只限于某个区域。美洲是最早进行区域编纂的地区，欧洲的区域编纂也十分活跃。

二、国际法编纂简史

将国际法编纂为法典的想法，一般被认为是 18 世纪末叶英国哲学家、法学家边沁首先提出的。由于边沁的提倡，开始了近代国际法的编纂运动。一些国际法学者开始了国际法的编纂工作，发表了《国际法法典》这类著作。从 19 世纪开始，各国政府召开外交会议，以签订条约的方式开始了官方编纂。1815 年的维也纳会议、1818 年的亚琛会议以及 1859 年的巴黎和会，都制定了一些条约。特别是 1899 年和 1907 年两次海牙和会，通过了 16 个公约和 3 个宣言，开启了大规模编纂国际法的先河。

第一次世界大战后，在国际联盟的主持下，开始了国际组织对国际法的编纂。

1924 年，国联行政院指派一个由 16 名法学家组成的委员会，就国际法编纂问题提出报告。根据该委员会的报告，国联在 1930 年召开了由 48 个国家参加的国际法编纂会议，即 1930 年海牙会议，通过了《关于国籍法冲突的若干问题的公约》《关于某种无国籍情况的议定书》《关于无国籍的特别议定书》和《关于双重国籍某种情况下兵役义务的议定书》。海牙会议虽然讨论了领水宽度和外国人待遇引起的国家责任问题，但由于各国争议较大，没有达成任何协议。

海牙会议是国际法发展史上第一次编纂国际法的专门会议。按照委员会的设想，海牙会议后将继续召开国际法编纂会议。但由于第二次世界大战的爆发，国联再也没有召开国际会议继续进行国际法的编纂。

三、联合国主持下的国际法编纂活动

第二次世界大战后，在联合国主持下，国际法的编纂工作取得了重大成果。联合国很重视国际法的编纂工作，《联合国宪章》第 13 条规定，联合国大会的职权之一就是"发动研究，并作成建议"，"提倡国际法之逐渐发展和编纂"。

联合国系统内一些常设的或临时性的机构被赋予国际法编纂的职能。其中专门负责国际法编纂的机构是联合国国际法委员会（International Law Commission，简称 ILC）。国际法委员会根据《联合国宪章》第 13 条于 1947 年成立，主要任务就是促进国际法的"逐渐发展"和"编纂"。逐渐发展，即就"国际法尚未规定"或"各国实践尚未充分发展成为法律"的一些问题拟定公约草案，以促进国际法的发展。编纂，即编纂现有的国际法原则和规则，使之更加精确、条文化和系统化。但在具体实践中，国际法委员会进行工作时并不区别国际法的逐渐发展和国际法的编纂，采用的程序基本相同。

联合国国际法委员会最初由 15 名委员组成，1956 年名额增加到 21 名，1961 年又增加到 25 名，1981 年开始至今为 34 名委员。委员由各会员国政府提名，经联合国大会选出，任期 5 年，得连选连任。委员的入选条件是"在国际法上是公认的合格的人士"，能够代表世界各大文化和主要法系，并且不得有两人为同一国家的国民。委员人数的增加是适应联合国会员国增加的需要，同时也是为了实现委员的"地区分配"的目的。1981 年联合国大会通过决议，将地区分配正式化，具体分配如下：非洲国家 8 名；亚洲国家 7 名；东欧国家 3 名；拉美国家 6 名；西欧及其他国家 8 名；另 2 名在非洲和东欧国家以及亚洲和拉美国家之间轮流。会员资格原来不限于联合国会员国的国民，但在实际上则以联合国会员国国民为限。委员以个人身份而非政府代表的身份参加工作。中国担任过国际法委员会委员的人士先后有倪征燠、黄嘉华、史久镛、贺其治、薛捍勤、黄惠康。薛捍勤委员是国际法委员会 50 多年来第一位女委员，现任委员是黄惠康。

国际法委员会的工作程序一般是：先就所要编纂的专题内容列出问题清单，提请各国政府提出意见，收回后经综合研究提出一部分或全部初步条款草案，再发给各国政府征求意见，如此反复若干次，经委员会三读通过，形成最终草案。草案经联合国大会认可，并召开外交会议讨论通过，最终形成条约，开放给各国签字和批准。

1949年，国际法委员会第一届会议拟定了14个编纂项目，此后，委员会又陆续接受联合国大会提交的一些编纂项目。50多年来，国际法委员会拟定的公约草案和条文草案有20多项，在海洋法、外交关系法、国际法上的继承、国家豁免、国家责任和国际争端解决等10个方面都成功地形成公约。[1]

除国际法委员会外，还有其他的常设的或临时性的机构负有国际法编纂职能。联合国大会第六委员会（即法律委员会）也有国际法编纂职能，如1948年通过的《灭绝种族罪公约》就是由该委员会起草的。此外，联合国有时根据联大决议设立特别委员会进行专项的国际法编纂，例如《关于各国依联合国宪章建立友好关系和合作的国际法原则宣言》就是由一个特别委员会草拟的。对于一些技术性强的国际公约和国际标准，则由联合国专门机构负责制定，例如，国际海事组织（IMO）起草了1973年的《国际防止船舶造成污染公约》；国际贸易法委员会草拟了1974年通过的《国际销售货物时效期限公约》、1978年通过的《联合国海上货物运输公约》、1990年通过的《联合国国际货物销售合同公约》等。

第四节　国际法与国内法的关系

一、概述

国际法与国内法的关系问题既是一个理论问题，也是一个实践问题，它牵涉到国际法的性质、渊源、效力根据、主体等国际法的根本性问题。不论是在理论方面还是实践方面，国际法学者都曾就国际法与国内法的关系问题进行过热烈的讨论。总体而言，从理论方面探讨国际法与国内法关系的学者主要是来自欧洲大陆法国家，如德国、意大利和法国，英美等普通法系国家一般不重视理论问题，而偏重于两者关系的实际解决方法以及各国在这方面的实践。[2]

二、国际法与国内法关系的理论

国际法与国内法关系的理论主要有两个问题：①国际法与国内法是一个法律体系还是两个法律体系？②是国际法优先于国内法还是国内法优先于国际法？对第一个问题的回答主要有两派：一派认为国际法和国内法属于一个法律体系，即所谓的"一元论"；另一派则认为国际法与国内法是两个不同的法律体系，即所谓的"二元论"。在一元论中又有两种不同的论点：一种主张国际法优先于国内法，另一种主张

---

[1] 参见 Analytical Guide to the Work of the International Law Commission，载 http://www.un.org/law/ilc/，2010年9月5日访问。

[2] 王铁崖：《国际法引论》，北京大学出版社1998年版，第177页。

国内法优先于国际法。

（一）二元论

从历史上看，关于国际法与国内法关系的理论最先出现的是二元论。19 世纪末 20 世纪初，德国柏林大学教授特里佩尔首先在其著作《国际法与国内法》中提出国际法与国内法的关系问题，并完整地阐述了二元论的观点，后获得许多著名的国际法学者如安齐洛蒂和奥本海等人的接受，[1] 成为实在法学派的优势学说。[2]

二元论认为国内法与国际法是两个不同的概念，构成两个法律体系，并且两个体系间没有隶属关系，处于对等地位。首先，就法律主体而言，国际法的主体是国家，国内法的主体主要是个人；其次，在法律渊源上，国际法是国家间意志的协调，国内法是国家单方面的意志；最后，在调整的社会关系方面，国际法调整的是国家与国家之间的关系，而国内法所规范的社会关系是国家之内的个人作为主体的关系。既然国际法与国内法是两个法律体系，国际法就不能成为国内法的一部分。国际法只有根据国内法形成的程序或规则（包括成文法和习惯法）成为国内规则时，才在国内具有效力。否则，国内法不受国际法拘束，国际法本身对国内法院没有任何权力。如果国际法与国内法相抵触，国内法院必须适用国内法。[3] 其实，根据二元论，国际法与国内法真正发生冲突的可能性不大，因为"国际法规范只在国际法律秩序的主体之间的关系上有效力，而国内法规范则只对所属的国家的法律秩序有效力"。[4]

二元论以承认国家主权为出发点，主张各国之间互相尊重主权，强调国内法的独立地位，与国际法分庭抗礼。因此，二元论在工业资本主义时期有相当的影响，即使是现在，二元论在理论和实践方面都还有一定的影响。

（二）一元论

一元论否认二元论所主张的三个前提，认为两个法律体系最终规定的都是个人行为，唯一不同之处是，在国际领域的行为后果归于国家；国际法与国内法不但在本质上并无不同，反而应被认为是一个单一法律概念的两种表现。因此，一元论主张国内法与国际法属于一个法律体系。[5] 既然国际法与国内法是一个法律体系，那么就存在何者优先的问题，一元论有两种论点：一种是国内法优先于国际法，另一种是国际法优先于国内法。

〔1〕　王铁崖：《国际法引论》，北京大学出版社 1998 年版，第 181～183 页。

〔2〕　周鲠生：《国际法》（上册），武汉大学出版社 2007 年版，第 14 页。

〔3〕　[英]奥本海著，劳特派特修订：《奥本海国际法》（上卷第一分册），王铁崖、陈体强译，商务印书馆 1981 年版，第 24～25 页。

〔4〕　[意]安齐洛蒂：《国际法》（第 4 版俄文本），第 60～70 页，转引自邵津主编：《国际法》，北京大学出版社、高等教育出版社 2008 年版，第 23 页。

〔5〕　[英]劳特派特修订：《奥本海国际法》（上卷第一分册），王铁崖、陈体强译，商务印书馆 1989 年版，第 25～26 页。

国内法优先说的思想来源是黑格尔的国家理论，黑格尔的绝对主权理论影响了一些德国学者，从而提出国际法从属于国内法的论点。该派学者认为，国际法的根源是国内法，只是国内法的一个分支，适用于国家的对外关系。因此，国际法可以被视为国家的对外宪法，并且国际法的效力来源于国家的"自我限制"。[1]因为国家的意志在法律上是绝对无限的，所以，二者发生冲突时，国内法优先。从本质上讲，国内法优先说等于否定了国际法，故其在19世纪末20世纪初盛极一时，一战以后渐衰。

国际法优先说始于第一次世界大战以后，盛行于第二次世界大战以后，是一元论的主要代表。一般提到一元论时，通常是指国际法优先说。国际法优先说源于康德的哲学。国际法优先说的首先倡导者是凯尔森，以其提出的"纯粹法学"理论为基础。凯尔森主张，国际法律秩序是包括一切国内法律秩序在内的一种普遍性法律秩序；国际法律秩序决定各国国内法律秩序的属人和属时效力范围；[2]规范效力的依据永远是规范而不是事实。所以，规范效力的依据不能到现实中去寻找，而应该从规范赖以产生的其他规范中去寻找，即依靠它的上级规范。整个法律体系仿佛构成一个金字塔，各部分有平等的、有相互从属的，而屹立在它的最顶点的是最高规范或基本规范，一切法律规范的效力都是从这里来的。国际法秩序是唯一能够高于国内法秩序的秩序，国内法秩序是直接服从于国际法秩序的。

上述"两派三论"中的国内法优先说基本已被抛弃，对二元论和国际法优先说持批判态度的学者也很多，学者们希望避免一元论和二元论的对立，采取一种协调的态度。如，奥康奈尔、布朗利、童金等学者都认为：国内法与国际法在各自的领域内是最高的，一个体系没有优越于另一体系；但两个法律体系都是由国家制定的，二者不能隔绝而是相互起作用。[3]这种观点在中国获得大多数学者的支持，例如，周鲠生先生就认为，国际法和国内法是两个不同的法律体系，它们之间不存在谁优先的问题，也不是彼此完全对立的，而是密切联系的。这种联系在于：首先，一个客观事实是，国家既制定国内法，同时也参加制定国际法；其次，国家的对外政策和它的对内政策有密切的联系，国家的对外政策自然影响它对国际法的态度和立场。[4]其后的中国学者基本都接受了该观点，中国的国际法教材一般把国内法与国际法的关系描述为"国际法和国内法是不同的法律体系，但由于国内法的制定者和国际法的制定者都是国家，因此这两个体系之间有着密切的联系，彼此不是互相对

---

〔1〕 王铁崖：《国际法引论》，北京大学出版社1998年版，第184～185页。
〔2〕 [美]凯尔森：《国际法原理》，王铁崖译，华夏出版社1989年版，第335页。
〔3〕 王铁崖：《国际法引论》，北京大学出版社1998年版，第189～191页。
〔4〕 周鲠生：《国际法》（上册），武汉大学出版社2007年版，第17～18页。

立的，而是互相紧密联系、互相渗透和互相补充的"。[1] 中国学者的观点可以说是接近二元论，或是对二元论加以修正的。如果国内法与国际法相冲突，公认的原则是国家应负其违反国际法的责任，仅在这一点上国际法优先于国内法。[2]

三、国际法与国内法关系的实践

国际法与国内法的关系问题，从实践角度来讲，就是国家如何在国内实施国际法以及国内法在国际上如何适用。

（一）国际法在国内的适用

国际法在国内的适用问题是国际法和国内法关系中最重要的问题。"国际法与国内法的关系问题，归根到底是国家如何在国内执行国际法的问题，也就是国家如何承担国际法上的义务问题。"[3]

国际法在国内适用问题是一个十分复杂的问题。首先，各国实践复杂多样，没有统一的规定。一般而言，国际法与国内法的关系是由各国宪法或宪法性文件来规定的。各国规定不同，处理方法必然不同，实践必然呈现出多样性。其次，国际法既包括成文的国际条约，也有不成文的国际习惯法，它们适用的情况也大不相同。

国际法要在国内实施，必须使国际法具有国内法的效力，以便使其能适用于国内。各国一般都承认习惯是国内法的一部分，不需要采取特别程序使其成为国内法。例如，英国承认国际习惯法是英国法律的一部分，只要不与成文法相抵触，就对所有的法院产生拘束力。包括美国、日本、德国、法国在内的许多国家也都承认国际习惯法在国内的可适用性，只是各国在适用中所加的限制条件宽严不同而已。

国际条约是成文的国际法，只拘束缔约国，它在国内的效力问题比起国际习惯来要复杂得多。大多数国家均认为，凡是本国缔结的已生效的条约，经本国批准后即可对本国产生拘束力。例如，美国宪法规定，条约为联邦法律的组成部分；日本、法国、荷兰等国也承认条约在国内的效力。但条约在各国的适用方式却是各不相同，归纳起来各国所采取的方式大致可分为三大类：①转化（transformation），即为了使国际条约能够在国内适用，条约要通过本国的立法机关的立法程序，将其内容转变成国内法的形式。这类国家的法院在适用法律时只适用国内法，条约不能被直接援引，将条约转化为国内法后，法院才可以适用。英国是采取转化方式的典型国家。②采纳或并入（adoption or incorporation），即由国家立法作出原则性规定，承认国际条约是国内法的一部分，国际条约可以在国内直接适用。这可以由宪法统一规定，也可以通过立法机关的专门法案或其他方式（如司法判例）等来规定。③混合式。由于条约的内

---

〔1〕 端木正主编：《国际法》，北京大学出版社 1997 年版，第 35 页；梁西主编：《国际法》，武汉大学出版社 2000 年版，第 18~19 页；王铁崖主编：《国际法》，法律出版社 1995 年版，第 29 页；王献枢主编：《国际法》，中国政法大学出版社 2002 版，第 26~28 页。

〔2〕 王铁崖：《国际法引论》，北京大学出版社 1998 年版，第 192 页。

〔3〕 周鲠生：《国际法》（上册），武汉大学出版社 2007 年版，第 17 页。

容过于复杂，只采用一种适用方式不能很好地解决问题，故一些国家在国内适用国际法时"采纳法"和"转化法"都适用。例如，美国的条约适用方式就很具有典型性，它把条约分为自动执行条约和非自动执行条约，对于自动执行条约以采纳的方式在国内适用，对于非自动执行条约则要通过国会立法后才能在国内适用。

国际法在国内适用还有一个突出问题需要解决，那就是国际法与国内法的效力层级，即在二者发生冲突时，何者优先。采取转化方式的国家不承认国际法在国内的效力，这在程序上比较简单。采取并入方式的国家倾向于承认国际法在国内的效力，则问题就复杂得多。对于国际条约，各国一般会在法律中规定条约在国内法中的效力等级。有的国家规定条约高于国内法，例如，1958年《法国宪法》规定，凡依法批准或通过的条约，具有高于国内法的效力。日本、刚果、扎伊尔、中非、哥伦比亚、希腊、荷兰也有类似的规定。[1] 有的国家规定条约在国内适用的效力与国内法相等，当发生冲突时采取"后法优于前法"的原则。美国宪法第6条规定，依宪法制定的联邦法律和以联邦权力缔结的条约都是全国最高法律。还有极少数国家规定条约优于本国宪法。例如，荷兰1983年修正的宪法规定，条约公布后对任何人都有拘束力，与其相抵触的国内法，包括宪法，应不予适用。[2] 对于国际习惯，很多国家对此没有规定，但也有一些国家承认国际习惯的效力高于国内法。例如，意大利1947年宪法规定，意大利的法律体系应符合公认的国际法规则，公认的国际法规则包括国际习惯。按照该规定，国内法违反国际习惯就违反宪法，是无效的。[3] 日本、希腊也作了类似的规定。还有一些国家认为，国际习惯在国内的效力低于国内法。例如，英国通过判例表明，国际习惯法如果与议会制定法相抵触，应以议会制定法优先。美国等国也采取了类似的原则。[4]

在实践中，国内法与国际法是互相影响、互相依赖、互相补充的关系，从而避免了国际法与国内法有此优彼劣的关系。[5] 当二者发生冲突时，各国一般作出解释尽量使二者相容。但不管一国采取什么方式适用国际法，都必须遵从"条约必须遵守"的原则，不能以违反国内法的规定为由逃避国际义务。如果拒绝适用条约，该国就要为此行为承担国家责任。

（二）国内法在国际上的适用

根据《国际法院规约》，国际法院在处理案件时只能适用国际法，但这并不表示国内法在国际上没有适用的机会。国内法有时也会在国际上适用，具体表现为：①国内法的一些概念为国际法所采纳。例如，先占、时效、添附等概念均来自于罗

〔1〕　梁西主编：《国际法》，武汉大学出版社2000年版，第22页。
〔2〕　王铁崖：《国际法引论》，北京大学出版社1998年版，第208页。
〔3〕　王铁崖：《国际法引论》，北京大学出版社1998年版，第207页。
〔4〕　梁西主编：《国际法》，武汉大学出版社2000年版，第22页。
〔5〕　王铁崖：《国际法引论》，北京大学出版社1998年版，第204页。

马法。②一国符合国际法的国内法，在国际关系中通常会受到他方的尊重，从而使国内法产生域外效力。③国内法可为国际法院或法庭所适用。在例外情况下，如果提交裁判或仲裁的协定规定国际法院或法庭应依据国内法对案件作出裁判或裁决，国内法就应当成为适用法律。此外，为弄清争端的法律背景，国际法庭有时必须首先全面研究有关国家的国内法，并从有关的国内法中找到可以引用的证据和原则。例如，国际常设法院在1929年审理的塞尔维亚公债案、国际法院在1951年审理的英挪渔业案均参照了当事国的国内法。

（三）中国关于国际法与国内法关系的实践

中国宪法未对国际法在国内的地位及如何适用作出一般性规定，只是在若干部门法中对这一问题有所规定。

中国对其缔结的国际条约的适用，"采纳"和"转化"两种方式都兼而采之，但从实践来看，中国对条约多采用采纳的方式。《民法通则》第142条规定，中国缔结或参加的条约同中国民事法律有不同规定的，适用条约的规定，但中国声明保留的条款除外；中国法律和参加的条约没有规定的，可以适用惯例。这条规定成了若干国内立法所遵循的模式。该规定表明：民事条约在国内生效后直接纳入国内法，无需转化为国内法，直接在中国适用。后来的《民事诉讼法》《行政诉讼法》《邮政法》《环境保护法》及知识产权方面的立法均有类似规定。对于一些规定过于原则化的条约，为了更好地履行条约，中国会根据条约的内容通过立法的方式做进一步具体的规定和补充，即中国对一些条约也采取了转化的方式在国内实施。例如，中国参加了《联合国海洋法公约》后，根据公约颁布了与之内容相同的国内法。

对于国际法在中国国内的效力等级问题，我国《宪法》与《缔约程序法》没有作出明确规定，但部门法对此作出了规定。《民法通则》第142条规定，国际条约优先于国内法。此处的法律应该是指全国人大及人大常委会制定的法律。《民事诉讼法》《海商法》等民商事法律均有相同的规定。但关于国际习惯在我国的适用争议很多，从《民法通则》等民商事法律的规定来看，习惯在中国应该是低于法律，但大多数学者认为此处的惯例应该是指商业惯例，并非是指国际习惯法，所以我国法律没有对国际习惯的适用作任何规定。从国际法的渊源来看，条约和习惯在国际法上具有同等的效力，违反国际习惯法也要承担国家责任。因此，民商事法律中所规定的惯例应该是仅指不具有约束力的商业惯例，不是指国际习惯法，国际习惯如果能够证明其存在，在中国应该与条约的等级相同，即高于法律。

第五节　国际法的基本原则

一、国际法基本原则的概念和特征

法律的基本原则是从法律体系的原则、规则和制度中归纳出来的，同时又引申出所有的其他原则、规则和制度，基本原则是法律体系的基础。虽然很早就有学者提出国际法基本原则的概念，但中外学者对国际法是否存在基本原则、什么是国际法的基本原则以及国际法有哪些基本原则等问题至今还没有一个统一的认识。有些西方的国际法教材和著作没有列国际法基本原则的章节，例如《奥本海国际法》、伊恩·布朗利的《国际公法原理》等。我国学者周鲠生先生所著的《国际法》中也未列国际法基本原则的章节。苏联学者则认为，国际法中存在着基本原则，基本原则是对解决国际关系的主要问题具有最大意义的公认的国际法规范。[1]中国学者也大都认为，国际法基本原则是存在的。[2]国际法基本原则是指那些被各国公认和接受的、具有普遍约束力的、适用于国际法各个领域的、构成国际法基础的法律原则。

根据上述概念，国际法基本原则必须具备下述特征：①国际社会公认。这是国际法基本原则最重要的特征。一国或少数国家提出的某一原则，可能具有重大的政治、法律意义，但没有得到国际社会普遍接受之前，还不是国际法基本原则。一项原则在国际关系中反复出现，被国际社会以各种方式公认为是指导国际关系的一般准则时，它才有可能成为国际法的基本原则。所谓的"国际社会公认"并不是指世界上所有的国家都表示赞同，只要得到包括主要国家在内的大多数国家公认即可。②具有普遍约束力。这是针对国际法基本原则的适用对象而言的，国际法基本原则是对所有国家及所有的国际法主体都具有约束力的原则，不是只针对某些国家或某类国家。③适用于国际法的一切领域。该特征是区别基本原则与各种具体规则的一个标准。国际法具体规则仅适用于特定国际法领域或部门，而国际法基本原则不仅适用于个别国际法律关系，还适用于一切国际法律关系领域，并对国际法各分支部门具有一般的指导作用。④构成国际法体系的基础。国际法基本原则是国际法存在的基础，倘若破坏或改变了国际法基本原则就动摇了国际法的基础。另外，国际法的其他原则与规范都是从基本原则中派生或引申出来的，并在国际法基本原则的指导下发展。

国际法基本原则概念的确立是在第二次世界大战之后，1945年的《联合国宪章》第一次全面系统地确定了国际法的基本原则。《联合国宪章》第2条规定了联合国会员国在其相互关系中应遵守的七项原则：会员国主权平等、善意履行宪章义务、和平解决国际争端、禁止武力威胁或使用武力、集体协作、确保非会员国遵守宪章义务以及不干涉内政。这七项原则构成现代国际法体系的核心。在宪章之后，联合国通过了许多文件来阐述国际法的基本原则，其中较为重要的有：1960年《给予殖民地国家和人民独立宣言》、1965年《不容干涉各国内政和保护各国独立和主权的宣言》、1970年《关于各国依联合国宪章建立友好关系和合作的国际法原则宣言》、

---

〔1〕　［苏联］童金主编：《国际法》，邵天任等译，法律出版社1988年版，第101页。
〔2〕　邵津主编：《国际法》，北京大学出版社、高等教育出版社2008年版，第28页；王献枢主编：《国际法》，中国政法大学出版社2002年版，第34页。

1974 年《各国经济权利和义务宣言》、1981 年《不容干涉和干预别国内政宣言》等。特别是《关于各国依联合国宪章建立友好关系和合作的国际法原则宣言》明确规定了七项原则,[1] 要求所有国家在其国际行为上,对国际法基本原则予以严格遵守。这是联合国大会第一次以宣言的形式来列举并确认国际法的基本原则,这对所有国家遵守国际法、贯彻《联合国宪章》的各项宗旨和原则,具有非常重要的意义。至此,一个由若干原则构成的现代国际法基本原则体系初步形成。[2]

二、国际法基本原则与国际强行法

国际法基本原则通常与强行法的概念联系在一起。强行法起源于国内法,又称绝对法、强制法或强制规律,指必须绝对执行的法律规范,是与任意法相对应的一个概念。1969 年《维也纳条约法公约》第一次将强行法的概念引入国际法,该公约第 53 条规定,条约在缔结时与一般国际法强制规则抵触者无效。就适用本公约而言,一般国际法强制规则指国际社会全体接受并公认为不许损抑,且仅有以后具有同等性质之一般国际法规则始得更改之规则。

强行法是国际法学者一致接受的一个概念。但什么是强行法、强行法包括哪些内容,国际法学者没有统一的意见。[3] 但从 53 条的规定可知,强行法具有下述特征:①普遍性,强行法须为国际社会整体接受;②权威性,强行法必须得以遵守;③稳定性,强行法不得轻易变更。国际法基本原则也具有上述特征,因此可以推定国际法基本原则应该属于强行法范畴。虽然国际法基本原则具有强行法的性质,但强行法不等于国际法基本原则。国际法基本原则适用于国际法一切领域,而强行法可能是某一特定国际法部门的具体规则。例如,有关惩治国际犯罪行为的规定被认为是国际强行法,但它并不是国际法的基本原则。因此,国际法基本原则与强行法是两个既有联系又有区别的概念。

三、和平共处五项原则

和平共处五项原则是中国和印度、缅甸在 20 世纪 50 年代首先倡导的适用于其双边关系的原则,尔后发展成为一组系统的国际法原则体系。[4] 这五项原则是:①互相尊重主权和领土完整;②互不侵犯;③互不干涉内政;④平等互利;⑤和平共处。在中印、中缅签订双边条约之后,中国与其他国家签订的双边条约和协议中,都规定了以和平共处五项原则为两国关系的基础。和平共处五项原则的提出,是中国独立自主外交政策的完整体现,标志着中国外交政策的成熟。和平共处五项原则在国

---

〔1〕 这七项原则为:①不使用武力威胁或武力;②和平解决国际争端;③不干涉任何国家内政;④各国依照宪章彼此合作;⑤各民族权利平等自决;⑥各国主权平等;⑦善意履行宪章义务。

〔2〕 梁西主编:《国际法》,武汉大学出版社 2000 年版,第 58 页。

〔3〕 〔奥〕阿尔弗雷德·菲德罗斯:"国际法上的任意法与强行法",载〔希腊〕尼古拉斯·波利蒂斯:《国际法新趋势》,原江译,云南人民出版社 2004 年版,第 172 ~ 187 页。

〔4〕 邵津主编:《国际法》,北京大学出版社、高等教育出版社 2008 年版,第 30 页。

际上也赢得了巨大声誉，第 58 届联合国大会主席、圣卢西亚外长朱利安·亨特指出，和平共处五项原则自 1954 年正式创立以来，在国际政治和外交中发挥了重要作用，并将继续对新形势下的国际关系产生深远影响。[1] 五项原则自 1954 年来被规定在许多双边和多边条约、协定和其他国际法律文件中，[2] 在我国与别国建立外交关系时，都载入了在五项原则的基础上建立和发展友好关系的表述，1955 年万隆亚非会议所通过的《关于促进世界和平和合作的宣言》和 1974 年联大通过的《各国经济权利和义务宪章》及 2002 年中国与东盟签署的《南海各方行动宣言》所列的原则中都包含五项原则的内容。

　　五项原则是中国对世界的一大贡献。首先，虽然五项原则作为单独的原则早已存在，但将五项原则作为一个系统的、有密切联系的整体提出来，是一个创新。在这五项原则中，每项原则的内容是递进的，第一项是根本，其他几项既是延伸、又是保证，相互联系、密不可分。其次，和平共处五项原则与《联合国宪章》的宗旨和原则是一致的，并且对国际法基本原则作了高度概括和重要补充。最后，和平共处五项原则准确地体现了国际关系的基本特征。五项原则中的前四项都有一个"互"字，最后一项有一个"共"字，体现了国际法上权利和义务的统一，也反映了当代国际关系中法律地位平等的特征。

四、国际法各项基本原则的内容

（一）国家主权平等原则

　　主权观念产生于 16 世纪，胡格诺战争后，法国的学者博丹在其著作《论共和国》中首次阐述了国家主权的观念，但博丹认为主权是属于君主的。到了自由资本主义时期，顺应时代的要求，法国的学者卢梭在《献给日内瓦共和国》和《社会契约论》中提出人民享有主权。从国际法角度看，格老秀斯在其《战争与和平法》中提出主权属于国家，即国家主权说；法泰尔在其《万国法》中也基于自然法思想阐述了国家主权理论。国家主权说也体现在一些重要的法律文献中，如 1776 年美国的《独立宣言》、1793 年法国的《人权宣言》均强调国家主权原则。国家主权的概念在 18 世纪后逐渐成为国际法的一项最基本的原则。《联合国宪章》规定的七项原则中第一项就规定"本组织系基于各会员国主权平等之原则"。从《联合国宪章》的精神来看，主权平等是当代国际法律秩序的核心。国家主权平等原则实质上包括了"主权"和"平等"两项原则。

　　国家主权是国家最重要的属性，也是国际法上最有争议的概念之一。一般来讲，主权包括内部主权和外部主权两个方面。内部主权是指国家在其管辖范围内对其他团体的优越性，而外部主权是指国家在其与其他国家的关系上行动独立和不受外部控制的自由。即内部主权体现了最高性，对外主权体现了国家的独立性。内部主权

---

〔1〕　联大主席："和平共处五项原则将继续产生深远影响"，载新浪网，访问日期：2015 年 10 月 20 日。
〔2〕　王铁崖主编：《国际法》，法律出版社 1995 年版，第 60 页。

与对外主权相互依赖、联系密切，对外主权是内部主权的必然结果，内部主权则是对外主权的保证。因此，主权可以定义为国家在国际法上所固有的独立自由地处理对内对外事务的权力。

主权是国家所固有的，不是国际法或其他实体所赋予的，具有不可侵犯性。主权主要表现为三个方面：对内最高权、对外独立权和防止侵略的自卫权。对内最高权是指，国家行使最高统治权，对领域内的人、物、事都拥有属地和属人优越权，国内从中央到地方的一切行政、立法和司法机关都必须服从国家管辖。对外独立权是指，在国家交往中，国家有权独立自主地、不受外力干涉地处理国内外一切事务。即国家行使主权权力时具有自主性和排他性，国家有权按照本身情况，选择社会制度、国家形式，制定法律，决定内外政策。自卫权是指，在已经遭到外来侵略和武力攻击时，国家进行单独或集体自卫的权力；在和平时期，国家为防止外来侵略和武力攻击有进行国防建设的权力。

主权是国家的基本属性，但并不意味着主权是绝对的。国家是国际社会成员，一国要求别国尊重其主权的同时也负有尊重别国主权的义务。另外，国家在对外交往中缔结了许多双边公约和多边公约，条约或多或少对国家主权的行使增加了限制条件，这是维护国际社会秩序的必然结果，从根本上限制国家主权的绝对性。

平等也有两个方面：法律面前平等和法律上平等。作为国际法的基本原则，国家平等是指国家在法律面前平等，即每个国家不论其情况如何，都平等享受国际法所授予的权利，同时，国际法原则、规则和制度应平等和公正不偏地适用于一切国家。主权平等原则按《关于各国依联合国宪章建立友好关系和合作的国际法原则宣言》的解释是指，各国间不论经济、社会、政治或其他性质有何不同，均有平等的权利和责任，并为国际社会平等的一员。但这并不意味着国家在法律上都是平等的。[1]《联合国宪章》就容许一些国家（如安理会常任理事国）在法律上有特殊地位，然而，这并不妨碍大小国家在法律面前一律平等原则。

（二）禁止以武力相威胁或使用武力原则

这一原则是较新的国际法基本原则，是在第一次世界大战后也就是现代国际法中形成的原则。《联合国宪章》是第一个明文规定禁止以武力相威胁或使用武力的国际公约。传统国际法承认战争是国家推行政策的工具，战争权是从主权中引申出来的固有权利。随着国际法的发展和和平解决国际争端的思想获得普遍接受，国家的战争权受到限制。第一次世界大战给人类带来了深重的灾难，反对战争的要求强烈起来，因此，《国际联盟盟约》对国家的战争权作了一定限制。该盟约规定："……非俟仲裁员裁决或法庭判决或行政院报告后三个月届满以前，不得从事战争。"[2]

---

[1]　王铁崖：《国际法引论》，北京大学出版社1998年版，第219页。
[2]　《国际联盟盟约》第12条，参见北京政法学院国际法教研室编：《国际公法参考资料选编》（下册），北京政法学院1981年版，第649页。

但《国际联盟盟约》只是推迟了战争发生的时间，而没有禁止战争。1928 年在巴黎签订的《白里安－凯洛格公约》（又称为《巴黎非战公约》）是第一个宣布应废弃以战争作为国家政策工具的公约。该公约规定："缔约各方以它们各国人民名义郑重声明，它们斥责用战争解决国际纠纷，并在它们的相互关系中废弃以战争作为实行国家政策的工具。"〔1〕该公约虽然明确废弃战争，但没有明确区分正义战争和侵略战争。否定侵略战争的最重要的国际法文件是《联合国宪章》。《联合国宪章》不但禁止侵略战争，还禁止一切武装干涉、进攻或占领以及以武力相威胁的其他行为。〔2〕

禁止使用武力相威胁或使用武力的目的主要是保护国家主权不受侵犯，该原则禁止以任何违反国际法的方法使用武力或以武力相威胁，侵犯另一国主权、独立或领土完整。禁止使用武力相威胁或使用武力所禁止的是非法使用武力或战争，并不是一味地反对所有武力或战争，该原则反对的是侵略战争，对于自卫战争、民族解放战争还是给予肯定的。另外，经安理会授权采取的武力行为也被认为是禁止使用武力原则的例外。因此，区分什么是侵略行为、什么是合法使用武力行为是非常重要的。

关于非法使用武力，宪章没有做出明确的界定。联大于 1974 年通过一项《关于侵略的定义的决议》，在该决议中将侵略定义为：侵略是指一个国家使用武力侵犯另一个国家的主权、领土完整或政治独立，或以任何其他与联合国宪章不相容的方式使用武力。该决议还列举了应视为侵略的七项行为：①一个国家的武装部队侵入或攻击另一国家的领土；或因此种侵入或攻击而造成的任何军事占领，不论时间如何短暂；或使用武力吞并另一国家的领土或其一部分。②一个国家的武装部队轰炸另一国家的领土；或一个国家对另一国家的领土使用任何武器。③一个国家的武装部队封锁另一国家的港口或海岸。④一个国家的武装部队攻击另一国家的陆、海、空军或商船和民航机。⑤一个国家违反其与另一国家订立的协定所规定的条件使用其根据协定在接受国领土内驻扎的武装部队，或在协定终止后，延长该项武装部队在该国领土内的驻扎期间。⑥一个国家以其领土供另一国家使用让该国用来对第三国进行侵略行为。⑦一个国家或以其名义派遣武装小队、武装团体、非正规军或雇佣军对另一国家进行武力行为，其严重程度相当于上述所列各项行为；或该国实际卷入了这些行为。根据《联合国宪章》的规定，联大的决议不具有法律拘束力，通过该决议时大会建议安理会在确定是否发生了侵略行为时以该决议为指导。该决议本身也存在严重缺陷—只限于武装侵略行为，而没有包括其他形式的侵略，如领土兼并和扩张等。

---

〔1〕 《巴黎非战公约》第 1 条，参见北京政法学院国际法教研室编：《国际公法参考资料》（下册），北京政法学院 1981 年版，第 728 页。

〔2〕 《联合国宪章》第 2 条第 4 项规定："各会员国在其国际关系上不得使用威胁或武力，或以与联合国宗旨不符之任何其他方法，侵害任何会员国或国家之领土完整或政治独立。"

禁止使用武力相威胁或使用武力不仅仅只针对各种武装行为，也禁止进行武力威胁或武装进攻的准备和进行战争宣传。《关于各国依联合国宪章建立友好关系和合作的国际法原则宣言》规定"各国皆有义务避免从事侵略战争之宣传"。

（三）和平解决国际争端原则

和平解决国际争端原则是从不得使用武力威胁或武力侵犯任何国家的原则中引申出来的。它是指国家之间在发生纠纷或争端时应通过和平方式予以解决，任何使用或企图使用武力或武力威胁的行为都是违反国际法的。虽然禁止使用武力开始于现代国际法，但和平解决国际争端原则早在 1899 年第一次海牙会议上通过的《和平解决国际争端公约》中就已经被提出了。其后的国际条约和文件也反复强调用和平方法解决国际争端，例如 1907 年海牙《和平解决国际争端公约》、1919 年《国际联盟盟约》、1928 年《巴黎非战公约》、1945 年《联合国宪章》以及 1949 年《和平解决国际争端总议定书》等。

和平解决国际争端是《联合国宪章》规定的七项原则之一，《宪章》第 2 条第 3 款规定："各会员国应以和平方法解决国际争端，俾免危及国际和平、安全及正义"。第 33 条还具体规定了解决争端的和平方法："任何争端当事国，于争端之继续存在足以危及国际和平与安全之维持时，应尽先以谈判、调查、调停、公断、司法解决、区域机关或区域办法之利用，或各该国自行选择之其他和平方法，以求解决。"

《关于各国依联合国宪章建立友好关系和合作的国际法原则宣言》更是对和平解决国际争端原则作出了详细的规定：①各国应以和平方法解决其与其他国家之国际争端，避免危及国际和平、安全及正义。②各国应以谈判、调查、调停、和解、公断、司法解决、区域机关或办法之利用，或其所选择之它种和平方法，寻求国际争端之早日及公平解决。于寻求这项解决时，各当事方应商定与争端情况及性质适合之和平方法。③争端各当事方遇未能以上述任何一和平方法达成解决之情形时，有义务继续以其所商定之它种和平方法寻求争端之解决。④国际争端各当事国及其他国家应避免从事足以使情势恶化致危及国际和平与安全之维持之任何行动，并应依照联合国之宗旨与原则而行动。⑤国际争端应根据国家主权平等之基础并依照自由选择方法之原则解决之。各国对其本国作为当事一方之现有或未来争端所自由议定之解决程序，其采用或接受不得视为与主权平等不符。

（四）不干涉内政原则

不干涉内政原则也是从国家主权平等原则中引申出来的，是国际法上较早产生的原则。不干涉内政原则本是 18 世纪末法国资产阶级革命后为反对欧洲封建王朝的干涉而提出的政治口号，第一次出现在 1793 年法国宪法里，后来被各国资产阶级所接受，成为国际习惯法规则，并在第一次世界大战后发展成为一项国际法基本原则。

不干涉内政原则的内容随着国际法的发展逐步完善。《国际联盟盟约》第 15 条第 8 款规定："如争执各方任何一方对于争议自行声明并为行政院所承认，按诸国际法纯属该方国内管辖之事件，则行政院应据情报告，而不作解决该争议之建议。"

《联合国宪章》第2条第7款规定："本宪章不得认为授权联合国干涉在本质上属于任何国家国内管辖之事件，并且不要求会员国将该事件依本宪章提请解决……"宪章对盟约的规定有重要发展：一是将不干涉内政原则一般化，上升为约束联合国组织及其会员国行为的七项原则之一；二是把"纯属"国内管辖的事件扩大为"本质上属于"国内管辖之事件；三是宪章没有规定发生的争议需行政院承认的条文，代之以明确规定"不要求会员国将该事件依本宪章提请解决"的条文。这意味着当事国与联合国都能对事件的性质做出判断。1965年联合国通过的《不容干涉各国内政和保护各国独立和主权的宣言》和1970年《关于各国依联合国宪章建立友好关系和合作的国际法原则宣言》把不干涉内政原则扩大适用于国家集团。这两个宣言认为不论是国家还是国家集团，都无权以任何理由干涉任何国家的内政或外交，武装威胁企图干预和干预都是干涉他国内政的行为。对于干涉内政行为不仅要进行谴责，而且要确定是否违反国际法，违反国际法的，应负国际责任。这是对该原则的发展。综上，不干涉内政是指，国家在相互交往中不得以任何理由或任何方式，直接或间接地干涉他国主权管辖范围内的一切内外事务，同时也指国际组织不得干涉属于成员国国内管辖的事项。

不干涉内政涉及两个重要的问题，即何谓内政、何谓干涉。内政一词在国际文件中没有解释。通常认为，内政是一个含义非常广泛的概念，是指本质上属于国内管辖的事项，如确定国家的社会制度、对内对外政策，制定国内的法律和规章等。如何判断某事项是否属于内政，标准不统一。有的主张从国家要素出发，由各国自己来判断；有的主张根据国际组织文件来判断；有的主张根据国际法和对当事国有效的条约——如《国际联盟盟约》《联合国宪章》——来判断。但各国都承认，内政不是一个地域概念。一个国家在本国境内的行为也可能破坏国际法；一个行为发生在境外，也可能是对该国内政的干涉。

干涉一词经常被各国随意使用，以致被认为包括对另一国家行为的批评等事项。但在国际法上，干涉有严格的定义。干涉是指一个国家对另一国家的事务的强制或专断的干预，旨在对该另一国家强加某种行为或后果。[1] 因此，干涉是一个国家干预另一国家对内或对外事务的一种形式。干涉的方式多种多样，大致分为两类：直接的、公开的干涉和间接的、隐蔽的干涉。直接公开的干涉，首先是武装干涉，其次是施加政治压力。间接的干涉的形式有：通过财政、经济援助的方式干涉；派遣间谍，收买、资助反动分子在他国内部制造颠覆活动等。

虽然不干涉内政原则被认为是国际法的基本原则，但实践中一国干涉他国内政的事件却时有发生。因此，某些西方学者提出"依权利的干涉"和"人道主义的干涉"，为这些干涉行为辩护。凡根据国际条约、应合法政府的邀请等干涉，都是依权

---

〔1〕 ［英］奥本海著，詹宁斯、瓦茨修订：《奥本海国际法》（第一卷第一分册），王铁崖等译，中国大百科全书出版社1995年版，第314页。

利的干涉；一国发生大规模侵犯人权现象时，外国进行的干涉被称为人道主义干涉。人道主义干涉通常与武力联系在一起，所以它与国家主权原则、不干涉内政原则、不使用武力或以武力威胁原则相冲突。可见，如何确保不干涉内政原则的实施，将是国际社会的一个长期任务。

（五）民族自决原则

民族自决原则指被外国奴役和殖民统治下的被压迫民族自由决定命运，摆脱殖民统治，建立民族独立国家的权利。该原则最初主要是一个政治概念，其渊源可追溯到美国的独立战争和法国的资产阶级革命。[1] 列宁在1916年《论社会主义革命和民族自决权》一文中正式提出民族自决原则。第一次世界大战后，这一原则在国际上得到广泛传播和一定承认。第二次世界大战后，随着非殖民化运动的不断高涨，殖民体系瓦解，民族自决原则逐渐发展为一项公认的国际法基本原则。

《联合国宪章》是第一个正式规定民族自决原则的国际条约。《宪章》第1条第2款规定："发展国家间以尊重人民平等权利及自决原则为根据之友好关系，并采取其他适当方法，以增强普遍和平。"其后，在联合国体系内，联大通过一系列宣言和决议，使民族自决原则得到进一步的发展和明确。其中最重要的有：1952年联大《关于人民与民族的自决权的决议》、1960年《给予殖民地国家和人民独立宣言》、1970年《关于各国依联合国宪章建立友好关系和合作的国际法原则宣言》以及1974年《各国经济权利和义务宪章》。民族自决原则还规定在一些重要的国际公约中，如1966年《经济、社会、文化权利国际公约》和《公民及政治权利国际公约》。

五十多年来，非殖民化已取得胜利，民族自决原则仍是国际法基本原则，并被赋予新内容。民族自决原则不仅指一个现存国家的人民自由选择其政治、经济、社会和文化制度的权利，还含有受歧视的民族有自由表达其意愿、争取其政治地位的权利的内容。但是民族自决原则不能被理解为与国际主权原则对立的原则，即民族自决不等于实行自决的民族独立。早期非殖民化运动过程中，行使民族自决的结果几乎都是建立独立国家。但自决不仅仅限于独立的意义，自决还包括自治的意义。殖民统治结束后，自治是自决的主要表现形式，自决是指人民按自己的意志，而不是他国或他民族的意志决定自己在国际法上的地位和国内的事务。自决分为对内自决和对外自决。对外自决即独立，对内自决是指各民族自主地发展本民族文化、经济和管理社会事务的权利，即民族自治。

每一个民族都有自决的权利，但自决权不包括分离权。国际法和国际实践都表明，一国的一部分从该国分裂出去的所谓"分离权"在国际上根本不存在。如，加丹加从刚果（扎伊尔）分离时，安理会决议谴责其为非法；1962年，比夫拉从尼日利亚分离时，联合国秘书长声称：联合国从来未承认一部分国家的分离原则。因此，

---

[1] 梁西主编：《国际法》，武汉大学出版社2000年版，第71页。

利用民族自决原则制造、煽动或支持民族分裂，破坏国家统一和领土完整的非法行为，是对一国内政的干涉，为国际法所禁止。

第六节 国际法的历史

一、国际法的萌芽期

在古代中国、埃及、印度、希腊和罗马，很早就出现了早期国家的形态，它们不是近代意义上的主权国家，虽然彼此往来不多，而且彼此间战争频繁，但还是产生了一些具有约束力的交往规则，如进行谈判和普遍适用的使节不受侵犯权、举行宗教仪式和作为协议保全手段的宣誓等有关规则。这就是恩格斯称之为"母权"和"父权"的前国家法。[1] 这些规则可视为国际法的萌芽。

在两河流域和尼罗河流域很早就出现了许多奴隶制国家，这些国家之间彼此交往，并且时常发生战争，因此，这些地区很早就出现了国家间的条约。目前所知的最古老的法律文件是美索不达米亚平原城邦拉伽什和乌玛的统治者在大约公元前3100年签订的条约，用于确认城邦的疆界。这一时期该地区出现的并保存至今的条约已经很多了，其中被认为是国际法历史上第一正式条约的是赫梯皇帝和埃及法老在公元前1300年缔结的联盟条约，其内容涉及防御同盟、互不侵略、互相引渡逃亡者等。[2] 其他的条约还涉及中立、边界、婚姻等内容。为订立条约，派遣外交代表团也是常见的事，因此还逐渐形成了使节人身不受侵犯的国际习惯。

古希腊分为许多城邦，这些城邦都是独立的政治实体，彼此往来密切，经常互派使节、从事贸易、订立条约、结成联盟。在古希腊已经有了相当发达的使节和战争制度。在使节方面，使节多为临时的，常驻使节是例外；使节的使命主要是缔结条约，但也时常承担宣战的使命——递交宣战文书。使节在出使期间享有许多荣誉，而且人身不可侵犯。在战争方面，希腊城邦之间承认战争有合法、非法之分。保护国家不受侵犯、保护宗教圣地、履行同盟义务等被认为是战争合法的理由。另外，希腊还限制战争的武器，战争期间有休战（如全希腊宗教节日期间、奥林匹克运动会和涅墨亚竞技会期间等）和中立之说，战争结束后还要签订和平条约。为了解决纠纷和避免战争，实行公断和设立公断法庭在希腊城邦早期是相当流行的。

古罗马对国际法有进一步的发展。在使节、战争、条约等制度方面，不仅产生了很多原则、规则和制度，还使之法律化。在使节的接见和谈判程序以及战争程序方面，罗马有了精细的规则。在罗马帝国时期，逐渐发展了对外关系和对待外籍人士的制度。为处理罗马与外国的关系，委派了外事大法官执行"外事法"。罗马法分

---

[1] ［苏联］费尔德曼、巴斯金：《国际法史》，黄道秀等译，法律出版社1992年版，第1页。

[2] ［苏联］费尔德曼、巴斯金：《国际法史》，黄道秀等译，法律出版社1992年版，第2~4页。

为"市民法"（jus civile）和"万民法"（jus gentium）。"市民法"调整罗马人之间的关系，而"万民法"调整罗马人和外国人（与罗马有友好关系的国家的人）之间的关系。"万民法"调整的范围还逐渐扩大，包括领土、海上航行、战争等问题。因而，有学者认为"万民法"是国际法的前身，"万民法"一词转而成为"万国法"。[1]

在古代亚洲也有一些类似近代国际法的原则、规则和制度。古代印度城邦国家林立，在相互交往中产生了外交代表制度及有关条约缔结的习惯规则，特别是战争法规非常发达，印度的《摩奴法典》就记载了许多这些方面的规定。另外，《摩奴法典》还记载了一些有关不虐待俘虏等的人道主义规则。国际法在古代印度的发展，在许多情况下可以说比希腊和罗马更为详尽和完备。[2]

这一时期的有关国家间的规则并不系统，只是处于萌芽状态。原因为：首先，内容上不系统，并且多限于战争、媾和、结盟、使节和条约方面；其次，这些规则和制度多带有宗教色彩；最后，其适用的地域非常有限。

二、国际法的形成期

国际法形成于中世纪的欧洲。在中世纪，古代国际法仍然起一定的作用。这时，东罗马帝国与新兴的波斯帝国及阿拉伯波斯帝国之间依然处于时常会爆发战争的状态，但也有外交接触，而且在许多场合下会缔约国际条约。这些条约的内容涉及长期停战、交换俘虏以及通过领土权，有时还涉及中立的地位，往往包含有正规的同盟条约。[3]

这一时期，战争法规也有了很大的发展。这时不仅区分合法战争和非法战争，还区分正义战争和非正义战争；对作战的时间和手段都有限制，如在"上帝的和平日"不能作战、禁止使用远射程投掷大炮和弩等；与战争相关的人道法也有发展，伤病员和俘虏的待遇都有所改善；解决国际争端的方法也有所发展，尽管解决争端被认为是战争的一部分。国际协定往往会规定以仲裁作为解决争端的办法。在基督教国家，教皇经常会作为仲裁人，或者由宗主国的君主充当附庸国的仲裁人。即使是强大的国家也经常服从仲裁的裁决，并且，在仲裁中，国家而不是君主越来越多地成为争端的主体。[4]

在15世纪初期，有两个实践制度对于国际法的发展有着重要的意义：一个是常驻外交使团开始设立；另一个是对海外领土的取得提出法律条件。同时，与海外殖民地的争夺相联系的是关于海洋地位的争论。荷兰主张商船有无限制进入东印度群岛的自由，即主张"海洋自由"论。与此同时，英国主张"海洋封闭"论，要求各

---

〔1〕 ［苏联］费尔德曼、巴斯金：《国际法史》，黄道秀等译，法律出版社1992年版，第13～14页。
〔2〕 ［苏联］费尔德曼、巴斯金：《国际法史》，黄道秀等译，法律出版社1992年版，第36页。
〔3〕 王铁崖：《国际法引论》，北京大学出版社1998年版，第268页。
〔4〕 ［苏联］费尔德曼、巴斯金：《国际法史》，黄道秀等译，法律出版社1992年版，第56页。

国承认其对不列颠海洋和沿岸水域享有权利。到了中世纪后期，欧洲一些地区的贸易往来增多，因新航路的发现，航海也日益发达，从而产生了领事制度和海洋制度。在"十字军战争"后，常驻领事制度逐渐确立。一些港口的惯例也被编辑成册，在7世纪和14世纪分别出版了《罗得海法》与《海事法集》，其中有许多关于海洋的国际法原则、规则和制度，特别是《海事法集》中还规定了"捕获返还"的概念，许多国家相继设立了捕获法庭。这些都为近代国际法的发展做了准备。

从总体上来讲，在中世纪国际法只是初步形成，还不发达。这一时期国际法的发展特征有：①受教会影响很大；②战争法在国际法中占有重要地位；③出现了主权、人权等重要概念；④常驻使团开始设立；⑤对海外领土取得提出法律条件。

三、近代国际法

欧洲三十年的战争从根本上改变了欧洲的政治版图。结束战争的威斯特伐利亚公会和《威斯特伐利亚和约》结束了中世纪，标志着近代国际法开始形成。

《威斯特伐利亚和约》对国际法的发展具有划时代意义，它对国际法的影响是多方面的。首先，和约承认国家享有主权原则，具有里程碑意义。它承认瑞士和德意志近一半的城邦为独立主权国家。这种由独立、平等国家组成的社会，是国际法存在的基础。其次，威斯特伐利亚公会开创了国家间通过规模国际会议解决国际争端的范例。和约签订后的三百多年来，以这种方式处理各国间争端越来越为人们所接受。最后，和约的签订促进了外交关系法的发展。《威斯特伐利亚和约》对国家主权的承认，使外交活动在各公开承认的统治阶级成员之间进行成为可能。常驻外交使节的活动开始超越陆海疆域的限制，既受习惯又受法律的约束，进而促进国家之间的交往。[1]

国际法学者对近代国际法的形成做出了卓越贡献。国际法学先驱者的学说对国际法发展的影响是显而易见的，特别是格老秀斯在1625年出版了其名著《战争与和平法》，对具有独立体系的国际法学的产生与繁荣起了继往开来的作用。在格老秀斯之后，国际法发展了，国际法学也跟着发展了。格老秀斯被誉为近代国际法的奠基人，17、18世纪的西方学者大多接受了他的学说，被称为格老秀斯学派。

资产阶级革命对国际法的发展也有很大的影响。特别是1789年法国大革命，开创了国际法发展的新阶段。法国资产阶级革命提出了国家的基本权利和义务的概念，国家主权独立、不干涉内政、公海自由、条约不可违反、禁止奴隶贸易等原则，这些概念和原则都得到了国际承认，成为现代国际法的组成部分。在这一时期，在维也纳、巴黎、柏林、海牙以及日内瓦召开过多次国际会议，国际习惯法不断地积累，对国际法的各部门均产生了重要影响。

到19世纪，资本主义进行到帝国主义阶段，与此相适应，国际法也打上了帝国

---

[1]　杨泽伟：《宏观国际法史》，武汉大学出版社2001年版，第72～75页。

主义的烙印，产生了正统主义、势力范围、租借地、领域裁判权、不平等条约制度等反映强权政治的国际法律制度。但在这一时期，国际法领域扩大了，扩大到美洲、非洲和亚洲的一些国家。国际法的内容也不断地增多，国家间签订了大量的国际条约，从19世纪初到第一次世界大战前夕，各国所签订的多边和双边条约不下15 000个，其中包括许多实体法国际规范。[1]为适应科学技术的发展，国际上成立了许多国际行政联盟，后来成为建立国际政治组织的影响因素。

　　总之，这一时期国际法的特点有：①确立了一系列调整近代国际关系的国际法原则。②国际法的领域扩大了，国际法得到系统的发展。外交使节制度、国际河流制度、永久中立制度、国际会议制度、和平解决争端制度等确立起来，条约法和战争法也有了很大发展，海洋自由原则得到确认，国际法开始进入国际社会的许多领域。③国际法的适用范围扩大了，从欧洲扩大到整个美洲以至亚洲、非洲的一些国家。④出现了国际组织（如行政联盟，如邮政联盟、无线电报联盟、红十字会等），多边条约的数目增加。但是近代国际法掺杂了一些适应帝国主义扩张的原则、规则和制度，这妨碍了国际法向和平与正义的方向发展。从根本上说，近代国际法仍是以欧洲为中心的。

四、现代国际法

　　现代国际法形成于第一次世界大战之后。第一次世界大战使国际法遭受到极大破坏，但也给国际法带来了新的转机。自第一次世界大战以来，世界政治格局变化很快，十月革命、国际联盟的成立、科技大发展、第二次世界大战、联合国的建立、冷战的开始与结束、殖民体系的瓦解、南北经济、东欧剧变、世界环境恶化等问题不断出现。为适应国际社会的变化，传统国际法规范不断地被更新、改造，或制定出新的国际法原则、规则和制度。特别是《联合国宪章》的产生和联合国的建立，对国际法的发展起了重要作用，标志着国际法发展至另一个新阶段。

　　20世纪，影响国际法发展的因素有很多，其中重要因素主要是：

　　1. 广大新兴独立国家的兴起。第二次世界大战以后，非殖民化运动风起云涌，大批殖民地纷纷独立，成为新兴国家。新兴独立国家崛起后，要求改变不合时宜的国际法规则，促进了现代国际法基本原则的确立。如，亚洲国家在1955年万隆会议上提出十项原则；1963年的《非洲统一组织宪章》确认了五项原则；中印缅三国共同倡导了和平共处五项原则。新兴独立国家团结一致促使联大通过了《关于各国依联合国宪章建立友好关系和合作的国际法原则宣言》《各国经济权利和义务宪章》等国际法文件。

　　2. 国际社会的扩大。近代国际法源于欧洲国际法，早期的国际社会只限于欧洲"文明国家"，将其他大洲的国家都排除在外。随着国际法的发展和新兴独立国家的

---

〔1〕　梁西主编：《国际法》，武汉大学出版社2000年版，第28页。

出现，国际社会包括了世界所有文明相异的国家。国家不论大小及政治经济制度如何，均为国际社会平等的成员，都有权参与制定国际法，并受国际法调整。国际社会的扩大不仅扩大了国际法适用的空间，也从实质上加强了国际法的有效性。[1] 新成员的加入必然会对传统的法律规则提出挑战，如国家及政府之承认、领土取得之方式、条约之效力等，因新国家的出现而发生了很大的变化。在国际社会扩大的同时，国际法主体也在扩大。传统国际法只承认国家是国际法主体，进入 20 世纪以后，特别是联合国成立以后，国际组织的种类和数量都显著地增加，其参与国际关系，在国际政治中起着越来越大的作用。因此，政府间国际组织已逐渐被承认在一定条件下具有国际法律人格，成为国际法主体。随着非殖民化运动的发展，正在争取独立的民族也被认为具有国际法律人格。个人在国际法中的地位也有重大突破。虽然关于个人的国际法主体地位的问题争议还很大，但个人的国际责任已经获得国际社会的承认，无论是纽伦堡和东京国际法庭对第二次世界大战战犯的审判、前南斯拉夫国际法庭和卢旺达国际法庭等的国际司法，还是《防止及惩办灭种罪公约》《国际刑事法院规约》，都加强了对国家行为中个人责任的追究。国际法主体扩大对国际法提出了许多新问题，发展出许多新制度，如国际组织的缔约能力及继承、国际组织官员的特权与豁免、国际组织的使节权、个人在国际法中的责任等。

　　3. 科学技术的突飞猛进。科学技术对社会生活的各方面都有影响，对国际关系和国际法也有深刻的影响。科学技术的发展使人类可以控制的领域不断地扩大，也扩展了国际关系领域，使国际法的调整范围明显扩大，并催生了新的国际法原则、规则和制度。例如，海洋法原来是国际法中一个古老的法律部门，几个世纪以来海洋法只调整海面，但从 20 世纪中叶开始，海洋法从过去的海面法延伸到海底开发制度，出现了专属经济区、大陆架、国际海底区域等新概念。再比如，外层空间法就是人类开始探索太空后出现的一个新的国际法部门；国际环境法是在环境日益恶化时，为保护人类环境不再进一步恶化、维护人类代际公平而出现的新的法律部门。新法律部门的出现必然会产生新的原则、规则和制度。

　　4. 国际经济关系的变化。从 20 世纪 20 年代开始，国家逐渐加强了对经济的干预，使许多经济关系变成国家间的关系，即国家间的经济关系，形成了国际贸易法、国际经济法等新的法律部门，产生了许多新的国际法规范。另外，在新兴独立国家获得政治地位后，迫切要求发展经济，改变旧的国际经济秩序，建立新的国际经济秩序，使国际法从传统的政治领域扩展到经济领域。在新兴国家的推动下，联大通过了《建立新的国际经济秩序宣言》《各国经济权利和义务宪章》和《关于自然资源永久主权的决议》等国际文件，对国家经济活动、国有化补偿政策等产生了重大影响。

---

[1]　梁西主编：《国际法》，武汉大学出版社 2000 年版，第 30 页。

在众多因素的影响下，现代国际法明显与传统国际法不同，其主要特点有：

1. 国际组织在国际法领域发挥的作用越来越大。第二次世界大战后，国际组织的数量激增，它在国际政治中扮演重要的角色。许多重大的事件都是通过国际组织进行的，国际法的编纂工作也完全是由国际组织来承担。联合国对普遍国际法的编纂和逐渐发展负有首要责任，而一些区域性的组织也对区域国际法的发展与编纂发挥着重要的作用。

2. 集体安全制度的发展与完善。[1] 传统国际法认为国家的安全是由"个体"或"个体联盟"的方式保障的，一战以后，出现了集体安全制度。《国际联盟盟约》第11条明确规定："凡任何战争或战争之威胁，无论其直接影响联盟任何一会员国与否，皆为有关联盟全体之事。"第16条的规定更为具体："联盟会员国如不顾本盟约……之规定而从事战争者，则据此事实即应视为对所有联盟其他会员国有战争行为。"可见，盟约关于集体安全的规定大大超出了许多世纪以来的旧的"军事联盟"，它否定"集团对立"，意在加强对组织成员国的法律约束，相互保证共同维护世界安全。《联合国宪章》比起《国际联盟盟约》来，集体安全制度得到进一步完善。《联合国宪章》包含了一些有关集体安全保障的基本条款，主要集中在第七章。《联合国宪章》第39条规定："安理会应断定任何和平之威胁、和平之破坏或侵略行为之是否存在。"如果安理会断定会对世界和平造成威胁，则可以采取第41～42条规定的非武力和武力的强制措施，制止该行为。在《联合国宪章》规定的集体安全制度中，既有法律上具体的制止措施，也有执行机关；同时要求各会员国禁止使用武力和以武力相威胁，对威胁世界和平的国家要集体抵制，以执行安理会的措施。集体安全制度是国际法发展的一个重要的里程碑。

3. 国际司法制度的发展。国际法的执行性较弱，国际司法制度的发展正在逐步弥补国际法的这一缺点。最先设立国际司法制度的是国际联盟所建立的国际常设法院。第二次世界大战后，联合国设立了国际法院，负责审理缔约国之间的法律争端。联合国还根据特别条约成立了特别国际法庭，如前南斯拉夫国际法庭、卢旺达国际法庭；根据《联合国海洋法公约》设立了国际海洋法院等。为追究违反人道法的国际犯罪，国际上还根据《国际刑事法院规约》设立了国际刑事法院。这些司法机制的建立，增强了国际法的拘束力，使国际法向刚性法方面发展。

4. 国际法调整的领域不断扩大。从20世纪以来，国际法调整的范围不断扩大。国际法产生了许多新分支，如外层空间法和空气空间法、环境法、国际组织法、国际刑法等。造成这一现象的原因，除科学技术的发展使国际法调整的范围扩大外，还在于一些原本由国内法管辖的事项也进入国际法领域，由国际条约来调整。例如国际人权法，原来一国怎样对待本国国民是一国的内政，但现在国际人权法成为国际法的重要部门法。

---

[1]　杨泽伟：《宏观国际法史》，武汉大学出版社2001年版，第239～241页、第334～345页。

随着全球一体化的加深，国际法调整范围还有进一步扩大的趋势。

五、中国与国际法

古代中国是否存在国际法是一个有争议的问题。有学者提出，在春秋战国时期，中国诸侯国林立，因此存在国际法遗迹。[1]更有学者主张，早在西周时期，中国就已经存在国际法体系了。[2]持这种观点的学者指出，在春秋战国时代，在国际法原则、外交使节、主体、会盟、承认、和平解决国际争端、战争规则方面都有相关的规则和习惯。[3]但这一时期所谓的国际关系主要是诸侯之间的往来，并不存在近代意义上的"国家"，很难形成国际社会，因此，不可能形成真正的国际法，只能说是存在国际法的萌芽。

秦始皇统一中国以后，中国大部分时间是处于大一统的情况下，其间虽有三国、南北朝、宋辽金等分裂时期，但统一的帝国作为一个概念在很长时期内维持下来了。大一统的中央帝国只承认"天朝"是国家，其他是臣属，与"天朝"不是平等者。中国长时间处于有"国"而无"际"的状态，缺乏国际法生长的土壤。

学者公认的观点是，近代国际法是19世纪中叶被正式介绍到中国来的，当时，西方国家用坚船利炮打破了传统的世界秩序，随之也将国际法带到了中国。其实，早在17世纪中国就已经开始与近代国际法有接触，1689年中俄两国签订的《尼布楚条约》明显受近代国际法规则的影响。1839年鸦片战争前夕，林则徐在广州禁烟时，曾经命令将瓦特尔的《万国法》一书中有关战争、封锁、扣船等章节翻译成中文以供参考，这是中国对西方国际法最早的翻译。将国际法正式、系统地介绍到中国来的是丁韪良（William Martin），其将惠顿的《国际法原理》译成中文，于1864年正式出版，名为《万国公法》，这是被介绍到中国的第一本国际法著作。此后，西方国际法的一些译著陆续在中国出版。

国际法传来中国，对清政府的外交产生了一定的影响。但自鸦片战争失败之后，中国沦为半殖民地，世界列强利用各种不平等条约，在中国取得领事裁判、海关管理、内河航行及驻军等特权；列强在中国强占租界，划定势力范围，强开商埠。西方国家坚持不平等条约的"神圣"性，不适用国际法原则、规则和制度。清政府时期，中国的对外关系主要是不平等条约关系。中国派代表参加了1899年和1907年的两次海牙和会，并签署了有关公约和宣言，但其不平等的地位并未发生改变。

辛亥革命以后，在西方制度的影响下，中国的革命派及其追随者接受了国家、主权和平等的概念。民族主义兴起，反对不平等条约的抗议越来越强烈，因而掀起

---

[1]　丁韪良，中国古国际法的遗迹（Traces of international law in ancient China），New York：Industrial Review Publishing Co.，1883. 载 http：//pds. lib. harvard. edu/pds/viewtext/4581544？n = 1&s = 4。

[2]　[加] J. K. 霍尔斯蒂："古代中国的国际法体系"，载［希腊］尼古拉斯·波利蒂斯：《国际法新趋势》，原江译，云南人民出版社2004年版，第193～214页。

[3]　杨泽伟：《宏观国际法史》，武汉大学出版社2001年版，第402～413页。

了废约运动，经过反复协商与争取，直到太平洋战争爆发后，列强在中国的特权才基本被取消。由于中国在抗日战争中的英勇表现，第二次世界大战结束后，中国的国际地位有所提高。中国参加了 1945 年联合国的创建，并成为联合国安理会的五个常任理事国之一。尽管在形式上中国跨进了国际社会，但由于中国国力较弱，在国际社会一直处于从属地位。直到 1949 年中华人民共和国成立，中国与国际法的关系才发生根本变化。

新中国成立后，中华人民共和国在外交上广泛地运用了国际法的规章制度，并有许多新的创造，为国际法增添了新的内容。例如，中国提出了和平共处五项原则，参与制定了亚非会议十项原则，并在国家承认、民族自决、双重国籍、国际条约、和平解决争端等重大国际法问题的理论与实践上作出了非常有价值的贡献。中国同许多国家签订了政治、经济、文化、科技等方面的平等的双边条约，还参加了大量的全球性公约，对当代国际法律秩序的维护与发展发挥着日益重要的作用。

（一）国际法与国内法的关系

进入 21 世纪后，国际社会出现全球组织化倾向，国际法调整的社会关系越来越广，国内法与国际法的关系成为一个非常现实的重要问题。国内法与国际法的关系牵涉到国际法的性质、渊源、效力根据、主体等国际法的根本性问题，更重要的是它与法律的一般概念有密切联系。关于国内法与国际法的关系主要有两个问题：一是国际法与国内法是否属于同一法律体系；二是国际法与国内法的效力有无先后之分。中外学者提出各种学说试图解决这一问题，但迄今尚未达成共识。关于国际法与国内法关系的理论除本章介绍的"两论三派"外，许多学者还提出了其他所谓"第三理论"，如奥康奈尔提出"协调论"、伊恩·布朗利提出"对等理论"、我国的周鲠生先生曾提出"自然调整说"、李龙等人也曾提出"法律规范协调说"。但这些新提法仍然可以归到"二元论"中去。探讨国际法与国内法的关系，不只是一个理论上的命题，这一问题还涉及各国对国际法的态度、在国际条约与国内法发生冲突时的处理方式等实践问题。中国作为联合国安理会常任理事国之一，参加了众多国际事务，缔结了大量国际条约，但中国宪法并未对这一问题作出规定。无论是从国际条约在国内适用的角度，还是从提升大国信用的角度，该问题都是非常重要的。

（二）全球化对国家主权的挑战

国际社会组织化是人类全球化的结果。经济全球化、政治全球化、法律全球化、文化全球化等现象的出现，给世界政治、经济、文化带来前所未有的机遇和挑战。西方学者提出了"有限主权论""主权过时论""全球主权论"等学说，以弱化国家主权。在这种新形势下，国际法上的国家主权是否呈弱化趋势？主权原则是否被赋予新的含义？全球化与国家主权的关系如何？全球化趋势下国家应如何维护主权？都是国家主权面临的新挑战。

理论思考与实务应用

一、理论思考

（一）名词解释

1. 国际法

2. 国际习惯

3. 一般法律原则

4. 强行法

5. 格老秀斯学派

（二）简答题

1. 简述国际法基本原则的特点。

2. 简述国际法的性质。

3. 简述国际法的渊源。

4. 简述和平共处五项原则的意义。

5. 简述国家主权平等原则。

（三）论述题

1. 论国际法的效力根据。

2. 论国际法与国内法的关系。

二、实务应用

（一）案例分析示范

案例一

美国与联合国于 1947 年订立了《总部协定》。该协定规定，美国允许驻联合国代表团人员进入国境和享有执行职务的特权与豁免。巴勒斯坦解放组织于 1974 年受联合国邀请成为联合国的观察员，并在联合国总部设立了办事处。1987 年，美国参议院通过了《反恐怖主义法》，该法系特别针对巴解组织，规定在美国管辖范围内设立和维护巴解组织的办事机构为非法。而根据《总部协定》的规定，美国有义务允许联合国代表团的人员进入美国和留在美国执行公务。联合国秘书长认为，该《反恐怖主义法》违反了《总部协定》，要求援用《总部协定》第 22 条规定的程序，即通过仲裁来解决这一冲突。但美国以国内法院正在对该法进行诉讼为由，认为仲裁条款不适用。

问：请结合本章内容，分析美国是否有义务遵守《总部协定》第 22 条，通过仲裁解决彼此的争端。

【评析】该案是典型的关于国际法与国内法关系的争端。美国有义务按照总部协定第 22 条的规定，通过仲裁来解决彼此的争端。美国国内法院诉讼是解决《反恐怖主义法》实施的问题，而不是解决其与联合国的争端。条约必须遵守是一项国际法原则，美国作为《总部协定》的缔结方，有义务遵守协定，承担《反恐怖主义法》

违反条约义务的责任。

案例二

甲国是一个发展中国家，由于军事政变而陷入内战。乙国以保卫边境安全为由出兵支持甲国反政府武装，在甲国几个重要港口布设水雷，乙国出动飞机袭击甲国的港口和设施。

问：请结合本章内容，分析乙国的行为违反了哪些国际法基本原则。

【评析】（1）乙国的行为侵犯了甲国的主权，违反了国家主权原则。主权是对内最高权和对外独立权，乙国在甲国的港口布设水雷，是对甲国独立权的侵犯。

（2）乙国的行为违反了不干涉内政原则。《联合国宪章》规定不得干涉纯属一国国内管辖的事项。甲国的军事政变是一国内政，应当由甲国人民自行选择领导人，乙国出兵干涉甲国内战，是对甲国内政的干涉。

（3）乙国的行为违反了禁止使用武力原则。在既没有安理会授权，又不是进行自卫的情况下，乙国以武力公开支持甲国反政府武装，还出动飞机袭击甲国的港口和设施，违反了《联合国宪章》规定的禁止使用武力原则，是对甲国的侵略行为。

案例三

加拿大是联邦制国家，魁北克省是加拿大面积最大的省。魁北克与加拿大其他的省不同，其一直保持着独特的语言、文化和民族传统。魁北克担心它的独特性在加拿大体制中被其周围以英语为官方语言的社会所孤立，所以在魁北克人民党在选举中获胜后，决定行使民族自决权、举行全民公决，以重新决定是否继续保留在加拿大联邦内。

问：请结合本章内容，分析魁北克是否享有国际法上的民族自决权。

【评析】魁北克不享有国际法上的自决权。首先，自决权是殖民地人民或其他被压迫民族（包括非自治领土和托管领土的人民）享有的一项国际法权利。即享有自决权的人民是殖民地或被外国占领领土上的整个人民或民族，而不是构成该人民或民族的部分人或民族。其次，魁北克是加拿大的组成部分，虽然其具有一定的独特性，但它并不是殖民地或被占领领土。因此，魁北克不享有国际法上的自决权。最后，民族自决权的结果并不一定是脱离母国独立出去，是否允许其自决，取决于加拿大宪法的规定。

（二）案例分析实训

案例一

1966年，联邦德国与丹麦和荷兰之间就北海大陆架划界问题发生争端。丹麦与荷兰认为，尽管联邦德国不是1958年《大陆架公约》的缔约国，但该公约规定的以"等距离＋特殊情况"划界的方法已经发展成国际习惯法，联邦德国也必须遵守。联邦德国则主张，"等距离＋特殊情况"的划界方法不是国际习惯法，其提出的时间短，国际实践也不多，因此，主张按公平原则来划分大陆架。

问：请结合本章内容，分析"等距离＋特殊情况"的划界方法是否已经变成国际习惯法。

案例二

从 1895 年到 1913 年间，塞尔维亚王国政府通过银行辛迪加发行了 5 次国债，国债的购买者主要是法国投资者，条件是 4%、4.5% 和 5% 的债券包含不同的黄金支付条款。债券到期时法郎的价值跌到发行债券时的 1/5，债券持有人拒绝接受法国法郎的支付，而要求以黄金支付，被塞尔维亚王国政府拒绝。1928 年，法国代表其国民与塞尔维亚王国政府进行外交谈判失败后，两国将该问题提交国际常设法院。1929年，法院根据法国国内法判决法国胜诉，要求塞尔维亚王国政府用黄金支付。

问：请结合本章内容，分析为什么国际常设法院根据法国国内法判案。

案例三

甲国宪法规定，条约非经将其纳入本国法律的立法或行政行为，不约束国内机关和个人。甲国与乙国签订了一项《通商航海条约》，其中第 3 条规定，双方承诺各依本国宪法程序，采取必要立法或其他措施，以实施本条约的规定；第 5 条规定，双方从事邮件运输的船舶享有豁免权。条约生效后，第三年，乙国一艘邮船在甲国领海内与甲国一艘渔船相撞，导致渔船沉没和一名船员死亡。邮船达到甲国 A 港口后，该港口地方法院扣留了邮船，并对船长提起刑事诉讼。乙国指责甲国违反《通商航海条约》，侵犯了邮船的豁免权，要求立即释放邮船及其船长。甲国法院坚持管辖权，认为通商航海条约不能适用，因为国会或联邦政府没有颁布实施该条约的法令，法院不能适用该条约。甲国政府则称，该国实行三权分立制度，政府不能干预法院的独立审判活动。

根据以上案情，分析甲国扣留乙国和起诉船长的做法是否违反了其与乙国所签订的《通商航海条约》。

 **主要参考文献**

1. ［英］奥本海著，詹宁斯、瓦茨修订：《奥本海国际法》（第一卷第一分册），王铁崖等译，中国大百科全书出版社 1995 年版。

2. ［苏联］费尔德曼、巴斯金：《国际法史》，黄道秀等译，法律出版社 1992 年版。

3. ［美］凯尔森：《国际法原理》，王铁崖译，华夏出版社 1989 年版。

4. ［苏联］童金主编：《国际法》，邵天任等译，法律出版社 1988 年版。

5. 王铁崖：《国际法引论》，北京大学出版社 1998 年版。

6. 周鲠生主编：《国际法》（上册），武汉大学出版社 2007 年版。

7. 杨泽伟：《宏观国际法史》，武汉大学出版社 2001 年版。

第 二 章

国际法主体

【本章概要】与国内法不同，国际法的主体有国家、政府间国际组织和争取独立的民族。本章首先论述了国际法主体的条件、范围，然后论述了国际法基本主体——国家的基本权利和义务以及国家管辖的例外——国家主权豁免问题，最后讨论了基于国际法主体身份而产生的承认和继承问题。

【学习目标】通过本章的学习，学生应重点掌握国家的要素、类型；国家的基本权利；国家和政府的承认和继承的规则；国家主权豁免问题。

第一节 概述

一、国际法主体的概念

所谓国际法的主体，是指能独立参加国际关系，具有直接享有国际法上的权利和承担国际法上义务的能力的国际法律人格者。作为国际法的主体，必须具备以下条件：

1. 具有独立参加国际关系的能力。国际法是调整国际关系的法律，作为国际法的主体，必须具有独立进行国际交往、参加国际关系的能力，不能独立参加国际关系的实体不可能具有参加国际法律关系的资格，不可能成为国际法的主体。例如，一国地方政府未经中央政府特别授权就不具有独立参加国际关系的资格，因而不能成为国际法的主体。

2. 具有直接享有国际法上的权利、承担国际法上的义务的能力。国际法律关系的内容是国际法主体的权利和义务，国际法主体行使这些权利、承担这些义务是建立和发展正常国际关系的基础。但是要行使这些权利、承担这些义务，就必须具有行使这些权利和承担这些义务的能力，如不具备这种能力，就不具有国际法主体的资格。国际法主体的权利义务是由国际法而非国内法设定的，如国际法院1952年在"英伊石油公司案"的判决中认定，该石油公司与伊朗政府的特许协议不是一个国际条约，而是一个政府与外国法人之间的特许合同。这意味着该石油公司在该协议中所享有的只是伊朗国内法上的权利，因而它只是一个国内法主体。[1] 此外，国际法主体是国际法上权利和义务的直接承受者，如果需要经过别的主体的中介或授权才享有权利、承担义务，则不能成为国际法主体。例如，地方政府或联邦制国家的各成员邦，必须经过国家或联邦的授权才能在授权范围内缔结条约或协定，因此不是国际法的主体。当代国际社会中除国家和国际组织外，还有一些实体甚至个人也承受某些国际权利与义务，但它们不是直接承受，基本上是由国家授予的，也不是国际法的主体。

二、国际法主体的范围

随着国际关系的发展，国际法主体的范围也在不断变化。传统国际法认为，只有国家才具有承受国际法上的权利和义务的能力，因此主张国家是国际法的唯一主体。第一次世界大战后还出现了个人是国际法（唯一）主体的观点，持这种观点的理由是国家是一个由个人组成的抽象体，国家所承受的国际法上的权利和义务最终要适用于个人，因而只有个人才是国际法的主体。就国际关系的现实来看，第二次世界大战后，随着民族解放运动的兴起和国际组织的迅速增加，争取独立的民族和国际组织开始参加国际关系，并在国际关系中发挥越来越重要的作用，因此它们也是国际法的主体。

虽然国家、国际组织以及争取独立的民族都是国际法主体，但由于它们的权利能力和行为能力不同，因此它们的国际法主体地位也不同。国家具有完全的权利能力和行为能力，因而是现代国际法最基本的主体；国际组织和争取独立的民族具有部分权利能力和行为能力，因此在一定条件下和一定范围内是国际法的主体。

（一）国际法的基本主体——国家

国家之所以是国际法的基本主体，是因为国家在国际法律关系中处于主要地位、起着主要作用。国家的这种地位和作用是由国家本身的性质决定的，具体体现在以下几个方面：

1. 国家具有完全的权利能力和行为能力。国家的这种完全的权利能力与行为能力是由国家具有主权这一特征决定的，是其他国际法主体所没有的。正在争取独立的民族由于还未最后成为国家，因此实际上不可能像国家那样具有完全的权利能力和行为能力。政府间的国际组织是根据国家之间所达成的协议建立的，其权利能力和行为能力是成员国通过缔结条约授予的、是有限的，其活动不能超出成员国的授权范围。

2. 国际法主要是调整国家之间关系的法律。从国际法调整的内容看，大多数是与国家有关的原则、规则和制度，这使得国家成为国际权利和义务的主要承受者。

3. 国家之间的关系是最基本的国际关系。在当今国际社会中，国际关系种类繁

---

[1]　王虎华主编：《国际公法学》，北京大学出版社、上海人民出版社 2006 年版，第 71 页。

多，但最基本的关系仍是国家间的关系，国家能直接、独立和全面地参加国际政治、经济、法律等关系，在国际关系中居于最主要的地位，起着最重要的作用。离开了国家的参与与彼此的实践，国际法就不能形成和发展。

（二）政府间国际组织

国际组织的国际法主体地位是随着国际组织的发展逐渐得到确认的。第二次世界大战以后，由于国家之间政治、经济等方面的关系日趋密切，联合国以及其他一些国际组织在国际关系中发挥着越来越重要的作用。特别是从 1949 年国际法院作出"关于为联合国服务而受损害的赔偿问题"的咨询意见以来，国际组织的主体地位逐渐得到承认。但是，不是所有的国际组织都是国际法的主体，只有国家或政府之间根据多边条约创设的国际组织才是国际法的主体，个人或民间团体根据一国国内私法所创设的组织是非政府组织，一般不是国际法主体。

国际组织之所以具有国际法主体资格，是因为国际组织不仅具有参加国际关系的能力，也具有直接享有国际法上的权利、承担国际法上的义务的能力。这不但为国际条约和国际文件所确认，也为无数的国际实践所证明。国际组织的权利能力和行为能力具体体现在如下几个方面：

1. 在一定范围内具有参加国际关系的能力。如召开或参加国际会议，向其他成员国或非成员国派遣代表机关，接受（其他）成员国派遣的常驻代表机关，调解国际争端等。

2. 在一定范围内具有缔结国际条约的能力。如国际组织同其机构所在地国签订的特权与豁免协定、同其他国际组织所签订的协定等。

3. 具有进行国际求偿的能力。在上述国际法院 1949 年作出的"关于为联合国服务而受损害的赔偿问题"的咨询意见中，国际法院认为，联合国为了实现其目的和宗旨必须要具备国际人格、享受国际权利和承担国际义务，而当其权利受到损害时，有能力提起国际索赔来维护自身的权利。自此，国际组织的求偿资格获得了普遍的承认。

但是同为国际法的主体，国际组织与国家相比是有局限性的。国家作为国际法主体的依据是主权，国际组织作为国际法主体的依据是国家间所签订的条约，其权利能力与行为能力是由成员国通过条约赋予和限定的，因此它只能在条约规定范围内享有权利和承担义务，是有限的、不完全的国际法主体。

（三）争取独立的民族

争取独立的民族的国际法主体资格是在反对殖民统治、争取民族解放和独立的过程中逐渐得到确认的。20 世纪以来，特别是第二次世界大战以后，殖民地和半殖民地的被压迫民族在争取民族独立的过程中，不仅形成了代表本民族进行民族独立运动的政治组织，而且还作为政治实体参加了国际关系，并逐渐成为国际法律关系的主体。

正在争取独立的民族，主要是指反对殖民统治、争取民族独立、进行解放战争的民族。这些民族要成为国际法的主体必须具备一定的条件，如建立了代表全民族的政治机构、正在为摆脱殖民统治而斗争、控制了一定区域。争取独立的民族之所以能成为国际法的主体，是因为其享有民族自决权，这种权利是一切争取独立的民族建立本民族独立国家的政治法律基础。基于民族自决权，争取独立的民族虽然尚未建立国家，但具有在一定范围内参加国际关系、享有国际法上的权利和承担国际法上的义务的能力，因而成为国际法主体。具体体现在如下方面：

1. 有一定的国际交往能力。如派遣和接受使节，和其他国际法主体或国际组织进行谈判，参加国际组织等。例如，独立前的印度是联合国的创始会员国；巴勒斯坦解放组织 1964 年就加入了阿拉伯国家联盟，1974 年被联合国大会邀请作为观察员参加联合国大会的会议和其他机构的国际会议。

2. 有权采取包括武装斗争在内的不同方式来争取和维护独立，同时享有接受国际援助的权利。这种援助不能被认为是干涉。参加民族解放运动的战斗员适用国际人道主义法。

同为国际法的主体，争取独立的民族与国家相比是有局限性的。争取独立的民族作为国际法主体的依据是民族自决权而非国家主权，因此争取独立的民族的法律权利能力和行为能力受到一定限制。如管辖权的行使，由于争取独立的民族尚未建立起国家，因此管辖权的行使范围受到一定限制。

三、个人作为国际法主体的争论

关于个人是否具有国际法主体资格的问题，一直存在着争论。一种看法认为，个人是国际法主体，另一种观点与此相反。持前一种观点的学者中，具有代表性的为英国的劳特派特和美国的杰塞普。例如《奥本海国际法》就认为："国家可以将个人或其他人格者视为是直接被赋予国际权利和义务的，而且在这个限度内使他们成为国际法的主体。"我国国际法学界一般倾向于认为个人不具有国际法主体资格，其理由在于：国际法主要是国家之间的法律，尽管国际法中包含有关个人的规则，但个人处于所属国家的管辖之下，不具有独立参加国际关系的能力，不具有独立承担国际法权利义务的能力。

认为个人也是国际法主体的观点的论据是：①关于外交代表享有外交特权和豁免的规定；②关于惩处个人国际犯罪行为的规定；③关于保障基本人权的规定。国际法规定外交代表享有外交特权与豁免，但这些权利实质上是被赋予国家的，外交代表只是由于他们有国家代表的身份才能享有这些权利。一般认为，国际法关于惩处个人国际犯罪行为的规定，意味着有关国家和国际法庭对犯有国际罪行的个人有实施惩处的权力。在保障基本人权方面，《联合国宪章》和一些国际公约有关于保障基本人权的规定。但是，这些国际公约对基本人权的规定是国家之间就基本人权达成的协议，意味着国家根据公约承担义务、赋予和保障个人的某些权利。

随着国际法的发展，个人在国际法的某些领域能够直接承受国际法权利义务、从而具有国际法主体资格的情况为我国某些国际法学者所接受。例如，著名国际法学者李浩培先生指出，个人是国际法的部分主体。个人的部分国际法主体地位依赖于各主权国家的意志，由于一些主权国家以条约规定个人具有部分国际法主体地位，个人才取得这种地位。

从目前的国际现实看，即使承认个人在国际法的某些领域具有国际法主体资格，其范围也是很有限的。

第二节　国际法的基本主体——国家

一、国家的要素

在国际法上，国家的构成必须具备四个要素：

1. 定居的居民。国家是人的集合体，人民是国家的基本要素。一定数量的定居的人口是国家行使权力的主要对象之一。但构成一个国家的人口必须是永久性人口，即在国家领土上长久定居的人。他们主要是本国国民，虽然不排除一国境内还有定居的外国人和无国籍人，但一个国家的形成和存在必须有依法确定的固定居民——本国国民。至于人口的多少以及这些人口是否属于同一民族或种族并不具有决定意义。

2. 确定的领土。即一定范围的居民赖以居住和生存的土地。它是国家赖以存在的物质基础，也是国家行使主权的空间，因此，没有确定的领土就不可能形成国家。但国家领土面积的大小无妨国家的存在。另外，有的国家边界没有完全划定，甚至在一定时期内，国家的领土被外国侵占也不影响国家的存在。如日本在侵华战争期间曾占领中国大片领土，但中国依然存在。

3. 政府。这是指代表国家对内实行有效统治、对外进行交往的政权组织，是国家行使权力的机关。政府的名称、组成、性质、形式不决定国家的构成与否，政府的连续性被中断或政府暂时处在国外也并不影响国家的存在。政府的存在是区别国家与非国家实体的重要标志，例如，一个部落纵然有它的首领，但它不是国家，因为它没有政府。由于某种情况出现，使一个国家政府的有效统治暂时中断，如一国领土被外国侵占，该国的政府流亡到外国，并不意味着国家灭亡。如第二次世界大战期间，挪威政府流亡国外，但它仍可代表国家签发命令、参加国际会议等。

政府是指构成国家政治和法律方面公共权力组织的整体，而不是单纯的国家行政机关，应包括行政机关、立法机关和司法机关。

4. 主权。这是国家最本质的属性和最重要的特征，也是国家区别于其他实体的固有属性。所谓主权，是指国家独立自主地处理对内对外事务的最高权力。是否拥有主权是评判一国是否独立于他国并与他国平等交往的标准，没有主权就不能称之为完整意义上的国家。

一般情况下，国家应同时具备四个要素，但在特殊情况下，某一既有国家可能会由于某些自然或人为的原因而致使其政府暂时丧失对其居民或领土的有效控制，其主权也可能暂时或长期受到某种程度的限制，但这些情况原则上不影响其作为国家而继续存在。

二、国家的类型

国家按不同的标准可作不同的分类，但在国际法上，有两种重要的国家划分标准：按国家的结构形式，可分为单一国和复合国；按国家行使主权的情况，可分为独立国和附属国。此外还有一种特殊地位的独立国，即永久中立国。

（一）单一国与复合国

1. 单一国。单一国是实行统一的中央集权的主权国家。全国有统一的宪法，并根据宪法确立统一的立法、司法和行政权；国家内部划分行政区域，各行政区域的地方政府都受中央政府的统一领导；在对外关系中，单一国由中央政府来代表，以单一的国际法主体的身份参与国际关系，某些地方单位经中央政府授权可在特定的范围内具有某些对外的职能，但不能以国家的名义对外交往。中国是统一的多民族国家，属于单一制国家，是一个单一的国际法主体。香港和澳门是我国的两个特别行政区，虽然依法享有高度自治权，包括某些对外交往的职权，但它们仍然是中国的地方行政区域，不是国际法的主体。台湾是中国领土不可分割的一部分，它不具有任何国际法主体的地位。

2. 复合国。现代的复合国主要有联邦和邦联两种。

（1）联邦。联邦是两个或两个以上的成员单位依据宪法组成的联合国家，是目前最重要、最典型的复合国。在国际法上，联邦具有如下特征：①联邦有统一的联邦宪法，联邦政府与其成员邦政府之间的权力根据联邦宪法来划分：以国家存在为目的的一部分职权交给联邦政府，其他职权由各成员邦保留。联邦宪法就是联邦与成员邦分配权力的法律。②联邦有统一的、凌驾于各成员邦之上的最高权力机关，根据宪法行使职权，直接约束各成员邦的公民；而各成员邦在它们职权所及范围内则是完全独立的。③联邦国家本身是一个国际法主体，各成员邦不是国际法主体。联邦政府掌握着国家对外交往权，各成员邦一般不能享有与他国缔约、接受或派遣外交使节等权力。但联邦的各成员邦是否享有对外交往权取决于联邦宪法的规定，有的联邦宪法不赋予其成员邦国际地位，但有个别联邦宪法赋予其特定的成员邦很高的国际交往地位。如，美国宪法规定美国的对外交往权全部集中于联邦政府，各州没有外交权；而德国宪法允许各州在它们有立法权的范围内，经联邦政府核准，与外国缔结非政治性条约；苏联宪法规定它的某些加盟共和国有权与外国建立关系，与它们缔结条约和互派外交、领事代表以及参加国际组织，事实上，乌克兰和白俄罗斯在 1945 年就成为联合国的创始会员国。从国际法的角度来看，联邦就是一个国际法律人格者，是一个国际法主体，各成员邦不是国际法主体。

（2）邦联。邦联是两个以上的完全主权国家为了某种特定的目的，根据它们之间共同缔结的国际条约建立的国家联合体。邦联没有直接对成员国公民行使权力的立法、司法和行政机关，而是设立一个机构作为邦联的共同的中央机关，在邦联赖以成立的条约所规定的范围内代表各成员国处理对外关系、负责协调各国之间在某一事项上的立场，其权力只针对成员国而不能及于成员国公民。邦联也没有统一的军队和财政税收，各成员国公民只有本国国籍而无邦联国籍。邦联本身不是国际法主体，组成它的各主权国家才是国际法主体。邦联产生于资本主义发展的早期，如1815~1866年的德意志同盟、1815~1848年的瑞士同盟。今天，邦联即使有，也非常少。有人认为，苏联解体后，十几个原苏联加盟共和国根据条约成立的独立国家联合体，在性质上是与邦联类似的组织。[1]

（二）独立国与附属国

根据国家是否完全享有主权，可把国家分为独立国与附属国。

1. 独立国。独立国是指行使全部主权的国家。这种国家可以是单一国，也可以是复合国，在国际法上，它是国际法的主体。根据现代国际法，所有国家都是独立国。

2. 附属国。附属国是指由于封建统治残余关系或者帝国主义、殖民主义的外来压力，对他国居于从属地位，只享受部分主权的国家。附属国在实践中又分为附庸国和被保护国。

附庸国是指隶属于他国宗主权下的国家，该类国家享有内政自主权，而是否享有对外交往权要看宗主国与附属国的关系，有的附庸国被完全剥夺了对外关系的能力，有的享有一定的对外关系权。附庸国已成为历史的陈迹。

被保护国指依据条约将其重要的对外事务交由一个强国（保护国）处理而处于该强国保护之下的国家，是否在国际社会上享有某些事项的缔约权、是否能派遣和接受使节等取决于保护条约的具体规定。但在保护条约所允许的范围内，被保护国可以自行处理某些对外事务，属于独立的国际法主体，而非保护国的一部分。与封建社会的宗主权不同，保护关系主要是由帝国主义和殖民主义的侵略政策造成的，如1881年法国对突尼斯的保护、1912年法国对摩洛哥的保护、1914年英国对埃及的保护、1905年日本对朝鲜的保护。随着被保护国的独立，被保护国也已成为历史的陈迹。

（三）永久中立国

永久中立国是根据国际条约在对外关系中自愿承担永久中立义务的国家。一般来说，永久中立国必须具备两个条件：一是自愿承担中立义务，承诺不参加军事集团、不直接或间接地参与到对他国的战争中；二是其永久中立地位得到国际条约的保证。

自1815年瑞士确立永久中立地位以来，永久中立国就作为一项国际制度进入国际法范畴。根据永久中立国的相关国际条约和实践，永久中立国承担的永久中立义务有如下几个方面：一是不得对他国进行战争，也不得参加其他国家之间的战争，

---

[1] 王铁崖主编：《国际法》，法律出版社1995年版，第68页。

但有权对来自外国的侵略进行自卫；二是不得缔结与其中立地位相抵触的条约，如军事同盟条约、共同防御条约和保障条约；三是不得在领土内做出与自己中立地位不相称的行为，如不得允许外国军队过境、不得允许建立外国军事基地、不得接受带有任何有害自己独立的政治条件的援助等。

瑞士是当今最为典型的永久中立国，自其通过 1815 年《维也纳公会宣言》成为永久中立国以来，虽经两次世界大战，却一直保持中立地位。

三、国家的基本权利和义务

国家的权利一般分为基本权利（fundamental rights）和派生权利（secondary rights）两大类。基本权利是国家固有的、不可缺少的权利，它是国家主权衍生出来的权利，也是主权内容的具体化和直接体现，因此国家享有的基本权利都是相同的。派生权利则是从基本权利中引申出来的或根据国际条约而取得的权利，因此不同国家享有的派生权利不尽相同。

国家在享有基本权利的同时也必须承担基本的义务。国家的基本义务是指一国必须承担的根本性义务。国家的基本权利和基本义务是统一不可分离的，一国享有的基本权利，正是他国承担的基本义务，反之亦然。

虽然国家间关于基本权利的内容没有统一的观点，但一般都认为至少包括独立权、平等权、自卫权和管辖权。

1. 独立权。独立权是国家主权在对外关系上的体现，是指国家可以按照自己的意志独立自主地处理对内对外事务而不受他国控制和干涉的权利。独立权包含两个方面的含义：一是自主性，即国家有权独立自主地处理其主权范围内的事务；二是排他性，即国家处理这些事务不受外来干涉的排他性。这两个方面是相辅相成、不可分割的。据此，一国除非受其承担的国际义务的限制，否则对内可以颁布它认为适当的宪法、法律，建立海陆空军部队和军事设施，确定其国家形式、政治和经济体制；对外可自由决定与其他国家缔结条约、建交、结盟、宣战、媾和等，而不受任何其他国家和国际组织的控制、支配和干涉，在其领土和主权管辖范围内排他地行使权利。

2. 平等权。平等权指国家在国际法上享有地位平等的权利。国家都是有主权的，因而都是平等的，这就决定了一切国家不论其大小强弱，不论其社会、政治和经济制度的性质，也不论其经济发展水平的高低，其法律地位一律平等；由于国家的法律地位一律平等，因此享受权利也是平等的。

国际社会已形成的体现国家平等的规则和习惯主要有：①在国际会议或国际组织中，每一个参加国应该享有同等的代表权和投票权；②非经他国同意，不得对他国施加有法律约束力的条约；③各国在缔结条约时都有使用本国文字的权利，签署条约时一般遵循所谓的"轮换制"（alternate）原则；④国家在外交礼仪上享有平等的尊荣权；⑤国家享有司法豁免权。

3. 自卫权。自卫权指国家遭到外来武装攻击时可以使用武力进行反击的权利。

国际法虽然确立了不使用武力的原则，但自卫权是禁止使用武力的例外，是国家基于主权所享有的基本权利。自卫权的重要法律依据是《联合国宪章》第51条，该条不仅确认了国家享有单独或集体的自卫权，同时也规定了国家行使自卫权应遵守的条件。根据该条规定，国家行使自卫权应符合如下条件：①国家只有在遭到武力攻击时才可以采取武装自卫措施，即国家行使自卫权的前提是受到他国的武力攻击。武力攻击包括直接的武力攻击和间接的武力攻击，但不包括一国向另一国反对派提供武器、后勤、财政或其他形式的支持。同时，武力攻击必须是实际发生的攻击，预防性攻击、假想自卫都不符合国际法。②自卫权的行使是在受到武力攻击之后、安理会采取必要办法之前。如果安理会已经采取或正在采取必要行动，则自卫权的行使不得影响安理会的职责。在集体安全保障机制下，会员国对武力攻击事实是否存在的判断及采取的自卫措施，都要服从安理会的决定。③会员国应将其采取的自卫办法立即报告安理会。为避免会员国以自卫为借口非法使用武力，宪章规定了会员国在采取自卫措施后向安理会报告的义务。④符合必要性和相称性原则。自卫权的行使既要有合法的前提，又要行使得当，必要性和相称性原则是确定自卫权行使是否得当的标准。

4. 管辖权。管辖权是指国家通过立法、司法、行政等手段对其领域内的一切人（享受外交特权和豁免权者除外）、物和所发生的事件以及对在其领域外的本国人行使管辖的权利。

在国际实践中，一般将国家的管辖权分为如下四种：

（1）属地管辖权。属地管辖权也称属地优越权、领域管辖权，指国家对其领域内一切人、物和所发生的事件有权实行管辖。国家的属地管辖权是由领土主权决定的，是国家对其领土内一切事务的最高权力。属地管辖权的范围是国家领土，对象是国家领土内的居民，包括本国人、外国人以及无国籍人，以及发生在该领土内的行为和所涉及的人、事、物。随着国际法的发展，国家行使属地管辖权的范围不仅仅限于国家的领土，也包括了传统上不属于国家领土范围的海洋等领域，例如，国家可在专属经济区、大陆架、毗连区等领域行使特定事项的管辖权。但国家在行使属地管辖权时要受到国际习惯法、国家承担的条约义务的限制，如不能对享受外交特权和豁免权者行使管辖权等。

属地管辖权是国家对领土内的人、物、事实行统治的首要和最基本的依据。从国家基本权利的角度讲，国家的管辖权就是它的属地管辖权。1949年联合国大会通过的《国家权利和义务宣言草案》第2条对国家管辖权作出了规定："各国对其领土以及境内之一切人与物，除国际法公认豁免者外，有行使管辖权之权。"

（2）属人管辖权。属人管辖权又叫国籍管辖权，是指国家有权对一切具有本国国籍的人实行管辖，而不问其居住在国内还是国外。这里所谓的"人"，既指自然人，也指具有该国国籍的法人、船舶、航空器等特定物。

国际法虽然并不禁止国家对其在国内外的本国人行使管辖权，但是却限制其行使权力的方式，即国家只能在自己的领土范围内、而不能到他国领土上去行使其属人管辖权，否则就是对他国领土主权的侵犯。在实践中，各国对本国人刑事管辖权的行使往往加以一定的限制，采用刑法属地原则的国家规定国外侨民的行为构成其本国法上犯罪的情形不是很多，采用属人管辖权的国家则往往会对本国人在国外犯罪的管辖附加一定的条件。如我国《刑法》第 7 条第 1 款规定："中华人民共和国公民在中华人民共和国领域外犯本法规定之罪的，适用本法，但是按本法规定的最高刑为 3 年以下有期徒刑的，可以不予追究。"

（3）保护性管辖权。保护性管辖权是指国家对于外国人在该国领域外侵害该国国家和公民的重大利益的犯罪行为行使的管辖权。虽然在国际实践中，国家一般不主张对在外国的外国人行使民事和刑事管辖权，但很多国家法律都规定了一定条件下保护性管辖权的行使，国际社会也承认这种管辖权的行使，认为它与国际法并不冲突。国家对在国外的外国人行使保护性管辖权时，外国人所犯罪行往往是直接针对国家本身的犯罪行为，如威胁国家政治独立和军事安全、伪造货币或针对其国民的犯罪行为，如纵火罪、谋杀罪等，这些罪行一般属于世界各国公认的犯罪行为。

在实践中，国家保护性管辖权的行使不能在他国领土上进行，有赖于外国犯罪人进入管辖国来行使，当外国人不在管辖国时，则通过外国人所在国家同意来行使。许多国家的刑法规定了这种管辖，例如，我国《刑法》第 8 条规定，"外国人在中华人民共和国领域外对中华人民共和国国家或者公民犯罪，而按本法规定的最低刑为 3 年以上有期徒刑的，可以适用本法，但是按照犯罪地的法律不受处罚的除外"。

（4）普遍性管辖权。普遍性管辖权是指根据国际法的规定，对于某些特定的国际罪行，各国有权实行刑事管辖，而不论罪犯国籍如何，也不论罪犯位于何处。与上述几种管辖权不同，这种管辖权的根据不是国籍、领土或国家、国民直接受到侵害，而是违反国际法的犯罪行为。这种犯罪行为的性质非常严重，危及了世界的和平与安全，危害了全人类的共同利益，需要各国共同行动以维护国际社会的公共秩序或公共利益。根据国际习惯法和有关国际公约，可以适用普遍性管辖权的罪行包括战争罪、贩卖毒品罪、贩卖人口罪、种族灭绝罪、种族隔离罪、酷刑罪、海盗罪、空中劫持罪等。国家普遍管辖权的行使范围受到一定限制，即只能在本国领土或本国管辖的范围内或不属于任何国家管辖的地方行使，而不能在别国领土上行使。

在上述四类管辖权中，属地管辖权和属人管辖权是国家主要的管辖权，属于国家的基本权利，其中，属地管辖权是最基本、最主要的权利。

第三节　国家主权豁免

一、国家主权豁免的概念和历史发展

国家主权豁免（sovereign immunity），又称国家管辖豁免，主要是指一国的行为

和财产不受另一国的立法、司法和行政方面的管辖。国家主权豁免在实践中体现为司法豁免，通常是指一国的国家行为和财产不受另一国的司法管辖。国家司法豁免的内容包括：①非经外国国家同意，一国国内法院不得受理以外国国家为被告或以外国国家行为、外国国家财产为诉讼标的的案件；但如果外国国家为原告，被告提起反诉则不在此限。②即使外国国家同意参加诉讼，一国法院也不得采取查封或扣押外国国家财产的诉讼保全措施。③即使外国国家败诉，未经外国国家同意，一国法院也不得对外国国家财产或代表采取强制执行措施。

主权平等原则是国家豁免的理论依据。根据"平等者之间无管辖权"的格言，国家是主权独立的，因而是平等的，一国不能对另一国的行为和财产进行管辖。国家主权豁免原则自出现以来，通过各国的司法实践，逐渐演变成国际习惯法规则。美国法院在1812年的"交易号案"中判称"与美国处于和平状态的外国军舰，在美国政府允许其入港的情况下，不受美国法院管辖"。在1879年的"比利时国会号案"中，英国初审法院认为该船从事商业性行为，不享有豁免权，但上诉法院驳回初审判决，认为国家船舶即使从事商业性活动也同样享有豁免权。德国、法国、比利时等西方国家的法院在审判实践中也开始遵循主权豁免的原则。

对于国家主权豁免适用的范围，历来存在两种理论：一是绝对豁免理论，二是有限豁免理论。绝对豁免理论认为，不论财产和行为的性质和目的如何，只要是国家的财产和行为都应给予豁免。第一次世界大战之前，绝大多数国家都实行绝对豁免。第一次世界大战后，特别是第二次世界大战后，随着国家涉足经济的规模逐渐扩大，国家越来越多地参加了以前属于私人经营范围的贸易、企业、经营等活动，社会主义国家和第三世界国家所特有的政府控制经济的模式及世界范围内的国有化浪潮，更是使得政府频繁地与外国私人或公司进行商业交易。这样，国际经济贸易纠纷中逐渐出现国家与私人的矛盾，国家豁免问题逐渐成为当事各国关注的焦点，绝对豁免理论开始受到挑战，有限豁免理论开始占据优势。有限豁免理论认为，国家的财产和行为是否享有豁免权，应视财产和行为的不同性质或目的来定。该理论主张把国家行为按其性质或目的分为公法性质行为和私法性质行为、主权行为和非主权行为、政治行为和商业行为、统治权行为和管理权行为等，前者在他国可以享有豁免权，而后者则不能享有。

关于上述行为的划分标准，目前国际上存在三种理论和实践，即性质标准、目的标准以及性质和目的的混合标准。性质标准认为，主权行为是一国只能以主权者身份依照公法行使权力的行为，如果私人也能依法从事，则该行为属于非主权行为。如征收财产、试验核武器，只能由主权国家从事，因此属于主权行为，而签订合同购买粮食很显然属于非主权行为。尽管该标准存在很多争议，但在国家实践中一直占据主导地位。[1] 目的标准认为，国家以公共利益为目的的行为是主权行为，不以公共利益为目的的行为是非主权行为。如国家为赈灾而购买粮食的行为属于主权行为，只单纯采购粮食的行为属于非主权行为。混合标准则兼采目的和性质来确定国家的行为。如《联合国国家及其财产管辖豁免公约》第 2 条第 2 款规定，在确定一项合同或交易是否为商业交易时，应主要参考该合同或交易的性质，但如果合同或交易的当事方已达成一致，或者根据法院地国的实践，合同或交易的目的与确定其非商业性质有关，则其目的也应予以考虑。

有限豁免的国家实践可以追溯到 19 世纪末。1886 年意大利那不勒斯法院在判决中确立了外国国家对纯粹私法范围内的问题不适用司法豁免的原则。[2] 第一次世界大战至 20 世纪 60 年代，法国、德国、奥地利、瑞士、希腊等欧洲大陆国家逐步从绝对豁免主义转向有限豁免主义，美国从 20 世纪 40 年代起开始逐渐向有限豁免主义转变，1976 年《外国主权豁免法》的通过意味着转变的完成。至 20 世纪 80 年代，原来主张绝对豁免主义的国家，如澳大利亚、新西兰、加拿大、印度、巴基斯坦、日本以及许多南美国家，均完成了向有限豁免主义的转变。

伴随着越来越多的国家转向有限豁免主义，许多国家进行了有限豁免主义的立法，如英国 1978 年《国家豁免法》、新加坡 1979 年《国家豁免法》、巴基斯坦 1981 年《国家豁免法令》、南非 1981 年《外国主权豁免法》、加拿大 1982 年《国家豁免法》、澳大利亚 1985 年《外国国家豁免法》。放弃绝对豁免主义的区域性国际公约也出现了，如 1972 年的《欧洲国家豁免公约》。

二、《联合国国家及其财产管辖豁免公约》的主要内容

由于各国在国家主权豁免方面的实践差异很大，并体现在国内立法和区域性公约中，从而导致各国在国家主权豁免立法和实践方面的矛盾和冲突。为确立关于国家主权豁免的明确和统一的规则、协调各国的实践，国际法委员会在 1977 年提出制定国家及其财产管辖豁免规则，开始了草案的起草工作。1991 年，国际法委员会完成了草案，提交联大审议。由于草案审议很难取得实质性进展，联合国大会于 2000 年 12 月通过决议设立了"国家及其财产管辖豁免问题特设委员会"，以起草《联合国国家及其财产管辖豁免公约（草案）》。2004 年 3 月，委员会向联合国大会提交了公约草案。同年 12 月 2 日，第 59 届联大第 59/38 号决议通过了该公约，并于 2005 年 1 月 17 日开放供各国签署。《联合国国家及其财产管辖豁免公约》（以下简称《2004 年豁免公约》）是第一个全面规范国家及其财产管辖豁免问题的普遍性国际公约，也是第一个确认国家及其财产限制豁免的多边国际公约。2005 年 9 月 14 日，外交部部长李肇星代表我国政府在联合国总部签署了《2004 年辖免公约》。

《2004 年豁免公约》主要由序言、正文和 1 个附件组成，正文包括 6 个部分，共

〔1〕　王虎华主编：《国际公法学》，北京大学出版社、上海人民出版社 2006 年版，第 83 页。
〔2〕　王虎华主编：《国际公法学》，北京大学出版社、上海人民出版社 2006 年版，第 83 页。

33 个条款，主要内容包括：

（一）国家主权豁免的一般原则

《2004 年豁免公约》原则上规定了国家行为及财产在他国享有管辖豁免，包括司法管辖豁免和执行豁免，同时强调了国家行为及财产在他国享有的司法豁免权。对于国家的司法豁免权，国家有权通过明示同意、主动参与诉讼、提起反诉三种方式放弃。

（二）司法管辖豁免的例外

虽然《2004 年豁免公约》第 5 条确认了国家在他国享有司法管辖豁免权的原则，但受有限豁免主义理论和发达国家豁免实践的影响，又明确规定了一国在因下列事项而引发的诉讼中不得援引管辖豁免：①商业交易；②雇佣合同；③人身伤害和财产损害；④财产的所有、占有和使用；⑤知识产权和工业产权；⑥参加公司或其他集体机构；⑦国家拥有和经营的船舶；⑧仲裁协定的效果。不过，在第②、③、④、⑤和⑦项情势中，如有关国家间另有协议，被告国亦可主张管辖豁免。一国如与外国一自然人或法人订立书面协议，将有关商业交易的争议提交仲裁，则该国不得在另一国管辖的法院有关下列事项的诉讼中援引管辖豁免：①仲裁协议的有效性、解释或适用；②仲裁程序；③裁决的确认或撤销。

（三）强制执行的豁免

《2004 年豁免公约》规定，除非一国明示同意放弃执行豁免，或者该国已经拨出或专门指定某项财产用于清偿对方的请求，另一国法院不得在诉讼中对该国财产采取判决前的强制措施，如查封和扣押措施，亦不得采取判决后的强制措施，如查封、扣押和执行措施。国家对于执行豁免的放弃，只存在明示放弃的形式，而不存在默示放弃的形式。此外，即使依《2004 年豁免公约》第 7 条认定一国明示同意放弃管辖豁免，另一国亦不得基于此而认为该国已默示同意对其国家财产采取强制措施。

（四）国家豁免的主体

国家享有主权豁免，是豁免权的主体，但国家是一个抽象的概念，它通过具体实体和个人实施国家行为、持有国家财产，因此确定哪些实体以及个人有权在外国法院代表国家并援引管辖豁免具有重要的意义。根据《2004 年豁免公约》第 2 条的规定，下列四类实体和个人可代表国家：①国家及其政府的各种机关；②有权行使主权权力并以该身份行事的联邦国家的组成单位或国家的政治区分单位；③国家机构、部门或其他实体，但它们须有权行使并且实际在行使国家的主权权力；④以国家代表身份行事的国家代表。

（五）国家豁免的放弃

《2004 年豁免公约》还详细规定了国家豁免权的放弃。国家放弃豁免权既可以采用明示方式，也可以采用默示方式。明示方式包括：①国际协定；②书面合同；③在法院发表的声明或在特定诉讼中提出的书面函件。默示方式包括：①一国本身就该事项或案件在他国法院提起诉讼；②介入该诉讼或采取与案件实体有关的任何其他步骤，但一国因援引豁免、主张有待裁决的财产权利或利益而派代表出庭作证、未出庭等行为除外。③提起反诉。

（六）《2004 年豁免公约》适用范围

《2004 年豁免公约》排除适用的情况有三个：①不影响现有有关特权与豁免的安排；②不涉及刑事诉讼豁免问题，而将此问题留给习惯国际法解决；③不适用于军事活动。同时，《2004 年豁免公约》不具有溯及既往的效力，对于生效前有关国家及其财产豁免的争端不适用。

第四节　国际法上的承认

一、承认的概念

国际社会上的国家数目并不是一成不变的，不断会有新国家产生，代表国家的政府也会发生变化，这就产生了承认问题。国际法上的承认是指既存国家对于新国家、新政府或其他事态的出现，以一定的方式表示接受或同时表示愿意与其发展正常关系的政治和法律行为。承认是国际法上的一项重要制度，它既是国家的一种政治行为，又会产生重要的法律后果。

国际法上的承认具有如下特征：

1. 承认一般是国家单方面、任意性的行为。当新国家、新政府出现时，是否承认、何时承认、以何种方式承认是由既存国家单方面决定的，无须征得对方的同意，既存国家在国际法上也没有承认新国家、新政府的法律义务。在国际实践中，至今没有一个国家因不承认新国家或新政府而被指责为非法。

2. 承认既是既存国家对新国家、新政府出现这一事实的确认，也表明承认国愿意与新国家、新政府建立正式的外交关系。但承认作出后，由于种种原因，既存国家和新国家、新政府可能没能建立外交关系。

3. 承认将会产生一定的法律效果。承认虽然是国家的政治行为，但一经作出就会产生一定的法律后果，在承认国与被承认国之间奠定全面交往的法律基础，直接影响两国之间的权利与义务关系。

二、国家的承认

（一）新国家产生的情势（circumstances of recognition）

新国家产生的情况是多种多样的，一般在下列几种情况下产生对新国家的承认问题：

1. 独立。殖民地和附属国人民通过武装斗争或和平方式摆脱原来的殖民国家或宗主国的统治成为新独立的国家。第二次世界大战后，亚非许多民族独立国家就通过摆脱殖民统治建立了新国家。

2. 合并。两个或两个以上独立国家通过协议合并成一个新国家。如 1964 年坦葛尼喀与桑给巴尔合并为坦桑尼亚共和国；1990 年 10 月联邦德国和民主德国合并成统一的德国。

3. 分离。从一个国家领土上分离出一部分或几部分，脱离母国而成立一个或几个新国家。如 1971 年东巴基斯坦从巴基斯坦分离，宣告成立孟加拉国；20 世纪 90 年代，波罗的海三国从苏联分离。

4. 分立。一个国家因解体而分裂成几个或若干个新国家，原国家不复存在。例如，第一次世界大战后奥匈帝国一分为三，建立了奥地利、匈牙利和捷克斯洛伐克；1961 年，阿拉伯联合共和国分裂为埃及和叙利亚；1992 年，南斯拉夫解散；1991 年，苏联解体，其各加盟共和国分别成立了 15 个新国家。

（二）国家承认的性质

关于承认对新国家的国际法主体资格有多大的影响，国际法学界一直存在有争议的两种学说，即构成说和宣告说。

持构成说的学者认为，新国家只有经过承认才能成为国际法主体；如果一个新国家产生后未经既存国家的承认，则即使其完全符合国际法主体的条件，仍不能取得国际法主体资格，承认的作用就在于使国家成为一个国际人格者。19 世纪以来，持这种观点的学者很多，如《奥本海国际法》认为，一个国家只有经过承认才能够算是一个国际人格者。因此，承认是具有构成性的。

持宣告说的学者认为，承认只是既存国家对新国家存在的事实的确认或宣告而已，并不具有创造国际人格的作用。新国家的国际法主体资格取决于其成为国家的事实，承认不能把一个并不存在的国家变成法律上的存在。一个国家如果事实上确已存在的话，没有获得承认也是可以存在的，不论其他国家是否予以正式承认，这个国家也是有权被别国作为国家看待的。承认的主要任务是宣告一件不大明确的事情成为事实。这一学说现在获得了多数学者的支持，并且 1933 年的《美洲国家间关于国家权利和义务的公约》和 1936 年国际法学会在布鲁塞尔年会上的决议也都对其予以支持。

其实，新国家诞生后成为独立主权国家，就必然成为国际法主体，不取决于既存国家的承认。即使其他国家不承认，新国家仍然享有国际法所规定的国家的基本权利。从这一点看，宣告说更有道理。但相比构成说，宣告说没能看到既存国家的承认对新国家基本权利实现的作用。新国家一旦产生就具有对外交往权，但只有经过既存国家的承认，新国家才有行使国际法权利的可能，即新国家国际法权利的实现依赖他国的承认。实践中，新国家产生后往往致力于争取国际社会的承认，积极参加国际关系，实现自己的国际法权利。

（三）不承认原则

根据国际法，国家虽然没有承认新国家的义务，但对于违反国际法用武力制造出来的傀儡国家却承担着不承认的义务。按照国际法上"不法行为不产生权利"的原则，违反国际法的行为不能成为违法者获得法律上权利的源泉。例如，外国侵略者用武力在既存国家领土的一个部分上建立一个傀儡国家，这种由侵略者扶植起来并完全靠侵略者武力维持的傀儡组织根本不是一个国家，外国侵略者本身破坏了原主权国家的主权和领土完整，违反了尊重国家主权和领土完整及不侵犯的国际法原则。他国对这样的傀儡国家不能承认，否则就构成对侵略行为的支持和肯定。例如，伪"满洲国"的承认问题。1931 年，日本帝国主义发动侵略中国的"九·一八"事变，占领中国东三省。1932 年，日本占领者一手制造出一个所谓的伪"满洲国"傀儡组织。1932 年 1 月 7 日，当时的美国国务卿史汀生就日本在中国东北扶植成立的伪"满洲国"照会中、日两国政府，声明美国政府不承认任何以违反 1928 年 8 月 27 日《巴黎非战公约》义务的手段所造成的任何情势、条约或协定，被称为"史汀生不承认主义"。这一声明的观点相继为国际联盟的决议和其他国际协议所接受。国际联盟在 1932 年 9 月 4 日的报告书中指出，这个傀儡组织的成立完全是由于"日本军队的在场"和"日本文武官吏的活动"，不能认为由真正的及自然的独立运动所产生。对这样的由侵略造成的情势，除了日本的同盟国给予承认外，其他国家没有承认。1970 年，当南罗德西亚在种族主义基础上宣布建立独立国家后，联合国安理会要求所有国家不承认这样一个"非法的种族主义少数政权"。1970 年的《关于各国依联合国宪章建立友好关系和合作的国际法原则宣言》宣布，"使用威胁或武力取得之领土不得承认为合法"。

三、政府的承认

当国家的国际法主体地位没有发生变化，而代表国家的政府发生更迭时，就会产生对政府的承认的问题。政府承认是指承认新政府为国家的正式代表，并表明愿意同它发生或继续保持正常关系。

政府更迭是引起政府承认的原因，但只有在社会革命产生新政府、政变产生新政府的场合才发生政府的承认。前者如 1917 年俄国十月革命产生的苏维埃政府、1949 年中国新民主主义革命胜利后建立的中华人民共和国政府，后者如 2009 年几内亚政变后产生的新政府。按照宪法程序而产生的政府更迭，如正常的王位继承、通过正常选举而产生的新政府，都不发生政府承认问题。

新政府产生后，既存国家一般根据"有效统治原则"作出承认的决定，即新政府必须能在其控制下的领土内有效地行使权力，并且得到人民的支持和服从。既存国家不必考虑新政府的起源和法律根据，因为一国内部革命或政变建立的政权尽管违反其国内法的规定，但仍属该国内部情势变化，并不违反国际法。但也有一些国家强调新政府的法律根据的重要性。1907 年，厄瓜多尔外长托巴主张，凡是以违反宪法的手段掌握政权的政府都不应该被承认，这就是"托巴主义"。同年缔结的中美洲《五国条约》规定，不承认任何以革命手段建立起来的政府。一国可以对新政府承认或不承认，但不能利用承认干涉内政。《奥本海国际法》也指出："国家实践并不拒绝承认不合宪法手段产生而一旦有效建立的政府，而且符合宪法的合法性不能认为是承认政府的一个确定的条件。"[1] 因此，"托巴主义"是违背国际实践的做法。

对符合条件而存在的新政府，别国是采取明示承认还是默示承认，是国家自行决定的事。不过，国际实践表明，很多国家通过默示方式承认新政府。1930 年，墨西哥外交部部长艾斯特拉达声明，墨西哥在外国发生革命或政变时将不发表任何给予承认的声明，而仅决定是否与有关外国政府继续保持外交关系。这一立场被称为"艾斯特拉达主义"。20 世纪 60 年代以来，更多的欧洲和美洲国家放弃了明示承认新政府的方式，如法国、比利时、美国、英国等。

四、对交战团体和叛乱团体的承认

对交战团体的承认是在一国发生内战的情况下，其他国家为保护本国的利益和尊重内战双方的合法权利，承认非政府一方为交战团体的行为。19 世纪，对交战团体的承认就开始出现，如英法两国承认美国南北战争中的南方同盟为交战团体。20 世纪 60、70 年代，随着民族解放运动的高涨，对交战团体的承认的问题变得更为突出，大多数国家和联合国承认争取民族解放的民族的独立地位。

实践中，非政府交战一方要获得既存国家的承认，一般要具备如下条件：①叛乱具有明确的政治目的，并在军事组织领导下进行；②叛乱达到相当的规模，处于与政府发生全面武力敌对行为或内战状态；③已经控制该国一部分领土，并对之实施有效管理；④遵守战争法法规。对交战团体的承认产生一定的法律效果：对承认国来说，承认作出后将承认交战团体在其所控制领土上的权力，与它们保持一定的关系以保护本国的利益，同时应承担中立义务，对内战双方保持中立；对被承认的交战团体来说，其应对所控制地区发生的事件负国际责任，其所对抗的本国政府相应地解除责任，同时可享受战争法规的待遇。

当叛乱尚未达到内战的程度时，其他国家不能将叛乱者承认为交战团体，只能承认其为叛乱团体。对叛乱团体的承认是一种事实承认，只表明承认国在一定范围内对政府与叛乱者之间的武装斗争保持中立。这往往是承认国为了本国商业、侨民利益等得到保护，有必要与叛乱者保持一定联系而作出的一种权益行为，并不使叛乱团体享受交战团体的权利。

五、承认的方式和效果

（一）承认的方式

就对新国家或新政府表示承认的方式而言，国际法并无统一规定。在实践中，国家通过明示的或默示的方式来表达其对新国家或新政府的承认。

明示承认是指承认者以明白的语言文字直接表达承认的意思。从国际实践来看，明示承认有三种方式：①承认国以照会、函电等方式正式通知被承认者，表示对其

---

[1]　[英] 奥本海著，詹宁斯、瓦茨修订：《奥本海国际法》（第一卷第一分册），王铁崖等译，中国大百科全书出版社 1995 年版，第 108 页。

予以承认。如 1957 年周恩来外长致电突尼斯外交部部长告知："中华人民共和国政府已正式决定承认突尼斯共和国。"这种明白宣告的方式是国际上最常用的方式。②数个国家，包括新国家在内，签订议定书或条约，其中载有宣布承认新国家的条款；既存国家还可以在其与新国家签订的国际文件中宣布承认新国家。如第一次世界大战后，德国在《凡尔赛和约》中声明承认捷克斯洛伐克和波兰；奥地利在《圣日尔曼和约》中声明承认南斯拉夫独立。③数个国家，不包括新国家在内，签订议定书或条约，其中载有宣布承认新国家的条款，如英、俄、法依 1830 年签订的《伦敦议定书》承认希腊独立。

默示承认指不直接表达承认的意思，而是通过与新国家或新政府的实际往来表明承认的意图。默示承认通常有如下几种形式：①既存国家与新国家正式缔结双边条约；②既存国家与新国家建立外交关系；③既存国家与新国家建立领事关系并发给领事证书；④既有国家在政府间国际组织中投票表示接纳新国家为该组织的成员。但是，与新国家或新政府共同参加国际会议、国际组织，或与新国家同为多边条约的当事国，或与新政府保持某些必要的非官方接触，都不构成默示承认。

根据承认的效果，承认可分为法律上的承认与事实上的承认。法律上的承认是永久的、不可撤销的，只要被承认的国家或政府继续存在，承认就一直有效。法律上的承认意味着承认国愿意与被承认国建立全面的正式关系，进行全面交往，因而构成两国间发展正常关系的法律基础。通常情况下，对新国家的承认都是法律承认。

当既存国家或出于政治考虑，或是对新国家地位的巩固尚缺乏信心，不愿意立即与新国家建立全面的正式关系，但实际上又有与之进行一定交往的必要时，就会给予新国家一种事实上的承认。事实承认是非正式、不完全的承认，承认国可以随时撤销。事实承认不能带来承认国与被承认国之间全面的外交关系，通常表明承认国只愿与被承认国在经济、商业、贸易、科技文化方面建立联系，不发生政治、外交和军事关系。事实承认往往导致法律上的承认，但法律上的承认并非一定要经过事实上的承认。多数情况下，国家作出的承认都是法律承认。

（二）国家承认的法律效果

承认一经作出，就会产生一系列的法律效果。对新国家的承认意味着接受新国家为国际社会的成员，承认其作为国家所具有的权利和义务；对新政府的承认意味着接受新政府为国家的代表，承认其行为在国际法上是有效的。承认产生的法律效果主要包括：

1. 奠定两国建立正式外交关系和领事关系的基础。承认是建交的前提，一国一旦承认新国家或新政府，随后就会与其建立或保持外交关系。但由于建交是双方的行为，因此会出现承认后双方并不建交的情况。

2. 尊重被承认国作为国际法主体所具有的一切权利。承认国一旦作出承认，就必须尊重被承认国作为国际法主体所具有的一切权利：①承认新国家、新政府行政、立法和司法权的效力，且该承认具有溯及的效果，即行政、立法和司法权的行使被视为自成立之日起具有法律效力。②承认新国家、新政府的行为和财产享有主权豁免。③承认新国家、新政府在承认国法院进行诉讼的权利。对新政府的法律承认一经作出，就意味着对旧政府承认的撤销，被承认国新政府取得在承认国法院出庭诉讼的权利，前政府就丧失了在承认国法院的诉讼权。④承认新政府接管前政府在承认国境内的国家财产的权利。

法律上的承认将产生全面的法律效果，事实承认的效果不如法律承认的效果广泛，主要包括：双方可以建立经济、贸易关系，缔结通商协定或非政治协定，承认国接受被承认国的领事和商务代表，承认被承认国的立法、行政、司法权力，被承认的国家在承认国法院享有主权豁免。

第五节　国际法上的继承

一、继承的概念

国际法上的继承是指由某种法律事实的发生而引起的，国际法上的权利与义务由一个承受者转移给另一个承受者所发生的法律关系。国际法上的继承具有如下特点：①继承的主体是国家、政府或政府间国际组织。②继承的对象是国际法上的权利义务，即从国家的基本权利义务中派生出来的、与转移领土相关的特定的权利义务，包括对条约、国家财产、国家债务、国家档案等事项的继承。③继承发生的原因是领土的变更、政府的更迭或国际组织的相互取代。由于参加继承关系的主体不同，国际法上的继承可分为国家的继承、政府的继承和国际组织的继承。不同的继承有不同的规则，其中，国家继承是最重要和最基本的一种继承。

二、国家继承

国家继承是指由于领土变更的事实而引起的一国的权利和义务转移给另一国的法律关系。

国家领土的变更是引起国家继承的原因。从国际实践看，引起国家继承的领土变更的情况主要有五种：①合并。两个或两个以上国家合并成一个新国家，原来的国家不复存在，或合并后保留其中一个国家的国际人格者地位，另一个国家不复存在。②分裂。一国分裂成数国，原先的国家不复存在。③分离。一国的一部分或几部分领土从该国脱离出去建立新国家，原先的国家继续存在。④独立。原先的附属国、非自治领土或殖民地获得独立，建立新国家。⑤转让或交换领土。一国领土的一部分通过割让、赠予、买卖或交换转移给另一国，成为另一国的领土。

国家继承的对象是国家在国际法上的权利和义务，但不是指国家的基本权利义务，而是指从国家的基本权利义务中派生出来的、与转移领土相关的特定的权利义务。这种权利义务必须符合两个条件：一是必须符合国际法，一切与国际法相抵触的权利义务均不属于继承的范围；二是必须与所涉领土有关联，与所涉领土无关的权利义务不属于国家继承的范围。属于国家继承的对象的权利义务主要有两大类，即条约方面的国家继承和条约以外事项的国家继承，条约以外事项的继承又分为国家财产的继承、国家档案的继承和国家债务的继承。

由于国家在继承实践上的做法不一致，因此有关继承的国际习惯法规则比较含糊。20 世纪 60 年代初，国际法委员会开始了有关继承的国际法编纂工作。经过多年的努力，1978 年 8 月 22 日，联合国大会通过了《关于国家在条约方面的继承的维也纳公约》（包括序言、50 个条款和 1 个附件），开放签署后，公约于 1996 年 11 月 6 日生效。国际法委员会在 1967 年开始了关于国家对国家财产、档案和债务的继承问题的工作。1983 年 4 月 7 日，联合国大会通过了《关于国家对国家财产、档案和债务的继承的维也纳公约》，但由于公约存在缺陷，至今尚未生效。

（一）条约的继承

条约的继承是指被继承国的条约对继承国是否继续有效。一般认为，被继承国以一个国际人格者的资格签订的纯属政治性的条约，或称人身条约或属人条约，一般不予继承，如友好条约、同盟条约、仲裁条约、中立条约等，这类条约一般随缔约国的国际人格消亡而效力终止。处理与所涉领土有关的事务的处分性条约，也叫非人身条约（如划界条约，边界河流或湖泊的管理条约，与陆地、公路、铁路有关的条约），都应该继承。但是，对于被继承的条约，继承国在继承后有权按照《条约法公约》的规定提出修改或终止。至于经济性条约是否予以继承，缺乏统一的国际实践，由继承国与被继承国或第三国协商决定是否予以继承。

领土变更的情况不同，条约继承的具体规则也有所不同：

1. 在转让或交换领土的情况下，被继承国签订的条约在所涉领土上失去效力，继承国的条约开始生效。但从条约中可知或另经确定该条约对该领土的适用不符合条约的目的和宗旨，或者根本改变实施条约的条件时，则条约不适用。

2. 两个或两个以上的国家合并建立新国家时，对其中任何一个国家有效的条约，继续对继承国有效，继承以后的效力范围仍限于原来的领土范围。但从条约中可知或另经确定该条约对继承国的适用不符合条约的目的和宗旨，或者继承国与别的当事国有协议时，则条约不适用。

3. 在国家领土分离或解体的情况下，不论继承国是否继续存在，原来对被继承国全部领土有效的任何条约，继续对每一继承国有效；仅对其部分领土有效的条约，只对该领土组成的继承国有效。但如果有关国家另有协议，或者从条约中可知或另经确定，该条约对继承国的适用不符合条约的目的和宗旨，或者根本改变实施条约的条件时，则条约不适用。

4. 基于新独立国家与被继承国之间的特殊关系，新独立国家对条约的继承适用特殊的规则。原则上，新独立国家对于任何条约都没有维持其效力的义务。对于多边条约，继承国有权决定是继承还是拒绝继承。如果决定继承，可以发出继承通知，以确立其成为多边条约缔约国的地位；如果被继承国已签署但尚未批准，继承国可通过相应的手续而成为该条约的缔约国。对于双边条约，新独立国家可通过对另一条约当事国明示同意，或通过行为默示同意来继承。但新独立国家与另一条约当事国之间存在的条约关系，不能被解释成新独立国家与被继承国之间存在的条约关系。

（二）条约以外事项的继承

条约以外事项的继承包括国家财产的继承、国家档案的继承和国家债务的继承。

1. 国家财产的继承。国家财产的继承是指被继承国的国家财产转属继承国，被继承国丧失对该国家财产的权利，继承国取得对该国家财产的权利。根据 1983 年《关于国家对国家财产、档案和债务的继承的维也纳公约》的规定，国家财产是指国家继承之日，按照被继承国国内法为该国所拥有的财产、权力和利益。国家财产继承只涉及继承国与被继承国之间的财产转属问题，对第三国在被继承国领土内所拥有的财产不发生影响。

领土变更的情况不同，财产继承的具体规则也有所不同：

（1）在转让或交换领土的情况下，继承国与被继承国应首先通过协议解决财产继承问题；如无协议，则位于国家继承所涉领土内的被继承国的国家不动产转属继承国，动产则根据所涉领土生存原则决定是否转属。即动产的继承不能单纯根据地理位置，而要看该动产是否与所涉领土活动有关，与所涉领土活动有关的国家动产转属继承国，无关的则不能转属。

（2）两个或两个以上的国家合并建立新国家时，被继承国的国家财产，包括动产和不动产，都转属继承国。

（3）在国家领土分离或解体的情况下，继承国与被继承国之间可以用协议解决财产继承问题，如无协议，则：①位于某一继承国领土内的被继承国的国家不动产应转属该继承国；位于被继承国领土外的国家不动产应按照公平的比例转属各继承国。②与国家继承所涉领土活动有关的被继承国国家动产转属有关继承国；其他的被继承国国家动产应按照公平的比例转属各继承国。但因国家继承引起的继承国之间的公平补偿问题不受上述规则影响。

（4）新独立国家的财产继承问题。与条约继承一样，新独立国家对财产的继承适用特殊的规则：①位于继承所涉领土内的被继承国的国家不动产应转属新独立国家；位于继承所涉领土外并属于该领土但在领土附属期间已成为被继承国国家财产的不动产亦应转属新独立国家；位于继承所涉及领土之外的被继承国的国家不动产，附属领土曾为其创造做出贡献者，应按照附属领土所做贡献的比例转属新独立国家。②与继承所涉领土活动有关的被继承国国家动产应转属新独立国家；属于继承所涉领土并在领土附属期间成为被继承国国家财产的动产亦应转属新独立国家；其他被继承国的国家动产，附属领土曾为其创造做出贡献者，应按照附属领土所做贡献的比例转属新独立国家。③当新独立国家与被继承国订立协议解决继承问题时，该协议不应违反各国人民对其财富和自然资源享有永久主权的原则。

2. 国家债务的继承。国家债务的继承是指被继承国的国家债务转属继承国。国家债务是指国家按照国际法对他国、国际组织或任何其他国际法主体所负的财政义务。国家债务的继承对债权人的权利义务不发生影响。从国家继承的意义上看，债务可分为三类：①一个国家所负的债务，称为国债；②以国家名义承担的而实际上是用于国家领土某一部分的债务，称为地方化债务；③由地方当局承担并由该地方当局使用于该地区的债务，称为地方债务。按照国际法，除地方债务外，国债和地方化债务都属于国家债务。国际法上还存在"恶债不继承"的规则。所谓"恶债"，是指被继承国违背继承国或被转移领土人民的利益，或违背国际法基本原则而承担的债务，如征服债务和战争债务等。"恶债"是违反国际法基本原则的，所以不在国家继承之列。

3. 国家档案的继承。国家档案的继承是指对为执行国家职能而编制或收集的，在国家继承发生之日，按照被继承国国内法的规定属于其所有并由其作为档案收藏的一切文件的继承。国家档案是国家的重要财富，体现了国家历史的连续性，在国内事务和国际关系中都有重要作用。国家档案不同于一般财产，它不可分割，因此不能在继承国和被继承国之间或几个继承国之间公平分配。但国家档案可以复制，这就使得继承国和被继承国获得国家档案的权利得到尊重。

1983年的《关于国家对国家财产、档案和债务的继承的维也纳公约》根据领土变更的不同情况，规定了国家档案继承的具体规则。

（1）在转让或交换领土的情况下，继承国与被继承国应通过协议解决国家档案继承问题；如无协议，则与继承所涉领土有关的行政管理档案以及其他完全或主要与国家继承所涉领土有关的档案，应转属继承国。此外，被继承国还应从其国家档案中向继承国提供与继承所涉领土的领土所有权或其疆界有关，或为澄清转属给继承国的被继承国国家档案文件的含义所必需的最有力的证据。如果继承国要求被继承国提供与继承所涉领土有关的国家档案的适用复制本并负担有关费用时，被继承国应满足继承国的要求。

（2）两个或两个以上的国家合并建立新国家时，被继承国的国家档案转属继承国。

（3）在国家领土分离的情况下，被继承国与继承国可以通过协议解决国家档案继承问题；如无协议，则与继承所涉领土有关的行政管理档案以及其他完全或主要与国家继承所涉领土有关的档案，应转属继承国。

（4）在国家解体的情况下，被继承国与继承国可以通过协议解决国家档案继承问题；如无协议，则与继承所涉领土有关的行政管理档案以及其他与任一继承国领土直接有关的档案，应转属继承国。

（5）新独立国家的档案继承问题。原属国家继承所涉领土所有并在领土附属期间成为被继承国国家档案的档案、与继承所涉领土有关的行政管理档案以及其他完全或主要与国家继承所涉领土有关的档案，应转属继承国。被继承国应与继承国合作，努力找回任何原属国家继承所涉领土所有但在领土附属期间散失的档案。如被继承国和新独立国家订立协议解决档案继承问题，则不应损害人民的发展权以及取得历史资料和文化遗产的权利。

三、政府继承

政府继承是指由于革命或政变引起政权更迭，前政府在国际法上的权利和义务转给新政府而产生的法律关系。并非所有的政府变更都发生这种权利和义务关系的转移，通过社会革命产生新政府时，由于新政府选择了与前政府完全不同的社会制度，因此发生政府继承。如1917年的俄国十月革命，1949年的中国革命等。按照宪法程序产生的政府更迭不产生政府继承问题，即使是政变后产生政府更迭，只要新政府声称尊重前政府在国际法上的权利和义务，也不发生继承问题。国际社会至今尚未制定关于政府继承的国际公约，因此目前有关政府继承的规则是国际习惯法规则。

政府继承一般涉及如下事项：

（一）条约的继承

从国际实践来看，新政府一般都根据条约的具体内容作出是否继承的决定。1917年建立的苏维埃政府按照《和平法令》，立即无条件废除了沙皇政府和资产阶级临时政府所缔结的不平等条约，继承了在平等基础上缔结的有关善邻关系的条约和其他平等条约。中华人民共和国政府新中国成立后对旧中国所签订的条约或协定在继承方面采取的原则是：既不认为一切旧条约继续有效，也不认为一切旧条约当然无效，要根据条约的内容和性质，对各项条约逐一进行审查，然后再作出具体决定。

（二）国家财产的继承

旧政府的一切国家财产，无论以何种形式存在，无论位于何处，均应转属新政府。苏维埃政府根据全俄中央执行委员会于1918年1月颁布的法令，继承了俄国政府在国外的一切财产和权益，包括俄国在外国的动产、不动产以及驻外代表机构的馆舍、财产等。中华人民共和国政府对于前政府在国内外的财产享有不可剥夺的继承权。自1949年10月1日起，当时属于中国的财产，无论是在国内还是国外，无论是动产还是不动产都应由中华人民共和国政府继承。

（三）国家债务的继承

对于国家债务，苏维埃政府颁布了法令，无条件和无例外地废除沙皇俄国和资产阶级临时政府所承担的一切外债。中华人民共和国政府则根据债务的性质和具体情况区别对待，分别处理。对于"恶意债务"一概不继承，如清政府1911年举借的湖广铁路债券；对合法债务，通过与有关国家协商解决。

（四）国际组织的代表权的继承

作为一国的唯一合法代表，新政府有权取代前政府在国际组织的代表席位。但是，由于种种原因，中华人民共和国政府在联合国的代表权问题直到1971年才得到解决。

四、国际组织的继承

当一个国际组织因某种原因解散而被另一个国际组织所取代，或两个国际组织合并成为一个国际组织时，如何处理前国际组织的职能、财务、债务等，就产生了国际组织的继承的问题。

由于国际组织的建立、解散、财产、档案文书和债务等问题的处理都是由有关国际组织的约章和规则、与继承事项有关的国际组织之间的特别协定或决议决定的，因此国际组织的所有继承事项都是按照协议解决的。对于国际组织职能的继承，原则上必须签订特别协定或有关国际组织通过决议，明白地表示将原国际组织的职能转移于新成立的国际组织。对于国际组织的财产、档案文书和债务等的继承，通常也需要签订协定或有关国际组织通过决议来解决。

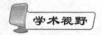

承认的性质

关于承认对新国家的国际法主体资格有多大的影响，国际法学界一直存在有争议的两种学说，即构成说和宣告说。

持构成说的学者认为，新国家只有经过承认才能成为国际法主体；如果一个新国家产生后未经既存国家的承认，则即使其完全符合国际法主体的条件，仍不能取得国际法主体资格。因此，承认是具有构成性的。

持宣告说的学者认为，承认只是既存国家对新国家存在的事实的确认或宣告而已，并不具有创造国际人格的作用。新国家的国际法主体资格取决于其成为国家的事实，承认不能把一个并不存在的国家变成法律上存在的国家。这一学说现在获得了多数学者的支持，并且1933年的《美洲国家间关于国家权利和义务的公约》和1936年国际法学会在布鲁塞尔年会上的决议也都对其予以支持。

 理论思考与实务应用

一、理论思考

（一）名词解释

1. 联邦
2. 永久中立国
3. 明示承认
4. 法律承认
5. 国家继承

（二）简答题

1. 永久中立国承担的义务有哪些？

2. 国家主权豁免的内容有哪些?

3. 法律承认和事实承认有何区别?

4. 国家的基本权利有哪些?

5. 中华人民共和国在继承方面的实践如何?

（三）论述题

1. 为什么说《联合国国家及其财产管辖豁免公约》体现了相对管辖豁免的观点?

2. 对新国家的承认会产生哪些法律效果?

二、实务应用

（一）案例分析示范

案例一

1948 年，巴勒斯坦发生了一系列使联合国人员受到严重伤害的事件。同年 9 月 17 日，由于以色列警方疏于防范，联合国调解巴勒斯坦纠纷的调解人——瑞典籍调解专员贝纳多特伯爵和法国籍观察员塞雷上校在耶路撒冷的以色列控制区遭到暗杀。事件发生后，因以色列警方采取措施迟缓，没有立即追捕凶手，致使罪犯逃脱。对于为联合国服务的职员，联合国应该提供人身安全等方面的保护。联合国秘书长在承担了对受害人支付适当赔偿的责任后，将加害国家对联合国应承担的责任问题提交给联合国大会讨论。由于会员国在这一问题上存在很大分歧，大会遂于同年 12 月 3 日通过决议（第 258 ［111］号决议），请求国际法院就下列问题发表咨询意见：①联合国的代表在执行职务时，在涉及国家责任的情况下受到伤害，联合国作为一个组织是否有能力对应负责的法律上或事实上的政府提出国际求偿，以便就联合国、受害人或其授权的人员所受的损害取得应有的赔偿? ②如果对上面问题的回答是肯定的，应如何协调联合国与受害人国籍国的求偿权之间的关系?

1949 年 4 月 11 日，国际法院作出了咨询意见。关于联合国作为一个国际组织而非国家能否提出国际赔偿要求，即联合国是否具有国际人格的问题，国际法院认为，虽然宪章没有就这一问题做出明确规定，但从宪章的具体规定来看，宪章并不限于使联合国成为一个协调各国行动的中心，还为它建立了各种机关、设定了具体任务，规定了其与成员国之间的权利义务关系。此外，联合国还作为缔约一方缔结了许多公约，在很多领域内负有重要的政治使命。联合国拥有的广泛的职能和职权只能在联合国拥有充分的国际人格和具有国际行为能力的基础上才能被理解。因此，联合国是一个国际人格者。但这并不等于说联合国也是国家，或者与国家具有相同的法律人格和权利义务，或甚至是一个"超国家"。国家具有国际法所承认的一切权利与义务，国际组织的权利义务则取决于它的目的和职能。根据联合国的目的和职能，当会员国违反对联合国承担的国际义务，从而对联合国本身的利益、行政、财产和联合国所保护的利益造成损害时，联合国无疑有提起国际请求的能力。

关于联合国能否为其派出人员所受损害提出赔偿请求，法院也作出了肯定的答复。法院认为，这个问题不能从传统的外交保护规则出发。根据传统的外交保护规则，外交保护权只能由国籍国行使，因为外交保护权是建立在被告国违背了对国籍国所承担的国民保护方面国际义务的基础上的。宪章虽然没有对这个问题做出明确规定，但联合国作为一个国际组织，拥有被默示赋予的、履行自身职责所必要的权力。当联合国委派代表履行职责受到伤害时，如果联合国不能提供有效保护，则联合国的职能将受到威胁，特别是当委派的代表是无国籍人或损害发生地国国民的时候。

至于联合国对其代表的职能保护权与该代表国籍国对其的外交保护权之间可能出现的冲突问题，法院认为当前没有规则对这一问题作出规定，但鉴于被告国不能对代表的损害承担两次赔偿责任，联合国和有关国家应当从善意和常识出发来解决问题，可通过缔结条约或订立协定的方式来减少或消除彼此之间的冲突。

咨询意见发表后，大会通过决议授权联合国秘书长采取必要步骤执行联合国的损害赔偿要求。联合国秘书长要求以色列正式道歉，采取进一步措施逮捕凶手，赔偿 54 624 美元。由于贝纳多特伯爵的家属没有提出赔偿要求，54 624 美元的赔偿只是作为对联合国受到损害的赔偿。1950 年 6 月，以色列政府接受了这个要求。

问：联合国是否是一个国际人格者？

【评析】国际组织的国际法主体地位是随着国际组织的发展逐渐得到确认的。第二次世界大战以后，由于国家之间政治、经济等方面的关系日趋密切，联合国以及其他一些国际组织在国际关系中发挥了越来越重要的作用，对国际法的发展产生了深刻的影响。在这种情况下，赋予国际组织以国际法律人格乃是国际社会的客观需要。本案咨询意见作出以后，国际组织的主体地位逐渐得到承认。但联合国和其他政府间国际组织是不同于国家的国际法主体，自其成立之时便具有不同于国家的特定身份。它们之所以具有国际法律人格者的身份，是为了实现自身的宗旨、履行自身的职能，从而必须具备其组织文件所明示或默示赋予的和在实践中取得的必要的国际行为能力。

案例二

"交易号"原是一艘由两名美国公民拥有的私人船舶。1810 年，该船在公海上航行时被法国军队拿捕，未经捕获法院审判即被没收成为法国的一艘公船，并被编入法国舰队，改名为"巴拉乌号"。1811 年，该船在一次航行中因遭遇恶劣天气被迫进入美国宾夕法尼亚州费城港。原来的两名船主发现后，就在联邦地区法院起诉，要求法院扣押该船，确认他们对该船的所有权，并把船判归给他们。地区法院受理该案后，法国没有派人出庭应诉，但宾州检察官却代表美国政府到庭陈述意见，认为该船即便是从原告手中非法没收的，其所有权也已于没收当时转属法国皇帝，因此请求法院驳回原告起诉并释放该船。地区法院驳回了原告的诉讼请求。原告遂上诉到联邦巡回法院，巡回法院支持了原告的诉讼请求，否定了地区法院的判决。宾州检察官遂上诉至联邦最高法院。联邦最高法院于 1812 年作出判决，撤销了巡回法院的判决，确认了地区法院的判决。

最高法院首席法官马歇尔在判词中指出：一国在其领土内的管辖权是排他的和绝对的，除国家自己加以限制外，任何来自外界的限制都意味着对主权的削弱。这种完全的和绝对的管辖权是每个主权者都具有的属性，因此不能将外国主权者和它们的主权权利作为管辖权的客体。同时，一个主权者在任何方面都不从属于另一个主权者，它负有不把自己或其主权权利置于另一主权者管辖之下的最高义务，以免贬损其国家的尊严。主权者之间完全的平等、绝对的独立以及彼此间的共同利益，使每个主权者都会对位于其领土内的外国主权者本人、外交使节、许可入境的外国军队、未加禁止情况下入境的军舰放弃一部分完全和绝对的属地管辖权，这就是必须互相给予主权豁免。关于公船的性质和地位，马歇尔认为军舰是一国武装部队的一部分，直接或间接在主权者领导下活动，当军舰进入友好国家的港口时，应被视为经友好国家的同意而免受其管辖。在美国和法国处于和平友好状态的情况下，"巴拉乌号"作为一艘为外国君主服务的军舰，进入了对它开放的美国港口，必须被认为是得到了进入美国领土的默示许可，因此应该享受管辖的豁免。

问：绝对豁免与有限豁免有何不同？

【评析】绝对豁免原则最初是通过英美法系国家的判例法逐渐形成的，而本案是关于主权豁免的第一个司法判例，虽然它只是一个国内判例，但对绝对豁免原则的形成有着重要的影响。第一次世界大战之前，绝大多数国家都实行绝对豁免。第一次世界大战后，特别是第二次世界大战后，随着国家涉足经济的规模逐渐扩大，绝对豁免理论开始受到挑战，有限豁免理论开始占据优势。

有限豁免理论认为，国家的财产和行为是否享有豁免权，应视财产和行为的不同性质或目的来定。该理论主张把国家行为按其性质或目的分为公法性质行为和私法性质行为、主权行为和非主权行为、政治行为和商业行为、统治权行为和管理权行为等，前者在他国可以享有豁免权，而后者则不能享有。

很多国家有关豁免的实践和立法都体现了有限豁免的观点，2004年《联合国国家及其财产管辖豁免公约》是第一个全面规范国家及其财产管辖豁免问题的普遍性国际公约，该公约也体现了有限豁免的观点。

案例三

1949年9月，在中华人民共和国成立前夕，中国国民党政府下令将属于国家所有的中央航空公司的40架飞机飞往英国控制下的香港启德机场。中华人民共和国宣告成立后，在香港的中央航空公司的中国职员于11月9日宣布起义并准备将他们控制的飞机归属给新政府。11月12日，中华人民共和国中央人民政府宣布中央航空公司及其财产为中华人民共和国所有。12月12日，台湾国民党当局将中央航空公司的这批飞机以150万美元的价格卖给两个美国公民陈纳德和威拉尼尔，这两人又将飞机卖给了美国特拉华州的民用航空公司。1950年1月5日午夜，英国宣布承认中华人民共和国中央人民政府，成为承认新中国的第一个西方国家。当中央航空公司准备将飞机移交给民用航空公司时，中央航空公司的中国职员认为这批飞机是中华人民共和国的财产，反对移交。于是民用航空公司起诉至香港法院，请求法院确认它们对这批飞机的所有权。

1950 年 5 月 10 日，英国政府给香港最高法院发出了一道枢密院令，以在香港启德机场上的飞机的所有权有争议为由，指令其所有权应由法院判决，"并且关于这些飞机的诉讼，即使这个案件中的被告为一个外国主权国家，法院仍有权处理"。该法令还规定在法院未判决之前，香港总督可以扣留这些飞机，并于最终判决后执行法院判决。

香港的初审和上诉法院驳回了原告的请求，认定这些飞机属于中华人民共和国政府的财产。因为英国政府已承认中华人民共和国中央人民政府，则该承认具有溯及力，因此该批飞机在出卖时是中华人民共和国中央人民政府的财产，国民党政府在 1949 年 12 月 12 日的买卖行为是无效的交易。审判法官认为这种出卖只不过是为了防止这些飞机落入共产党政府手中的一个策略而已。

原告不服，继续上诉到英国枢密院司法委员会。司法委员会不顾中国反对，准予上诉，并在 1952 年 7 月 28 日作出了与下级法院迥然不同的终审判决，把飞机的产权判给了民用航空公司。

司法委员会认为，在英国政府正式承认中华人民共和国政府之前，未宣布给予中华人民共和国政府事实承认，依然承认前国民党政府是中国法律上的政府。40 架飞机的买卖交易是否合法，应按交易成立时的情况判断，不能按交易成立后发生的情况判断。交易成立的时间是 1949 年 12 月 12 日，当时国民党政府还被英国承认为是中国法律上的政府，中央航空公司是它的一个机构，这批飞机仍然为国民党政府所有，因此国民党政府仍有资格出卖属于它的且在它控制下的资产。

关于本案被告主张的承认的溯及力问题，司法委员会认为，承认的溯及力能使一个后来获得法律承认的事实上的政府的行为有效，不能使前一个法律上的政府的行为无效。此外，法律上承认的溯及力必须限于该政府所控制的领土范围内发生的行为，如前政府的一条船在通过公海时被起义者占用，或驶入在事实上的政府控制下的海湾，这种情况下可以得到认可。

在英国枢密院司法委员会对本案做出判决的当日午夜（1952 年 7 月 28 日），香港英国政府竟出动武装警察劫夺了中国航空公司和中央航空公司全部留港资产，包括 40 架飞机。

问：根据承认的效果分析本案英国的做法存在哪些问题。

【评析】本案主要涉及在发生政府继承的情况下法律承认的效果问题。一般认为，法律承认作出后，会产生如下效果：①承认新政府行政、立法和司法权的效力，且该承认具有溯及的效果，即行政、立法和司法权的行使被视为自成立之日起具有法律效力。②承认新政府的行为和财产享有主权豁免。③对新政府的法律承认一经作出，就意味着对旧政府承认的撤销，被承认国新政府取得在承认国法院出庭诉讼的权利，前政府就丧失了在承认国法院的申诉权。④承认新政府接管前政府在承认国境内的国家财产的权利。

我国政府自成立之时起就宣布，自 1949 年 10 月 1 日起，当时属于中国的财产，无论是在国内还是国外，无论是动产还是不动产，都应由中华人民共和国政府继承。在本案件发生之前和之后，我国政府也一再声明中央航空公司在香港的财产为我中华人民共和国中央人民政府所有。英国在 1950 年 1 月 5 日午夜宣布承认中华人民共和国中央人民政府，则该承认具有溯及力，英国应把中央人民政府对该批飞机的所有权视为自 1949 年 10 月 1 日起具有法律效力，而不是承认作出后才有法律效力。枢密院司法委员会的观点，如 "承认的溯及力能使一个后来获得法律承认的事实上的政府的行为有效，不能使前一个法律上的政府的行为无效" "法律上承认的溯及力必须限于该政府所控制的领土范围内发生的行为"，都是没有国际法根据的主张。因此，英国枢密院的判决是错误的，侵犯了中华人民共和国的合法权益，必然遭到中国政府的强烈抗议。

（二）案例分析实训

案例一

20 世纪初，为便利出兵镇压正在兴起的南方起义，清政府准备修筑湖广铁路。当时的湖广铁路是指 "湖北、湖南两省境内的粤汉铁路" 和 "湖北省境内的川汉铁路"。因这两线铁路都在湖广总督的辖区范围内，故称 "湖广铁路"。

由于清政府正陷入严重的财政危机之中，为筹集修筑铁路的资金，尽快建好铁路，清政府在 1909 年 3 月 7 日与德国草签了借贷合同，决定向德国的德华银行借款。英国和法国认为此事有利可图，遂对清政府施加压力，成为借款人。后来，美国也以 "机会均等" 为由成为借款人。1910 年 5 月，清政府与英国汇丰银行、法国东方汇理、德国德华银行、美国银行团在北京签订了总值为 600 万英镑的正式借款合同，期限为 40 年。1911 年 6 月，英、法、德、美上述银行以清政府名义在伦敦、巴黎、柏林、纽约四地同时发行 "湖广铁路五厘利息递还英镑借款债券"（以下简称湖广铁路债券）600 万金英镑（每处 150 万），年息 5 厘，合同期限为 40 年。但该种债券从 1938 年起停付利息，1951 年本金到期也未归还。

1979 年 11 月，持有该债券的美国公民杰克逊等 9 人代表 300 多名美国人在美国亚拉巴马州地方法院对中华人民共和国提起集体诉讼，要求中华人民共和国偿还他们手中所持有的湖广铁路债券本金 1 亿美元及利息、诉讼费。法院受理此案后，向中华人民共和国发出传票。传票被告栏列名 "中华人民共和国"，受送达人是 "外交部部长黄华先生"。传票载明，限被告于传票送达后 20 日内提出答辩，否则将依原告请求进行缺席判决。中国政府拒绝接受传票和出庭，并照会美国国务院，声明中国是一个主权国家，享有司法豁免权，不受美国法院管辖。1982 年 9 月 1 日，亚拉巴马州地方法院作出缺席判决，判决中华人民共和国偿还原告 4130 多万美元，外加利息和诉讼费。其理由是：根据现行国际法原则，一国的政府更迭通常不影响其原有的权利和义务，作为清朝政府和国民政府的继承者的中华人民共和国政府有义务偿还其前政府的债务。此外，根据美国 1976 年《外国主权豁免法》第 1605 段的规定，外国国家的商业行为不能享受主权豁免。发行湖广铁路债券是商业行为，不能享受国家主权豁免。

中国政府拒绝接受美国法院的判决，认为美国的做法完全违背国际法。此后，中国政府与美国国务院多次进行交涉。1983 年 7 月，中美双方商定：中方委任律师向西拉巴马州地方法院提出动议，目的在于撤销缺席判决和驳回原告提起的诉讼。中方同时声明：中国这样提出"动议"绝不影响其始终坚持的主权国家享有豁免权的原则立场。1983 年 8 月 12 日，中国聘请当地律师出庭申辩，根据以下理由，提出撤销缺席判决和驳回起诉的动议：中华人民共和国享有绝对主权豁免；本案不属于美国法典第 28 卷第 1605 条的规定的"商业活动"；原告的传票送达不完备；原告未能依美国法典第 28 卷第 1605 条规定，证明被告具有责任而使其提出的求偿要求和权利得以成立等。同时，美国司法部和国务院向亚拉巴马州地方法院出具了"美国利益声明书"，表示支持中国的动议。

在美国政府的干预下，法院在 1984 年 2 月重新开庭审理此案，以 1976 年《外国主权豁免法》不溯及既往为理由，裁定撤销原判决、驳回原告起诉。之后，原告又向美国联邦第十一巡回法院提起上诉和要求美国最高法院重新审理，未获成功，1987 年 3 月 9 日，此案终结。

问：试分析"湖广铁路债券案"所涉及的国际法问题。

案例二

津巴布韦在 19 世纪末沦为英国的殖民地，1895 年被英国以殖民主义者罗得斯的名字命名为南罗得西亚。1923 年，英国政府接管该地，南罗得西亚成为英国的自治领。1953 年，英国将南罗得西亚、北罗得西亚（今赞比亚）和尼亚萨兰（今马拉维）合并成中非联邦，1963 年，该联邦解体。1964 年，南罗得西亚白人右翼势力组成以乔伊·史密斯为首的白人政府，把国名改为罗得西亚。1965 年 11 月，罗得西亚单方面宣告从英国"独立"。罗得西亚独立后，实行白人少数管制，绝大多数黑人没有选举权。从统计数据来看，尽管白人人口从来不超过全国人口的 5%，但却占总投票人口的 95%。由于其推行种族歧视和种族压迫政策，因此遭到国际社会的抵制。联合国安理会在 1970 年 3 月 15 日通过 277 号决议，敦促所有国家不得承认南罗得西亚的非法当局，主要内容包括：

（1）谴责在南罗得西亚地区非法建立的政权非法主张其作为共和国的地位；

（2）决定联合国成员国不得承认上述非法政权，并不得对其提供帮助。

问：国家是否在某些情况下承担不承认的义务？

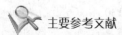 **主要参考文献**

1. 周鲠生：《国际法》，商务印书馆 1976 年版。

2. 端木正主编:《国际法》,北京大学出版社 1989 年版。

3. 王铁崖主编:《国际法》,法律出版社 1995 年版。

4. 倪征:《国际法中的司法管辖问题》,世界知识出版社 1985 年版。

5. 龚刃韧:《国家豁免问题的比较研究——当代国际公法、国际私法和国际经济法的一个共同课题》,北京大学出版社 1994 年版。

6. 王虎华主编:《国际公法学》,北京大学出版社、上海人民出版社 2006 年版。

第三章

国际法律责任

【本章概要】国际法律责任是国际法主体对国际不法行为或损害行为应承担的法律后果。国家的国际不法行为责任需要满足两个构成要件：行为依国际法可归于国家和该行为违背该国国际义务。国家行为的不法性可因同意、反措施、自卫、不可抗力、危难和危急情况而解除。受害国有权援引国家责任，反措施是促使责任国履行责任的行为。国家责任的基本形式是停止不法行为和赔偿等。国际损害赔偿责任具有不同于国家责任的基础，它强调预防和分担损失。

【学习目标】通过本章学习，学生应掌握国际法律责任在国际法体系中的重要性，明确国际法律责任既包括国际不法行为引起的责任，还包括国际法不加禁止行为引起损害后果而产生的责任。熟悉国际法律责任的构成、形式以及解除不法性的情形。

第一节　概述

任何法律制度都应有关于违背其规定义务的责任制度，国际法也不例外。国际法律责任是现代国际法的一项重要内容。

国际法律责任（international legal responsibility）指国际法主体对国际不法行为或损害行为所应承担的法律后果。

国际法律责任具有以下特征：①从责任主体来看，国际法律责任的主体是国际法主体，国家是国际法律责任的基本主体，但国际法律责任的主体不仅限于传统意义上的国家，还扩大到包括争取独立的民族和政府间国际组织。个人通常不作为国际法律责任的主体。②从责任产生的原因上看，国际法律责任的起因不仅包括国际不法行为，而且包括国际法不加禁止的损害行为。③从责任性质上看，国际法律责任是国际责任主体承担的一种法律性质的责任，而非一种道义上的责任。

在现代国际关系中，国家责任制度的作用主要表现在三个方面：

第一，通过追究国家责任以纠正国家的不法行为。在国际关系中，没有强制的司法机制，因此国家责任制度旨在保证各国诚实地履行自己的国际义务，制止国家的不法行为。

第二，确立正确的行为规范，维持正常的国际关系秩序。

第三，追究行为国的国家责任，维护受害国的合法权益。国际法律责任制度的目的之一是对权利和利益的受害者给予赔偿，赔偿的形式和内容是国家责任规则所研究的主要对象。

第二节　国际责任的构成

一、国际不法行为责任

根据国际法委员会草拟的 2001 年《国家对国际不法行为的责任条款草案》的规定，如果由作为或不作为构成的行为依国际法归于该国，且该行为构成对该国国际义务的违背，即成立国际不法行为。因此，构成国际不法行为必须具备两个基本条件：①行为可归因于国家，即可视为"国家行为"；②该"国家行为"违背了该国所承担的国际义务。

（一）行为可归因于国家

只有当某一违反国际义务的行为可归因于国家而构成"国家行为"时，才能构成国际不法行为。国际不法行为是否可归因于国家而构成国家行为，只能按照国际法而不能按照国内法判断。为了确定国家责任，首先要确定哪些行为在国际法上可视为该国的国家行为。一般而言，下列行为应为国家行为：

1. 国家机关的行为。经授权的国家机关以国家名义从事的行为应视为国家行为。国家机关可以是单独机关，也可以是集体机关，且不论其地位高低并包括所有国家工作人员。立法、司法、行政和军事机关等均属于国家机关的范畴。

如果一国立法机关通过的法案违反了本国所承担的国际义务，侵害了其他国家的利益；或不采取必要的立法措施，履行国际条约或习惯法规定的义务；或采取使外国人承担不合理负担的立法措施等，该国就要对此承担国家责任。行政机关是个人与国家接触最为频繁的部门，所以常常对外国负有国际责任。司法机关的国际不法行为主要是指拒绝司法（refusal of jurisdiction）。国家有义务对外国人给予司法保护，如果一个国家的法院违反这一义务拒绝向外国人提供司法救济，或明显司法不公，不按法律程序、拖延或简单处理，或拒绝履行判决等，都构成国际不法行为，该国应对此承担国家责任。

2. 国家机关逾越权限或违背指示的行为。依据授权的外观原则，国家机关超越国内法规定的权限或者违反上级机关的指示从事的行为，也应视为国家行为，有关国家不得以其未授权为借口逃避其应承担的国际责任。

3. 经授权行使政府权力的其他实体的行为。一个国家的地方政治实体，或虽非国家地方政治实体正式结构的一部分、但经国内法授权行使政府权力的实体，其机关的行为应视为该国的国家行为，但以上述机关在有关事件中以此种资格行为为限。

4. 特定的个人行为。

（1）非代表国家行事的人的行为。原则上说，未经国家或政府正式授权，非代表国家行事的个人的行为不应视为国家行为，他们损害他国利益的行为只能由其个人负责。但是，如果国家在侵犯行为发生之前，没有给予应有的注意，以防止外国或外国人的人身、生命或财产受到侵害；或在侵权行为发生后，国家没有采取有效措施加以制止，甚至纵容或唆使个人或团体从事侵犯他国主权、侵害他国权益的活动，国家即应承担国际责任。1980 年在"驻伊朗的美国外交人员案"中，国际法院也强调了这一点。

（2）国家元首和政府首脑的行为。国家元首和政府首脑的行为，无论是公务的，还是私人的，原则上均视为国家的行为。这是因为他们作为国家和政府的最高代表，一旦他们的行为构成国际不法行为，他们的权威性和代表性就要求在国家间处理其行为，并由此而产生法律后果。

（3）政府官员的行为。政府官员以政府官员身份所从事的公务行为被视为国家的行为，政府官员的私人行为所引起的法律责任则由其个人承担。在理论上说，政府官员的越权行为应视为行为者个人的行为，对由此产生的损害，国家不负责赔偿。但是，在实践中，政府官员的某些越权行为依然能引起国家责任。这是因为：首先，在特定事件中，何种行为是经授权的，何种行为是违背其指示或职权范围的，二者很难断然分开。其次，有关行为是否越权是根据国内法的有关规定来判断的。在实践中，国内法上的理由往往并不能免除有关国家在国际法上所应承担的责任。

（4）外交代表的行为。外交代表的地位使他们在国际法上享有特殊的待遇，不受驻在国的管辖。因此，派遣国对其外交代表的一切行为负责。外交代表的行为被视为国家的行为。

（5）事实上代表国家行事的人的行为。经确定，一个人或一群人实际上是代表该国行事的行为，或该人或该群人在正式当局不存在和有理由行使政府权力要素的情况下，实际上行使了这些权力要素，就被视为国家行为。

（6）个人经授权行使政府权力的行为。如果是在政府的具体授权和有效控制之下代表政府所从事的行为，国际法就将其视为国家的行为，由此产生的国家责任由授权国承担。

5. 叛乱或革命起义的行为。在一国领土或其管理下的任何领土内的叛乱行为，如同其他私人行为一样，依照国际法，不应视为国家的行为。但政府对这些行为应予制止，并采取措施防止这些行为对其他国家的利益造成损害。一旦造成损害，该国有责任提供司法救济，给予受害人赔偿。

在一国发生内战的情况下，正常的军事作战行动造成的损害，在不违背战争法规或人道主义法规的限度内，国家不承担国际责任。在做出违反战争法规或人道主义法规的行为的情况下，如果作为反政府一方的叛乱团体失败，一般认为，合法政府对叛乱团体违反战争法规的行为不负国际责任。如果叛乱团体最终成为一国新政府，则叛乱团体成员所作的行为应被视为新政府所代表的国家的行为。叛乱或革命起义导致在原国家一部分领土上组成一个新国家时，其行为应被视为该新国家的行为。

6. 一个国家或国际组织交由另一个国家支配的机关所作的行为。一个国家或国际组织的某一个机关如果被交由另一个国家支配，并行使该支配国的政府权力，则该机关的行为应被视为支配国的国家行为，而不是其所属国的国家行为。

7. 一国参与或介入他国的国际不当行为。一个国家对他国的援助或协助，如果是为了使接受援助或协助的国家进行国际不当行为，则发生两项不同的国际责任：一方面，该项援助或协助本身构成国际不当行为，应由援助国或协助国承担国际责任；另一方面，接受援助或协助的国家也应对其本身的国际不当行为承担责任。

一个国家因受他国胁迫而违反了国际法，不论其实施胁迫的根据和胁迫手段如何，胁迫国应对该国际不当行为承担主要责任；而受胁迫的国家如果超过实施胁迫所要求的范围，或者对胁迫能抵抗，或者事实上是按照自己的意志行事，则也应负国际责任。

如果一个国家在其受他国指挥或控制权支配的活动领域内违反了国际法，行使指挥或控制权的支配国应负国际责任，但这并不妨碍行为国本身按照国际法一般规则所应承担的责任。

（二）该国家行为违反国际义务

不仅积极的行为会违反国际义务，不作为的消极行为也可能违反国际法。义务可能来源于习惯国际法规则、国际条约或国际法律秩序内适用的一般原则，但该项义务必须是对该国有效而非失效的义务。

国际不法行为的构成不以一国的国内法为准，即使某一行为是根据国内法而采取的，符合其国内法，但只要这一行为违反了该国对外所承担的国际义务，这一行为依然可以引起该国的国家责任。《国家对国际不法行为的责任条款草案》第3条指出，在把一国的行为定性为国际不法行为时须遵守国际法，这种定性不因国内法把同一行为定性为合法行为而受到影响。根据违反国际义务的严重性，一般还可将国际不法行为区分为一般不法行为和"严重违反依一般国际法强制性规范承担的义务。"如从事侵略战争、破坏和平、违反人道、灭绝种族、大规模污染大气层或海洋等。如出现此类严重违背义务行为，违背方除承担违背任何国际义务所造成的后果外，还需承担其他后果，包括不承认此类违背义务行为为合法，不得协助或援助维持非法行为造成的不当情势，以及进行合作以通过合法手段制止这种非法情势等义务。

二、国际损害行为责任

国际损害行为赔偿责任（简称国际损害责任）是指国家由于从事国际法不加禁止的活动造成损害而应承担的国际责任。

国际损害责任与国际不法行为责任不同，国际不法行为责任是由国家违反国际义务的非法行为所引起，而国际损害责任并非由国家违反国际义务的非法行为所引起，其行为虽然造成损害性后果，但其本身并非为国际法所禁止。

国际损害责任有三个特点：①国际损害责任只限于通常具有潜在的特别危险的活动，具有代表性的是核物质的利用、海洋石油运输、外空活动。②国际损害行为本身都是现行国际法未加禁止的行为。国际损害行为，虽然未违背国际法，只要发生损害性结果，仍应承担国际责任。③其活动都是由国家或实体在其本国领土或控制范围内从事的，但其危害具有跨国性。

国际损害赔偿责任问题最初是由于举证上的困难而提出的。在跨国界的、高度危险的或高科技的活动中，受害人往往难以搜集到必要的证据来证明行为者的过错，因而得不到赔偿。当这种危害来自另一个国家的境内时，国家之间的行政上的阻碍更加剧了求偿上的困难。为维护受害者的利益，只要受害人证明其受到的损害与行为者的活动之间的因果关系，就可以得到赔偿，除非行为者可以证明损害是由于受害人的过错而引起的。国家损害责任具体包括以下几种制度：

（1）国家专属责任制度。国家专属责任制度指国家本身或其他国家实体以及非政府团体的活动所引起的国际责任，完全由国家来承担。1972 年的《国际责任公约》规定，发射国对本国或在本国境内、无论是国家机关还是非政府团体发射的空间物体对他国及人身、财产所造成的损害承担绝对的赔偿责任。

（2）双重责任制度。双重责任制度指国家与经营者共同承担赔偿责任。1962 年的《核动力船舶营运人双重责任公约》和 1963 年的《维也纳核损害民事赔偿责任公约》规定了营运人必须根据登记国的规定投保一定数额的核事故险，或作出其他财务安排，同时国家保护营运人，在营运人的保险额不足以赔偿损失的情况下，在规定的限额内给予赔偿。

（3）经营人的赔偿责任制度。经营人的赔偿责任制度，即由经营人直接单独承担有限赔偿责任。根据有关条约的规定，营运人在从事高度危险的活动时，必须投保或就赔偿作出必要的财务安排。该制度的目的在于对赔偿额制定统一标准，以便使受害人按照统一的标准得到赔偿。

三、国家的刑事责任

国家的刑事责任是指国家在实施了国际罪行的情况下所应承担的责任。引起国家刑事责任的国际罪行可能产生于：①严重违反国际和平与安全的国际义务，如侵略行为；②严重侵犯民族自决权，如建立或以武力维持殖民统治、大规模侵犯人权（如奴役、种族灭绝、种族隔离、大规模破坏环境，等等）。

对于国家的这些行为，究竟由谁来承担责任呢？各国政府和学者对此尚无统一的意见，归纳起来主要有三种观点：①国家在国际法上不负刑事责任。因为国家是拥有主权的抽象实体，无法承担、也不应承担刑事责任。②国家应负国际刑事责任。理由是，无论国际罪行是由国家机关还是由代表国家的个人所为，由此行为引起的后果都应归罪于国家。③国家和国家首脑个人都应承担国际刑事责任。因为国际罪行（国际罪行含义已包括犯罪行为）是代表国家的机关所为，国家的职能只能通过国家领导人和国家机关工作人员的个人行为来实现。

目前，国际公约所规定的刑事责任的主体均为个人。国家作为一个政治实体能否从事刑法意义上的犯罪行为、个人的犯罪行为可否归责于国家，都是有争议的问题。

第三节 国家责任的免除

在国际关系中，一个国家的行为有时从表面上看不符合其条约义务或其他国际法规则，可是由于某种客观原因或条件，其行为的不法性被排除，因而与此有关的国家责任也就被免除了。根据各国的初衷，国际法委员会在《国家对国际不法行为的责任条款草案》中主要规定了以下几种情况：

一、同意

一国以有效方式表示同意另一国实施特定行为时，该特定行为的不法性在与该国家的关系上即告解除，但以该行为不逾越该项同意的范围为限。应该指出的是，根据国际法，同意应是国家自由意志的明确表示，而不能是受胁迫和欺诈的结果；同意必须由一国的正式权力机关作出，在国际法上具有合法性，由外国扶植和控制的傀儡政府表示的同意是非法的；同意必须是有效的，而不能是无效的；同意必须在行为前作出，而不能在实施行为后才加以追认；同意也不能违反强制性规范，任何国家不得利用别国的"同意"来进行军事干涉和武装侵略，从而侵犯他国的主权、独立和领土完整。

二、反措施

反措施是指受害国针对他国的国际不法行为而相应采取的非武力的对抗措施，以促使该国履行其国际义务。反措施是由行为国先前的国际不法行为引起的，因此受害国的行为的不法性可以解除。但受害国只能采取相应的非武力的措施，如经济制裁、断绝邦交等对抗行动。

对抗措施的适用在国际法上要受到一定的限制。这些行为措施必须是有针对性的而且适度。一国不得以反措施为理由对行为国的其他行为采取不适度的报复，否则将使反措施失去原来的意义而成为某些国家推行强权政治的幌子。

三、自卫

自卫是指由于受到他国的武力侵略或武装攻击，一个国家为捍卫其国家主权和领土完整而采取的武力反击行为。一国的行为如构成按照《联合国宪章》规定的合法自卫措施，则该行为的不法性即告解除。因此，自卫权的行使必须符合《联合国宪章》规定的条件：①自卫必须是而且只能是对已经实际发生的武力攻击进行反击。②自卫只有在安理会采取必要办法以维持国际和平与安全以前才能行使。③当事国所采取的自卫措施或办法必须立即向安理会报告。

四、不可抗力

一个国家由于不可抗拒的力量或者由于该国无力控制和无法预料的事件而在实际上无法履行该国所承担的国际义务，在国际法上不视为不法行为。如由于恶劣天气的影响而使一国的飞机误入另一国领空的情形，一国无需对这类行为在国际法上承担法律责任。但如果不可抗力的情况是由该国的行为单独导致或与其他因素一并导致，或该国已承担发生这种情况的风险，则该国的责任仍然不得免除。

五、危难

危难是指代表国家执行公务的机关或个人，在遭遇极端危难的情况下，为了挽救其生命或受其监护的人的生命，不得已而作出的违反本国国际义务的行为。如飞机和船舶发生机械故障后未经许可而进入外国领空或领水的情况就属于国际法实践中比较典型的危难案件。

危难与不可抗力的主要区别在于：在不可抗力的情况下，行为者采取的行动是非自愿的；而在危难的情况下，行为者采取的行动是自愿的，尽管极端危险的情形实际上已使行为者没有其他选择。

六、危急情况

危急情况指一个国家在本身遭遇严重危及本国的国家生存和根本利益的紧急情况下，为应付或消除这种严重紧急状况而采取的必要行为。在危急情况下，一个国家的行为的不法性被排除，故不产生国家责任。

第四节　国家责任的形式

目前，国际法上对于国家责任的形式尚无明确而统一的规则，主要有以下几种：限制主权、停止不法行为、保证不重犯、恢复原状、赔偿和道歉。

一、限制主权

限制主权是指全面或局部限制责任国行使主权的一种责任形式。它是国家责任形式中最严重的一种。限制主权只适用于对他国进行武装侵略，侵犯他国的主权、独立和领土完整，破坏国际和平与安全，从而犯下国际罪行的国家。第二次世界大战结束后，美、苏、英、法四国政府共同行使德国的最高权力，包括德国政府，司令部和任何州、市或地方政府或当局所有一切权力在内。这是一种全面的限制主权。1949 年缔结的对意大利的和约规定，限制该国拥有的武装力量的数量不得超过实行自卫所必需的限度。1951 年，对日本也实行了同样的限制。

二、停止不法行为

停止不法行为是指国际不法行为的责任国在实施一项持续性的不法行为时，有义务立即停止该行为，以保证被侵犯的国际法原则和规则能够继续有效和得到遵守。同时，停止不法行为是为了保证有关国家将来遵守国际义务。除非有关的国际权利和义务已被修改或者已经终止，否则停止不法行为的义务是绝对和无条件的。

在国际关系中，明确这一义务非常具有现实意义。当一国际不法行为是一个持续不断的行为时，理论上受害国根据国际法可以采取措施，但在实践中，受害国往往或因为实力不够，或受其他条件所限，而难以采取真正有效的措施，对不法行为作出有力的反应。另外，受害国虽然可以根据国家责任规则要求行为国对其所造成的损害进行赔偿，但赔偿程序只有当整个事件终结才能开始，而且过程繁琐冗长。对于受害国来说，更现实而急迫的往往是行为国立即停止不法行为。

三、保证不重犯

保证不重犯是指国际不法行为的责任国在必要情况下，有义务提供不重复该不法行为的适当承诺和保证。

保证不重犯是一国国际不法行为引起的另一个法律后果，其目的是为了恢复受害国和责任国之间对继续保持关系的信心，受害国通常是在认为仅仅恢复原有的状态尚不能取得应有的保障时，才提出承诺和保证不重复该行为的要求。例如，1966年中国驻印度尼西亚使领馆遭袭后，中国外交部除了要求印尼政府立即采取措施、赔偿一切损失外，还要求"保证今后不再发生类似的事件"。

保证不重犯的特点是向前看，着眼点是未来，而不是过去；强调的是预防未来可能发生的事情，而不是赔偿。

四、恢复原状

国际法上的恢复原状是指将被损害的事物恢复到发生不法行为以前的状态。例如，归还非法没收或掠夺的财产、历史文物和艺术珍品，恢复被非法移动的边界界标或被非法毁坏的边境建筑物，修复被不法行为损坏的外交使团的馆舍等。第二次世界大战后，1947年签订的对意、匈、保、罗、芬五国的和约中，就规定有返还责任条款，规定上述国家应将所有用掠夺或其他不正当方式从所属国家领土内移走的一切财产、物质及其他文化物品归还原国。

五、赔偿

赔偿是国家责任的逻辑后果。在著名的"霍茹夫工厂案"中，国际常设法院就赔偿问题曾声称："国际法的一个原则即违反了承诺就要引起给予充分赔偿的义务。非法行为的确切含义所包括的基本原则是：赔偿必须在尽可能的范围内将非法行为的一切后果消除掉，在最大限度内重新建立过去的状态，就像非法行为没有发生过一样"。

六、道歉

道歉是指犯有国际不法行为的国家向受害国承认错误，给受害国以精神上的满足的形式。道歉这种责任形式是由国际不法行为所引起的，在国际实践中被普遍适用，因而已成为国际习惯法规则。道歉可以用口头方式表示，也可以用书面方式表示，有时还可采取其他方式表示。例如，派遣特使前往受害国表示遗憾、道歉，对受害国的国旗、国徽行礼致敬，或者惩办肇事人员、保证不再发生类似事件，等等。

本章值得进一步研究的问题很多，特别是预防危险活动的跨界损害的相关问题、关于危险活动造成的跨界损害案件中损失分配的原则的问题、国际组织的责任问题以及国家的刑事责任问题和个人的刑事责任问题等。

理论思考与实务应用

一、理论思考

（一）名词解释

1. 国家责任

2. 国家行为

3. 国际不法行为

4. 反措施

5. 危难

6. 危急情况

7. 同意

（二）简答题

1. 什么是国际法律责任？国际法律责任制度的确立有何意义？

2. 国际不法行为的构成要件有哪些？

3. 可以免除国家责任的情形有哪些？

4. 承担国家责任的形式有哪些？

（三）论述题

1. 谈谈你对国家的刑事责任问题和个人的刑事责任问题的看法。

2. 论述国家损害赔偿责任。

二、实务应用

（一）案例分析示范

案例一

特雷尔冶炼厂是加拿大一家最大的冶炼厂。该厂从 1896 年开始冶炼锌和锡，由于提炼的矿物质含有硫磺，烟雾喷入大气中成为二氧化硫。这些含有大量二氧化硫的大气随着上升的气流南下，越过加美边境，在美国华盛顿州造成严重污染，产生了巨大的损害。多年来，美国的私人多次向加拿大索赔，一直没有解决。1931 年，美、加经过多次谈判，双方终于同意将问题提交给处理两国边界问题的"国际联合委员会"解决，但该委员会对问题也未能全部解决。在该委员会的建议下，美、加于 1935 年 4 月 15 日签订"特别协议"，组织仲裁庭解决此项争端。仲裁庭在 1938 年作出裁决，由于美国对此提出异议，仲裁庭在 1941 年作出最后裁决，裁定加拿大政府应对特雷尔冶炼厂的行为负责。

问：本案裁判的理论依据和法律意义何在？

【评析】在本案中，冶炼厂在本国境内的冶炼行为是获得本国政府的批准的，其行为并不违反任何国际法的规定，但由于造成了损害性后果，所以不管加拿大的行为是否具有过错，都要为其损害承担国际责任。

在本案的裁决中，仲裁庭援引了国际常设法院法官伊格勒顿的话："国家无论什么时候都有责任防止在其管辖下的人的损害行为侵害别的国家"。仲裁庭还明确指出："根据国际法和美国法律的原则，任何国家都没有权利这样地利用或允许利用其领土，以致让其烟雾在他国领土或对他国领土上的财产或生命造成损害，如果已产生严重后果并已为确凿证据证实的话。"该裁决为国际法不加禁止的行为造成损害性后果的国际责任提供了重要的法律基础和判例依据。

案例二

1992年9月1日，美国弗吉尼亚州警方以涉嫌谋杀逮捕了一名巴拉圭籍公民，并于1993年8月判处其死刑，定于1998年4月14日执行。在整个的逮捕和审判过程中，美国方面均未向这名巴拉圭籍公民告知其根据1963年《维也纳领事关系公约》所应享有的权利。1996年，该巴拉圭籍公民设法和本国驻美的领馆取得联系，并寻求帮助，但领事所进行的外交、法律等多方努力均告失败。最后，巴拉圭被迫于1998年4月3日向国际法院起诉美国违反《维也纳领事关系公约》的义务，并请求法院采取适当的临时措施，在本案结束前暂时中止美国对其公民的死刑执行。

法律问题：案件的当事双方对《维也纳领事关系公约》的义务被违反的事实，以及不得以国内法为由规避国际法义务的原则均没有异议，法院也对这一点予以确认。

但是，对于《维也纳领事关系公约》是否赋予当事国以要求恢复原状的权利，双方存在争议。这也是法院赖以立案的法律根据所在。这一争议涉及条约的解释问题，但由于本案并未进行到实体部分就宣告结束，因此对这个问题没有作出判决。并且从整个案件的过程和法官在采取临时措施时的判词来看，这个案件同时也涉及如何保证国际条约在实践中被尊重并切实履行的问题，这实际上应算一个更有意义的问题。

司法判决：由于巴拉圭方面的撤诉，本案对于实体部分的审理没有进行。

法院作出了巴拉圭方面请求的临时措施的指示，要求美国采取一切措施以确保在本诉讼最后结果未产生前，国内不执行对该名巴拉圭籍公民的死刑（也有法官对此持反对意见）。

问：如何理解和认识本案所涉及的国际法问题？

【评析】由于本案实体部分的审理未能进行，因此法院判决如何不得而知。但根据国际法院在实践中偏重不干涉国家内部法律事务的方向和以往的判决来判断，国际法院在本案的判决中应该不会得出一国根据公约享有要求恢复原状的权利的结论，因为恢复原状在实际上意味着推翻一个国家国内法判决的效果，这和理论及实践都不太相符。

在有关采取临时措施的问题上，持不同意见的法官也提出了这一问题。该法官认为，国际法院不能像一个刑事上诉法院一样行事，法院对于有关的国内判决和执行都是没有管辖权的，国际法院不应该介入这样的事件中。

因为法院以案件当事方对依照条约是否有要求恢复原状的权利有争议为依据建立管辖权，所以虽然有法官持不同意见，但做出临时措施的指示还是可以理解的。假定法院最后得出存在要求恢复原状的权利的意见，而此时美国国内已经将案件所涉及的巴拉圭籍公民执行了死刑，则这个案件的判决将是没有意义的，因为此时原状已经不可能被恢复了。但在这点上，实际上也是产生了一定的对国内法的影响。

从更深的层面分析，条约法一直是以"条约必须信守"原则为基础的，主要依赖于各国的自觉履行，用以保证条约履行的强制手段可以说几乎没有。实际上，缺乏强制机制也是整个国际法的弱项，也在很大程度上限制了国际法的作用。正如本案的一位法官所认为的，问题的关键在于，道歉和保证未来不再犯类似错误并不能对当事人因此而受损的权利有所帮助。该法官指出，认真遵守条约义务，或者如果没能遵守则有相应的有效的补救措施，对于维护和发展国际法有着极其重要的意义。因此，如何防止一些国家利用国际法的这一弱点而有意地违反条约，也是一个值得思考的问题。

案例三

1977年9月18日，苏联将以核反应堆供电的"宇宙—954号"间谍卫星发射入轨道，并正式通知了联合国秘书长。1978年1月24日，该卫星在重返大气层时进入了加拿大西海岸夏洛特皇后群岛北部的上空。在重返和解体过程中，该卫星在空中爆成数千块碎片，残片坠落在加拿大西北部4.6万平方公里的区域内，造成9英尺直径的弹坑，留下一条含有放射性的地带。苏联证实发射这颗卫星用于追踪美国海军，带有含100磅重放射性物质的核反应堆。美国谍报技术部门立刻派出100多名航天专家去那里搜寻卫星碎片残渣，最后共搜集65公斤残片。

在互换一系列外交照会后，1979年1月23日，加拿大根据1972年《空间物体所造成损害的国际责任公约》（以下简称《责任公约》）对苏联卫星进入其领空和卫星的有害放射性残片散落在其领土上所引起的损害提出赔偿要求。加拿大认为，苏联在该卫星可能和立即进入加拿大地区的大气层时没有通知它，苏联也没有对其提出的有关该卫星的问题作出及时、全面的答复。在所搜集的卫星残片中，除了两件以外，其他的都具有放射性，其中有些残片的放射性是致命的，对加拿大的环境造成损害。加拿大和苏联都是1972年《责任公约》的缔约国。根据该公约第2条，苏联作为发射国对该卫星给加拿大造成的损害负有绝对赔偿责任。危险的放射性残片散布在加拿大大片领土上，这些残片使其部分领土不适宜使用，构成《责任公约》意义内的"对财产的损害"。此外，卫星进入加拿大领空和危险放射性残片散布其领土上还侵犯了其主权。加拿大声称在组织寻找和救助活动中，花费了1400万加元，而苏联应对此赔偿600万加元。苏联则明确拒绝承担赔偿责任。它认为，由于设计了卫星上的核反应堆在重返大气层时完全烧毁，其残片不应该具有严重危险。在受影响的地方引起当地污染的可能性很小。卫星坠落并未造成加拿大人员伤亡，也未造成实际财产损失，因此没有发生《责任公约》范围内的"损害"。

该案并未启动《责任公约》建立的求偿委员会的机制，而是按政府外交的模式处理。最后，苏联同意"善意性"支付300万美元了结此案，但仍然拒绝负有赔偿责任，因为加拿大声称的损害不属于《责任公约》范畴内的损害。

问：《责任公约》是如何界定损害的？

【评析】本案争论的焦点在于是否发生了《责任公约》所定义的损失。按照《责任公约》第1条的规定，导致赔偿责任的外空物体所引起的损害是指生命丧失、身体受伤或健康的其他损害，以及国家、自然人、法人的财产或国际政府间组织的财产受损失或损害。显然，这种损害应是实际损害。至于像放射性物质引起的环境污染是否也属于《责任公约》定义的损害，则是不清楚的。正因为《责任公约》有这一缺漏，苏联才拒绝承担责任。无论如何，由于核动力卫星所含放射性物质对人体和环境均有危险，所以"宇宙954号"卫星坠落事件引起了国际社会对在外层空间使用核动力源问题的严重关切，这直接导致了联合国外空委员会从事制定这方面法律原则的工作。1992年，联合国大会通过了《关于在外层空间使用核动力源的原则》，但该决议不具有法律约束力。近20年来，人类探索外空的活动不断增加，矛盾和纠纷若隐若现，但是有关国际空间的立法却少得可怜，甚至立法进程趋于停滞，因此航天的飞速发展和立法的滞后形成巨大的反差。[1]

（二）案例分析实训

案例一

2005年11月13日，吉林省吉林市一家化工厂发生爆炸，致使松花江出现大面积苯污染，不仅造成下游沿岸数以百万计的居民出现饮水危机，也直接影响到俄罗斯与中国接壤城市哈巴罗夫斯克的正常用水。

问：从国际法不加禁止的行为所造成的损害责任角度分析"松花江污染事件"。

案例二

2003年2月21日上午10时，纽约斯塔腾岛西南部莫比尔港的一座油库突然发生爆炸，黑烟滚滚，浓烟借助火势冲向数百英尺的高空。在35英里之外的新泽西州小镇，都能清楚地看到直升天空的浓烟。事故的原因是油库附近的一艘货船在搬运船上的汽油时不慎失火，后引发油库爆炸。当时，失火货船上有11万桶石油。爆炸的油库隶属全球最大的石油公司埃克森美孚，库中的燃料油、加热油和煤油储备约占美国东部油料储备的1/4。事故发生后，纽约市场上石油价格开始上涨至1美元/桶。斯塔腾岛油库爆炸事件造成2人死亡，1人受伤住院。

---

〔1〕 参见中国人民大学精品课程《国际法学》课程教学案例"宇宙954号"案，载 http：//jpkc. rucil. com. cn/article/default. asp? id＝195，2012年3月访问。

问：1. 油库附近一艘货船不慎失火，引发油库爆炸的损失仅为财产损失吗？

2. 油库发生爆炸，浓烟冲向几百英尺的高空会引起什么污染？

3. 损害赔偿应包括哪些？

4. 事故发生后，会产生什么影响？

案例三

1999 年 5 月 8 日，以美国为首的北约悍然使用 5 枚导弹袭击中华人民共和国驻南联盟大使馆，造成馆舍严重毁坏、3 名新闻工作者死亡和其他人员伤亡。北约对中国使馆的野蛮袭击是对国际法的肆意践踏。它不仅粗暴地侵犯了外交特权与豁免，而且构成对《联合国宪章》和国际关系基本准则的肆意破坏，更严重地侵犯了中国的主权。国际社会对此事件纷纷予以谴责。中国政府提出强烈抗议，要求以美国为首的北约：①公开、正式向中国政府、中国人民和受害者家属表示道歉；②对袭击事件进行全面、彻底的调查；③迅速公布调查的详细结果；④严惩肇事者。在中国政府的严正交涉下，美国及其他北约国家领导人先后就袭击事件向中国政府、中国人民和受害者家属表示公开道歉，但美国同时以误炸作为辩解理由。1999 年 7 月 30 日，中美两国政府就美国轰炸中国驻南使馆所造成的中方人员伤亡和财产损失的赔偿问题达成协议；12 月 16 日就中国驻南使馆的赔偿问题达成协议，美国政府分别向中国赔偿 450 万美元和 2800 万美元。2000 年 4 月 8 日，美国政府向中国政府通报了美方对美国轰炸中国使馆事件责任的调查结果，声称对美国中央情报局的 8 名人员进行处罚，其中一名已被解雇。

问：从国际法律责任的角度对本案展开分析。

 主要参考文献

1. 王虎华主编：《国际公法学》，北京大学出版社、上海人民出版社 2006 年版。

2. 王铁崖主编：《国际法》，法律出版社 1995 年版。

3. 端木正主编：《国际法》，北京大学出版社 1997 年版。

4. 尹玉海：《航天开发国际法律责任研究》，法律出版社 2004 年版。

5. 盛红生：《国家在反恐中的国际法责任》，时事出版社 2008 年版。

第四章
国际法上的个人

【本章概要】国际法在规范国家间关系的同时，也涉及一国与其本国国民、外国国民之间的关系等。本章主要阐述国籍、外国人的法律地位及待遇原则、外交保护、引渡与庇护等相关问题。

【学习目标】通过本章的学习，学生应了解和掌握如下内容：国籍的意义，国籍的取得和丧失，国籍冲突及其解决办法，国际法关于外国人法律地位和待遇的一般原则，庇护、引渡和难民法律地位等。

第一节　国籍

一、国籍与国籍法

（一）国籍的概念与意义

居住在一国境内的人，包括本国人、外国人和无国籍人。区别本国人、外国人和无国籍人的标准是国籍。国籍是自然人作为某一国家的国民的法律资格，是自然人与一个国家稳定的法律联系。

从国际法的角度来看，国籍对个人和国家都具有重大意义。

第一，国籍是国家甄别本国人与外国人，从而确定管辖权的依据。依据国际法，国家的管辖权包括属地管辖、属人管辖、保护性管辖和普遍管辖四个方面，国家行使前三种管辖权都必须根据国籍区分本国人与外国人。国家只对具有本国国籍的人才能行使属人管辖权。国家对个人行使外交保护权时，在通常情况下，这个人也必须具有该国国籍。

第二，国籍是确定个人法律地位的根据。具有本国国籍的人处于本国公民的地位，享有和承担本国法律所规定的公民的全部权利和义务，包括外国人没有的选举权和被选举权，以及外国人无须承担的服兵役的义务。侨居国外的某国公民有忠于本国和承担一定义务的责任，国家也有权对侨居在外国的本国人的合法权益予以外交保护，并有义务接纳其回国。而不具有本国国籍的人，就处于外国人的地位。外国人享有的权利和承担的义务和本国人是有区别的。国家对于外国人既无权予以外交保护，也无义务接纳其入境。此外，在战时通常以国籍来决定某人是否为敌国国民。

一般而言，"公民"与"国民"并无严格区别。但在某些国家，公民与国民的含义及其在国内法上的地位是有差别的。例如，美国法律规定，凡是出生在美国本土并受美国管辖的人，是美国的公民；凡是出生在美国海外属地的人则是美国的国民。前者享有完全的政治权利，后者只享有部分政治权利。法国国内法也有类似的规定。然而，这种区别在国际法上并无实际意义。

（二）国籍法

国籍法是各国规定其国籍的取得、丧失或变更等问题的法律规范。国籍法的法律形式因国家不同而不同。有些国家以宪法条款的形式出现，有些国家则以单行法的形式出现。最早以宪法规定国籍的是 1791 年法国宪法，最早以单行法规定国籍的是 1842 年普鲁士国籍法。

按照国际法，国籍问题原则上属于每个国家的国内管辖事项，每个国家有权以自己的法律决定谁是它的国民。这一原则不仅得到了 1930 年《关于国籍法冲突若干问题的公约》的肯定，而且也为 1923 年常设国际法院关于"突尼斯－摩洛哥国籍命令案"的咨询意见和 1955 年国际法院关于"诺特鲍姆案"的判决所证实。例如，《关于国籍法冲突若干问题的公约》第一章第 1 条规定："每一个国家依照其本国法律断定谁是它的国民。此项法律如符合国际公约、国际惯例以及一般承认的关于国籍的法律原则，其他国家应予承认。"常设国际法院在关于"突尼斯－摩洛哥国籍命令案"的咨询意见中表示，依国际法的现状，国籍问题，按照本院的意见，原则上是属于这个保留范围（即国家主权管辖范围）之内的事项。国际法院关于"诺特鲍姆案"的判决也指出，国籍问题属于国家的国内管辖事项。

国籍法虽然属于国内法，但由于各国在国籍立法原则上的差异、内容上的不同，再加上国际交往愈益频繁，就容易产生国籍的冲突问题。为了解决国籍冲突问题，国际社会制定了诸多有关的国际公约，主要有：1930 年《关于国籍法冲突若干问题的公约》《关于双重国籍某种情况下兵役义务的议定书》《关于某种无国籍情况的议定书》，1933 年《美洲国家间国籍公约》《美洲国家间关于妇女国籍的公约》，1954 年《关于无国籍人地位的公约》，1957 年《已婚妇女国籍公约》，1961 年《减少无国籍状态公约》和 1997 年《欧洲国籍公约》等。另外，一些普遍性的国际人权公约，如 1966 年《公民及政治权利国际盟约》、1973 年《禁止并惩治种族隔离罪行国际公约》等，也含有国籍问题的规定。因此，有关国籍问题的一些原则和规则也成为国际法和国际关系中的一个重要内容。

二、国籍的取得与丧失

国籍的取得是指一个人取得一国公民的资格。

（一）国籍的取得

国际法并没有以任何方式确定如何取得国籍。然而，根据各国的国籍立法和实践，国籍的取得主要有两种方式：一种是因出生而取得一国国籍；另一种是因加入而取得一国国籍。

1. 因出生而取得一国国籍。因出生而取得的一国国籍，又叫原始国籍。世界上绝大多数人是由于出生而取得国籍，并且以后也不改变其国籍的。因此，这是取得国籍的最主要的方式。但是，赋予原始国籍的标准是不一样的，主要有三个：

（1）血统主义。即一个人以出生时其父母的国籍为其国籍，而不管他出生于何地。按照这一标准，凡是本国人所生的子女，当然为本国国民，不论其出生在国内还是在国外。血统主义以亲子关系为基础。历史上，向外移民较多的国家多采用血统主义，如中国、意大利、日本等。

其中，血统主义又分为双系血统主义和单系血统主义。双系血统主义是指父母双方任一方的国籍均对子女国籍有影响。例如，1957 年《匈牙利国籍法》第 1 条第 1 款规定："父母一方属于匈牙利国籍者，子女是匈牙利人。"而单系血统主义通常是指父亲的国籍决定其子女的国籍，因此又称父系血统主义。例如，1924 年《伊拉克国籍法》第 8 条第 1 款规定："任何人出生时，其父为伊拉克人者，不论在何地出生，都应认为是伊拉克国民。"由于单系血统主义是男女不平等在国籍问题上的表现，目前多数趋向于采取双系血统主义决定子女的国籍。

（2）出生地主义。即一个人以其出生地国家的国籍为原始国籍，而不问其父母的国籍。根据这一标准，在一国境内出生的人，不问其父母的国籍状况，一律取得出生地国家的国籍。在历史上曾经大量吸收移民的美国和拉丁美洲国家，为了使大批移民出生的儿童成为出生地国家的公民，增加本国人口，均采取出生地主义原则，但现在已无国家单纯采取这一标准。

（3）混合主义。即将血统与出生地相结合以确定一个人的原始国籍。纯粹地采取血统主义或出生地主义的做法经常受到批评，所以大多数国家都抛弃了纯粹血统主义或出生地主义的做法，转而将两者结合以决定一个人的原始国籍。

在混合主义中，有些国家以血统主义为主，以出生地主义为辅；有些国家以出生地主义为主，以血统主义为辅；有些国家则平衡地兼采血统主义与出生地主义。很少有国家完全采用一种标准来规定原始国籍的取得方式，而多半是以血统主义或出生地主义为主要方式，再辅之以另外一种方式。

2. 因加入而取得一国国籍。因加入而取得的一国国籍，称为继有国籍。继有国籍可以分为两类：一类是根据当事人的意愿而取得的继有国籍，如自愿申请入籍等；另一类是基于某种事实而根据有关国内法的规定取得的继有国籍，如由于婚姻、收养等原因而取得某国国籍。

（1）自愿申请入籍。自愿申请入籍，以前被称为归化，即依照被申请国的规定，由申请人提出申请并由被申请国批准而取得被申请国的国籍。每一个国家都可以根据其法律规定的条件，允许外国人申请获得其国籍。不过，大多数国家只准许那些已经在该国居住相当长时期或者与该国有某种联系，如与当地国民有婚姻或亲属关系的人入籍。

关于入籍的条件，许多国家的国籍法都列举有年龄、职业、财产状况、行为表现、宗教、政治信仰、居住期限等方面的条件。如英国规定必须在英国居住超过 7 年。美国现行法律规定的入籍条件包括：年满 18 岁，在美国连续居住至少满 5 年，道德品质良好，有一般阅读和写作能力，理解和拥护美国政府体制和美国宪法上的各项原则。历史上曾有过以种族、肤色以及政治信仰为入籍条件的，如美国 1882 年 5 月 6 日国会颁布法律禁止美国法院批准华人、日本人和马来西亚人加入美国国籍，并且禁止马克思主义者入籍。直到 1952 年，美国才以新的法令取消了入籍方面的种族歧视。至于入籍的程序，一般为申请、审查和批准几个步骤。

当然，任何人都没有权利主张一个国家必须接受他入籍；相反，每个国家都可以按照自己的法律规定，或者批准当事人的申请而准予入籍，或者拒绝当事人的申请而不准入籍。

另外，对于取得继有国籍的人在法律地位上是否与具有原始国籍的人完全一样，各国立法的规定也不完全相同。有些国家对继有国籍人的法律权利有所限制。例如，根据《美国宪法》第 2 条的规定，入籍的美国国民永远不能当选为美国总统。

（2）因婚姻而取得继有国籍。按照现代各国的国籍立法，男子的国籍一般不受婚姻的影响，而妇女的国籍经常由于婚姻而变更，可以取得其丈夫的国籍或自动丧失原来的国籍。对此，各国的规定不一，可以分为下列四类：①无条件的妻随夫籍，即凡与本国男子结婚的外国女子取得本国国籍；凡本国女子与外国男子结婚则丧失本国国籍。②外国女子与本国男子结婚即取得本国国籍，而本国女子与外国男子结婚并不当然丧失本国国籍。③有条件的妻随夫籍，即外国女子嫁到本国或本国女子嫁到外国，原则上取得或丧失本国国籍，但有一定条件。④女子国籍独立，即婚姻不影响国籍。

目前大多数国家的国籍立法倾向是，确立男女平等的原则和妇女国籍独立的原则，规定婚姻并不影响国籍。这一点也得到了一些国际公约的肯定。例如，1957 年联合国大会通过的《已婚妇女国籍公约》第 1 条规定："缔约国同意其本国人与外国人结婚者，不因婚姻关系之成立或消灭，或婚姻关系存续中夫之国籍变更，而当然影响妻之国籍。"1980 年《消除对妇女一切形式歧视公约》第 9 条规定："缔约各国应给予妇女与男子相同的取得、改变或保留国籍的权利。它们应特别保证，与外国人结婚，或婚姻期间丈夫改变国籍，均不当然改变妻子的国籍，使她成为无国籍人，或把丈夫的国籍强加于她；缔约各国在关于子女的国籍方面，应给予妇女与男子平等的权利。"

（3）因收养而取得国籍。因收养而取得国籍是指无国籍或具有外国国籍的儿童被一国国民收养而取得了收养人所属国的国籍。各国立法对收养是否必然导致被收养者取得收养者国籍的规定并不一致。收养对被收养者国籍的影响，大致有三种情况：①收养影响国籍，即本国国民收养的外国国籍或无国籍的养子女因收养而取得本国国籍。依照 1950 年《英国收养法》，只要收养人是英国或者英国殖民地公民，或男性收养人是英国或英国殖民地公民，被收养儿童就应是英国或英国殖民地的公民。②收养不影响国籍，即养子女不因被收养而取得养父母所属国的国籍。③收养虽不影响被收养人的国籍，但养父母所属国可以按优惠的条件给予被收养人国籍。例如，依日本 1950 年《国籍法》，日本国民的养子女只要在日本有住所连续 1 年以上，并且在被收养时依其本国法尚未成年，即可成为日本国民，而一般人须在日本连续居住 5 年以上并具备其他诸如财产状况等条件才能加入日本国籍。

因加入而取得一国国籍，除了上述自愿申请入籍、婚姻和收养以外，还有选择国籍、认知（准婚生）、国家继承、接受公职和强制入籍等情形。

（二）国籍的丧失

一个人的国籍也是可以丧失的。国籍的丧失是指一个人由于某种原因而丧失某一特定国家的国民身份或资格。各国的法律一般都规定了丧失国籍的各种不同情况和条件。概言之，国籍的丧失分为两种：自愿的和非自愿的。

1. 自愿丧失国籍是基于当事人的意愿而丧失国籍。有两种情况：①申请退籍。有些国家给予其国民申请解除他们国籍的权利。②自愿选择其一国国籍，因而也发生丧失国籍的情况。例如，在交换领土的情形下，交换地区的居民选择了对方国籍，即丧失本国国籍。

2. 非自愿丧失国籍主要是由于入籍、婚姻、收养、剥夺等原因而丧失原有国籍。它不是基于当事人的意志，而是由于发生法律规定之事实，或者是由于主管机关根据法律规定剥夺当事人国籍。目前，一些国家的法律规定了剥夺国籍的制度，剥夺国籍是国家因其国民实施某种行为而依法剥夺其国籍。各国法律规定的剥夺国籍的理由不尽相同，主要有：危害国家独立与安全；对本国不忠诚或为外国的利益而从事危害本国利益的行为；在战争中为敌工作；逃避兵役等。

三、国籍的冲突

国籍的冲突，亦称国籍的抵触，是指一个人在同一时间内具有两个或两个以上国籍或者根本不具有任何国籍的法律状态。一般地，一个人有且只有一个国籍。然而，由于国际法缺乏关于国籍的统一规则，各国均自行制定本国国籍法，而各国国内法关于国籍的规定又不尽相同，因此，常常出现一些特殊的情况，即一个人可能有两个或两个以上的国籍，也可能没有任何国籍。这就产生了国籍的冲突问题。国籍的冲突有两种情形：积极的国籍冲突和消极的国籍冲突。

（一）积极的国籍冲突

积极的国籍冲突是指一个人同时具有两个或两个以上国家的国籍，即双重国籍和多重国籍。双重国籍在各种不同的情况下都有可能产生。可以说，每一种取得国籍的方式，如出生、婚姻、收养、入籍等，都可能使个人具有双重国籍。

1. 出生。不同国家对因出生而赋予国籍所采取的原则不同，双重国籍因此而产生。例如，采取血统主义国家的公民在采取出生地主义的国家境内所生子女，一出生就具有双重国籍；如果父母双方国籍不同，而父母各自国家均采取血统主义，他们在采取出生地主义的国家所生子女，一出生就具有三重国籍。

2. 婚姻。由于各国对涉外婚姻中女子的国籍是否变更的问题采取不同的立场与立法原则，妇女可能由于婚姻而取得双重国籍。如有些国家规定本国女子与外国男子结婚并不丧失本国国籍，而另一些国家规定外国女子与本国男子结婚则自动取得本国国籍，这样将导致妇女因结婚而取得双重国籍。

3. 收养。由于收养产生双重国籍，也是由于各国对收养外国人是否影响该外国人的国籍问题采取不同的立法原则的结果。例如，某国的公民收养一个外国人为养子女，按收养人国家的国籍法规定，外国人为本国人收养即取得本国国籍；但是，按照被收养人国家的国籍法规定，收养不影响国籍，从而导致被收养人具有双重国籍。

4. 入籍。由于各国对入籍的规定不同，也会产生双重国籍。例如，一个人在外国申请入籍，如果其本国法律规定本人退籍必须经过批准，而该人在未退出本国国籍的情况下获准入外国籍，则他就具有双重国籍。另外，当一个国家授予外国人本国国籍，而并不同时要求入籍人退出原有国籍时，也会产生双重国籍。

双重国籍无论是对个人还是对国家或国际关系来讲，都是有害的。双重国籍使个人陷入困难境地，因为双重国籍人与两个国籍国都有稳定的法律联系，他可以享受两个国籍国赋予的权利，但同时也必须效忠于两个国籍国，同时承担两个国籍国法律规定的义务。例如，他应在两个国籍国履行服兵役的义务。尤其是当两个国籍国是战时敌国时，他无论在哪一国服役都会被对方国家视为叛逆。

在对第三国的关系上，双重国籍也会给第三国对外国人的管理带来困难，甚至可能引起国家之间的纠纷。基于双重国籍带来的严重后果，很多国家在国内立法和国际条约方面，采取种种措施来防止和消除双重国籍。

解决双重国籍问题的国际条约，主要有：1930 年《关于国籍法冲突若干问题的公约》《关于双重国籍某种情况下兵役义务的议定书》，1954 年《阿拉伯联盟关于国籍的公约》，1957 年《已婚妇女国籍公约》，1961 年《关于取得国籍之任择议定书》，1963 年欧洲国家间签订的《关于减少多重国籍及在多重国籍时兵役义务的公约》和欧洲理事会 1997 年《欧洲国籍公约》等。

（二）消极的国籍冲突

消极的国籍冲突，是指一个人不具有任何国家的国籍。无国籍状态是由于各国国籍法的冲突、领土的移转或国籍被剥夺等原因而产生的。

无国籍对个人来讲，显然是一种很不利的情况。因为没有国籍的人，在国际法上就得不到国家的外交保护，在他们受到一个国家的损害时，也没有国家代表他们提出国际求偿。

长期以来，各国通过国内立法和签订国际公约来减少无国籍状况和保障无国籍人的权利。减少无国籍状态的国际公约，主要有：1930 年《关于某种无国籍情况的议定书》、1954 年《关于无国籍人地位的公约》和 1961 年《减少无国籍状态公约》等。1949 年联合国经社理事会还设立了一个临时委员会研究无国籍问题，并于 1950 年通过决议，要求各国在它们发生领土主权变更时，做出安排以避免无国籍状态的产生。这些规定一定程度上有助于避免无国籍状态的产生。

四、中华人民共和国国籍法

历史上，中国曾颁布过三部国籍法，即中国最早的国籍法——1909 年清政府颁布的《大清国籍条例》、1914 年袁世凯政府制定的《民国三年修正国籍法》和 1929 年中华民国政府颁布的《民国十八年修订国籍法》。这三部国籍法均采取单系血统主义原则，即父系血统主义，体现了男女不平等的思想。

新中国成立后，在《国籍法》颁布以前，处理国籍问题主要是依据政府的有关政策，在很长一段时间没有制定国籍法，实践中采取男女平等的双系血统主义，并且在中国人丧失中国国籍的问题上，采取须经中国主管机关许可的原则。

1980 年 9 月 10 日，在总结三十多年处理国籍问题的经验并参考了其他国家的国籍立法和有关国际公约的基础上，中华人民共和国第五届全国人民代表大会第三次会议审议并通过了《国籍法》，这是新中国成立以后颁布的第一部国籍法，也是我国现行的国籍法。《国籍法》虽然只有 18 条，但它从中国国籍立法的基本原则到具体内容、有关程序，都规定得比较详细、明确。

（一）中国国籍立法的基本原则

1. 平等原则。平等原则体现在各民族平等地享有统一国籍、男女国籍平等方面。例如，《国籍法》第 2 条规定，中华人民共和国是多民族的国家，各民族的人都具有中国国籍；第 4 条和第 5 条规定，父母双方的国籍对子女取得中国国籍具有同等效力。

2. 在原始国籍赋予上，采取双系血统主义与出生地主义相结合的原则。这一原则具体体现在《国籍法》第 4 条、第 5 条和第 6 条。我国在采取这一原则时，以血统主义为主、出生地主义为辅，它符合现代各国国籍立法的总趋势。

3. 不承认双重国籍原则。这是我国国籍法的一项基本原则。《国籍法》第 3 条规定："中华人民共和国不承认中国公民具有双重国籍。"这是中国历史上第一次宣告不承认中国公民具有双重国籍。第 5、8、9、13 条将这一原则具体化：①父母双方或一方为中国公民并定居在外国，本人出生时即具有外国国籍的，不具有中国国籍。②定居外国的中国公民，自愿加入或取得外国国籍，即自动丧失中国国籍。③经批准加入中国国籍的，不得再保留外国国籍。④申请恢复中国国籍获批准的，不得再保留外国国籍。1996 年和 1998 年全国人大常委会关于我国国籍法在香港和澳门特别行政区实施的几个问题的解释进一步贯彻了这一原则。这一原则不仅表现于不承认中国公民所具有的外国国籍，而且还表现于各项规定都坚持一人一籍。这项原则体现了我国政府在解决华侨双重国籍问题上的一贯立场，有利于消除或减少我国与华侨众多的有关国家的矛盾。例如，1955 年中国首先与印度尼西亚签订了《关于双重国籍问题的条约》，此后，中国又与马来西亚、菲律宾和泰国等国签署协议，比较圆满地解决了华侨的双重国籍问题。

值得注意的是，随着中国改革开放进程的加快，移居国外的中国公民急剧增加，大批包括港澳台和外籍华人在内的境外人士也涌入中国大陆。这些华人渴望中国政府承认双重国籍，因为有了双重国籍，他们就不再需要按照外国人入境办法办理签证，极大地便利了华人回国创业、安排家庭生活和子女就学等问题，便于华人晚年落叶归根。此外，华人回国也促进了大量资金、经验和技术的引进，承认他们的双重国籍有利于中国的经济发展和国际地位的提升。因此，中国《国籍法》是否应当就双重国籍问题进行一定的修改，以及如何修改更符合中国国情和现实需要，有待于进一步研究。

1999 年，在全国政协九届二次会议上，政协代表陈铎等 12 人提出了题为"关于撤销'不承认中国公民具有双重国籍'规定的建议案"的第 2172 号提案。提案认为，中国政府关于不承认中国公民双重国籍的政策在过去对维护国家尊严、外交事务、侨务、国家安全等方面起过重要作用；随着形势的发展，"不得已只好选择居住国的身份甚至入籍"，这样就有了双重身份。这一提案由国务院有关部门交公安部研究办理，公安部于 1999 年 6 月 25 日作出答复："《国籍法》颁布近二十年的实践证明，我国不承认双重国籍的原则在处理国籍冲突问题上发挥了重要作用，这一原则符合我国目前的国情和国家根本利益。"在此后的相当长时间里，国外华侨华人未间断过对这一问题的讨论。在全国政协十届二次会议上，政协委员黄因慧提出了"关于建议修改《中华人民共和国国籍法》相关条款，有选择有条件地承认双重国籍的建议"（提案第 0222 号）。2004 年 8 月 15 日，公安部、外交部发布《外国人在中国永久居留审批管理办法》，规定持有中国永久居留证（中国"绿卡"）的外籍人员除政治权利和法律法规规定不可享有的特定权利和义务外，原则上和中国公民享有相同的权利，承担相同的义务。但是该《办法》对"绿卡"的发放要求是相当严格的，虽然国籍要求有所松动，但是中国政府依然持保守态度。

（二）中国国籍的取得

关于中国国籍的取得，根据《国籍法》第 4、5、6 条的规定，父母双方或一方为中国公民，本人出生在中国的，具有中国国籍；父母双方或一方为中国公民，本人出生在外国的，具有中国国籍，但父母双方或一方为中国公民并定居在外国，本人出生时即具有外国国籍的，不具有中国国籍；父母无国籍或国籍不明，定居在中国，本人出生在中国的，具有中国国籍。

《国籍法》规定了通过入籍取得中国国籍的程序和必须满足的条件。外国人或无国籍人，愿意遵守中国宪法和法律，并具有下列条件之一的，可以经申请批准加入中国国籍：①中国人的近亲属；②定居在中国的；③有其他正当理由。申请加入中国国籍获得批准的，即取得中国国籍；被批准加入中国国籍的，不得再保留外国国籍。

此外，《国籍法》还就中国国籍的恢复作出了规定：曾取得过中国国籍的外国人，具有正当理由，可以申请恢复中国国籍，被批准恢复中国国籍的，不得再保留外国国籍。

（三）中国国籍的丧失

根据《国籍法》的规定，中国国籍的丧失有两种不同的方式：

1. 自动丧失。《国籍法》第9条规定："定居在外国的中国公民，自愿加入或取得外国国籍的，即自动丧失中国国籍。"

2. 申请退籍。《国籍法》第10条规定："中国公民具有下列条件之一的，可以经申请批准退出中国国籍：①外国人的近亲属；②定居在外国的；③有其他正当理由。"第11条规定："申请退出中国国籍获得批准的，即丧失中国国籍"。不过，《国籍法》第12条也对申请退籍规定了限制条件："国家工作人员和现役军人，不得退出中国国籍。"

此外，《国籍法》还规定，中国国籍的取得、丧失和恢复，除自动丧失中国国籍的情况外，必须办理申请手续。

第二节　外国人的法律地位

一、概说

外国人是指在一个国家境内不具有所在国国籍而具有其他国籍或无国籍的人。从法律上说，外国人除自然人外，还包括外国法人。如果一个人既具有所在国的国籍，同时又有其他国家的国籍，那么对所在国而言，一般把他作为本国国民而不是外国人。

一国境内的外国人包括两类：一类是根据国际法享有外交和领事特权与豁免权的外国人，如外交人员和领事官员；另一类是普通外国人，如外商、外国留学生、外侨、在该国旅游的外国人等。由于享有外交和领事特权与豁免的外国人具有特殊的法律地位，与普通外国人不同，因而不在一般外国人之列。

外国人的法律地位问题，主要涉及外国人与所在国之间的权利与义务关系，包括外国人应服从所在国的管辖，外国人应当享有的待遇，外国人入境、出境和居留应当遵守的规定等。

关于外国人的法律地位问题的规定，属于所在国主权范围内的事项，一般由所在国的国内法加以规定，其他国家无权进行干涉。不过，在规定外国人的法律地位时，必须参照国际法的一般原则和有关的国际习惯规则，同时还要顾及本国所承担的国际法义务及外国人本国的属人管辖权。

每个外国人都受双重管辖。一方面，他处在所在国的属地优越权之下；另一方面，他又处在国籍国的属人优越权之下。因此，国家在对境内的外国人行使属地管辖权时，要照顾到外国人的本国所具有的属人管辖权，例如，外国人负有对本国效忠的义务，可以从所在国被召回服兵役，所在国不得阻止。同样，外国人的本国在行使属人优越权时，要受到其国民所在国的属地优越权的限制。

二、外国人的入境、居留和出境

（一）入境

外国人可能由于各种原因而需要进入另一国领土，如定居、旅游、访问、留学、过境、政治避难等。根据国际法，国家没有准许外国人入境的义务，外国人也没有要求一国必须接纳其入境的权利。是否接受外国人入境，以及在什么条件下允许外国人入境，是一个国家自由决定的事项。

但在现代国际社会里，由于世界各国在经济、文化等各方面交往的需要，国家通常都是在互惠的基础上允许外国人为合法的目的而入境的。不过，一般需要两个条件：一是持有本国签发的有效护照；二是有拟进入的国家发的签证。另外，某几类人，如难民或国际组织的官员，根据国际协定也可以使用特别的旅行证件来代替护照；而有些国家，由于彼此间密切的经济、文化联系或在互惠的基础上，也可以互相免办签证手续。

国家出于本国安全、公共秩序和公共利益的考虑，可以有权特别拒绝下列几类外国人入境：精神病患者、传染病患者和刑事罪犯等。

（二）居留

合法进入一国境内的外国人，无论是在该国短期、长期还是永久居住，都必须遵守居留国的法律、法令，并要办理相关的居留登记手续。外国人在居留国所享有的权利和承担的义务，由居留国的法律来规定。外国人在居留期间，他（她）的合法权利（包括人身权、财产权、著作权、发明权、劳动权、受教育权、婚姻家庭权、继承权和诉讼权等）应受到保护。不过，外国人一般不能享有本国人所享有的政治权利。外国人一般也没有为居留国服兵役的义务。

（三）出境

对于外国人的出境，一般由该国的国内法来规定，外国人只要符合居留国有关出境的规定并已办好一切必要的手续，居留国就应允许他出境。1948 年《世界人权宣言》第 13 条规定："人人有权离去任何国家。"外国人离境的条件，通常由国内法加以规定。一般是必须已经履行了当地的义务，如缴纳捐税、罚款、清偿了私人债务和了结了司法案件等，并办理了出境手续。对于合法离境的外国人，应当允许按照居留国的法律规定，带走其财产。居留国不得对他的离境征税，也不得对他所携去的财产额外征税。

另外，根据国际法，一国不得禁止外国人合法离境，但在特定情况下，如出于维护本国公共秩序和公共安全的需要，可以限令外国人离境或将其驱逐出境。不过，国家不得滥用这项权利，否则容易引起国家间的纠纷。

一些国际公约对国家驱逐外国人的权利予以了限制。例如，1966 年《公民及政治权利国际公约》第 13 条同样规定，在一个国家境内合法居留的外国人，非经依法判定，不得驱逐出境，而且除事关国家安全必须急速处分者外，必须准许该外国人提出不服驱逐的理由，并申请主管当局复核。

三、外国人待遇的一般原则

关于外国人的待遇问题，国际法上并没有统一的规定，而是由各个国家自行做出决定，除非受条约的约束。在长期的国际实践中，国际社会逐渐形成了一些有关外国人待遇问题的一般原则，常见的有以下几种：

(一) 国民待遇

国民待遇是指一个国家在某些事项上给予外国人与本国国民相同的待遇，即在同等条件下，外国人享有与本国人相同的权利和义务。

国民待遇通常是各国政府在互惠的基础上互相给予的。从国际实践来看，一方面，一国给予外国人国民待遇，主要是在民事权利方面。至于政治权利方面，外国人一般不能享有，例如，外国人不享有选举权和被选举权，不得担任政府公职，也不承担服兵役的义务。另一方面，即使是民事和诉讼权利，也被限定在一定的范围和程度之内。例如，各国往往出于国家安全和利益的考虑，不允许外国人从事某些特定的职业，诸如不能充当引水员、飞行员，不得担任文官、商船船长和律师等，一些国家还禁止外国人拥有土地，还有些国家对外国人的旅行、居住有些限制等。

依据国民待遇原则，外国人不得要求高于本国人的待遇。西方国家曾以所谓"最低限度国际标准"作为对国民待遇原则的一种限制，并以此作为对他国干涉的一种理由。然而，最低限度国际标准对不发达国家而言，意味着外国人享有特权，而且这一标准本身概念模糊、无明确的含义。

(二) 最惠国待遇

最惠国待遇是指一国（施惠国）给予另一国（受惠国）的公民（或法人）的待遇不低于现在或将来给予任何第三国公民（或法人）在该国所享受的待遇。联合国国际法委员会《关于最惠国条款的条文草案》第 5 条指出："最惠国待遇是指施惠国给予受惠国或与之有确定关系的人或事的待遇，不低于施惠国给予第三国或与之同于上述关系的人或事的待遇。"

在国际实践中，最惠国待遇可以分为以下几种：

1. 根据受惠国享受该待遇时是否需要满足施惠国提出的条件，可分为有条件的和无条件的最惠国待遇；

2. 根据施惠国与受惠国之间是否承受双向的权利和义务，可分为互惠的和片面的最惠国待遇；

3. 根据该待遇的内容是否存在限制，可分为有限制的和无限制的最惠国待遇。

目前，采用无条件、互惠及有限制的最惠国待遇是国际实践中的普遍趋势。

最惠国待遇一般通过双边或多边条约适用于经济和贸易方面，但不适用以下情形：①给予邻国的利益和特惠；②关税同盟内的优惠；③自由贸易区和优惠贸易区域内的优惠；④经济共同体内的优惠；⑤沿海贸易和内河航行；⑥多边国际条约或协定承担的义务。

（三）互惠待遇

互惠待遇是指各国基于平等互利的原则，互相给予对方国民某种权利、利益或优惠，如相互税收优惠、互免入境签证、免收签证费等。互惠待遇的目的是为了避免外国人在本国获得某些片面的权益或优惠。

（四）差别待遇

差别待遇是指国家给予外国人不同于本国公民的待遇，或给予不同国籍的外国人不同的待遇。

差别待遇包括两种情况：①国民待遇中对外国人民事权利的一些限制，或外国公民或法人的民事权利在某些方面小于本国公民或法人，如外国人不能经营某种企业，外国人不能从事某种职业等；②最惠国待遇的例外情形，以及由于民族、历史、地理等原因，某些国家或国家集团的关系更密切一些，根据条约或惯例，相互给予对方公民或法人优于其他外国公民和法人的待遇，如欧盟的成员国对其他成员国的国民或法人的待遇就不同于对非成员国的国民或法人。

不过，采取差别待遇不能有任何歧视。基于种族、宗教、政治、民族、性别等原因而采取的歧视待遇，是违反国际法的。

四、外国人在中华人民共和国的法律地位

《宪法》第32条规定："中华人民共和国保护在中国境内的外国人的合法权利和利益，在中国境内的外国人必须遵守中华人民共和国的法律。"我国为了便于对外国人的管理，于1964年由国务院公布了《外国人入境出境过境居留旅行管理条例》，1985年全国人大常委会通过了《外国人入境出境管理法》。1986年，国务院颁布了《外国人入境出境管理法实施细则》（1994年、2010年又进行了修订，现均已失效）。[1]该法对外国人的入境、居留和出境等问题做出了具体细致的规定。2013年7月1日起施行《中华人民共和国出境入境管理法》，《中华人民共和国公民出境入境管理法》《外国人入境出境管理法》被同时废止。《外国人入境出境管理条例》自2013年9月1日起施行，对《外国人入境出境管理法实施细则》予以废止。

根据中国相关法律，外国人入境、过境和在中国境内居留，必须经中国政府主管机关许可。外国人入境、出境、过境，必须从对外国人开放或者指定的口岸通行，接受检查和监护。

外国人入境，必须办理入境手续。外国人一般首先应持有效护照和有关证件到我国主管机关申请签证。获得入境签证的人，进入我国境内还要通过中国的边防和海关的检查。外国人有下列情形之一的，不准入境：①未持有效出境入境证件或者

---

〔1〕 2001年1月12日，公安部、外交部对《外国人入境出境管理法实施细则》（现已失效）第8条有关外国人过境中国问题作出补充解释。

拒绝、逃避接受边防检查的；②具有本法第21条第1款第1项至第4项规定情形的；③入境后可能从事与签证种类不符的活动的；④法律、行政法规规定不准入境的其他情形。对不准入境的，出入境边防检查机关可以不说明理由。

外国人在中国居留，必须持有我国政府主管机关签发的身份证件或居留证件，在规定时间内申请办理居留登记、申报户口、缴验证件。在中国境内变更居留地点，必须办理迁移手续。外国人持有效签证或居留证件，可以前往对外国人开放的地区旅行；若前往对外国人不开放的地区旅行，必须申请旅行证件。居留期间要遵守各项法律规章。对于不遵守我国法律、非法居留或违反居留管理规定的外国人，可处以警告、罚款或拘留，情节严重的，可并处限期出境。

外国人离开中国要办理出境手续，如交验护照和居留证件及其他证件。外国人有下列情形之一的，不准出境：①被判处刑罚尚未执行完毕或者属于刑事案件被告人、犯罪嫌疑人的，但是按照中国与外国签订的有关协议，移管被判刑人的除外；②有未了结的民事案件，人民法院决定不准出境的；③拖欠劳动者的劳动报酬，经国务院有关部门或者省、自治区、直辖市人民政府决定不准出境的；④法律、行政法规规定不准出境的其他情形。对于持无效出境证件、他人证件，或持有伪造或涂改的出境证件的外国人，中国检查机关有权阻止其出境。此外，携带外汇、贵重金属及其制品和人民币外汇票证的外国人，入境时须向海关申报，出境时须有中国银行证明或原入境时的申报单。人民币的有价凭证不得携带出境。外国人一般不准携带枪支、弹药入境；经批准携带枪支、弹药入境、过境、出境的，必须依法办理手续。

第三节　引渡和庇护制度

一、引渡

（一）引渡的概念

引渡是指一国应外国的请求，把正处在自己领土之内而受到该外国通缉或判刑的人，移交给外国审判或处罚的行为。

（二）引渡的依据

在国际法上，引渡是国家间的一种司法合作行为，国家之间并无引渡罪犯的义务，除非它根据条约承担了这种义务。不过，有些国家对没有缔结引渡条约的国家，也准许根据互惠原则引渡。引渡条约大部分为双边条约，多边条约不太多，主要是欧洲和美洲的一些区域性多边条约，如1933年《美洲国家间引渡公约》、1957年《欧洲引渡公约》等。此外，一些国际公约包含有引渡条款，如1948年《灭绝种族罪公约》规定缔约国应将犯有灭绝种族罪者依法予以引渡，关于空中劫持的1970年《海牙公约》和1971年《蒙特利尔公约》对引渡也有相关规定。此外，1997年《制

止恐怖主义爆炸事件的国际公约》、2000 年《联合国打击跨国有组织犯罪公约》和
2003 年《联合国反腐败公约》等条约也载有引渡条款。

许多国家还制定了有关的引渡法，对引渡的条件和程序作了详细的规定。关于
引渡最早的国内立法是 1833 年《比利时引渡法》。如果一国没有引渡法且宪法中对
引渡问题没有任何规定，则由其政府根据自己的决定缔结引渡条约。在这些国家，
即使没有引渡条约，政府也有权决定是否引渡个人。

在各国引渡法、国家间的引渡条约以及国际引渡实践的基础上，1990 年联合国
通过了《引渡示范条约》，确定了有关引渡的一般规则。

（三）引渡的主体

请求引渡的主体，即有权请求引渡的国家，一般情况下，主要有三类国家有权
提出引渡请求：①罪犯本人所属的国家；②犯罪行为发生地国家；③受害的国家，
即犯罪结果发生地国家。

当有数个国家为同一罪行或不同罪行请求引渡同一人时，原则上，被请求国有
权决定把罪犯引渡给何国。但 1933 年《美洲国家间引渡公约》第 7 条规定，如有几
个国家为同一罪行请求引渡时，犯罪发生地国家有优先权；如果这个罪犯有几项罪
行被请求引渡时，则罪刑最重的犯罪地国家有优先权；如果各项行为被请求国视为
同样严重时，优先权依请求的先后决定。

（四）引渡的客体

引渡的客体，即引渡的对象，是指被请求国指控为犯罪或判刑的人。他可以是
请求国公民，被请求国公民或第三国公民。

（五）政治犯不引渡原则

“政治犯不引渡”原则是 18 世纪末期形成的一项国际习惯法规则，在法国大革
命以后逐渐确立。1793 年法国宪法第 120 条规定为自由逃亡到法国的外国政治犯提
供避难场所。1833 年《比利时引渡法》规定禁止引渡政治犯。1834 年法国和比利时
订立条约规定政治犯不引渡。后来，“政治犯不引渡”原则为各国所普遍接受。

但是，由于政治犯的概念和范围缺乏明确性，各国的解释也不尽相同，因此，
“政治犯不引渡”原则实施起来较为困难。

有学者认为，决定犯何种罪行方属政治犯，需要考虑以下几个因素：①犯罪的
动机；②犯罪行为时的情况；③只包括若干特定罪行的政治罪，如叛乱或企图叛乱；
④罪行是针对一个特定的政治组织或引渡的请求国；⑤犯罪行为必须在敌对两派争
夺一国政权的情况下发生，因此无政府主义者或恐怖分子不包括在内。

由于政治犯的含义容易被曲解，且政治犯不引渡原则容易被滥用，因此，各国
的引渡法和有关的国际条约都对政治犯的范围进行了一些限制，主要有以下几种：
①行刺条款，即犯罪为刺杀国家元首时，视为普通罪犯；②国际罪行，有些公约规
定犯国际罪行不能认为是政治犯，如 1948 年《灭绝种族罪公约》等；③恐怖活动，
如 1977 年《欧洲制止恐怖活动公约》规定与恐怖活动有关的各种罪行不视为政

治罪。

值得注意的是，有些国家把军事犯也从引渡对象中排除。例如，根据 1927 年《法国引渡法》第 4 条的规定，军人所犯罪行依法国法律为普通犯罪时，适用引渡的一般条件，按刑事管辖权重叠的情况，不予引渡，依法国法律处理。同样，死刑犯不引渡、宗教犯不引渡的做法，也得到了较多国家的认可与践行。

（六）引渡的具体规范

1. 引渡的条件。由于各国的利益不尽相同，因此，各国的引渡法和有关的引渡条约所规定的引渡条件也不完全一致，但在实践中已形成了以下一些公认的国际习惯法规则。

（1）双重犯罪原则。所谓双重犯罪原则，又称相同原则，是指可引渡的犯罪必须是请求引渡国家和被请求引渡国家双方都认为是犯罪的行为，并且这种犯罪必须达到判处若干年有期徒刑以上的程度并可起诉，否则将不能引渡。为了明确引渡的范围，多数引渡条约及多数国家的引渡法均具体列举了可引渡的罪行。如《引渡示范条约》规定，可引渡的犯罪行为系指按照缔约国双方法律规定可予监禁或以其他方式剥夺其自由最长不少于 1～2 年或应受到更为严厉惩罚的行为；如果因为执行监禁或其他剥夺自由的判决而引渡，则在其未服刑期至少有 4～6 个月时方可准予。

（2）本国国民不引渡原则。在原则上，任何个人（不论是本国人还是外国人）都可以被引渡，但通常多数国家不引渡本国国民，而是在本国国内法院对其进行审判惩处，这就是本国国民不引渡原则。在实践中，只有英国、美国等极少数国家不拒绝引渡本国国民。

此外，从各国的引渡法和有关的引渡条约的规定来看，有些国家间的引渡条约将可以引渡的罪行一一列举。例如，1868 年《美国与意大利的引渡条约》在第 2 条列举了谋杀、意图谋杀、强奸、抢劫等几十项罪名为可引渡的罪行；又如，1924 年《美国与罗马尼亚间引渡条约》在第 1 条列举了谋杀罪、重婚罪、放火罪等 24 项罪名，作为应予引渡的犯罪。而另外一些国家则采取概括的方式，规定判刑至少为若干年的犯罪为可引渡的犯罪。例如，1953 年《匈牙利保加利亚司法协助条约》在第 56 条中规定，按照缔约双方法律规定的犯罪行为，判刑至少 1 年或更重的监禁，为可予引渡的犯罪。

2. 罪行特定原则和再引渡的限制。许多国家的引渡法和有关的引渡条约都规定了"罪行特定原则"。"罪行特定原则"是指移交给请求国的罪犯，在该国只能就其请求引渡时所指控的罪名予以审判和处罚；凡是不在引渡请求中所列举的犯罪行为，请求国非经被请求国的同意，不得对该罪犯进行审判和处罚。这一原则也称为"引渡与追诉一致原则"。

请求引渡的国家接受罪犯的引渡后，再将该罪犯引渡给第三国，供其审判和处罚，称为再引渡。至于被引渡的罪犯是否可由原来的请求引渡国转交给第三国，在理论上有三种不同的意见：第一种认为可以再引渡；第二种赞成根据罪行特定原则，不能再引渡；第三种主张如果经被请求国同意，就可以进行再引渡。例如，1953 年《匈牙利保加利亚司法协助条约》在第 67 条中规定："未经被请求的缔约一方的同意……被引渡的人不得被引渡至第三国。"而许多国家的引渡法和有关的引渡条约对于再引渡问题大多都未作明文规定，国际实践也并不一致。

（七）引渡的程序

引渡一般通过请求国与被请求国之间的外交途径进行。请求国先根据其国内法和有关的引渡条约来决定请求引渡，并将该项请求通过外交途径通报被请求国。被请求国收到引渡请求后，由其主管机关进行审查，决定是否引渡，并通过外交途径将此决定通知请求国。例如，1933 年《美洲国家间引渡公约》第 5 条规定："引渡请求书由各自外交代表制作，如无外交代表时，则由领事代表转达，或者由各国政府直接通知。请求引渡罪犯的国家，还须附送关于罪犯个人犯罪的证明材料。"在被请求引渡国通知决定移交罪犯的时间和地点之后的一定期限内，请求引渡国必须派员前来接受。罪犯移交给请求国人员接收之后，引渡程序即告结束。

《引渡示范条约》规定，引渡需要经过三个步骤：①以书面方式提出引渡请求。请求国应将请求书、佐证文件和随后的函件通过外交途径在司法部或缔约国指定的任何其他当局之间直接传递。请求书应附有一些必要的证明材料。②被请求国的审查。被请求国应依其国内法程序处理引渡请求，应迅速将决定通知请求国；无论全部或部分拒绝请求，均应说明理由。③引渡的执行。当请求被接受后，由请求国和被请求国安排移交罪犯的时间、地点、条件和交接方式。

二、庇护

（一）概说

庇护亦称"政治避难"，是指国家对因政治原因而受到其本国通缉或追诉的外国人，依其请求允许其入境、居留并予以保护，拒绝将其引渡的国家行为。

庇护通常包括领土庇护和域外庇护两种。前者是指上述所称的"政治避难"，后者包括了在本国驻外的军舰等的庇护，以及在驻外使领馆的庇护，而其中在驻外使领馆的庇护又称为是外交庇护。

庇护是以国家的属地优越权为根据的。给予庇护是国家的一项权利，个人受到庇护是国家庇护权的产物。个人可以申请庇护，但是否给予庇护，由被申请国家决定。国家有权给予外国人庇护，但国家并无法律上的义务一定要给外国人庇护。因此，庇护的主要根据是国内法，许多国家的宪法均含有庇护条款，如我国 1982 年《宪法》第 32 条第 2 款规定："中华人民共和国对于因为政治原因要求避难的外国人，可以给予受庇护的权利。"

1948 年《世界人权宣言》第 14 条规定："①人人为避免迫害有权在他国寻求并享受庇身之所。②控诉之确源于非政治性之犯罪或源于违反联合国宗旨与原则之行为者，不得享受此种权利。"然而，普遍认为该条并不表示个人有受庇护的权利。值得注意的是，在 1966 年《公民及政治权利国际公约》中，也没有规定个人有被庇护权。

由于庇护是国际法的一个复杂问题，各国在这方面存在诸多分歧，因此，迄今为止国际社会还没有一项关于庇护的普遍性国际公约。目前，有关庇护的国际公约都是区域性的，如1928年《美洲国家间关于庇护的公约》和1933年《美洲国家间关于政治庇护权的公约》。

（二）领土庇护

1. 领土庇护的对象。领土庇护的对象主要是政治避难者，所以一般又称政治避难。领土庇护与政治犯不引渡原则有一定的联系。然而，领土庇护的内容要比不引渡更广泛，它不仅是不引渡，还包括不予驱逐和准其在境内安居。换言之，领土庇护的内容包括不引渡，但是仅仅不引渡并不一定就构成庇护。

第二次世界大战以后，领土庇护对象的范围又有了新的发展。一方面，庇护的对象除了政治犯以外，还包括从事科学和创作活动而受迫害的人；另一方面，在一些国际文件中，明确将某类人排除在可以享受庇护的范围之外，如犯有灭种罪、破坏和平罪、战争罪或危害人类罪及种族隔离罪的人，无权享受庇护。例如，1948年《世界人权宣言》规定，对于由于非政治性的罪行或由于违背联合国的宗旨和原则的行为而被起诉的人，不得予以庇护。

2. 受领土庇护者的地位。享受领土庇护的外国人的地位，原则上与一般外国侨民相同，享有合法的居留权。他们处在所在国的领土管辖权之下，应服从所在国的法律。此外，给予庇护的国家对受庇护者的活动，有义务加以必要限制，使他不得在其境内从事危害他国安全及其他违反联合国宗旨与原则的活动。

1967年12月，联合国大会一致通过了《领土庇护宣言》，建议各国应遵循下列原则办理领土庇护事宜："①一国行使主权，对有权援用《世界人权宣言》第14条之人，包括反抗殖民主义之人，给予庇护时，其他各国应予尊重；凡有重大理由可认为犯有国际文书设有专条加以规定之危害和平罪、战争罪或危害人类罪之人，不得援用请求及享受庇护之权利；庇护之给予有无理由，应由给予庇护之国酌定之。②以不妨碍国家主权及联合国宗旨与原则为限，第1条第1项所述之人之境遇为国际社会共同关怀之事。③凡第1条第1项所述之人，不得使其受诸如下列之处置：在边界予以拒斥，或于其已进入请求庇护之领土后予以驱逐或强迫遣返其可能受迫害之任何国家；唯有因国家之重大理由，或为保护人民，例如遇有多人大批涌入之情形时，始得对上述原则例外办理；倘一国于任何案件中决定有理由对本条第1项所宣告之原则例外办理，该国应考虑能否于其所认为适当之条件下，以暂行庇护或其他方法予关系人以前往另一国之机会。④给予庇护之国家不得准许享受庇护之人从事违反联合国宗旨与原则之活动。⑤在一国难以给予或难以继续给予第1项中所述之人庇护时，其他国家本着国际团结精神，应各自，或共同，或经由联合国，考虑采取适当措施，以减轻该国负担。"[1]

(三) 域外庇护

域外庇护，即领土以外的庇护，是指国家利用其在外国的外交机构或领事机构馆舍、船舶或飞机等作为场所进行的庇护。

由于庇护是基于领土的行为，因此这种庇护是没有国际法根据的，而且常常会带来对国际法其他规则的违背。虽然某些国家之间有域外庇护的实践，例如在拉丁美洲国家间，长期以来形成了外国使馆给予驻在国国民以外交庇护的习惯，且1928年签订的《美洲国家间关于庇护的公约》和1933年《美洲国家间关于政治庇护权的公约》对此加以确认，域外庇护得到了拉美国家的普遍承认。然而，拉美国家的这种外交庇护严格限制在"紧急情况"下适用，并且只能在不违背其他国际义务的前提下进行，它仅仅是拉美区域性的国际法，不具有一般国际法的意义。

现代国际法并不承认使馆馆长有在其馆舍内给予庇护的一般性权利。1950年国际法院在"庇护权案"中指出外交庇护权并非国际法所承认的权利。《世界人权宣言》和1961年《维也纳外交关系公约》都没有有关外交庇护的规定。

国际法在庇护方面的规定，与国际社会存在不同的社会制度和意识的现实是紧密相关的。在传统国际法上，尤其是在冷战时期，庇护的概念和实际运用都显得比较重要，冷战结束后，各国维护世界和平与安全的共同利益更为重要，如为打击国际腐败犯罪，2003年《联合国反腐败公约》对腐败犯罪的引渡做了相关规定。

三、中华人民共和国关于引渡和庇护的法律制度

(一) 中华人民共和国关于引渡的法律制度

早在清代，清政府就与外国签订了含有引渡条款的条约，如1689年《尼布楚条约》、1886年《中法越南边界通商章程》。在新中国成立后，基于当时所处的国际环境和经济发展的实际状况，我国在相当长的一段时间内与外国没有发生引渡问题。

改革开放以来，我国与有关国家在惩治犯罪的刑事司法方面的合作日益增多，缔结或参加的涉及引渡条款的国际条约也越来越多，处理的引渡案件也逐渐增加。1993年，我国和泰国签订了引渡条约，这是新中国与外国签订的第一个专门性引渡条约，而且，多年来我国在互惠的基础上也与其他一些国家开展了引渡合作。值得注意的是，2006年4月29日，第十届全国人大常委会第二十一次会议批准了我国与西班牙签署的引渡条约，这是我国与欧美发达国家之间的第一个引渡条约，也是我国在与发达国家开展引渡国际合作方面的一次历史性突破。

2000年12月28日，第九届全国人大常委会第十九次会议通过了《中华人民共和国引渡法》(以下简称《引渡法》)。该法以专门立法的方式建立了我国引渡的法律制度，它为我国国内有关机关处理中外之间的引渡问题提供了重要的国内法依据。

---

[1] 王铁崖、田如萱编：《国际法资料选编》，法律出版社1986年版，第265~266页。

《引渡法》包括 4 章，共 55 条。其主要内容有：

1. 引渡的条件。按照《引渡法》第 7 条的规定，外国向中国提出的引渡请求必须同时符合下列条件，才能准予引渡：

（1）双重犯罪。该条第 1 款规定："引渡请求所指的行为，依照中华人民共和国法律和请求国法律均构成犯罪。"

（2）双重可罚性。该条第 2 款明确指出："为了提起刑事诉讼而请求引渡的，依照中华人民共和国法律和请求国法律，对于引渡请求所指的犯罪均可判处 1 年以上有期徒刑或者其他更重的刑罚；为了执行刑罚而请求引渡的，在提出引渡请求时，被请求引渡人尚未服完的刑期至少为 6 个月。对于引渡请求中符合前款第 1 项规定的多种犯罪，只要其中有一种犯罪符合前款第 2 项的规定，就可以对上述各种犯罪准予引渡。"

2. 引渡的依据。《引渡法》第 15 条规定："在没有引渡条约的情况下，请求国应当做出互惠的承诺。"可见，我国应外国的引渡请求而予以引渡的依据有：①与请求国的引渡条约；②与请求国的互惠关系。

3. 本国国民不引渡原则和政治犯不引渡原则。《引渡法》第 8 条明确规定适用本国国民不引渡原则和政治犯不引渡原则。根据该条第 1 款，如被请求引渡人依照中国法律具有中国国籍的，则应当拒绝引渡；按照该条第 3、4 款，被请求人如果因政治原因而被请求引渡的，或者中国已经给予被请求引渡人受庇护权利的，或者可能因其种族、宗教、国籍、性别、政治见解或者身份等方面的原因而被提起刑事诉讼或者执行刑罚的，或者被请求人在司法程序中可能由于上述原因受到不公正待遇的，则应当拒绝引渡。

4. 引渡请求的提出。根据《引渡法》第 10 条的规定，请求国的引渡请求，应当向中国外交部提出。

5. 对引渡请求的审查。外交部收到请求国提出的引渡请求后，应当对引渡请求书及其所附文件、材料是否符合《引渡法》和引渡条约的有关规定进行审查。最高人民法院指定的高级人民法院，对请求国提出的引渡请求是否符合《引渡法》和引渡条约关于引渡条件等的规定进行审查并作出裁定。最高人民法院对高级人民法院作出的裁定进行复核。外交部接到最高人民法院符合引渡条件的裁定后，应当报送国务院决定是否引渡。

我国主管机关在审查引渡请求时，可基于法定情况拒绝引渡。这些情况有两类：一是"应当拒绝引渡"的情形，包括：被请求引渡人具有我国国籍的，政治犯或我国已给予受庇护权利的，军事犯罪的，可能因种族、宗教、国籍、性别、政治见解或者身份等原因而被提起刑事诉讼或者执行刑罚的，我国已对指控的犯罪作出生效判决或者已经终止刑事诉讼程序的，被指控犯罪已过追诉时效或被请求引渡人已被赦免的，被请求引渡人曾经或可能遭受酷刑的，以及根据缺席判决提出引渡请求的，等等。二是"可以拒绝引渡"的情形，包括：我国对引渡请求所指控的犯罪具有刑事管辖权，并且正在进行刑事诉讼或者准备提起刑事诉讼的；由于被请求引渡人的年龄、健康等原因，根据人道主义原则不宜引渡的。

6. 引渡的执行。引渡由公安机关执行。对于国务院决定准予引渡的，外交部应当及时通知公安部，并通知请求国与公安部约定移交被请求引渡人的时间、地点、方式以及执行引渡的其他有关事宜。

7. 向外国请求引渡。请求外国准予引渡或者引渡过境的，应当由负责办理有关案件的省、自治区或者直辖市的审判、检察、公安、国家安全或者监狱管理机关分别向最高人民法院、最高人民检察院、公安部、国家安全部、司法部提出意见书，并附有关文件和材料及其经证明无误的译文。最高人民法院、最高人民检察院、公安部、国家安全部、司法部分别同外交部审核同意后，通过外交部向外国提出请求。

（二）中华人民共和国关于庇护的法律制度

根据国际法，我国对因政治原因而遭到外国追诉或迫害的外国人给予保护，对犯有破坏和平罪、战争罪、反人道罪等国际条约规定的国际罪行者拒绝给予保护。例如，我国《宪法》第 32 条第 2 款规定："中华人民共和国对于因为政治原因要求避难的外国人，可以给予受庇护的权利。"我国 1985 年的《外国人入境出境管理法》第 15 条规定："对因为政治原因要求避难的外国人，经中国政府主管机关批准，准许在中国居留。"2013 年 7 月，《外国人入境出境管理条例》经由国务院第 15 次常务会议通过，并于 2013 年 9 月 1 日起施行，其中对外国人的庇护问题也予以了关注。

此外，我国既不实行域外庇护，也反对别国在中华人民共和国境内进行域外庇护活动。

第四节　外交保护

一、外交保护的概念和性质

外交保护是指主权国家根据其属人优越权，对于本国公民在外国的合法权益遭到所在国的不法行为侵害时，通过外交途径或国家司法手段所采取的保护措施。外交保护是国家主权的体现，是国家的权利，而非个人的权利，个人虽然有权要求国家对其进行外交保护，但国家却可以不行使这种权利；反之，即使个人不要求国家的外交保护，国家也可以行使这种权利。一旦国家代表本国国民进行外交交涉或提起国际诉讼或仲裁，原来一国国民与外国国家间的关系就转化成国家之间的关系。

国家行使外交保护的方式可以是询问其他国家关于某一特定事件的事实，或要求予以解释，或提出严正抗议，或要求惩处侵害者，或要求对受害的本国国民予以赔偿等。

二、外交保护的条件

尽管国家有权保护公民在外国的合法权益，但是，在行使外交保护权时仍然需要遵循国际法对此所设定的限制条件。

（一）国籍持续原则

外交保护请求国应当能够证明受害者为其本国国民，此为"国籍持续原则"，也即从发生损害之日到正式提出求偿之日持续为请求国国民。这一原则在实施过程中需特别注意两点：

1. 受害者所具有的国籍必须是真实国籍。国籍是确定国家属人管辖权和国家行使外交保护的依据，然而，为了避免外交保护权的滥用，以及个人出于寻求外交保护的需要而任意变更国籍，国际法律规则强调，一国依据国籍行使外交保护，此国籍应为当时受害人所具有的真实国籍，即国籍必须反映出个人与国籍国的真实法律联系，与该国保持实际的权利和义务关系。国际法院在"诺特鲍姆案"的审理中充分地表达了这一观点。

此外，由于国家之间存在国籍的抵触，国籍持续原则的适用较为复杂。如对双重国籍人行使外交保护权时将面临两个问题：①哪个国籍国能对第三国提出请求？②一个国籍国能否对另一国籍国提出请求？对此，2006年国际法委员会通过的《外交保护条款草案》作出了回答：关于第一个问题，两个国籍国都能提出请求，第三国不得援引其一国籍对抗另一国籍国的请求；关于第二个问题，一国籍国不能对另一国籍国提出请求，除非在发生伤害和正式提出请求时前一国家的国籍是主要的。

2. 受害者所具有的国籍必须具有连续性。即要求受害者必须连续保持保护国的国籍，一个国家行使外交保护权（包括向另一个国家提出求偿）时，受害人应具有保护国的国籍，而且从受害之日起到提出保护时必须持续具有该国国籍。所谓提出外交保护时，是指保护国向加害国正式提出交涉的日期。如果是提交国际法院解决，则是向国际法院提起请求的日期。这意味着，加害行为发生后，受害人不可丧失、变更或中断其国籍。

（二）一国国民的合法权益在外国受到该外国国际不法行为的侵害

这一规则表明，能够引起外交保护的一定是保护国国民的合法权益受损的情况，当被保护人的受损权益是非法所得，例如走私所获收益，在国外被侵害时，一般不启动国籍国的外交保护。

而且，施害国所实施的行为应当是国际不法行为，违背其所承担的国际法的义务，如通过立法、司法、行政措施侵犯外国人的权益，或者对其官员或私人侵害外国人的行为不严格防范或惩治，对此，应承担国际法律责任，受害人国籍国有权行使外交保护权。

（三）用尽当地救济措施

即国家在为受侵害的本国人提出外交保护之前，该受害人必须首先用尽所在国法律规定的一切救济方法，包括行政和司法救济手段，除非依条约的规定排除了当地救济。《外交保护条款草案》第15条对用尽当地救济的例外作出规定，在下列情况下，无需用尽当地救济：①不存在合理地可得到的能提供有效补救的当地救济，或当地救济不具有提供此种补救的合理可能性；②救济过程受到不当拖延，且这种不当拖延是由被指称应负责的国家造成的；③受害人与被指称应负责的国家之间在发生损害之日没有相关联系；④受害人明显地被排除了寻求当地救济的可能性；或⑤被指称应负责的国家放弃了用尽当地救济的要求。

三、"卡尔沃主义"和"卡尔沃条款"

19世纪，帝国主义、殖民主义强国普遍地存在着滥用外交保护权的问题，常常借口保护本国侨民利益而对拉美国家进行干涉。对此，阿根廷国际法学家卡尔沃于1868年在其《国际法的理论与实践》一书中提出，外国人在美洲国家有与当地国民受同等保护的权利，而不应要求更大的保护；外国人受当地法律的管辖，当其受到损害时，应由当地法院解决。外国的干涉，事实上无异于为外国人创造了过分的特权，只能片面有利于强国而有害于弱国。这不仅使外国人与本国人处于不平等的地位，而且侵害了当地国家的属地优越权。此即"卡尔沃主义"。

其后，拉美国家要求它们与外国人订立的契约中载入这样一个条款，即外国人同意由于契约所发生的任何要求或争议由当地法院处理，不作为"国际求偿"的问题，从而表示了放弃其本国外交保护的意思。国际法上将这一条款称为"卡尔沃条款"。

对于"卡尔沃条款"，当今国际法学界认为，即使外国人在契约中作了不请求本国保护的承诺，它也不能禁止外国人的本国行使外交保护权，因为该权利是国家的权利，应由国家自由裁量行使。事实上，该条款也不是旨在反对外国人的本国正当地行使外交保护权，其目的主要是限制外国人倚仗本国的外交压力，无视当地法院和法律，提出过分要求的行为。拉美国家也承认在构成"司法拒绝"的情况下，外交保护是允许的。因此，"卡尔沃主义"的积极意义基本上为国际社会所肯定。

第五节　难民

一、难民的概念及其身份的确定

（一）难民的概念

在国际法上对难民并没有确定的定义。根据1951年联合国通过的《难民地位公约》第1条的规定，难民是指因战争或者暴力的原因，或因种族、宗教、国籍、特殊社会团体成员身份或政治见解，而有恐惧被迫害的充分理由，置身在原籍国领域外不愿或不能返回原籍国或受该国保护的人。

人类历史上一直存在着难民问题，但是国际社会对难民问题的关注始于20世纪20年代。第一次世界大战以后，国际社会出现了很多的难民，难民问题也开始进入了国际法领域。在国际机构方面，1921年6月，国际联盟设立了难民事务高级专员，专门负责保护和救援第一次世界大战结束后滞留在各国的难民，挪威人南森担任该高级专员；1931 年 1 月，国联又建立了南森国际难民局；1938 年 7 月，各国在埃维昂举行会议，决定成立政府间难民委员会；1943 年，成立了联合国家救济与重建管理处，负责对解放区人民的协助及战争期间被遣送到德国做苦力的民族团体返乡的事宜；1946 年 12 月，联合国大会通过了《国际难民组织约章》，成立了国际难民组织，其目的是将约 160 万的难民或流离失所的人遣送回国，给予法律保护并使其重新定居。

1951 年，联合国在有关决议的基础上成立了联合国难民事务高级专员办事处，其任务是：在联合国的支持下，对难民给予国际保护，促进难民自愿回国或在新国家入籍，以求一劳永逸地解决难民问题。

在国际条约方面，国际社会制定了一系列有关难民的国际公约，如：1926 年《发给俄国与亚美尼亚难民证明文件的协定》、1928 年《俄国与亚美尼亚难民法律地位办法》、1933 年《难民地位公约》、1938 年《关于来自德国难民地位公约》和1946 年《政府间关于发给难民旅行证件协定》等。

1951 年，联合国召开的解决难民和无国籍人地位全权代表会议在日内瓦通过了《难民地位公约》。该公约首次比较全面、准确地归纳了普遍性的难民定义。然而，最初这一公约仅适用于因 1951 年 1 月 1 日以前发生的事情而造成的难民，且缔约国可以在签字、批准或加入时附加保留将该公约只适用于在欧洲地区发生的事情。1967 年 1 月 31 日，在纽约订立的《难民地位议定书》则排除了上述限制。因此，批准与加入该议定书的国家一致同意，上述公约对一切难民（不论在何时何地）都适用。1967 年《难民地位的议定书》取消了 1951 年的时间限制和地域限制，使公约真正具有了普遍性。

1951 年《难民地位公约》和 1967 年《难民地位议定书》成为研究难民问题的主要法律依据。

（二）难民身份的确定

难民身份的确定具有重要的意义。因为根据国际法，只有某人被确认为难民以后，他（她）才能取得难民的法律地位，也才能获得有关的国际保护。根据 1951 年《难民地位公约》和 1967 年《难民地位议定书》的规定，某人欲成为难民，必须同时具备以下两方面的条件：

1. 主观条件。所谓主观条件是指当事人畏惧迫害，即当事人有正当理由畏惧因种族、宗教、国籍、属于某一社会团体或具有某种政治见解等原因而受到迫害。这里所说的迫害，不要求对当事人的迫害已经到相当程度或已经发生。

2. 客观条件。所谓客观条件是指当事人留在其本国之外或经常居住地国之外，且不能或不愿受其本国保护或返回其经常居住地国。如果当事人仍留在其本国国内，他（她）是不应获得难民身份的。

凡符合上述要求的人均可取得 1951 年《难民地位公约》和 1967 年《难民地位议定书》规定的难民地位。但这不排斥适用地区的公约或各国国内法适用的确定难民地位的标准，只要它们不违反国际法原则。

此外，1951年《难民地位公约》还明确规定，难民地位不适用于存在下列任一情形的人：已经获得联合国其他机构的保护和援助；被其居住地国家认为具有附着于该国国籍的权利和义务；违犯国际文件中已做出规定的破坏和平罪、战争罪或反人道罪；在以难民身份进入避难国之前，曾在避难国以外犯有严重的非政治罪行；曾有违反联合国宗旨和原则的行为并经认为有罪。

二、难民的待遇

难民的待遇，即作为难民应享有的权利及他对所在国的义务。一旦申请获准取得难民的地位，难民本人及其家庭成员便可根据1951年《难民地位公约》在缔约国内享有特定的权利与待遇。同时，难民应服从所在国的属地管辖权，一切难民对所在国负有责任，该项责任特别要求他们遵守该国的法律和规章以及为维护公共秩序而采取的措施。

根据1951年《难民地位公约》和1967年《难民地位议定书》的规定，难民的法律地位主要体现在以下几个方面：

第一，不推回原则。不推回原则是指国家不得以任何方式将难民驱逐或送回至其生命或自由因为他的种族、宗教、国籍、参加某一个社会团体或具有某种政治见解而受威胁的领土边界。但如有正当理由认为难民足以危害所在国的安全，或者难民已被判定犯过特别严重罪行从而构成对该国社会的危险，则该难民不能享受不被驱逐或送回的权利。难民不推回原则是1951年《难民地位公约》的基本条款，依据该公约的规定不得提出保留。此原则已成为一般的国际法原则。

第二，国民待遇原则。即难民在举行宗教仪式自由和对子女进行宗教教育的自由、出席法院事项（包括诉讼救助和担保）、缺销产品的定额供应、初等教育、捐税或费用的财政税收方面，在公共救济和救助以及劳动立法和社会安全方面和在艺术权利和工业产权的保护方面都应享有与所在国的本国国民相同的待遇。在艺术权利和工业产权方面，难民在任何缔约国境内都享有与他经常居住国国民所享有的相同保护。

第三，不低于一般外国人待遇原则。不低于一般外国人待遇原则是指难民在动产与不动产所有权、职业自由、住宅、接受中等与高等教育、交通往来等方面，都享有不低于一般外国人在同样情况下所享有的待遇。

第四，最惠国待遇原则。最惠国待遇原则是指难民在以从事工作换取工资的权利方面，享有外国国民在同样情况下享有的最惠国待遇。且如有对外国人施加的限制措施，均不得适用于已经在该国居住3年的难民或其配偶已有居住国的国籍者，或其子女一人或数人具有居住国国籍者。

此外，对于直接来自生命或自由受到威胁的领土、未经许可而进入或逗留在一国领土内的难民，不得因该难民的非法入境或逗留而加以刑罚，但以该难民毫不迟延地自行投向当局说明其非法入境或逗留的正当原因者为限。

除上述待遇之外，在经济方面应保护难民的就业、自营职业的活动，保护他在社会福利方面的有关权利。同时，难民有获得身份证件的权利，以便其旅行。在入籍方面，各缔约国应尽可能便利难民的入籍与同化，加速办理难民的入籍程序，降低此项程序的费用。

三、中华人民共和国有关难民问题的立场与实践

长期以来，我国一直比较重视对难民的保护。自 1971 年恢复联合国的合法席位后，我国不仅积极参加联合国的难民救济工作，参与关于难民的国际会议，参与联合国大会关于联合国近东巴勒斯坦难民救济和工程处（简称近东救济工程处）工作议题的审议并从 1981 年正式开始向该工程处认捐，1979 年还恢复了联合国难民署执委会的活动，同年，联合国难民署在中国北京建立了驻华任务代表处。1995 年 12 月，联合国难民署驻华任务代表处升格为代表处。1997 年 5 月，联合国难民署驻华代表处升格为地区代表处，负责中国和蒙古事务。

我国于 1982 年分别加入了 1951 年《难民地位公约》和 1967 年《难民地位议定书》，并且分别声明对公约第 14 条后半部分和第 16 条第 3 款提出保留、对议定书第 4 条提出保留。上述公约和议定书，分别在 1982 年 12 月 23 日和 1982 年 9 月 24 日开始对我国生效。这是目前我国保护国际难民的主要法律依据。

自 1978 年以来，中国政府本着人道主义精神先后接收了 28.3 万印支难民，成为世界上第二个接收印支难民最多的国家。在华印支难民分别安置在广东、广西、福建、海南、江西、云南六个省和自治区。二十余年来，中国政府本着"一视同仁、不予歧视、同工同酬"的政策，向他们提供了有效的庇护，对他们的生活、生产、就业、教育、医疗等基本权利给予充分的保障。目前，尽管我国没有专门的难民立法，但依难民公约和议定书的规定，难民在我国的地位与一般外国人的待遇保持一致。

《外交保护条款草案》

外交保护是国际法领域中的一个非常重要的问题，联合国大会根据《联合国宪章》第 13 条关于"逐渐发展与编纂"国际法的规定，于 1996 年通过第 51/160 号决议，邀请国际法委员会审议"外交保护"的适用范围，确定与"外交保护"相关的问题。2006 年，国际法委员会最后通过了 19 个条款的草案案文，2008 年联大第 62 届会议通过该草案。

《外交保护条款草案》关注到国家在外交保护问题上的新发展和灵活做法，对双重国籍人、无国籍人、难民的外交保护作了规定，还就自然人和法人的国籍进行界定，区分公司国籍国的外交保护和股东国籍国的外交保护，此外，还针对国籍持续原则、用尽当地救济原则进行了详尽的阐述。该草案为外交保护理论与实践做了总

结，同时也进一步推动了外交保护的发展。

 **理论思考与实务应用**

一、理论思考

（一）名词解释

1. 国籍的抵触

2. 外交保护

3. 引渡

4. 庇护

5. 难民

（二）简答题

1. 国籍的取得与丧失有哪些方式？

2. 简述外交保护的前提条件。

3. 简述《国籍法》的基本原则与主要内容。

4. 什么是引渡和庇护？其法律依据及规则如何？

（三）论述题

1. 论国际社会所通行的对外国人的法律待遇的原则。

2. 论难民的法律地位。

3. 试论述《外交保护条款草案》对外交保护行为的新规定及其影响。

二、实务应用

（一）案例分析示范

案例一

中国公民甲原是中国某银行的地方支行行长。他曾数度非法将总额为 3.65 亿美元的公款转移到 A 国，存入 A 国 A1 银行的私人账户，而后潜逃该国。中国某中级人民检察院签发逮捕令，并经公安部通过国际刑警组织发出红色通缉令。当得知甲藏匿于 A 国后，中国向 A 国请求引渡，并要求 A 国对甲先行采取措施。A 国以双方没有引渡条约、其国内法中没有贪污罪罪名和规定死刑不引渡为由拒绝引渡。与此同时，甲在 A 国申请政治避难，诉称他在国内时因为与其上级领导在管理方面的意见不合而不得晋升。A 国同意了申请，给予他受庇护的权利。其后，由于甲卷入 A 国在野党政治献金丑闻，又由于两国都参加了《联合国反腐败公约》的谈判并最后签署了该公约，所以在双方对引渡甲的磋商中，A 国暗示，如果中国保证不判处甲死刑，可予考虑引渡甲。

根据以上案情，回答下列问题：

1. A国拒绝引渡和庇护的做法是否正确？为什么？

2. 在A国态度趋于积极的情况下，中国应该如何做？

【评析】1. A国拒绝引渡的理由不充分。引渡通常是国家依条约承担的义务。在没有条约义务时，一国是否接受他国的引渡请求，由该国自行决定。中国与A国不存在引渡条约，而且A国国内法规定死刑不引渡，所以A国拒绝引渡请求本无可厚非。但A国国内法无贪污罪的理由不充分。因为双重犯罪原则不取决于请求引渡国和被请求引渡国的法律是否将同一犯罪行为列入相同的犯罪类别，或者是否使用相同的术语规定这种犯罪的名称。

A国庇护甲的做法不正确。庇护是一国对基于政治原因而被外国追诉或受迫害的外国人给予保护。甲曾经与其上级领导在管理方面的意见分歧不属于政治原因，甲未得晋升不属于政治迫害。

2. 中国可以向A国作出不判处甲死刑的承诺。我国《引渡法》规定，如果被请求国就准予引渡附加条件的，对于不损害我国主权、国家公共利益的，可以由外交部代表我国政府向被请求国作出承诺。对于量刑的承诺，由最高人民法院决定。

案例二

A国人甲在B国定居，并在那里建立了事业中心。甲去C国（中立国）探亲时申请入籍，取得C国国籍。按照A国国籍法，甲自动丧失A国国籍。当时，A国与D国进入战争状态。甲持C国护照返回B国，向B国政府申请将其登记簿上的国籍由A国改为C国，得到批准。在B国向A国宣战后，甲被B国警方以敌国侨民为由逮捕，并被移交给D国。B国还撤销了将他登记为C国公民的行政决定扣押和没收了他的财产。

甲获得释放后申请回B国遭到拒绝，即赴C国定居。此后，他又向B国政府申请撤销关于取消国籍登记的行政决定，也遭到拒绝。于是，C国指责B国逮捕、拘留其公民甲并且扣押和没收其财产的行为违反国际法，要求B国予以赔偿。

根据以上案情，回答下列问题：

1. C国是否有理由对甲提出外交保护？

2. 国籍与外交保护有什么关系？

【评析】1. C国有权提出外交保护。

(1) 甲具有C国国籍。C国作为一个主权国家，有权制定法律并根据其法律授予国籍。甲依C国法律申请入籍，取得了C国国籍。

(2) 甲的C国国籍得到B国的承认。

(3) 甲不能被视为敌国侨民，因为甲取得C国国籍后，不再具有A国国籍。

(4) 从B国逮捕甲并没收其财产之时到C国正式提出请求时，甲都是C国国民。

(5) 甲已用尽B国可利用的救济。

2. 国籍是一国对其在国外的国民行使外交保护的法律基础。它具体体现为国籍持续原则，即在受到损害之时为一国国民、并在正式提出请求之日为其国民的人，该国有权行使外交保护。对于在正式提出请求之日为一国国民、但在受到损害之时不是其国民的人，只要该人已丧失原有国籍，并且基于与提出请求无关的原因以不违反国际法的方式已获得该国的国籍，该国也可行使外交保护。但是，如果一人受损害时为其原国国籍，而不是现国国籍的国民，则现国籍国不得针对原国籍国就该人所受到的损害行使外交保护。

在双重或多重国籍情况下，双重或多重国籍国民的国籍国可针对非国籍国为该国民单独或共同行使外交保护，非国籍国不得援引其一国籍对抗另一国籍国的请求。但一国籍国不能对另一国籍国提出请求，除非在受到损害之时和正式提出请求之日前一国家的国籍是主要的。

案例三

甲出生在香港，其父母是中国人。中国恢复对香港行使主权后，他继续持"英国国民（海外）护照"在 A 国所建立的商业基地从事商业活动。一天，A 国数十人洗劫了甲所经营的商店，焚烧了他的库房，并将他本人打成重伤。中国驻 A 国大使馆要求 A 国尽快查清此事件，依法惩处相关肇事者，采取有效措施防止此类事件再次发生。A 国拒绝中国大使馆的要求，并称中国的行为是对其内政的干涉，因为甲不是中国人。

问：根据以上案情，分析 A 国的主张是否正确。为什么？

【评析】A 国的主张不正确。

（1）甲是中国人。甲出生在香港，其父母是中国人。根据《关于〈中华人民共和国国籍法〉在香港特别行政区实施的几个问题的解释》（以下简称《解释》），他是中国人。

（2）甲的中国人身份不因他持"英国国民（海外）护照"而受影响。《解释》规定，所有香港中国同胞，不论其是否持有"英国国民（海外）护照"，都是中国公民。

（3）保护海外侨民是国家的责任。甲是中国人，中国驻 A 国大使馆对他在 A 国遭到的不法侵害表示关切，是履行其护侨的职责；要求 A 国依法惩处肇事者，是尊重 A 国的主权，不存在干涉其内政的问题。

（二）案例分析实训

案例一

甲国公民廖某在乙国投资一家服装商店，生意兴隆，引起一些从事服装经营的当地商人不满。一日，这些当地商人煽动纠集一批当地人，涌入廖某商店哄抢物品。廖某向当地警方报案，警察赶到后并未采取措施控制事态，而是袖手旁观，最终廖某商店被洗劫一空。根据国际法的有关规则，回答下列问题：

1. 该哄抢行为是否可以直接视为乙国的国家行为？

2. 甲国可以立即行使外交保护行为吗？

3. 乙国中央政府有义务调查处理肇事者、并追究当地警察的渎职行为吗?

案例二

戴某为某省政府的处级干部。两年前,戴父在甲国定居,并获甲国国籍。2006年7月,戴父去世。根据有效遗嘱,戴某赴甲国继承了戴父在甲国的一座楼房。根据甲国法律,取得该不动产后,戴某可以获得甲国的国籍,但必须首先放弃中国国籍。于是戴某当时就在甲国填写了有关表格,声明退出中国国籍。其后,戴某返回国内继续工作。针对以上事实,根据我国《国籍法》的规定,回答下列问题:

1. 戴某现在已经自动丧失了中国国籍了吗?
2. 戴某现在只要在中国特定媒体上刊登相关声明,就退出中国国籍吗?
3. 戴某现在只要向中国有关部门申请退出中国国籍,就应当得到批准吗?
4. 戴某现在不能退出中国国籍吗?

案例三

甲国人艾某在甲国打工时因不满雇主詹某,炸毁了詹某的厂房和住所,逃至乙国。艾某的行为根据甲国刑法有可能被判处死刑。甲乙两国之间没有任何涉及刑事司法协助方面的双边或多边条约。基于以上情况,根据国际法,回答下列问题:

1. 如果甲国向乙国提出引渡请求,则乙国有义务将艾某引渡给甲国吗?
2. 如果艾某向乙国提出庇护请求,则乙国有义务对艾某进行庇护吗?
3. 乙国可以既不对艾某进行庇护,也不将其引渡给甲国吗?
4. 甲国可以在乙国法院对艾某提起刑事诉讼吗?

 主要参考文献

1. 李浩培:《国籍问题的比较研究》,商务印书馆 1979 年版。
2. 黄风:《引渡问题研究》,中国政法大学出版社 2006 年版。
3. 彭峰:《引渡原则研究》,知识产权出版社 2008 年版。
4. 秦一禾:《犯罪人引渡诸原则研究》,中国人民公安大学出版社 2007 年版。
5. 王铁崖、田如萱编:《国际法资料选编》,法律出版社 1982 年版。
6. 梁淑英:《国际难民法》,知识产权出版社 2009 年版。

第 五 章

国际人权法

【本章概要】本章内容主要涉及国际人权的概念及历史沿革，人权保护的主要国际法文件及其内容，国际人权保护机构和国际人权法的实施机制以及国际社会有关人权的争议与中国在人权国际保护方面的立场等。

【学习目标】通过本章学习，学生应重点掌握国际人权的概念、国际人权宪章及国际人权法的实施机制等；中国在人权国际保护问题上的立场，人权国际保护的普遍性与相对性；人权国际保护的实体权利，人权保护的未来发展趋势。

第一节 概述

一、人权的概念及人权国际保护的历史发展

人权是一个被广泛使用的术语，同时又是一个很容易被误用和滥用的术语。《布莱克维尔政治学百科全书》中把人权界定为："人权被设想为人们作为人凭借其自然能力而拥有的道德权利，而不是凭借他们所能进入任何特殊秩序或他们要遵循其确定的特定法律制度而拥有的权利。"[1] 也就是说，人权是指一个人作为人所享有或应享有的基本权利。人所享有或应享有的权利受社会历史条件所限，在不同的历史时期，在经济发展水平不同的国家，会有不同的含义。最初人权被界定为个人的政治自由权，到了19世纪末，受经济发展的影响，经济、社会和文化权利开始被视为人权的内容，且日益受到重视。二战结束后，随着世界政治经济形势的发展，集体人权，如民族自决、发展权、环境权、世界和平与安全权等也逐渐被接受为人权。

人权的概念和理论存在的意义是为了人权的保护。人权保护起源于国内法。在西方，古代和中世纪并无人权这一名词，不过，人权思想的萌芽却是存在的。17、18世纪，启蒙思想家为了同中世纪的神权和封建特权相对抗，提出了人权这一口号，他们创立了自然法学说，提出了天赋人权理论，生命权、平等权、自由权、参政权、

---

〔1〕 ［英］戴维·米勒、韦农·波格丹诺编：《布莱克维尔政治学百科全书》，中国问题研究所、南亚发展研究中心、中国农村发展信托公司组织翻译，中国政法大学出版社1992年版，第337页。

财产权等权利被认为是天赋的、基本的、不可剥夺的权利。这些富有政治色彩的口号随着资产阶级国家的建立而获得了法律的一般确认，其中最经典的有 1776 年美国的《独立宣言》、1789 年法国的《人权宣言》、1789 年美国的《宪法修正案》（即《权利法案》）。

天赋人权口号提出后到第二次世界大战前的几百年里，人权问题基本上被认为是纯属国内管辖事项，国际法对人权问题涉及不多。[1] 人权问题引起国际社会的注意并广泛而全面地进入国际法，是在第二次世界大战以后。第二次世界大战后，由于特殊的时代背景，国际社会越来越多地介入到人权保护领域，形成了为数众多的人权条约，人权的国际习惯法规则也开始出现。

国际人权法虽是第二次世界大战后才形成的，但它的许多原则和制度却是早有雏形，第二次世界大战前，在一些特定区域和领域，曾不同程度地涉及人权国际保护问题。人权国际保护的历程大致分为三个阶段：①近代国际法人权思想出现到第一次世界大战前；②两次世界大战之间；③第二次世界大战后。

（一）第一次世界大战前

此期间与人权国际保护有关的近代国际法的发展主要表现在保护少数者、禁止奴隶制和奴隶贸易及战争法上的人道主义规则三个方面。

1. 保护少数者。可以说，保护少数者是国际法最早与人权有关的问题。所谓保护少数者，是指通过条约保护一个国家内的人种、语言、宗教等方面属于少数者的权利。这最早体现为对宗教上的少数者的保护。18 世纪末以前，国际社会就出现了不少保护宗教上少数者的条约。早在 1606 年，匈牙利和特兰西瓦尼亚君主缔结的《维也纳条约》就有新教徒礼拜自由的内容。这一时期也出现了一些基督教国家和异教国家之间有关保护宗教少数者的条约。如 1699 年《卡尔洛维茨条约》就含有在奥斯曼帝国保障罗马天主教徒信仰和活动自由的条款。但是也要看到，这些条约虽然承认了宗教自由，但都是以保护与缔约国持同一宗教的少数者为主要目的，严格地讲，早期国际社会并没有把对少数者宗教信仰的保护视为近代意义上的对宗教自由的保护，即宗教自由作为人的基本权利还没有被意识到。[2]

19 世纪，保护少数者问题更多地表现在欧洲列强和比较落后、封建性较强、宗教差别比较明显的东欧民族的关系上。这些地区的民族在 19 世纪以后相继从奥斯曼帝国获得独立或自治，其他欧洲列强在承认这些新国家时，通常都以保证宗教上的少数者以及不得因宗教信仰而有所差别待遇作为承认的条件。如 1878 年《柏林条约》明确规定了所有公民，包括外国人的宗教信仰自由。宗教教派和信仰选择的差异不能当作否定或限制任何人享受公民和政治权利的理由，也不能当作限制或禁止

---

〔1〕 第二次世界大战前有关的人权国际保护主要体现在保护少数者和战争法的人道主义规则方面，对国际劳工保护和禁止奴隶制方面也有所涉及。

〔2〕 白桂梅等：《国际法上的人权》，北京大学出版社 1996 年版，第 3 页。

任何人担任公职或从事其他职业的理由。德国以此作为承认罗马尼亚、塞尔维亚、门的内罗多独立和保加利亚自治的条件。

19世纪以后，在有关少数者保护的方面呈现出一些新的发展趋向。首先，有关保护少数者的多边条约明显增多，而在此之前，主要是双边条约；其次，保护（少数的）对象从仅限于宗教上的少数者进而扩展至种族上甚至语言上的少数团体；再次，少数者被保护的权利内容从原来的限于宗教礼拜自由发展到某些公民在政治上的平等权利。这方面的国际文件有：1814年《荷兰、比利时合并条约》中规定，给予所有的宗教教派以平等的保护和恩惠，任何人无论信仰如何，都被承认有担任公职之权利；又如，1815年《维也纳会议最后议定书》第1条规定，波兰人分别作为俄、奥、普各国的臣民，应取得按照他们所属政府认为方便和适合给予他们的政治照顾的程度来规定的代表权和民族机构。

但是我们也应注意到，以上保护少数者条约都显示出一个共同的缺陷，即缺乏一个核实条约规定是否被遵守的监督机制。所以，当少数者权利遭到严重损害时，近代国际法只能有两种救济措施：外交保护和人道主义干涉。这两种方式都是畸形的。外交保护虽然起源于旅居国外的本国国民的利益受到侵害这样的事实，但是几乎从一开始，这种保护就不是作为受害者个人的权利，而是作为国家的权利而确立的，而且，外交保护又往往被滥用，成为某些大国干涉和支配弱小国家的借口。人道主义干涉缺乏普遍性，仅限于西欧国家和土耳其及东欧国家之间的接触中，而且，那时的干涉一般都是欧洲列强基于各自利益而单方面采取的行为，纯粹以人道主义为理由的干涉几乎没有发生过，正因为如此，人道主义干涉的方式始终没有得到实证国际法的一般承认。

2. 禁止奴隶制和奴隶贸易。从15世纪到19世纪的四百多年里，奴隶贸易给非洲带来了无穷无尽的灾难。奴隶贸易是人类近代史上最为黑暗、最不人道的勾当，是对人权的严重侵犯。19世纪以后，在奴隶的激烈反抗下，在欧美国家内反对奴隶贸易以及奴隶制的民间运动的推动下，欧美国家相继下令禁止奴隶贸易、废除奴隶制度。在国际关系方面，列强也通过国际条约规定禁止奴隶贸易问题，这其中以1885年《柏林会议关于非洲总议定书》和1890年在布鲁塞尔签订的《关于贩卖非洲奴隶问题的总议定书》最为重要，尤其是后者，要比此前任何此类多边国际文书都规定得详尽完备，故有"禁止非洲奴隶贸易大宪章"之称。

不过，从总体上说，第一次世界大战前所有有关禁止奴隶贸易的多边条约都有一些共同的缺陷，主要是：只禁止奴隶贸易而没有明确禁止作为奴隶贸易基础的奴隶制；没有给奴隶贸易和奴隶制下一个明确的定义；缺少有效的监督条约执行的机制。

3. 战争法的人道主义规则。近代战时国际法有关人道主义规则主要体现在三个方面：关于保护伤病员的规则；关于战俘地位的规则；限制某些过分残酷的战争手段的规则。此期间，这些规则的适用范围是非常有限的。

总之，近代国际法上有关人权保护的历史形态有着很大的局限性，主要表现为缺乏统一性，同时也缺乏必要的国际保障机制。

（二）两次世界大战之间

此期间，人权的国际保护仍突出表现在保护少数者方面。另外，在禁止奴隶制和奴隶贸易、国际劳工保护方面，国际法也取得了不同程度的进展。

1. 保护少数者。一战后，欧洲尤其是东欧地区发生了剧烈的变化，少数者问题凸显。为避免紧张和冲突的情势，国际社会出现了一系列保护少数者的条约、声明等国际文件。归纳起来，这些保护少数者的条约或和约的条款有以下几点共同的内容：①不分出身、国籍、语言、种族或宗教，保障所有居民的生存权和自由权；②不论种族、宗教、语言有何差别，所有国民在法律面前平等，并同样享有政治和民事权利；③任何人不得因宗教、种族、信仰的差别而被妨碍担任公职、执行公务、享受荣誉以及从事职业或产业；④任何国民在私人交涉商业、宗教礼拜、出版、公共会议上有使用任何语言的权利；⑤种族、宗教或语言方面的少数者有建立和经营慈善、宗教、社会以及学校等机构的权利，为此，这些少数者应具有获得公共基金的权利。

此外，国际联盟也就保护少数者作出了一些规定。尽管在联盟盟约中加入保护少数者条款的试图失败了，但国际联盟通过实践发展起了对少数者实施保障的一套制度和程序，主要是建立了请愿制度和在行政院建立了少数者委员会制度，这是一个历史性进步。在国际联盟体系中，国际常设法院可裁判关于保护少数者条约的解释或运用方面的争端，这就在保护少数者方面导入了司法监督，实为一重要的创新。国际常设法院还有权就有关保护少数者问题提出咨询意见，它的机能和判决的机能是非常接近的。国际联盟在保护少数者方面虽有进展，但总的来说是失败的，它招致了少数者自身和其所属国家的不满。究其原因，在于保护少数者的义务只限于少数者的国家，没有形成各国的一般性义务。

2. 禁止奴隶制和奴隶贸易。在这方面，国际社会也取得了重大进展，1926年9月25日在国际联盟主持下签署了《国际禁奴公约》。该公约首次对奴隶制下了定义，即奴隶制为一人对一人行使附属于所有权的任何权力或全部权力的地位或状况。该公约又责成缔约国"防止和惩罚奴隶贩卖"，并逐步尽速完全废除一切形式的奴隶制。但公约没有执行或实施条款，仅要求各缔约国就各自为执行公约而制定的法律和规定相互通告并通知国际联盟秘书长。

3. 国际劳工保护。工人运动的蓬勃发展在一定程度上促进了国际劳工立法的发展。早在1889年，第二国际巴黎代表大会就通过了关于保护国际劳工立法的决议，内容涉及8小时工作日、禁止童工、保护女工、结社自由等国际劳工立法的基本原则。与此同时，国际性的工会运动、社会改良主义的国际活动以及一些私人或半官方的协会的活动，也较大地促进了国际劳工立法的发展。1900年，半官方的民间团体国际劳工立法协会成立，它推动一些主要资本主义国家于1960年在瑞士伯尔尼缔结了《禁止在火柴工业使用白磷的公约》和《禁止妇女在夜间劳动的公约》，这是保护劳工方面最早的国际多边公约。在 20 世纪初期，保护劳工的双边性国际条约也在欧美主要资本主义国家之间大量缔结。1919 年 2 月，主要由"阿姆斯特丹派"组成的各国工会代表和社会民主主义者在伯尔尼举行国际会议，通过了关于"国际劳动宪章"的决议，并向"巴黎和会"提出。该决议提出设置由国际联盟代表组成的常设国际机关，并设置由相同数量的政府代表和工人代表组成的制定国际劳动法的机关——国际劳动议会等方案。

"巴黎和会"成立了一个专门的国际劳工立法委员会。该委员会建议在和约中插入成立国际劳工组织的条款，被和会采纳。由此，《国际劳工组织章程》的正文成为《凡尔赛和约》的第 13 部分，国际劳工组织也成为国际联盟的一个部分。

可以说，产生国际劳工组织是资本主义社会为了更好地维持社会秩序而采取的应对措施，也是各国工人运动的结果，而其主要的思想基础则是当时劳资调和的主张及社会改良主义。

《国际劳工组织章程》序言规定，该组织的主要目的是从正义和人道主义出发，改善劳动现状。具体目标包括：限制工作时间，防止失业，担保足以维持生计的工资，保护疾病及工伤工人利益，保护儿童和青年男女，规定年老及残废之养老金，保护外籍工人利益，承认结社自由的权利，组织职业和专门教育。

国际劳工组织大会的职权只限于通过某些议案，这些议案如得到出席代表2/3 以上的赞同票，便可采用两种形式：或者是在批准后成为具有法律拘束力的公约，或者是向各会员国提出一个政策性或原则性的宣言。第二次世界大战前，国际劳工组织所通过的 67 个国际公约的内容主要有五类：关于基本权利和自由；关于劳动权利；关于劳动条件和生存条件；关于禁止童工和保护青年工人的权利；关于保护妇女工人。

国际劳工组织的实施监督机制主要有两个方面：一方面是会员国的报告和审查。1972 年，国际劳工组织成立了两个常设委员会，一个是"适用公约及建议的专家委员会"，一个是属于大会的"适用公约及建议委员会"。前者组成人员为以个人资格任职的独立专家，后者则分别由来自政府、工人及雇主的三方代表组成。国际劳工组织审查各公约批准国所提交的报告，并监督这些国家的公约实施状况。另一方面，在国际劳工组织中还设有两种平行的处理争议的基本方式。一种是由工人或雇主等任何职业团体对会员国的申请，一种是会员国对另一会员国的控诉。两种方式有所不同，后者更加完备，有调查程序，并规定了国际常设法院的终极裁判权。

总体说来，国际劳工组织在保障各国劳动者的权利和改善劳动条件方面，客观上起到了促进作用。它所确立的实施和监督机制及组织结构也很有特色，这对第二次世界大战后成立的联合国及其专门机构起到了先锋模范作用。

（三）第二次世界大战后

第二次世界大战中，德、意、日法西斯的野蛮行径向世人昭示，一个政府对其国民的野蛮行为与对其他国家的侵略密切相关，而尊重人权与维护世界和平之间也密切联系。战后，对第二次世界大战的惨痛教训的深刻反省成为人权问题受到国际社会普遍关注的基本起因，尤其是战后成立的联合国在人权领域的活动日益广泛深入，在联合国及其他国际机构的主持下，不仅通过了大量有关人权问题的宣言，而且还缔结了一系列具有法律拘束力的国际人权公约。与此同时，若干区域性的人权保护体制也已形成，人权问题开始全面地进入国际法领域。

我们首先来看联合国创建期间及《联合国宪章》中关于人权问题的规定。尚在战争中，罗斯福总统就在演说中提倡建立一个在四项基本自由基础上的世界，这著名的四大自由是"言论和表达的自由、人人有以自己的方式信仰上帝的自由、免于匮乏的自由、免于恐惧的自由"。此后的《大西洋宪章》《联合国家宣言》《德黑兰宣言》及《雅尔塔会议公报》中都明确地提到基本自由和人权问题。

本来，苏、美、英、法对草拟一份关于建立有效人权保护的国际制度的宪章没有兴趣，作为《联合国宪章》基础的《关于建立普遍性国际组织的建议案》（亦《敦巴顿橡树园建议案》）也仅在有关"国际经济及社会合作"的第9章A节第1项中有涉及人权的条款。1945年4月25日，50个国家的代表在美国旧金山集会，在各国代表努力和一些非政府组织的推动下，橡树园建议案被修改，获得一致通过的《联合国宪章》增加了有关人权的条款。《联合国宪章》在有关人权的规定上虽不尽完善，但它的确为当代国际人权法奠定了法律上的和概念上的基础。

《联合国宪章》序言和一些条款规定了与人权问题有关的内容。《联合国宪章》序言开宗明义地宣布："欲免后世再遭今代人类两度身历惨不堪言之战祸，重申基本人权、人格尊严与价值，以及男女与大小各国平等权利之信念。"《联合国宪章》第1章是关于联合国宗旨与原则的，其中第1条第3款规定，"促成国际合作，以解决国际属于经济、社会、文化及人类福利性质之国际问题，且不分种族、性别、语言或宗教，增进并激励对于全体人类之人权及基本自由之尊重"为联合国的基本宗旨之一。在关于大会的第4章第13条第1款第2项规定，"发动研究，并作成建议，以促进经济、社会、文化、教育及卫生各部门之国际合作，且不分种族、性别、语言或宗教，助成全体人类之人权及基本自由之实现"应作为联合国大会的重要职权之一。《联合国宪章》第55条是有关人权内容的关键性条款，该条款规定："为造成国际以尊重人民平等权利及自决原则为根据之和平友好关系所必要之安定及福利条件起见，联合国应促进：……③全体人类之人权及基本自由之普遍尊重与遵守，不分种族、性别、语言或宗教"。《联合国宪章》第56条更进一步规定："各会员国担允采取共同及个别行动与本组织合作，以达成第55条所载之宗旨。"在关于经济及社会理事会的第10章第62条第2款规定："为增进全体人类之人权及基本自由之尊重及维护起见，得作成建议案。"《联合国宪章》第68条规定："经济及社会理事会应设立经济与社会部门及以提倡人权为目的之各种委员会，并得设立于行使职务所必需之其他委员会。"这一条后来成为经济及社会理事会建立人权委员会[1]的法律基础。此外，在关于国际托管制度的第 12 章第 76 条第 3 项规定，"不分种族、性别、语言或宗教，提倡全体人类之人权及基本自由之尊重"为联合国托管制度的基本目的之一。综上所述，宪章规定人权问题的条款共 8 处。

对于宪章的人权条款，无论是在理论上还是实践上都存在着严重分歧，分歧的焦点是宪章的人权条款是否为联合国会员国创设了一种法律义务，为此形成了两种完全对立的观点。

以劳特派特为代表的第一种观点认为：宪章的人权条款为会员国创设了法律义务，这种法律义务就是尊重和保护人权。[2]另一种以国际常设法院法官、国际法委员会委员哈德森和规范法学派创始人汉斯·凯尔森为代表的观点，则完全否定宪章人权条款为会员国创设了任何或严格的法律义务，认为这些条款只是规定了联合国及其机构的宗旨或职权，很难解释为构成各会员国按照这个原则对待其臣民的法律义务。[3]意大利学者卡波道蒂的看法似乎是可以接受的，他说，这些条款并不要求各成员国立即通过其各自的法律秩序赋予个人以某些权利，不过如果就此认为不存在任何法律义务，也是不准确的。尽管第 56 条和第 55 条为会员国创设的尊重人权的义务不要求立即履行，但从这两个条款确定可以引申出促进尊重人权的义务，这两种义务的不同在于，一个是逐渐采取的行动，另一个是立即采纳的态度，二者都可以是义务的客体。[4]

宪章关于人权的规定含混不清，也没有为人权和基本自由下定义，这使得会员国根据宪章第 56 条所承受的义务变得非常笼统和抽象。但是宪章确实有着空前的历史意义，并产生了重要影响。它使人权保护国际化，为战后联合国在人权领域的活动奠定了重要的法律基础，联合国也基于这种人权宗旨而建立了各种人权方面的制度。

除《联合国宪章》外，第二次世界大战后联合国还通过了国际人权宪章。国际人权宪章指 1948 年通过的《世界人权宣言》和 1966 年的两个国际人权公约——《经济、社会、文化权利国际公约》《公民及政治权利国际公约》及《公民及政治权利国际公约任择议定书》《公民及政治权利国际公约旨在废除死刑的第二任择议定书》。国际人权宪章是现代国际人权法的基本文件。第二次世界大战后，在联合国及

[1] 2006 年第 60 届联合国大会决定设立共有 47 个席位的人权理事会，以取代总部设在瑞士日内瓦的人权委员会，同时继承了后者原有的基本职能和机制。联合国大会将人权理事会设为联大的下属机构，而不是像人权委员会那样是经济及社会理事会的下属机构。
[2] [英]奥本海著，劳特派特修订：《奥本海国际法》（上卷第一分册），王铁崖、陈体强译，商务印书馆 1989 年版，第 210 页。
[3] [美]汉斯·凯尔森：《国际法原理》，王铁崖译，华夏出版社 1989 年版，第 120 页。
[4] [意] F. 卡波道蒂："人权走向世界的艰难历程"，白桂梅译，载沈宗灵、黄枬森主编：《西方人权学说》（下册），四川人民出版社 1994 年版，第 457 页。

其他国际机构主持下，各国还签署了一系列有关人权国际保护的专门条约，涉及的方面有：惩治灭绝种族罪等危害人类罪、防止和消除种族歧视和性别歧视、保护妇女儿童权利、禁止奴隶制和强迫劳动、保护被拘留者或被监禁者的人权、保护难民和无国籍者的人权等。这些条约，特别是在联合国主持下制定的国际人权条约体系，使最近几十年来新形成的国际法部门——国际人权法得以充实和发展，国际人权保护也因而被认为是战后国际法上最为引人注目的发展领域。

国际人权理论的发展还体现在人权概念的演进上。国际社会最早关注的是公民权利和个人权利，这些人权被称为第一代人权；后来在社会主义国家和发展中国家推动下，经济、社会、文化权利被引入受国际保护的人权体系之中，这被称作第二代人权；在和平与发展成为世界主题的背景下又形成了第三代人权的概念。第三代人权主要包括民族自决权、发展权、国际和平与安全权、环境权、接受人道主义援助权、食物权等。[1]这一代人权主体不仅仅是个人，还包括由个人组成的集体甚至于整个人类。与此同时，鉴于纳粹德国大肆迫害犹太人的行为，复鉴于南非长期实施种族隔离制度的情形，国际社会在国际法上确立了灭绝种族和种族隔离等行为是反人类的罪行，即确立了国际罪行的概念。与第一、二代人权概念基本来自国内法不同，第三代人权和国际罪行都是国际人权法所特有的概念。国际人权法的新发展在1993年世界人权大会通过的《维也纳公会》中得到充分体现。

可以说，国际人权法作为国际法的一个新分支已经形成而且在不断发展。那么，什么是国际人权法呢？国际人权法有时又与国际人权保护互称，指调整国际法主体之间主要是国家之间在国际人际领域活动中必须遵循的各项国际法原则、规则和制度的总称。[2]或者，国际人权法是被确定为处理保护受国际保护的个人和团体的权

---

[1]　"三代人权"的概念是联合国教科文组织人权与和平发展处处长卡雷尔·瓦萨克在1979年提出的，后被频繁引用。关于三代人权学说的意见有很大分歧。有的学者不主张"代"的概念，如，美国的学者杰克·唐纳里认为"代"的比喻令人困惑：生物学的上一代产生下一代，因此必须先于下一代而存在，这就表明，第一代公民权利和政治权利必须确立于经济和社会权利之前，而经济和社会文化权利必须先于相关的权利而存在。技术上的"代"的比喻更加令人困惑：新一代技术代替过时的上一代技术，并且执行过时的上一代技术的功能。而就一切人权都相互依存的公认的观点来说，这两种解释都是不着边际的。还有人反对将经济、社会和文化权利列入人权，最具代表性的人物是英国的莫里斯·克莱斯顿，他认为，公民和政治权利是普遍的、最高的和绝对的道德权利，并且通过立法可以得到保障，容易获得实现；而经济和社会权利既没有普遍性和实践性，也没有最高的重要性，也不能通过立法予以保障，因此，它不是真正的人权。还有一些西方学者反对第三代人权思想，认为集体人权不是一种权利，而是一些人或一些国家的一种利益上的要求、愿望和主张（参见徐显明主编：《国际人权法》，法律出版社2004年版，第7~8页）。我们认为，三代人权不是代表着权利等级，也不是后代权代替前代权利的问题，三代人权概念表明了人权是一个发展的概念，代表了人权发展的历史进程。

[2]　富学哲：《从国际法看人权》，新华出版社1998年版，第49页。

利不受政府侵犯以及处理促进这些权利发展的法律。[1]

二、国际社会关于人权理论的争论

自人权进入国际法领域之后，虽然整个世界的人权状况得到了不同程度的改善，但围绕人权问题的争论却一直没有停止过。在冷战期间，作为人权宪章之一的《世界人权宣言》中虽表达了世界人民对人权加以国际保护的愿望，但其主要内容基本还是西方人权观点占主导地位，宣言所宣布的权利基本是个人的公民权利和政治权利。20 世纪 60 年代以后，发展中国家的兴起对人权概念产生了深刻的影响，1966 年通过的两个人权公约中加入了自决权和发展权等集体人权。但当时的人权之争被掩藏在意识形态之争中，人权问题还未被发达国家作为外交政策的重心，争论虽然存在，但尚未全面政治化。冷战之后，随着世界格局向多极化的演变，人权概念也在不断地演变。当前世界仍然是以西方为主的霸权体系，国际人权体系也存在西方话语霸权，但广大发展中国家为自身的发展，也在不断地努力修正现存的人权体系。因此，国际社会关于人权问题的争论更多地存在于发达国家与发展中国家之间。争论的焦点概括起来包括以下几个方面：

（一）人权的概念

发展中国家认为，人权既包括个人权利，也包括自决权、发展权等集体人权。人权概念的内涵应随着国家的社会经济和国际形势的发展而发展。人权的发展可分为三个阶段：第一代人权是指个人权利和政治权利，如生命、财产、自由权等；第二代人权是经济、社会和文化权利，包括工作权、受教育权、社会福利权等；第三代人权指的是集体人权，包括民族自决权、发展权等。发展权是发展中国家最为珍视的人权。发展中国家为此做出多方努力，并最终在联合国 1986 年通过的《发展权利宣言》[2] 第 1 条规定："发展权利是一项不可剥夺的人权，由于这种权利，每个人和所有各国人民均有权参与、促进并享受经济、社会、文化和政治的发展，在这种发展中，所有人权和基本自由都能获得充分实现。"但《发展权利宣言》是联合国大会通过的，并没有法律拘束力，所以集体人权并未得到全世界公认。除《发展权利宣言》外，还有一些国际文书也承认发展权，如联合国教科文组织秘书长《关于发展权的报告》[3]、联合国教科文组织人权委员会《关于对作为一种人权的发展权进行全球性磋商的报告》[4] 等。发达国家则主张，人权的社会主体只能是个人，人权概念不应包括集体权利。发达国家认为，人权中如果包含了发展权就是背离了传

---

[1] [美]托马斯·伯根索尔：《国际人权法概论》，潘维煌、顾世荣译，中国社会科学出版社 1995 年版，第 1 页。

[2] Res 41/128（1986）.

[3] E/CN. 4/1334（1979）.

[4] E/CN. 4/1990/Rev. 1（1990）.

统的民主和政治权利，发展只是经济目标，而不是人权。[1]

（二）人权的内容

发展中国家主张，公民权利和经济及社会文化权利是互相依赖、互相支持的，充分的经济保障是实现公民权利和政治权利的物质条件。马克思、恩格斯在《德意志意识形态》中指出："我们首先应该确立一切人类生存的第一个前提，也就是一切历史的第一个前提，这个前提就是：人们为了能'创造历史'，必须能够生活，但是为了生活，首先就需要衣、食、住以及其他东西。"[2] 人必须首先解决好吃、喝、住、穿的问题，然后才能从事政治、科学、艺术、哲学、宗教等活动。人们只有获得了生存权，才具有现实条件有效地行使其他人权。因此人权首先是生存权，生存权的实现是其他人权实现的基本前提。发达国家则强调人权的政治内容，忽视人权中的经济、社会和文化内容，强调人权是指人民的参政议政权利。

（三）人权与主权的关系

这个问题涉及个人与国家的关系问题，也是国际人权理论中最有争议的问题。国家尊重和保障个人权利与自由是现代社会繁荣、稳定和有序的重要保证。个人与国家应相互尊重，尊重和保障人权是国家的基本义务，个人履行应尽的法律义务的同时应平等地享有国家宪法和法律所保护的基本权利和自由。国家保障人权最基本的途径就是通过建设和加强法制实现民主政治。

在人权与主权的关系方面，发达国家认为，人权原则因其已载入《联合国宪章》，故已成为一项国际法原则，因此，人权问题不是一个纯属国内管辖的事项。为了更好地保护人权，如果一个国家由于法制不健全没能很好地保障人权，就应该由国际机构来处理该国人权问题，而不是以国家主权对抗国际社会对人权的关注。即大多数西方国家强调可以出于"人道主义"的目的干涉他国，主张为了世界的和平与安全应该由国际社会来处理发生在一国境内的大规模侵犯人权的情势。发展中国家由于大多处于现代化进程中的政府转型时期，因此主张对人权的保护取决于各国政治的基本状况和某个特定国家社会发展过程中的价值特征和制度特征。发展中国家认为，人权的国际保护是由每个国家按照公认的国际法原则履行公约中规定的在人权国际保护领域的合作，对侵犯人权行为的预防和惩罚权也主要由主权国家自行处理，人权问题虽然有国际性的一面，但是人权的实施还是在尊重国家主权的基础上才能得以进行，即只有主权国家才能真正保护人民的人权。

发展中国家与发达国家产生人权问题之争的原因是多方面的，有政治的、经济的、文化的、历史的和现实的原因等。主要原因归纳起来有：

---

〔1〕 ［加］皮特曼·波特："发展权：哲学上的分歧和政治上的含义"，载白桂梅主编：《国际人权与发展：中国和加拿大的视角》，法律出版社1998年版，第95～112页。

〔2〕 《马克思恩格斯全集》（第3卷），中共中央马克思恩格斯列宁斯大林著作编译局编译，人民出版社2002年版，第31页。

1. 受西方国家和平演变政策和思想的影响。由于冷战是以西方国家对苏联和东欧社会主义国家成功地实现了和平演变而终结，因此冷战后西方国家都特别重视文化的影响，并把人权作为对外政策的重要因素来考虑，在国际战略中不断加强文化力量来制约发展中国家的发展和影响国际事务，人权概念是文化力量中不可忽视的因素，因此，西方国家不断地利用所谓人权问题向发展中国家施压。例如，美国在其对外援助法中，把人权和对某一国的援助紧密地联系在一起，并把人权作为其外交政策的支柱之一。近年来，受发达国家指责有人权问题的国家都是亚非拉发展中国家，并且这些受指责的国家都是奉行独立自主的外交政策、不肯向西方大国妥协的国家，如委内瑞拉、古巴、朝鲜、伊朗、中国等经常受西方国家的指责。在近年地区冲突和经济冲突不断的情况下，以人权为借口指责发展中国家或把所谓的人权保护水平作为援助的条件，必然会导致人权问题成为南北方国家争论的焦点。

2. 发达国家与发展中国家对全球化的态度和他们在全球化的进程中的地位不同也进一步加剧了人权之争。随着世界经济全球化的进行，跨国经济在世界经济中占有越来越大的分量，并且在很大的程度上支配着民族经济。在政治方面，全球层次中的各种决策能力正逐步加强，人类活动的领域越来越多地在全球层次上组织和协调，如世界的和平、安全与共同发展等问题。全球化推动人们在文化、思想和价值观念等方面相互依存和相互理解。但是，民族国家仍然是国际政治中最主要的行为主体。面对全球化，发展中国家与发达国家的反应不同，人权对它们的价值也不同。发达国家对全球化积极支持，对发达国家来说，人权是推导社会良性循环的动力。发展中国家对全球化的态度远不如发达国家积极，甚至是被动地参与全球化进程，为了能够适应全球化，发展中国家更强调经济发展。这种差异使发达国家与发展中国家在人权的概念与内容上都有深刻的鸿沟。另外，各国在国际体系中地位不同，发达国家处于强势地位，发展中国家处于弱势地位。发展中国家在全球化的大合唱中，声音远不如发达国家洪亮，因此形成了新一轮民族主义浪潮，人权之争从侧面反映了全球化与本土化的冲突。[1] 在本土化过程中，各国的民族认同感在不断地增强，具有同一历史文化背景的国家间的文化认同感也在不断加深，而具有不同文化背景的国家间对人权的认识有分歧是必然的。

三、中国在人权问题上的基本立场与实践

自新中国成立以来，我国就很重视人权问题，逐步健全和完善了以宪法为基础，部门法律配套的社会主义人权保障法律制度。我国宪法关于人权保护内容的规定涉及政治权利、人身权利、经济权利、生命健康权、劳动权利、受教育权利、宗教信仰自由、少数民族权利保护、残疾人权利保护以及妇女、儿童和老年人的权利保护等诸多方面。2004 年，中国第十届全国人民代表大会第二次会议通过的宪法修正案

---

〔1〕 袁正清："论冷战后的人权之争"，载《世界经济与政治》1999 年第 3 期。

中，首次将"人权"概念引入宪法，从而在宪法中确立了人权原则，体现了中国对人权的高度重视。从1991年到2015年中国政府发布了12份人权白皮书，从2012年起每年都发布中国人权现状白皮书，介绍中国在人权保护方面的新进展。近年来，中国积极推动司法改革，促进司法领域的人权保障，相继修改了民事诉讼法、刑事诉讼法、行政诉讼法和刑法等法律，为人权保护提供了强有力的法律保障。

在国际方面，中国积极参与国际人权事务。自1971年中国恢复了在联合国的合法席位后，逐步参与联合国各个领域的活动，从1979年开始派代表团作为观察员列席联合国人权委员会会议。从1981年起，中国正式当选为联合国人权委员会成员，一直连任至今。中国迄今签署批准了25项国际人权公约，[1] 包括：《联合国人员和有关人权安全公约》《联合国打击跨国有组织犯罪公约》《联合国反腐败公约》《制止恐怖主义爆炸事件的国际公约》《世界人权宣言》《1949年8月12日关于战俘待遇之日内瓦公约》《1949年8月12日改善海上武装部队伤者病者及遇船难者境遇之日内瓦公约》《1949年8月12日改善战地伤者病者及遇船难者境遇之日内瓦公约》《1949年8月12日关于战时保护平民之日内瓦公约》《1949年8月12日日内瓦四公约关于保护国际性武装冲突受难者的附加议定书（第一议定书）》《1949年8月12日日内瓦四公约关于保护非国际性武装冲突受难者的附加议定书（第二议定书）》《公民及政治权利国际公约》《经济、社会及文化权利国际公约》《儿童权利公约》《〈儿童权利公约〉关于买卖儿童卖淫和儿童色情制品问题的任择议定书》《〈儿童权利公约〉关于儿童卷入武装冲突问题的任择议定书》《消除对妇女一切形式歧视公约》《难民地位议定书》《关于防止和惩处侵害应受国际保护人员包括外交代表的罪行的公约》《消除一切形式种族歧视国际公约》《男女工人同工同酬公约》《灭绝种族罪公约》《难民地位公约》《禁止酷刑和其他残忍、不人道或有辱人格的待遇或处罚公约》《残疾人权利公约》。

中国在参与国际人权事务中始终坚持：生存权和发展权是首要人权，没有生存权、发展权，其他一切人权均无从谈起；人权不仅包括公民政治权利，而且包括经济、社会、文化权利，不仅包括个人人权，还包括集体人权；人权问题虽然有国际性的一面，但本质上属于一国的内部管辖的事项，对于人权问题只能通过对话与国际合作的途径解决。这是我国在人权问题上的基本观点。但由于不同时期的国际环境、国内形势及对外关系的不同，中国对人权问题的认识、政策及实践也是不同的，总体上是一个不断发展和充实的过程。

中国的人权政策在冷战时期和冷战后有很大的变化。在冷战时期，中国作为"铁三角"中的一角，人权政策没有受到过西方国家的指责，相反西方国家还积极促使中国更多地参与国际事务，中国对人权国际保护工作也采取积极参与的态度。在

---

[1]　参见国务院新闻办公室2010年发表的《2009年中国人权事业的进展》白皮书。

冷战期间，中国把人权与民族自决相联系，支持亚、非、拉国家反帝、反殖和争取民族独立的斗争。中国重返联合国后，在联合国体系内积极维护第三世界国家的独立和发展权，积极参与联合国框架内的人权活动，对自决权和发展权等集权人权的形成做出了贡献。

冷战结束后，国际形势发生了深刻变化。在国际人权领域，中国也遇到了新挑战。以美国为首的西方国家以人权为借口不断地向中国施压，反对西方国家以人权为借口向我国施压，是中国在冷战结束后的对外政策的重要内容之一，并且随着世界经济和政治形势与力量对比的变化，中国的人权政策也在不断地完善。冷战后，中国的人权政策的变化也可分为二个阶段：

防守阶段，从 1989 年至 1991 年。由于当时中国刚经历过"89 政治风波"，同时苏联也正式解体，西方认为这是"民主"思想获得的胜利，并把推行这种思想作为对华政策的中心。这使中国在国际人权机制中的地位发生改变，从一个主动积极参与者变成被动的应付者。西方国家对中国人权问题横加指责，不断地向中国施压。在 1989 年 8 月第 41 届联合国防止歧视和保护少数人小组委员会会议上，"中国问题"成为议程的焦点，该小组会议先后在 1989 年和 1993 年两次通过了有关批评中国人权问题的决议。这一阶段中国的做法是，坚持以《联合国宪章》为依据，强调保护人权应当以尊重主权平等为原则，反对干涉内政。同时中国也开始了有关人权问题的国际对话，主张对话与合作才是解决人权问题的唯一合法途径。1991 年 11 月 1 日，中国国务院新闻办公室首次发表《中国的人权状况》白皮书。从 1991 年起，定期发表中国人权状况白皮书，中国"1991 年人权白皮书"表明中国开始接受人权问题是国际谈判议程的事实。

国际合作阶段，从 1991 年至今。中国从 1991 年底起，改变了过去一味应付防守的姿态，积极参与国际人权事务。中国参加了联合国人权论坛，包括联大及其所属的第三委员会、经社理事会及其所属人权委员会、防止歧视和保护少数小组委员会以及世界人权大会等，多次邀请联合国人权机构和专员访华。中国在 20 世纪 90 年代先后加入了 1966 年国际人权两公约，并认真履行公约义务。[1] 此外，中国还积极与其他国家展开全面对话与合作。中国与各大洲的许多国家建立了双边人权对话机制，从而结束了中国和这些国家公开的人权对抗。这些对话增进了中国和其他国家的相互了解，促进了双方的人权交流，发挥了积极作用。中国的这些行为使中国在国际人权保护领域的角色发生了根本性的转变，中国已由一个被动的参加者转变为一个积极参与和促进者。中国认真履行国际人权条约中规定的义务，其根据《经济、社会和文化权利国际公约》向经济、社会和文化权利委员会提交了两次执行报告和审

---

[1]　中国在 1997 年 10 月 27 日签署《经济、社会和文化权利国际公约》，并于 2001 年 3 月 27 日交存批准书。中国对公约第 8 条第 1 款第 1 项提出保留，并于 2003 年 6 月 27 日第一次向联合国提交了履约报告。中国在 1998 年 10 月 5 日签署了《公民及政治权利国际公约》，尚待批准。

查，向《消除对妇女一切形式歧视公约》提交了 8 次执行报告接受联合国消除对妇女歧视委员会审议，被人权机构称为"履约审议的典范"。[1] 除认真履行公约义务外，中国还积极参与国际人权公约的起草工作，先后参与了《禁止强迫失踪法律文书》《残废人权利公约》《经济、社会和文化权利国际公约任择议定书》等国际人权文件的起草工作，推动了将"联合国人权委员会"改革为"人权理事会"的国际人权运行机制的改革，并积极参与"人权理事会"的工作，接受了两次人权理事会的国别人权审查。

中国在积极参与国际人权事务的同时，还提出了自己的人权主张，丰富了人权观念。中国主张，在肯定人权的普遍性的同时，人权普遍性的原则必须同各国国情相结合，主张人权发展的"相对性"和人权内容的"全面性"。人权普遍性是由权利主体的本质属性所决定的，只要是人就应不分种族、语言、宗教、国籍等而平等地享有或应该享有其作为人类社会的一个成员的权利，此即人权的普遍性。普遍性是人权的基本特征，但由于社会文化、道德标准、宗教信仰上存在差异及性别、年龄、民族的不同，因此导致权利要求的内容不同；同时又由于具体的物质条件存在极大的差别，权利实现的可能也不同，因此人权必须具有相对性。[2] 中国主张要尊重世界在人权概念方面的多样性，坚持发展权优先原则。中国在国内也不断提高人权保护的层次，成立了人权非政府组织。1997 年，在第十五届共产党全国代表大会上，人权概念被写入党的全国代表大会的主题报告。2004 年，第十届全国人民代表大会第二次会议通过的宪法修正案，首次将"人权"概念引入宪法，明确规定"国家尊重和保障人权"。这是中国民主宪政和政治文明建设的一件大事，是中国人权发展的一个重要里程碑。

总之，自新中国成立以来，中国在改善人权状况、促进人权发展方面取得巨大成就，特别是在改革开放以后，中国在维护个人人权方面取得长足发展。但是，我国也应该认识到人权保障的实现是一个渐进的历史过程，中国目前还属于发展中国家，还存在着资源匮乏、经济发展水平相对较低，政治体制改革尚在完善中，对权力的监督机制还有待于进一步加强等诸多限制人权保护实现的问题，虽然中国为推动国际人权事业的健康发展作出不懈努力，但是实现人权价值的根本保障和实现还有很长的路要走。

---

〔1〕　中华人民共和国国务院新闻办公室：《2014 年中国人权事业的进展》白皮书，载新华网，http://www.scio.gov.cn/rqps/Document/1437487/1437487.htm，访问日期：2015 年 10 月 22 日。

〔2〕　饶戈平主编：《国际法》，北京大学出版社 1999 年版，第 376～378 页。

第二节　国际人权保护公约

一、国际人权宪章

1948 年《世界人权宣言》、1966 年《公民及政治权利国际公约》及其两个议定书——《公民及政治权利国际公约任择议定书》与《公民及政治权利国际公约旨在废除死刑的第二任择议定书》《经济、社会、文化权利国际公约》是国际人权法中最主要的国际文书，构成所谓国际人权宪章。下面我们对这些文件加以分析。

（一）《世界人权宣言》

旧金山会议曾提出将"权利宪章"或"人的基本权利的宣言"附加于《联合国宪章》的提案，但未得到实现，在联合国第一次会议上对此又重新作出了努力。此后不久，联合国新建立起来的人权委员会被赋予起草国际人权宪章的任务。委员会很快认识到对一份建议性宣言的文本达成一致意见是比较容易的，而对一个具有法律拘束力的条约加以接受是非常困难的，因此，委员会决定先拟出一个宣言，然后再着手为起草一个或几个条约草案作准备。这一方法产生了《世界人权宣言》，该宣言于 1948 年 12 月 10 日经联大以第 217A（Ⅲ）号决议通过，当时的表决为 48 票赞成、0 票反对、8 票弃权。12 月 10 日这一天因此被联合国定为"国际人权日"。

《世界人权宣言》是由一个世界性国际组织宣布的第一个全面性人权文件。由于它多年来取得的道义上的地位及法律和政治上的重要性，它已同《大宪章》《法国人权宣言》及《美国独立宣言》一样被列为人类争取自由和人的尊严的斗争中的里程碑。

《世界人权宣言》由序言部分和 30 条条文组成，其主要内容有三个部分：

第一部分是《世界人权宣言》的指导思想，包括序言、第 1 条与第 2 条。序言宣布："发布这一《世界人权宣言》，作为所有人民和所有国家努力实现的共同标准。"宣言第 1 条规定："人人生而自由，在尊严及权利上一律平等……"，这一条是宣言的一个基础性概念。第 2 条规定了享受人权和基本自由的平等和非歧视原则，即"不分种族、肤色、性别、语言、宗教、政治或其他见解、国籍或社会出身、财产、出生或其他身份"，都应同样享受宣言所载的一切权利和自由。

第二部分为人权的具体内容，宣告了两个广泛的权利范畴：一方面是公民权利和政治权利，另一方面是经济、社会及文化权利。

宣言第 3~21 条规定了公民权利和政治权利。第 3 条规定了"人人有权享有生命、自由与人身安全"这三项基本和互相联系的权利。这一条被认为是《世界人权宣言》中关于公民权利和政治权利的基石，并由此引申出宣言第 4~21 条所规定的一系列权利，这些权利包含：生命、自由和人身安全权，禁奴、禁止酷刑和残忍、不人道或有辱人格的待遇，不受任意逮捕、拘禁和放逐的权利，在民事和刑事案件中得到公正审判的权利，无罪推定和不溯及既往的原则，隐私权，占有财产权，言论、宗教、集会自由，迁徙自由（离开任何国家包括其本国在内之权，并有权返回他的国家），在其他国家寻求和享受庇护以避免迫害的权利，国籍权利。宣言第21条宣布了政治权利，包括个人"直接通过自由选举的代表参与治理本国的权利"；该条还宣布"人民的意志是政府权力的基础"，并要求通过普选进行"定期和真正的选举"。

宣言又规定了经济、社会及文化方面的权利。宣言在第22条中首先阐明："每个人，作为社会的一员……有权享受他的个人尊严和人权自由发展所必需的经济、社会、文化方面的各种权利的实现；这种实现是通过国家努力和国际合作并依照各国的组织和资源情况。"宣言紧接着规定了获得社会保障的权利，工作权，休息和闲暇权，维持本人和家属的健康和福利所需的生活水准之权利，失业、疾病、残废、守寡、衰老与意外事故保障权，受教育权，自由参加社会文化生活的权利。

第三部分即第28～30条，为最后条款，主要内容包括承认它宣布的权利不是绝对的。它允许一国制定限制行使这些权利的法律，只要这些法律惟一的目的是保证对个人的权利和自由给予应有的承认和尊重，并在一个民主社会中适应道德、公共秩序和普遍福利的正当需要。同时宣言又对一国政府施加这种限制的权力作了进一步的限制，这些条款包括：人人享受可以全部实现所载权利自由的国际秩序之权利；人人对社会负有义务和责任；宣言的任何条文不得解释为默许任何国家、集团或个人有权利进行任何旨在破坏本宣言所载的任何权利和自由的活动或行为。

《世界人权宣言》不是一个条约，它是联大通过的一项决议，严格说来，其本身不具有法律上的拘束力。《世界人权宣言》在其序言中宣称它的目的是提供对《联合国宪章》所提及的人权和基本自由的"一个共同的理解"，并"作为所有人民和所有国家努力实现的共同标准……"然而，《世界人权宣言》所具有的法律效力远远超过了联大通过的一般决议甚至其他宣言。联合国大会在解释《联合国宪章》条款方面的角色和作用、其他国际人权文书和决议对《世界人权宣言》的引述、联合国秘书长和各国政府在国际和国内场合发表的有关人权的声明以及《世界人权宣言》对以后人权标准的制定活动所产生的影响等，都说明《世界人权宣言》的法律拘束力。[1]许多国家的实践都将《世界人权宣言》视为范本，这些国家实践包括：国际组织和机构的决议、政府部门的声明、对一系列人权条约的加入、国内立法等。国际法院和许多国家的国内法院也都将《世界人权宣言》作为解释依据或者国际习惯进行判决。

《世界人权宣言》作为第一部关于人权的世界性文件，无疑具有重要的历史意义。在二战刚结束的情况下，宣言把《联合国宪章》中的人权原则具体化，是整个

---

〔1〕　［瑞典］古德门德尔・阿尔弗雷德松、［挪］阿斯布佐恩・艾德编：《〈世界人权宣言〉：努力实现的共同标准》，中国人权研究会组织翻译，四川人民出版社1999年版，第5～8页。

国际人权公约体系的第一份系统的纲领性文献。它全面地规定了人权的内容，而且规定了经济、社会、文化权利，是对人权概念的一次突破，它也构成了许多国际人权公约的基础。宣言规定的原则不断地为许多重要的国际组织或者国际会议决议及文件所引用重申，一些区域性条约都以《世界人权宣言》作为根据或基础，各国宪法也或直接或间接地规定了宣言所昭示的原则和规则。

同时我们也要看到宣言的历史局限性。由于当时国际政治力量对比的原因，宣言基本上还是西方人权观点占主导地位，它侧重强调个人的公民权利和政治权利，对集体权利特别是民族和国家的权利则只字未提。第三世界国家的特殊要求和主张也没有在宣言中得到体现。

（二）国际人权两公约

在通过《世界人权宣言》的同一天，联合国大会请人权委员会作为优先事项编写一份有关人权的公约草案和执行措施草案。人权委员会于1950年向联大提交了一个人权公约草案，但该草案被认为不全面，仅规定了公民权利和政治权利，而没有对经济、社会、文化权利的保障，于是联大要求人权委员会对该草案进行修正和补充。人权委员会根据大会的意见对该草案继续进行研究，并在获得联大同意后决定起草两项单独的人权公约，一项关于公民权利和政治权利，一项关于经济、社会和文化权利，以便使大会能够同时通过两个公约并开放供各国签署。1954年人权委员会向第九届联大提交了两个公约草案，两个公约的逐条审议工作延续了十余年，到1966年联大通过了两项国际人权公约：《公民及政治权利国际公约》和《经济、社会、文化权利国际公约》，后又经过了10年，该两公约至1976年方生效。大会在通过两项人权公约的同时，也通过了《公民政治和政治权利国际公约任择议定书》。在1989年联合国大会又通过了《公民及政治权利国际公约旨在废除死刑的第二任择议定书》，旨于保证《公民及政治权利国际公约》第6条所载之生命权。

1. 两公约的共同规定。两公约在人权保护方面有三个方面的共同规定：

（1）关于民族自决权和自然资源主权的规定。战后，随着旧殖民体系的崩溃和新独立国家的兴起，民族自决原则得到国际社会越来越广泛的承认。联大决议多次申明民族自决是基本人权，直至1960年，联大通过了《给予殖民地国家和人民独立的宣言》，将战后民族解放和独立运动推向高潮。在这样的时代背景下，1966年两公约都在第1条第1款规定："所有人民都有自决权。他们凭这种权利自由决定他们的政治地位，并自由谋求他们的经济、社会和文化的发展"。这是集体性质的权利第一次被规定在国际公约中。

政治上的独立能维护长久，必须以经济上的独立自由为保障，二者相辅相成。基于这一认识，智利代表在1952年人权委员会第八届会议上提出在自决权条文中加上国家对自然资源永久主权建议案，这虽遭到西方发达国家反对，但该建议案还是以10票赞成、6票反对、2票弃权得以通过，随之在人权公约中加入自然资源条文。人权两公约第1条第2款规定："所有人民得为他们自己的目的自由处置他们的自然资源和财富，而不损害根据互利原则的国际经济合作和国际法而产生的任何义务。在任何情况下不得剥夺一个人民自己的生存手段。"此外，《经济、社会、文化权利国际公约》第 25 条和《公民及政治权利国际公约》第 47 条也都规定："本公约的任何部分不得解释为有损所有人民充分地和自由地享有利用他们的自然财富与资源的固有权利。"

人权两公约关于自决权和自然资源主权的规定反映出在战后非殖民化进程中广大新独立国家的愿望和考虑，也是他们多年努力的结果。

（2）关于不歧视的规定。两公约都在其一般性条款中规定，每一缔约国承担尊重和保证在其领土内受其管辖的一切人享有本公约所承认的权利，不分种族、肤色、性别、语言、宗教、政治或其他见解、国籍或社会出身、财产、出生地或其他身份等任何区别。[1] 尊重和保证其领土内和受其管辖的一切人在平等的不受歧视的基础上享有公约所载的各项权利和自由是缔约国的义务。

（3）关于限制性规定。每一项人权都是相对的，人权必定要受到一定的限制，关键在于这种限制是必要的限制还是非必要的限制。为了维护国家的安全、公共秩序或国家根本利益，人权必然地会受到一些限制。两公约都赋予缔约国以在公约规定的范围内对某些人权加以限制的权力。但为避免缔约国任意限制人的基本权利和自由，公约更多地规定了对缔约国限制人权的权力所作的限制。两公约在这方面的规定主要如下：

第一，一般性限制。《经济、社会、文化权利国际公约》第 4 条规定："本公约缔约各国承认，在对各国依据本公约而规定的这些权利的享有方面，国家对此等权利只能加以同这些权利的性质不相违背而且只是为了促进民主社会中的总的福利的目的的法律所确定的限制。"两公约均在第 5 条第 1 款中规定："本公约中任何部分不得解释为隐示任何国家、团体或个人有权利从事于任何旨在破坏本公约所承认的任何权利和自由或对它们加以较本公约所规定的范围更广的限制的活动或行为。"

第二，具体条款中的限制条款。在某些具体条款中明确规定该权利不受限制，但有例外，例如，《公民及政治权利国际公约》第 12 条第 1 款规定"自由迁徙和自由选择住所权"后，又在同条规定，上述权利除法律所规定并为保护国家安全、公共秩序、公共卫生或道德，或他人的权利和自由所必需而且与本公约所承认的其他权利不抵触的限制外，应不受任何其他限制。

第三，关于克减条款。《公民及政治权利国际公约》第 4 条第 1 款规定："在社会紧急状态威胁到国家的生命并经正式宣布时，本公约缔约国得采取措施克减其在公约下所承担的义务，但克减的程度应以紧急情势所严格需要者为限，此等措施不得与它根据国际法所负的其他义务相矛盾，且不得包含纯粹基于种族、肤色、性

[1]　参见《公民及政治权利国际公约》第 2 条第 1 款、《经济、社会、文化权利国际公约》第 2 条第 2款。

别、语言、宗教或社会出身的理由的歧视。"人们常把国家这项权利称为克减权，将这样的条款称为克减条款。该条第 2 款又规定，公约中有七项权利是不得克减的。这七项权利是：生命权；人道主义待遇权；不为奴隶和不受奴役；不因履行不能而受监禁；罪行法定；法律前人格权；思想、良心和宗教自由。同条第 1 款、第 3 款对克减权行使的程序和方式作了限制。克减条款的目的是承认缔约国的克减权并规定一些限制，但由于该条款本身的缺陷，加上国际法本身强制执行机构的缺乏，就使得滥用克减权的现象在所难免。

2. 两公约所规定的人权的主要内容。《公民及政治权利国际公约》规定的权利有：生命权；人身自由权和安全权；迁徙自由和选择住所的自由；在法庭和裁判所前的平等权；法律前的人格；禁止溯及既往；私生活、家庭住宅和通信不得非法干涉；婚姻及建立家庭权；思想、良心和宗教自由；持有主张、发表意见的权利；和平集会、结社自由；参政权。

《经济、社会、文化权利国际公约》规定的经济、社会、文化权利的主要内容有：工作权、享受公正和良好工作条件权；参加和组织工会权；社会保障权；婚姻和家庭权；适当生活水准权；受教育权；文化生活权。

3. 两公约关于权利实现方面各自的特点。公民和政治权利及经济、社会、文化权利属于两种不同的权利范畴，前者重点在于个人免于来自国家方面的干涉和压制，后者则需要来自国家方面的积极介入，这一不同也影响到两公约的措词。《公民及政治权利国际公约》的规定常为"人人有权……"或"任何人不得……"，而《经济、社会、文化权利国际公约》则常以"本公约缔约国承认……"或"本公约缔约国承担保证……"行文。

在有关缔约国履行公约义务的方式上，两项公约也规定了不同的原则。《公民及政治权利国际公约》对缔约国赋予立即实现的义务，而《经济、社会、文化权利国际公约》则只要求缔约国家承担"渐进实现"的义务。[1] 两公约在实施措施方面也有很大的不同。

4. 对两公约的评价。与《世界人权宣言》相比，宣言中已存在的规定并未全部在公约中得到体现，例如关于庇护权和财产权的规定，在两公约中均未提及。这是因为关于庇护权的问题，一般认为是属于国家的权利而非个人的权利，而关于财产权的问题，则因为各国意见分歧太大以致不能达成一致。公约增加一些宣言中所没有的新规定，吸纳了国际社会中人权概念发展的新因素，比如《经济、社会、文化权利国际公约》比宣言中相应的内容的条文增多了，也规定得更加详细具体。

两公约是战后国际人权发展史上一座重要的里程碑。它们和《世界人权宣言》一起构成国际人权宪章，构成当代国际人权法体系的核心，所有其他专项国际人权

---

[1]　参见《公民及政治权利国际公约》《经济、社会、文化权利国际公约》各第 2 条第 1 款。

法文件都是从中引申出来的，所以其意义十分重大。它们是对宣言内容的进一步完善和法律化，这更有利于有效地促进缔约国采取有效措施，切实保障人权。公约对民族自决权的规定突破了个人权利的局限，而使集体也可成为人权的主体。再者，宣言中虽也涉及经济、社会、文化权利，但它们与公民权利和政治权利相比是远远不成比例的，而公约则从根本上改变了这一不平衡现象。

二、专门性人权保护公约

除了国际人权宪章之外，联合国系统还通过了许多涉及人权具体领域的国际文书，这些国际人权文书内容广泛、数量可观。由于《联合国宪章》《世界人权宣言》和《联合国人权公约》都反复强调防止歧视是人权法中的重要原则，而在歧视的各种原因中，属于种族和性别方面的原因最为普遍。因此，专门性人权保护公约涉及的主要领域是以下几个方面：

（一）防止和禁止种族歧视、种族灭绝和种族隔离

这一方面的主要公约有：

1. 《灭绝种族罪公约》。纳粹大屠杀时期，数以百万计的犹太人及其他民族、人种和宗教团体被消灭。这一惨痛经历推动联合国大会于 1948 年 12 月 9 日通过了《灭绝种族罪公约》，该公约是战后联合国主持制定的第一个关于人权问题的国际公约，已于 1951 年 1 月 12 日生效。其主要内容如下：

（1）确认灭绝种族行为是国际罪行。《灭绝种族罪公约》首先确认灭绝种族行为是国际法上的一种罪行。《灭绝种族罪公约》对灭绝种族罪下的定义是："蓄意全部或局部消灭某一民族、人种、种族或宗教团体。"这些行为包括：杀害该团体的成员或对该团体成员加以身体上或精神上的严重伤害；故意使该团体处于某种生活状况下，以毁灭其全部或局部的生命；强制实施一些措施，意图防止该团体的生育；强迫该团体的子女转移至另一团体。《灭绝种族罪公约》宣布灭绝种族本身以及共谋、煽动、意图和参与的行为都是国际法上的罪行，应加以惩治。《灭绝种族罪公约》规定，不仅私人而且统治者和公务员都可因犯此罪而受惩。

（2）确认宣布消灭少数人团体为非法。通过宣布消灭民族、人种、种族和宗教团体为非法，《灭绝种族罪公约》正式承认了这些团体作为团体而存在的权利。从这一观点出发，《灭绝种族罪公约》应被视为是适用于保护团体权利的国际法核心文件，不论该团体是居于少数还是多数地位。灭绝种族罪是对最低限度人权的否定，禁止灭绝种族罪这一强行法规则是世界各民族人民的生命权及其他人权和基本自由的法律保障。

2. 《消除一切形式种族歧视国际公约》。鉴于二战中的悲惨教训，复鉴于 50 年代末 60 年代初种族歧视事态的发展，联合国大会于 1963 年通过了《消除一切形式种族歧视宣言》，继而又于 1965 年通过了《消除一切形式种族歧视国际公约》，使上述宣言的基本内容获得法律上的拘束力，该公约于 1969 年 1 月 4 日正式生效。

《消除一切形式种族歧视国际公约》包括序言和 25 个条文。第 1 条将种族歧视

定义为"基于种族、肤色、世系或民族或人种的任何区别，排斥、限制或优惠，其目的或效果为取消或损害政治、经济、社会、文化或公共生活任何其他方面的人权及基本自由在平等地位上的承认、享受或行使。"公约谴责种族歧视，深信任何基于种族差别的种族优越学说在科学上均属于错误，在道德上应予谴责，在理论上或实践上的种族歧视均无可辩解。公约第 2 条使缔约国采取一切适当方法，实行消除一切形式种族歧视与促进所有种族间的谅解的政策。公约第 8 条规定设立由 18 名专家组成的消除种族歧视委员会，委员以个人资格任职，委员会的职权包括审议公约缔约国承诺就其所采取的实施本公约规定的措施向联合国秘书长提交的报告，并提出意见与一般建议。一个缔约国如果认为另一缔约国没有实施公约的规定，可以将此问题通知委员会注意，委员会可以采取步骤使该问题得到解决。如果该问题没有得到及时调停使双方满意，委员会主席可以指派一个专设和解委员会，为有关国家进行斡旋。和解委员会应向委员会提出报告，其中应包括与当事国间争端有关的一切事实问题的意见，并提出解决争端的建议。有关国家须在 3 个月内报告是否接受建议，缔约国还可以声明承认委员会有权接受并审查该国管辖下的个人或个人联名发出的来文。

（二）消除性别歧视和保护妇女权利

基于性别的歧视与种族歧视一样普遍，世界上没有一个国家视妇女如同男子。在所有的社会中，系统、广泛、经常被深嵌在各国国内法中的不平等的歧视，给来自各社会阶层、文化和种族的妇女带来了双重伤害并制造了双重标准。妇女的人权受到各种形式的侵犯，而且得不到国际社会的重视，没有把问题提高到人权的角度来认识。第一个从人权角度提到性别歧视的国际文件是《联合国宪章》。宪章宗旨规定的对人类之人权及基本自由之尊重的条款中有"不分……性别……"的字样；《世界人权宣言》、两个国际人权公约也都强调男女之间权利平等的问题。

1952 年，联大通过了一个《妇女政治权利公约》，之后，联合国又相继主持制定了其他有关保护妇女权利的国际条约。如 1957 年《已婚妇女国籍公约》，确立了妻子国籍独立的原则；1962 年《关于婚姻的同意、结婚最低年龄及婚姻登记的公约》，该公约目的主要在于禁止重婚和保障婚姻自愿。

1967 年，联大又通过了《消除对妇女歧视宣言》，宣称对妇女的歧视是"侵犯人格尊严的罪行"，《德黑兰宣言》称"妇女地位卑下与《联合国宪章》和《世界人权宣言》的规定有悖"之后，1979 年 12 月 18 日经联大通过并于 1981 年 9 月 3 日生效的《消除对妇女一切形式歧视公约》是第一个专门规定妇女权利的国际公约。公约第 1 条首先解释"对妇女的歧视一词是指基于性别而作的任何区别、排除或限制……"，规定一缔约国负有义务采取各种步骤消除这种歧视，要求在政治、社会、经济、文化领域，采取制定法律等措施来实现男女平等原则；公约还在第 2 条规定，缔约国应采取一切适当措施，消除任何人、团体或组织对妇女的歧视。

《消除对妇女一切形式歧视公约》是《联合国宪章》《世界人权宣言》、国际人权两公约所做的有关男女在人权领域中平等的规定的具体化和系统化，为妇女实现其人权提供了法律保障。不过，公约尚有不足，如公约虽在第 6 条中规定"各缔约国应采取一切适当措施，包括制定法律，以禁止一切形式贩卖妇女及意图营利使妇女卖淫的行为"。但却没有直接提到同样普遍存在的对妇女的暴力问题。

（三）废除奴隶制和禁止强迫劳动

1. 废除奴隶制。尽管 1926 年的《国际联盟禁奴公约》几乎已经为全世界所接受，但是 1950 年由联合国经济社会理事会指派的一个委员会在一个一致通过的结论中说，奴隶制，甚至是最原始形式的奴隶制度，仍然在世界上存在，它应继续受到国际社会关注。因此，1956 年根据经社理事会第 608（ⅩⅪ）号决议召开的全权代表大会通过了《废除奴隶制、奴隶贩卖及类似奴隶制之制度与习俗补充公约》（以下简称 1956 年《补充公约》）。

根据上述两项公约，奴隶制是指"对一切人行使附属于所有权的任何或一切权力的地位或状况"。不仅奴隶制、债务质役、农奴制应该废止，而且还应该废止包办或买卖婚姻、转让妻子、妻子在丈夫死后由他人继承、役使儿童少年或剥削其劳动力等制度与习俗。

2. 禁止强迫劳动。在这一领域，国际劳工组织大会先后通过了两个专门的国际公约，即 1930 年《关于强迫劳动公约》和 1957 年《关于废止强迫劳动公约》。前一公约规定，除因法院判定有罪而被强迫从事劳动等例外情况外，缔约国不得以惩罚相威胁，强使任何人从事不曾表示自愿从事的所有工作和劳务。后一公约第 1 条规定，缔约各国承担制止和不利用任何方式的强迫和强制劳动：①作为政治压迫或政治教育工具或作为对持有或发表政见或意识形态上与现存政治社会或经济制度相反的意见的惩罚；②作为经济发展目的动员和使用劳工的方法；③作为劳动纪律的工具；④作为对参加罢工的惩罚；⑤作为实行种族、社会、民族或宗教歧视的工具。

（四）难民的人权

难民是指因种族、政治、宗教等原因而留在本国之外，不能或不愿接受本国保护的人。战争、种族灭绝和种族歧视政策或国内动乱等原因都可能造成大批难民。难民之处境多堪同情，国际社会从人道主义出发，在对难民表示深切关怀的同时，竭力保证难民可以最广泛地行使人权和基本自由。国际联盟于 1921 年任命了一名难民事务高级专员。1946 年联合国成立了国际难民组织，后该组织为难民事务高级专员办事处（难民署）所取代。1951 年 7 月 28 日，联合国关于难民和无国籍者地位的全体代表大会在日内瓦通过了《难民地位公约》，1954 年 4 月 22 日开始生效。该公约包括序言和 46 条条文。公约确认了一般情况下对难民"禁止驱逐出境或送回"的原则。公约详细规定了难民的权利义务，如，难民在宗教自由、出席法院、初等教育以及某些社会福利等方面享受国民待遇；在以工资受偿的雇佣、结社权利等方面享受最惠国待遇，在自营职业或自由职业、初等教育以外的教育等方面享受不得低于一般外国人在同样情况下所享有的待遇。

由于《难民地位公约》仅适用于 1951 年 1 月 1 日前发生的事件而造成的难民，公约签订后又出现了许多难民事件，联合国为修改公约的适用范围的限制，于 1967 年又制定出《难民地位议定书》，删除了"1951 年 1 月 1 日前发生的事情……"等字样，从而使公约不仅适用于过去，也适用于现在、将来出现的难民。

（五）保护被拘留或监禁者的权利

1955 年，联合国第一次防止犯罪和罪犯待遇大会通过了一个《囚犯待遇最低限度标准规则》。这一规则适用于各类囚犯，无论刑事犯和民事犯，未经审讯或已经判罪，包括法官下令已采取保安措施或改变措施的囚犯。该标准规则指出，应公正执行标准规则的各项规定："不应基于种族、肤色、性别、语言、宗教、政见或其他主张、国籍或社会出身、财产、出生或其他身份而加以歧视。"必须尊重囚犯所属群体的宗教信仰和道德标准。标准规则还就有关囚犯的住宿、医疗卫生、饮食、教育及娱乐等各方面作了详细的规定。

酷刑是所有国际公约都加以禁止的一种国际罪行，《世界人权宣言》《公民及政治权利国际公约》以及其他一些人权公约都规定了禁止酷刑的原则。1984 年 12 月 10 日，联大通过了《禁止酷刑和其他残忍、不人道或有辱人格的待遇或处罚的公约》（以下简称《禁止酷刑公约》），该公约于 1987 年 6 月生效。该公约包括 1 个序言和 37 条条文，它规定的酷刑的构成要素有四种：①为向某人取得情报或口供，或者为处罚、恐吓或威胁目的而作出的行为；②使某人肉体或精神上遭受到剧烈痛苦或疼痛的行为；③公职人员或以官方身份行使职权的其他人造成的，或者由其他人唆使同意或默许下造成的行为；④造成非法律制裁而引起或非法律制裁所固有的或附带的疼痛或痛苦的行为。公约要求缔约国应采取措施有效防止出现酷刑行为。公约宣布任何特殊情况不得援引为施行酷刑的理由。公约规定缔约国应保证将一切酷刑定为刑事罪罚，依法给予惩处，并对酷刑受害者给予保护和赔偿。公约还规定了执行机构及其运作机制的内容，规定就有关公约争议或适用中的争端提交国际法院管辖的任择条款。

在该领域中，1989 年通过的旨在废除死刑的《公民及政治权利国际公约旨在废除死刑的第二任择议定书》也值得注意。

（六）保护儿童权利

儿童是人类的未来，同时，儿童也是社会的弱者，无论是战争期间还是自然灾害或社会动乱中，儿童最易受到伤害。国际社会第一次保护儿童的努力体现于 1924 年的国际联盟大会通过的《日内瓦宣言》，1959 年，联大通过了《儿童权利宣言》，1989 年 11 月 20 日，联大通过了《儿童权利公约》。

该公约包括序言和 54 条条文。主要内容有：①儿童的定义，包括所有未满 18 岁的人。②一般性规定，主要是防止歧视原则和儿童最大利益原则；公约规定各缔约国应采取一切适当措施以实现本公约所确认的权利。③公约规定了儿童在政治、经济、社会、文化等方面所享有的权利，并且规定得相当详细具体。④公约规定了缔约国的义务。⑤公约决定设立"儿童权利委员会"，其职能是审查各缔约国提交的报告。

第三节 人权国际保护的实施机制

一、国际人权保护机构

国际人权保护机构指为保护人权法实施监督和检查的国际机构。国际人权保护机构是国际人权法保护的重要组织保证。国际人权保护机构大体上可分为以下三类：

（一）世界性的人权机构

世界性的人权机构指联合国组织系统内设立的人权机构，兹列举如下：

1. 联合国大会设立的人权机构。

（1）联合国人权事务高级专员。

（2）联合国人权理事会（设在日内瓦，于2006年设立，取代了原"联合国人权委员会"）。

（3）联合国大会第三委员会（社会、人道、文化委员会）。

（4）反对种族隔离特别委员会。

（5）调查以色列侵犯巴勒斯坦人民和占领区其他阿拉伯人人权行为特别委员会。

（6）巴勒斯坦人民行使不可剥夺权利委员会。

（7）非殖民化委员会。

2. 联合国经济及社会理事会设立的人权机构。即妇女地位委员会。

3. 联合国难民机构。

（1）联合国近东巴勒斯坦难民救济工程处。

（2）联合国难民事务高级专员办事处。

（二）区域性政府间人权机构

1. 阿拉伯人权委员会。

2. 非洲人权和民族权委员会。

3. 欧洲人权法院。

4. 美洲国家人权委员会。

5. 美洲国家人权法院。

（三）根据有关公约设立的人权机构

大多数国际人权公约都设立了监督条约实施的机构，以受理和审议缔约国的报告、国家间指控或个人来文，或进行国际调查等。特别是联合国各"核心人权公约"[1]，都有独立的专门机构负责监督本公约的实施。例如，《公民及政治权利国际公约》第28条设立了一个由18名人权问题专家组成的"人权事务委员会"；《经济、社会与文化权利国际公约》根据经社理事会的决议成立了也是由18名专家组成的"经济、社会、文化权利委员会"；《消除一切形式种族歧视国际公约》第8条设立了由18名专家组成的"消除种族歧视委员会"；《消除对妇女一切形式歧视公约》第17条设立了由23名专家组成的"消除对妇女歧视委员会"；《禁止酷刑公约》第17条设立了由10名专家组成的"禁止酷刑委员会"；《关于防止和惩处侵害应受国际保护人员包括外交代表的罪行的公约》建立了一个3人小组审查缔约国的报告；《儿童权利公约》第43条设立了由10名专家组成的"儿童权利委员会"；《保护所有移徙工人及其家庭成员权利国际公约》第72条设立了"保护所有移徙工人及其家庭成员权利委员会"。这些机构拥有各自的建立根据、职权、成员、工作方式和程序规则，彼此之间具有一定的工作上的联系。

此外，一些非政府组织，如大赦国际、国际人权联盟、国际法学家委员会等也发挥着相当的作用。

最后，一般性国际组织也加强了对人权国际保护的关注。国际社会特别是联合国这个最大的普遍性国家间组织及其专门机构，为保障人权目标的实现为各国提供外部支持，诸如维护国际和平和安全，保护各国主权独立和领土完整，向各国提供经济、技术援助，对于大规模严重侵犯人权问题，可以对责任国采取制裁措施等。因此，国际人权保护的机构除上述专门负责人权保护的机构外，其他的一般性国际组织也应被认为是对国际人权保护负有责任的机构。

二、国际人权保护的实施制度

国际人权保护的实施制度，是指有关国际人权公约规定的保护人权的具体程序，其实，由于各公约规定不尽相同，国际上并无统一的实施制度。

（一）报告及审查制度

多数人权条约都规定了报告和审查制度，即规定了各缔约国将其履约情况向有关机构提交报告的义务，有关机构有权对各缔约国提交的报告进行审查，但报告审议方式和有关程序有所不同。

1. 提交报告的方式不同。如1956年《补充公约》第8条和《取缔教育歧视公

---

[1] 联合国的7项核心人权公约是：《消除一切形式种族歧视国际公约》《消除对妇女一切形式歧视公约》《禁止酷刑和其他残忍、不人道或有辱人格的待遇或处罚公约》《经济、社会、文化权利国际公约》《公民及政治权利国际公约》《儿童权利公约》《移民工人权利公约》。我国参加了6项，包括《消除一切形式种族歧视国际公约》《消除对妇女一切形式歧视公约》《禁止酷刑和其他残忍、不人道或有辱人格的待遇或处罚公约》《经济、社会及文化权利国际公约》《儿童权利公约》《移民工人权利公约》，签署了《公民及政治权利国际公约》等。

约》第7条虽然分别规定缔约国有提交报告的义务，但没有规定审议报告的程序，而《经济、社会、文化权利国际公约》第16条、《公民及政治权利国际公约》第40条、《消除一切形式种族歧视国际公约》第9条、《消除对妇女一切形式歧视公约》第21条、《禁止酷刑公约》第19条等都规定缔约国通过联合国秘书长向有关国际机构提具报告，后者可以在审议报告的基础上提出一般性建议或评论。

2. 审议机构不同。有些条约规定由依据该条约成立的专门机构审议报告，如《公民及政治权利国际公约》《消除一切形式种族歧视国际公约》《消除对妇女一切形式歧视公约》《禁止酷刑公约》；而有些条约则规定由联合国的相关机构来审议报告，如《经济、社会、文化权利国际公约》规定的审议机构是经社理事会据1985年经社理事会第17号决议成立的由18名专家组成的经济、社会、文化权利委员会。

（二）处理缔约国来文及和解制度

一些人权条约规定了一套处理缔约国来文的指控及和解的制度。但这种缔约国间的指控及和解通常是采用以缔约国同意为前提的任择制度，有代表性的如《公民及政治权利国际公约》。公约第41条规定，缔约国可以随时声明承认人权事务委员会有权接受和审议一缔约国指控另一缔约国不履行公约义务的通知。42条则规定了和解制度，如双方未获得满意解决，经各有关缔约国同意后，人权事务委员会可以指派一个由5名委员组成的专设和解委员会进行和解。倘使不能获致解决，和解委员会应在报告中说明各有关缔约国争执事件中的一切有关事实问题的结论，以及对于就该事件可能解决的各种可能性的意见。各有关缔约国在接到报告后3个月内通知委员会主席是否接受和解委员会报告的内容。

类似的规定也可见于其他一些人权条约，有些条约还规定了更强有力的执行机制。比如，根据《消除一切形式种族歧视国际公约》，消除种族歧视委员会就有权处理任何缔约国之间的指控，而无须根据任择条款。

从理论上讲，国家间的指控及和解制度可以起到促进缔约国间相互监督的作用，但在实践中，一国控告另一国不遵守公约的可能性几乎是完全不存在的，[1]国家出于自身的政治与经济利益考虑，一般不会因为另一国的人权状况就轻易地冒破坏两国关系的风险。例如，《公民及政治权利国际公约》规定的机制从未启动过，仅有的国际实践是根据《禁止一切形式种族歧视国际公约》曾发生过的两起指控。[2]缔约国对揭露侵权者的行为既没有热情也不愿意将其作为自己的义务。[3]

（三）个人申诉制度

这一制度使用较少，但它被某些学者视为是"保证人权得到尊重的唯一真正先

---

〔1〕 ［美］路易斯·亨金：《权利的时代》，信春鹰、吴玉章、李林译，知识出版社1997年版，第73页。

〔2〕 范国祥："国际人权公约的法律监督"，载《外交学院学报》1999年第3期。

〔3〕 ［美］路易斯·亨金：《权利的时代》，信春鹰、吴玉章、李林译，知识出版社1997年版，第74页。

进的制度"。[1] 有此类规定的条约往往有一些共同特点，就是一般都要求基于任择条款，而且必须是在确认为用尽国内救济办法之后才能受理个人来文。目前，在联合国通过的人权公约中，有 5 个公约建立了个人来文制度，规定在公约缔约国事先承认的前提下，条约机构有权接受并审查该国管辖下的个人声称其为该缔约国侵害公约所载任何权利的受害者的来文。

在《公民及政治权利国际公约》起草过程中，由于人权委员会的各国代表对于是否承认个人以及民间团体对国家的指控有很大的分歧，该委员会提交的公约草案中没有关于个人控诉的问题。后来，联大第三委员会接受黎巴嫩的提案，将这一问题规定在一个附属于公约的单独任择议定书之中。据议定书的规定，"成为本议定书缔约国的公约缔约国承认人权事务委员会有权接受并审查该国管辖下的个人声称为缔约国侵害《公约》所载任何权利的受害人的来文"（第 1 条）。所以，只有在属于议定书缔约国管辖下的个人才可以向人权事务委员会提起书面控诉。人权委员会应将此类来文"提请被控告违反《公约》任何规定的议定书的缔约国注意"，"收到通知的国家应于 6 个月内书面向委员会提出解释或声明，说明原委，如该国已采取救济办法，则亦应一并说明"（第 4 条）。"人权事务委员会应参照个人及有关缔约国所提出的一切书面材料，审查根据议定书所收到的来文"，"并应向有关缔约国及该个人提出意见"（第 5 条）。

其他一些人权条约也规定了类似制度。如《消除对妇女一切形式歧视公约》也在任择议定书中做了相同规定；而《消除一切形式种族歧视国际公约》第 14 条、《禁止酷刑公约》第 22 条与《保护所有移徙工人及其家庭成员权利国际公约》第 77 条则是以任择条款的形式规定了处理个人控诉来文指控制度。后三个公约较《公民及政治权利国际公约》与《消除对妇女一切形式歧视公约》的执行机制更进一步，它们将这类规定放在公约本文之中而不是附加议定书中，是一个值得称道的发展。按照《消除一切形式种族歧视国际公约》，可以提起申诉的不仅有受害者个人，也可以是个人联名；而按照《禁止酷刑公约》，申诉不仅可以针对其所受管辖的国家，也可以针对已接受任择条款的任何其他缔约国。

条约机构不是司法机构，也不具有准司法性质，它们就个人来文做出的决定只是"意见"或"建议"，而不是"判决"，对有关缔约国没有法律拘束力。并且，接受这一制度的缔约国太少，特别是人口大国（除俄罗斯外）都不是这些议定书的缔约国。[2] 但该制度被国际人权条约确定以后，在实践中获得广泛应用，并形成了较为完备的程序。[3]

---

〔1〕 ［意］F. 卡波道蒂："人权走向世界的艰难历程"，白桂梅译，载沈宗灵、黄枬森主编：《西方人权学说》（下册），四川人民出版社 1994 年版，第 476 页。
〔2〕 张爱宁：《国际人权法专论》，法律出版社 2006 年版，第 227～228 页。
〔3〕 邵沙平、余敏友主编：《国际法问题专论》，武汉大学出版社 2002 年版，第 187 页。

（四）联合国"1503"程序和"1235"程序

"1503"程序和"1235"程序是联合国处理有关指控大规模侵犯人权情势的个人或团体来文（申诉）的程序，这两个程序的名称由规定该程序的经社理事会的两个决议的编号而来，它们互为补充。

1959年，经社理事会通过728F号决议，决定向人权委员会、防止歧视及保护少数人小组委员会分发联合国收到的关于侵犯人权的保密清单。1967年，联合国经社理事会通过了1235号决议，授权人权委员会、防止歧视及保护少数人小组委员会"审查各国有关大规模侵犯人权和基本自由的来文"，并授权人权委员会在适当的情况下，对上述来文中暴露出的持续不断的侵犯人权的情势进行"全面深入的研究"，并以建议的方式向经社理事会提出报告。

1970年，联合国经社理事会通过了题为"有关侵犯人权及基本自由的来文的处理程序"的1503号决议，授权防止歧视及保护少数小组委员会建立一个工作组——来文工作组——审查联合国收到的来文，查明哪些来文中明显暴露出某种"持续不断地、大规模地和证据确凿地"侵犯人权和基本自由的典型情况。来文工作组负责审议来文以及有关政府的答复。只要大多数成员确认有合理的证据表明，存在对人权和各项基本自由的严重和证据确凿的侵犯行为，该案件就将提交人权委员会严重侵犯情势工作组进一步审查，以决定是否将有关情势提交人权委员会本身。所有这些步骤都是秘密的，并在非公开会议上处理。

按照这一程序，予以审议的不是个人案件，而是在相当一段时间内影响到许多人的某种局势。一份来文要想得到受理，必须首先用尽有关国家的国内补救办法，除非情况表明，国家一级的解决办法是无效的。因此，该程序不是一种个人申诉程序，尽管个人和非政府组织都可以提交来文，但其诉因不是针对个人受到侵犯，在这一点上1503程序与联合国其他人权公约所建立的个人申诉制度不同。

根据经社理事会2000/3号决议，现在1503号程序的来文由联合国人权高级专员办公室负责接收。由人权高级专员办公室对来文进行甄别并摘要后，将其副本送有关国家当局。有关政府被请求就来文的指控做出答复，然后，来文与答复由防止歧视及保护少数小组委员会来文工作组进行审查甄别。

1503号程序所作决定对当事国没有法律拘束力。而且，在目前的国际社会中，如何证明是否存在"一贯和严重地侵犯基本人权的情形"并非易事；另外，该程序还存在着非公开、（个人来文者与当事国在程序上的）不平等、费时间等问题。近年来，人权理事会已采取变通的方式，即将1503号程序的案件转化为1235号程序，使案件公开。

（五）联合国人权专家机制

联合国人权委员会在40多年里建立了一套复杂的人权专家机制，该机制在联合国人权公约的要求之外对国家遵守人权的状况进行监督，是联合国人权机制或任务以及特别程序制度的组成部分。

专家们都是全职工作的专业人员，兼职为联合国服务。专家的选用要考虑其在相关领域的专业知识和经验及他的正直、独立和公正性。1999 年以前，专家的任期取决于完成其所担任的任务所需的时间，1999 年以后，人权委员会决定任期最长 6 年。人权委员会给予专家的头衔各异，如特别报告员、独立专家、秘书长代表或委员会代表。头衔或是反映出一种等级体系，或是表明委托给专家的权利大小不同，但他们享有同等的法律地位，都享有 1946 年《联合国特权和豁免公约》规定的职能特权和豁免。

专家们执行的任务，除"关于武装冲突中的儿童问题"是由大会规定之外，其他都是由人权理事会规定的。专家是按照联合国各项专门协议的规定执行具体任务，但执行任务时具有完全的独立性，不为任何政府和非政府的意志所左右。

大多数专家有权收受有关侵犯人权行为的指控资料，如果显然即将发生严重侵犯人权的行为，他们就会向政府发出紧急呼吁，并代表受害者进行交涉。但人权保护和促进小组委员会的专家与人权理事会任命的专家略有不同，他们的主要任务是进行研究，不受理个别案件。

（六）国际人权争端的解决

在人权领域的国际争端是指因某国或某些国家违反其通过参加有关人权问题国际公约或其所确认的有关人权问题的国际习惯法所承担的国际义务而引起的争议或纠纷。这种争端大体上可分为两类：一类是因对有关人权的国际公约的解释或适用而发生的争端，另一类是某国或某些国家受到一国或另外一些国家乃至政府间国际组织就人权问题所作的指控。至于某些人权国际公约中任择条款规定的个人指控国家的问题，不属于国际人权争端的范畴。

解决上述争端的方法有政治解决办法，也有法律解决办法。人权领域的国际争端通常通过国际组织加以解决，特别是通过联合国安理会、人权理事会解决。遇有由于严重侵犯人权问题而构成对世界和平与安全的威胁，安理会有权采取行动予以制止。有关人权条约的解释与适用的争端，人权条约往往规定提交国际法院裁决，但许多缔约国往往会对该条提出保留，要求提交国际法院前经争端双方同意。

（七）国际司法制度

由于上述机构缺乏强有力的执行机构，在实际上的效果并不十分理想，为改变这样的状况，国际社会设立了专案国际法庭和国际刑事法院等国际执行机构。前南问题国际法庭和卢旺达问题国际法庭设立的目的就是对严重违反人道主义的个人进行追诉。这两个国际法庭对犯有种族清洗、大规模屠杀、滥用酷刑、强奸等严重违反国际人道主义法的个人予以严惩。国际法院根据《国际法院规约》的规定，只对四种国际罪行有管辖权。[1] 其中，种族灭绝和危害人类罪属于违反人道主义法的罪

---

〔1〕　即种族灭绝罪、危害人类罪、战争罪和侵略罪。

行。除此之外，联合国还设立了柬埔寨审判"红色高棉"法庭、塞拉利昂特别法庭、东帝汶法庭等。[1] 这些实践为追究犯有违反国际人道主义行为的国际罪行的个人提供了一个较为有效的、常规的法律制裁机制。

三、区域性的人权保护机制

（一）欧洲的人权保护

在区域性的人权保护制度方面，欧洲地区建立得最早，而且被认为是当前存在的此类制度中"最先进和最有效的"。

1. 《欧洲人权公约》。1950 年 4 月，欧洲理事会成员国签署了《保护人权及基本自由公约》，即《欧洲人权公约》（该公约已于 1953 年 9 月 3 日生效，公约有 10 个议定书），以该公约为核心形成了欧洲人权保护体系。《欧洲人权公约》保证个人的下列政治权利：生命权；不受酷刑、非人道或有辱人格处罚权；禁止奴隶制度、奴役或强迫劳动的权利；享有自由和人身安全的权利；正当法律程序权利；法律和惩罚不溯及既往的权利；隐私权和家庭生活权；思想和宗教信仰自由；言论自由；和平集会自由；结婚和成立家庭权。公约规定，个人享受公约所保护的权利，不因任何理由，如性别、种族、肤色、语言、宗教、政见或其他主张、民族本源、社会阶级、财产、出生或其他身份而受到歧视。同时，公约又比较详细地列举了例外情形。附加议定书扩大了公约保证的权利的目录，这些增加的权利有财产权、受教育权、秘密和自由选举权、免于因债务而受监禁的权利、迁徙自由及迁入本国之权、禁止集体驱赶侨民、废除死刑、驱逐外国人应规定程序、刑事审判中的上诉的权利、不因同样罪行再次受到起诉的权利、因错判而受偿之权、在配偶之间以及对于他们的子女不加任何歧视的权利等。公约允许缔约各国在遇有战争威胁国家生存之公共紧急情况时，采取措施，从公约的大多数义务中减免应履行的义务，但应将采取的措施全部通知欧洲理事会。作为《欧洲人权公约》的对应文件，欧洲理事会于 1961 年又通过了《欧洲社会宪章》，宪章建立了保护经济和社会权利的区域性欧洲体系，从而补充了只保障公民权利和政治权利的《欧洲人权公约》，宪章于 1965 年 2 月 26 日生效。《欧洲社会宪章》宣布了 19 项权利和原则的目录，在实施措施方面只规定了缔约国报告制度，即未设任何控诉申诉程序。

2. 欧洲人权保护机制。为了保障《欧洲人权公约》能够被执行，欧盟设立了各种监督执行机构。在欧盟体制内，对人权有保护监督之职能的机构有：欧洲人权法院、欧洲理事会、欧洲议会和欧洲委员会。另外，欧盟为加强对人权保护的监督还专设了欧洲督察专员。

（1）欧洲人权法院。欧洲人权法院是根据《欧洲人权公约》于 1959 年成立的，旨在维护 1948 年《联合国人权宣言》中提及的部分权利。欧洲人权法院设院长一

---

〔1〕　这三个法庭与前南问题国际法庭和卢旺达问题国际法庭不同，他们不是由安理会设立的，而是由联合国与各该国在协议的基础上共同成立的。其法官既有设立国法官，也有外国法官。

名，副院长两名，庭长两名，书记官（秘书长）一名，副书记官（副秘书长）一名；有四个审判庭，一个大审判庭。法官由欧洲委员会成员国推荐，每个成员国拥有一名法官，经欧洲委员会议会投票同意，任期 9 年，可连选连任。法官以个人名义任职，独立审案，在任期内不得兼任有损其独立的其他职务。欧洲人权法院只受理欧委会成员国提出的案件，涉案国家必须是《欧洲人权公约》签署国，且已申明完全接受该公约的约束，或就某一案件表明接受法院的审理。

1998 年欧洲人权法院改革之前，案件审理程序比较复杂。任何个人、民间团体以及非政府组织提交欧洲人权法院的案件必须首先提交欧洲人权委员会确定可以受理后，写出报告提交欧洲委员会部长委员会讨论，欧洲人权委员会或涉案国如果在 3 个月内不向人权法院提出审理要求，则由部长委员会裁决。1994 年 5 月 11 日开放签署的《欧洲人权公约第十一号议定书》规定，成立单一式欧洲人权法院，取消欧洲人权委员会，成员国公民、民间团体和非政府组织可以直接向法院起诉，由一个包括涉案成员国法官在内的三人委员会确定是否受理。如有必要，该法庭可以要求由 17 名法官（代理）中的 7 名法官组成的大审判庭进行审理。如果还不能解决问题，大审判庭可以要求成立由法院全体法官组成的合议庭进行审理。改革增强了欧洲委员会在全欧人权事务中的权威性。欧洲人权法院各法庭的审理结果为终审判决，成员国必须执行，欧洲委员会部长理事会负责监督。

（2）欧盟理事会。欧盟理事会是欧洲联盟人权法律保护机制中的监督机构。

第一，欧盟理事会拥有决策权。理事会在欧盟决策程序中处于核心地位，其决策权也是非常广泛的，其中包括人权决策。理事会的决策权在很大程度上是立法权。通过决策权，人权才有可能以立法文件的形式被发布并施行。

第二，凭借理事会对其通过的法令的实施权，（不论是授权委员会实施还是理事会直接实施），保证人权法令得到有效执行。

从欧洲联盟理事会的职权意义上讲，欧盟理事会在欧盟人权法律保护机制中实际起一种宏观的保障人权的作用。

（3）欧洲议会。欧洲议会是欧盟人权政策制定与实施的重要参与者之一。欧洲议会是欧盟讨论人权问题的重要论坛，并保持着与人权组织及人权保护者的定期联系。欧洲议会还一直对欧盟与第三国的缔约过程施加影响，表明它将重点放在有关的人权问题上。议会还具有通过有关人权事务的决议和宣言的职能，并将有关问题提交理事会和委员会讨论。议会还负有监督欧盟人权法律实施的职能，它的监督作用是通过接受欧洲公民及条约规定的其他自然人和法人的请愿来实现的。随着《欧洲联盟公约》和《阿姆斯特丹条约》的生效，欧洲议会的权力逐渐增强，在人权领域的保护作用也日益重要。

（4）欧洲委员会。欧洲委员会根据《欧洲共同体条约》的规定，对欧洲联盟人权法律保护机制负有监督的职责，主要监督成员国履行条约义务。欧洲委员会的监督有主动监督和被动监督两种。《欧洲共同体条约》第 226 条规定："如果委员会认为一成员国未能履行本条约的一项义务，它应在给有关成员国提出申诉的机会后，对此事项发表一项说明理由的意见。如果该成员国未在委员会规定的期限内遵从此意见，委员会可以将此事项提交法院。"据此，委员会有责任对成员国在欧共体条约项下所承担的义务的履行进行监督。委员会的这种监督是一种主动监督，即当委员会认为存在义务不履行的状况时，采取发表意见及提交欧洲法院处理的方式，解决此种不履行问题。《欧洲共同体条约》第 227 条规定了被动监督方式。按照该条规定，一成员国在以违背本条约规定的义务为由对另一成员国提起诉讼之前，应将此事项提交委员会。对委员会来说，相当于"告诉才处理"。依据此条规定，在接到成员国指控后，委员会应在此事项提交给它之日起的 3 个月内发表意见。如果在此期限内未能发表意见，不妨碍将此事项诉诸欧洲法院。

（5）欧洲督察专员。1995 年 9 月 1 日，欧洲联盟任命了欧盟督察专员，称"欧洲督察专员"。它监督的是一个超国家的机构——欧洲联盟的行为，保护的是欧盟内个人的权利。根据《欧共体条约》第 21 条规定，每一个联盟公民及居住在任一成员国内的人都可以依第 195 条而设立的督察专员提出申诉。虽然担任督察专员的是个人，但是，他代表的是一个机构。督察专员是一种制度，也是一个公共机关。督察专员的受案范围是涉及共同体机构或机关（除欧洲法院和欧洲初审法院外）活动中的管理不善的申诉。督察专员具有独立和广泛的调查权，但他不同于司法机关，他的决定没有法律拘束力。

（二）美洲国家的人权制度

美洲国家的人权制度有两个不同的法律渊源，一个是《美洲国家组织宪章》，一个是《美洲人权公约》。前者对美洲国家组织的 32 个成员国都适用，后者则仅对《美洲人权公约》缔约国有拘束力。我们侧重后者。

1969 年 11 月 22 日，《美洲人权公约》签署，并于 1978 年 7 月 18 日生效，公约受《欧洲人权公约》影响很大，所以其内容主要限于公民权利和政治权利，这规定在公约第一部分。与《欧洲人权公约》相比，《美洲人权公约》所特有的权利主要包括：答辩权、儿童权利、姓名和国籍权利以及寻求避难权。但同时，《欧洲人权公约第一议定书》所规定的教育权在《美洲人权公约》中则未作规定。公约在第 26 条对经济、社会、文化权利只做了原则性规定，后于 1988 年，美洲国家组织才在通过的《美洲人权公约补充议定书》中对经济、社会、文化权利加以具体规定，内容涉及工作权、工会权、罢工权、社会保障权、健康权、环境权、受教育权、文化利益权等。公约相异于《欧洲人权公约》的另一特点是其专门规定了个人权利与义务的关系，公约第 32 条规定，"每个人对他的家庭、他的社会和人类都负有责任。在一个民主社会中，每个人的权利都受其他人的权利、全体的安全和大众福利的正当要求所限制"。公约规定了不歧视条款和克减条款。

公约第二部分规定了美洲国家间人权委员会和美洲国家间人权法院在依有关公约缔约国履行其所作承允事项方面的职权。

美洲国家人权委员会早已于 1959 年成立了，起初是作为美洲国家组织的自治实体开始工作，1967 年正式成为美洲国家组织的一个机构，它的主要职能是负责一般地促进对人权的尊重。1965 年，它获得权利对个人声称《美洲个人权利和义务宣言》所载的某些基本权利被侵犯的来文加以审议，并向有关政府要求信息和提出建议。委员会除审查个人控诉外，还积极在美洲各国调查有关遵守人权的一般情况，并将调查结果以报告的形式发表。《美洲人权公约》确认了委员会的已有权限，并赋予委员会一些履行公约的新的权限和职责。个人可以向委员会提出请愿书，谴责或控诉缔约国违反公约，而无须根据有关被告国是否事先接受任何任择条款。委员会对于缔约国间的声称另一缔约国违反公约义务的来文的审查则以任择条款为前提条件。可见，在受理个人来文和受理缔约国来文的权限方面，美欧的委员会间的做法明显不同。委员会应审查这种控诉，并努力求得友好解决。如不能解决，委员会也应提出一份报告，说明它所作出的结论，并提出它认为合适的建议。

美洲人权法院是根据公约成立的司法机构，得向美洲人权法院提交案件者，仅限于人权委员会和缔约国。法院的管辖权只及于根据公约的任择条款第 62 条作出声明或根据特别协议接受法院管辖权的缔约国之间。美洲国家组织成员和美洲国家组织的机构可就公约或其他保护人权的条约在美洲国家间的解释提请法院咨询。法院根据有关请求，还可以就该国的任何国内法是否与国际公约相符合的问题发表意见。

（三）非洲的人权保护

《非洲统一宪章》重申了《联合国宪章》的原则和《世界人权宣言》的原则，1981 年 6 月 28 日非洲统一组织在肯尼亚首都内罗毕通过了《非洲人权和民族权宪章》（因该宪章最初起草于冈比亚的首都班珠尔，因此又称《班珠尔人权和民族权宪章》），宪章于 1986 年 10 月 21 日生效。

《非洲人权和民族权宪章》由序言和 3 个部分共 68 条组成，其依照以前的主要人权文件的模式，以列举的方式规定保护的权利，其内容一方面既反映了宪章人权保护的鲜明特色，另一方面，对有些权利的规定又略显简单和抽象，在一定程度上欠缺可操作性。在执行机制方面，宪章以非洲人权和民族权委员会为监督机构，委员会由 11 人组成。委员会可以诉诸任何适当的调查方法，并有权处理各缔约国的来文。对于其他来文，包括个人来文，如经委员会过半数决定，也可以审议，无须基于任择条款。

（四）亚洲人权保护

亚洲地域辽阔，人口稠密，文化多元，历史悠久，且世界三大宗教都起源于亚洲，使各国在政治、经济、社会、文化、宗教、法律等方面都存在着诸多差异。这些差异致使亚洲迄今为止没有达成一项区域性人权公约，也没有建立起区域性的人权保护机构。但各国一直为此做着不懈的努力。

1982 年，亚洲国家在科伦坡举行了亚洲地区人权讨论会，会议讨论了人权的概念、促进和保护人权的方法等问题。1990 年，在马尼拉亚洲有关国家代表和人权专家召开了人权会议，就亚洲地区各国保护和促进人权问题问题进行讨论。1994 年阿拉伯联盟起草《阿拉伯人权宪章》，该宪章经 2004 年修订后，已于 2008 年生效；南亚区域合作联盟在 2002 年通过了《防范和打击贩卖妇女和儿童意图使其卖淫的公约》和《南亚促进儿童福利的区域安排公约》；2012 年东盟峰会通过了《东盟人权宣言》。从长远来看，上述次级区域组织通过的人权文件，代表着该次级区域人权保护的基本立场，虽然不可避免地带有各自区域内政治、经济、文化、宗教方面的独有烙印，但是它们之间的共同点，却是未来亚洲各国共同构建亚洲人权机制的重要基础，对亚洲区域人权机制的建立具有先导性、示范性作用。[1]

 学术视野

人权理论的发展

国际社会越来越多地关注人权保护，使人权保护的理论不断地发展，同时关于人权保护机制的执行力也明显地在增强。

人权保护理论的发展体现在人权内涵的新发展上：首先，在 1993 年召开的世界人权大会确认发展权是一项集体人权，也是一项个人权利。其次，民族自决权也被确认是一项人权，并在联合国 1966 年《国际人权公约》中加以明确。最后，宣布环境权也是一项人权，在 1992 年召开的国际环境与发展会议正式确认了环境权。

国际人权保护机制的发展体现在国际社会加强了执行的力度上：首先，联合国设立若干国际刑事法庭，审理犯有反人类罪等严重践踏人权的罪行。2002 年国际刑事法院正式成立，使追究严重违反人权的犯罪的机构常态化。其次，联合国成立了人权理事会，取代了人权委员会，人权理事会比起人权委员会更加精练、高效，它的会期更长，处理的事务更多。最后，联合国人权高级专员办公室设立了 24 小时人权"电话热线"，以便能对发生的侵犯人权事件做出即时反应。然而，虽然国际人权保护机制的执行力度在增强，但是国际人权保护机制约束力弱的基本特征并没有在根本上有所转变。

 理论思考与实务应用

一、理论思考

（一）名词解释

1. 国际人权法

2. 国际人权宪章

---

[1] 毛俊响、党庶枫："亚洲区域内人权保护的新动向：《东盟人权宣言》评析"，载《西部法学评论》2014 年第 3 期。

3. 个人申诉制度

4. 克减权

（二）简答题

1. 简述联合国"1503"程序在国际人权保护中的作用。

2. 全球性人权保护公约有哪些？

3. 简述人权的国际保护的实施机制。

（三）论述题

1. 论述中国在人权国际保护问题上的立场。

2. 论述国际社会有关人权问题的争议。

二、实务应用

（一）案例分析示范

案例一

哥伦比亚是《公民及政治权利国际公约》的缔约国，哥伦比亚警察在执行一起解救被绑架者的任务时，当未在预定地点找到被绑架者时，对他们"怀疑的绑架者"开枪射击，包括玛丽亚·古雷罗等7人被枪杀。玛丽亚·古雷罗的丈夫向人权事务委员会提交来文，指控哥伦比亚违反了《公民及政治权利国际公约》第6条对生命权的规定以及其他规定。

问：根据以上案情，分析本案中当事人请求权利救济的方式。

【评析】本案中采取的是向人权条约机构提出个人申诉制度。个人申诉是处于一国管辖下的受害者或其代表对该国侵害有关人权公约所载权利而向相关条约监督机构控诉的制度。个人申诉制度是以国际人权公约任择条款为基础的，条约机构接受并审查缔约国个人控诉来文，是以受害人已用尽国内救济办法为前提条件的。

案例二

乌拉圭是《公民及政治权利国际公约》的缔约国。1978年，5名乌拉圭公民向人权事务委员会提交来文，指控乌拉圭政府禁止其参加政治活动的行为违反了《公民及政治权利国际公约》第25条。这5名公民属于乌拉圭—马克思主义的政治团体，该团体将这5人列为选举候选人，准备参加公共选举。1973年，该团体被乌拉圭政府宣布为非法，禁止该团体的所有候选人在15日内参加包括选举在内的所有政治活动。乌拉圭政府在1980年向人权事务委员会提交本案的意见，援引了《公民及政治权利国际公约》第4条规定的克减权利对禁止来文者行使政治权利的行为进行辩护。据查，乌拉圭于1979年致送联合国安理会的照会中声称该国存在"众所周知"的紧急状况，但该照会没有说明克减的性质、适用的权利范围，也没有表明这种克减是必要的。

问：请结合上述案情，回答克减权行使的条件。

【评析】克减权是指国家在社会紧急状态威胁到国家的生存时，可以采取措施克减其依《公民及政治权利国际公约》所承担的义务的权利。这种权利的行使要受公约第 4 条规定的条件的限制。克减的程度应以紧急状态的"严格需要"为限,即克减措施的期限、地理范围和权利范围、情势必须合理。就本案背景而言,乌拉圭政府并没有存在社会紧急状态,再者,紧急状态也不可能要延续 15 年,乌拉圭的行为构成对来文者根据公约所享有的权利的不合理限制。

案例三

2002 年 7 月,邓某到北京海淀区一家餐饮公司工作,双方约定试用期为 3 个月,但双方未签订劳动合同。不久,餐饮公司发生爆炸,邓某被烧伤。10 月,邓某向海淀区劳动和社会保障局口头提出申请工作保险待遇。海淀区劳动和社会保障局对邓某做出工伤认定,并核定邓某应享有一次性伤残补助金 18 092 元。由于邓某与其工作单位尚未解决赔偿金问题,海淀区劳动和社会保障局也未支付伤残补助金,因此邓某向海淀区法院提起诉讼。2003 年,法院判决海淀区劳动和社会保障局向邓某支付伤残补助金。

问:根据本案情况,结合《经济、社会、文化权利国际公约》的规定,分析邓某诉讼请求的法律依据。

【评析】《经济、社会、文化权利国际公约》第 9 条规定:"本公约缔约国承认人人有权享受社会保障,包括社会保险。"但公约没有阐述社会保险的具体内容,因此,具体的社会保障由各国自主决定。根据我国《宪法》和《劳动法》的规定,只要劳动者——包括临时工和农民工——与用人单位形成劳动关系,国家和用人单位必须为其提供包括年老、患病、工伤、失业、生育等情形在内的社会保障。本案中,邓某因工伤致残,海淀区劳动和社会保障局未依法履行其职责,邓某通过司法手段获得社会保障的充分救济。

(二) 案例分析实训

案例一

西安市人民检察院以韩某(女)贩卖毒品罪提起公诉。在案件调查期间,韩某因怀孕,在做人工流产手术时逃脱。法院再审理时认为,韩某贩卖毒品罪名成立,其原本具有的法定"不适用死刑"的条件(怀孕)已灭失,因此判决其死刑,剥夺政治权利终身。韩某不服上诉,陕西省高级人民法院认为,其所犯罪行均为逃脱前的行为,并且其是在押期间做人工流产,根据最高人民法院的《关于人民法院审判严重刑事犯罪中具体应用法律若干问题的答复》,其仍应被视为怀孕妇女,不适用死刑。

问:请结合《公民及政治权利国际公约》的规定,分析韩某的权利。

案例二

1996 年,俄罗斯公民叶林娜向人权事务委员会提交来文,称俄罗斯违反《公民及政治权利国际公约》第 9 条和第 14 条。来文者称其在 1993 年因所谓涉嫌骗取银行贷款而被警方逮捕,36 小时后被释放,后其 6 次被逮捕,其案件的侦查期限一再延长。来文者曾向法院起诉质疑逮捕和羁押行为的合法性,但被法院拒绝。

问：请结合本案，分析人权事务委员会接受来文的法律基础。

案例三

1998 年，4 名女性新西兰公民向人权事务委会员提交来文，声称她们是新西兰违反《公民及政治权利国际公约》第 23 条的受害者。来文者声称，她们是同性恋关系，她们根据《新西兰婚姻法》向地方登记办公室申请婚姻证书时被拒绝。她们被告知，《新西兰婚姻法》规定婚姻限于一名男子和一名女子。来文者主张，该法构成对同性婚姻的歧视，她们之间的关系符合《公民及政治权利国际公约》第 23 条规定的家庭的定义。2002 年，人权事务委员会通过对来文的最后意见，认为公约第 23 条规定的权利不适合同性恋者。

问：请结合本案情况，分析人权事务委员会意见的法律基础。

 主要参考文献

1. ［美］托马斯·伯根索尔：《国际人权法概论》，潘维煌、顾世荣译，中国社会科学出版社 1995 年版。

2. ［英］奥本海著，詹宁斯、瓦茨修订：《奥本海国际法》（第一卷第一分册），王铁崖等译，中国大百科全书出版社 1995 年版。

3. ［美］路易斯·亨金：《权利的时代》，信春鹰、吴玉章、李林译，知识出版社 1997 年版。

4. 白桂梅等：《国际法上的人权》，北京大学出版社 1996 年版。

5. 国际人权法教程项目组编写：《国际人权法教程》（第一卷），中国政法大学出版社 2002 年版。

6. 沈宗灵、黄枏森主编：《西方人权学说》（下册），四川人民出版社 1994 年版。

第六章
国际法上的领土

【本章概要】本章主要讲述国家领土和领土主权的概念及意义；内水中河流与运河的法律地位；领土的变更方式；对领土主权的限制；国家边界与边境制度以及我国的边界与领土问题；南北极地区法律制度。

【学习目标】通过本章的学习，学生重点掌握领土的取得与变更方式；边界与边境制度；领土的构成；各种河流的法律地位与通行制度；领土主权、对领土主权的限制；南北极的法律制度及中国的领土与边境问题。

第一节　国家领土与领土主权

一、领土的概念及其重要性

领土，是指处于国家主权管辖支配下的地球的特定部分，包括陆地、水域以及陆地和水域的上空及地下层。关于领土的法律性质，在西方国际法理论中曾出现过许多不同的主张，周鲠生先生将其归纳为"国家权力空间说""领土限界说"和"权限说"。[1] 现代国际法普遍承认，国家领土是国家行使主权的空间，领土概念强调国家领土与国家主权的关系是一致的。没有领土，国家无从行使主权；而国家不能行使主权或不能在其上行使主权的土地，则是无主土地，无主土地不能称为国家领土。即领土是国家主权的对象，是国际法的客体。[2]

领土是国家构成的要素之一，一个国家不论大小，都应具备一定的领土。同时领土也是国家行使最高权力，通常是排他权的空间范围。国际法承认每个国家在其领土内的最高权，而且这种权力只受国际法的限制。[3]

---

[1]　周鲠生：《国际法》（上册），武汉大学出版社 2007 年版，第 276～277 页
[2]　[英] 奥本海著，詹宁斯、瓦茨修订：《奥本海国际法》（第一卷第二分册），王铁崖等译，中国大百科全书出版社 1998 年版，第 3 页。
[3]　[英] 奥本海著，詹宁斯、瓦茨修订：《奥本海国际法》（第一卷第二分册），王铁崖等译，中国大百科全书出版社 1998 年版，第 3 页。

二、国家领土主权

（一）领土主权的概念与内容

领土主权（territorial sovereignty），是指国家对其领土内的人、物、事行使的最高的和排他的权力。从格老秀斯的《战争与和平法》到《联合国宪章》，无不承认国家领土主权原则。领土主权原则的内容包括两个方面：

1. 领土所有权，国家对其领土范围内的一切土地和资源具有占有、使用和支配的权利。关于领土主权是否包括领土所有权的问题，国际法学界存在两种意见：一种观点认为领土主权就是领土管辖权，不包括所有权。因为领土已经不再被视为是国家财产，部分土地的私有化，使国家对这些私人土地只享有公用征收权，而没有所有权。另一种观点则认为，不能因一些国家国内法上实行土地私有制而否定国家在国际法上对其领土的所有权。第二种观点在中国获得极大的支持，周鲠生先生认为，国内法上的土地私有制与国际法上的国家对领土的关系是两回事，尽管国家不是国内法上的土地所有者，但它在国际上对领土拥有绝对的支配权。[1] 以后的中国学者基本都认为领土主权包括对领土的所有权。[2] 事实上，国际法也赋予了国家支配和处理其领土的权利，联合国 1974 年通过的《各国经济权利和义务宪章》第 2 条规定："每个国家对其全部财富、自然资源和经济活动享有充分永久的主权，包括拥有权、使用权和处置权在内，并得自由行使此项主权。"

2. 领土管辖权或统治权，国家对其领土范围内的人、物和事件拥有排他管辖权，这种管辖权是以领土为基础的，称属地优越权。国家的领土管辖权是排他的、最高的，只受国际法规范限制，如对享有外交特权与豁免的人给予管辖豁免、外国船舶在一国领海享有无害通过权等。

尊重国家主权及领土完整是现代国际法最基本的原则之一，一些重要的国际法文件，如《联合国宪章》，都确认和重申了这个原则。领土完整是国家独立的重要标志，尊重一个国家的领土主权，就必须尊重其领土完整和不可侵犯。任何国家都有尊重其他国家主权、领土完整和独立的义务。

（二）领土主权的限制

一国的领土主权是固有的、排他的、不可分的，但在国际实践中，领土主权受到限制的情况或事例是存在的。对国家领土主权的限制有两种情况：

1. 依一般国际法规范对所有国家或大多数国家领土主权的限制，如享有外交特权与豁免的人员在接受国不受其管辖、任何国家的非军用船舶在一国领海享有无害通过权、国家在其领土内的活动不得侵害另一国利益等。这是一般限制。

2. 特定国家间依据国际条约对领土主权所作的限制，如共管、租借、国际地役等。这是对领土主权的特殊限制。对领土主权的特殊限制是否符合国际法，关键在

---

〔1〕 周鲠生：《国际法》（上册），武汉大学出版社 2007 年版，第 274～275 页。

〔2〕 余民才、程晓霞编著：《国际法教学参考书》，中国人民大学出版社 2002 年版，第 105 页。

于产生特殊限制的条约是否是平等的条约。在历史上曾经有过的"势力范围"就是西方列强依据不平等条约对非洲、中国进行瓜分，从而享有政治独占或经济专控的特权，这是违反国家主权原则的，现代已消失。共管、租借、国际地役如果是国家之间在自愿、平等基础上产生的，则为现代国际法所允许。

（1）共管。共管是指两个或两个以上国家对某块土地或领土共同行使主权。这被认为是有关国家对领土主权的相互限制。历史上有不少共管的例子，例如，1898年到1955年间英国和埃及对苏丹的共管、从1939年至今英国和美国对坎顿岛的"共同控制"等。共管除适用于陆地领土外，有时还适用于河流、海湾等，如1973年巴西和巴拉圭有关使用巴拉那河的条约规定，巴拉那河的水资源以共管形式为两国所有。共管还可是有关国家领土明确划分之前的一种临时安排。如科威特和沙特阿拉伯两国之间的中立区是根据1922年的条约建立的，条约规定，在两国达成协议之前，两国对该中立区享有平等权利。1965年两国协议，把该区一分为二并入两国。共管在许多情况下是殖民国家对别国领土兼并的结果。如果没有兼并领土的意愿，只是共同统治并不构成共管。例如，1945年英美苏法四国发表了《关于击败德国及英美苏法在德国拥有最高权力的宣言》，宣布对德国实行共同统治。但由于英美苏法四国没有取得领土主权，这只是对被统治地国家的领土主权的一种限制而已。

（2）租借。租借是指依据条约，一国将某部分领土租借给另一国，供其在租期内用于条约所规定的目的。在这种租借关系中，承租国取得某事项的管辖权，但租借地的主权及其行使仍归出租国，租期一般是固定的，到期出租国可收回租借地。如，1947年苏联和芬兰订立条约，芬兰允许苏联使用、管理波卡拉半岛地区的水域，建立海军基地，租金500万芬兰马克；英国于1941年将纽芬兰、百慕大、牙买加、英属圭亚那等地的小块土地租借给美国99年，以供其作为海军基地使用和活动。即使租借条约中没有规定租借年限，出租国根据国家领土主权原则也可以收回租借地。例如，1930年美国与巴拿马签订条约，美国永久地租借巴拿马运河区，经过多次谈判协商，巴拿马于2000年收回运河区。

建立在平等自愿基础上、通过条约进行的租借，为现代国际法所允许。中国历史上也有租借地，但那是不平等条约产生的，虽然其在严格的法律意义上仍然是租借国的领土，但实际意义上包含着领土的割让，与这里所讲的租借不同。[1]

（3）国际地役。地役的概念源自罗马法和各国国内民法。地役权是一种用益物权，指土地所有人或使用人为了满足自己土地的某种便利的需要而使用他人土地的权利，前者称需役地，后者称供役地。国内地役关系的产生一般以相邻关系为前提条件，如在相邻或邻近的土地上埋设管道、开渠引水或修筑道路通行等。国际地役，是指一国根据条约将其特定领土在一定范围内提供给他国为某种目的而永久使用。

---

〔1〕 ［英］奥本海著，詹宁斯、瓦茨修订：《奥本海国际法》（第一卷第二分册），王铁崖等译，中国大百科全书出版社1998年版，第5页。

国际地役的主体是国家，其客体是受限制的有关国家领土，包括陆地、河流、海域或领空等。

国际地役分为积极地役和消极地役。积极地役，是指国家承担义务允许别国在自己领土上从事某种行为，如允许别国利用其通道或港口进出口货物、允许别国渔民在其领海的特定区域捕鱼、允许别国修筑的油气管道穿过本国领土等。例如，《海洋法公约》规定内陆国拥有出入海洋的权利，内陆国对其相邻的沿海国拥有过境通行权，即为积极地役。消极地役，是指国家承担义务承诺不在其有关领土上从事某种行为，如不在靠近边界地区建造可能污染环境的工厂、不在特定地区设置军事设施和要塞等。梵蒂冈与意大利间的《拉武兰条约》规定，意大利承诺禁止在梵蒂冈周围的领土上建造任何能够俯瞰梵蒂冈的新建筑，即为消极地役。

国际地役没有改变主权关系，但使供役国的主权受到限制。从现代国际法观点来看，地役关系只有在双方愿意接受的基础上进行，才能成立。

第二节　国家领土的构成

一、领土的构成

国家领土，是指完全隶属于国家主权下的地球的特定部分，这一部分并不限于地球表面，它不仅包括陆地和水域表面部分，还包括陆地和水域的上空和底土部分。国家领土的组成部分包括：领陆、领水、领水下的底土，以及领陆和领水之上的领空。因此，领土不是一个面积概念，而是一个立体概念。一国对另一国领海、领空及其底土的侵犯，都是对该国领土的侵犯，该国有权自卫。

有些西方学者提出"虚拟领土"的概念，认为国家领土还包括在国外的使馆和领馆，在公海或外国领土上的飞机、军舰和其他公务船舶与航空器，其地位相当于该国领土的延伸或浮动领土。"虚拟领土"在殖民时期为西方国家主张"治外法权"提供了理论依据，已为现代国际法所摒弃。例如，《奥本海国际法》第八版还有关于"虚拟领土"的内容，到第九版修订时就删除了。

二、领陆

领陆是国家陆地疆界以内的陆地，包括岛屿。领陆是领土最基本的部分，国家可以没有领海或湖泊、河流，但不可以没有领陆。领陆是确定领水、领空和底土的根基，其面积大小决定其领空和底土面积的大小，其海岸线有无和多长决定领海的有无和面积大小，国家对领陆行使完全的主权。领陆发生改变，附属于领陆的其他部分也随着改变。一国领土既可以是连成片的，也可以是分散的，如美国的阿拉斯加与夏威夷就远离美国本土。一国的领土可以全部由陆地组成的，如内陆国；也可以全部由岛屿组成，即群岛国家，如日本、印度尼西亚等；还可以是由陆地和岛屿组成的，如我国的领土就由大陆和一系列岛屿组成。

国家对领陆行使完全的主权。未经一国同意，任何其他国家或国际组织的人员、船舶、航空器等都不得入内。一国除受国际法限制外，对领陆范围内的一切人、物、事行使完全的和排他的管辖权。

三、领水

领水是国家陆地疆界以内的水域或与陆地疆界邻接的一带海域，包括内水和领海两个部分。

（一）内水

内水可分为内陆水和内海水。凡在一国领陆范围内的水域，如河流、湖泊、运河、水库等称为内陆水。而领海基线向海岸一面的海域，包括海港、内海湾、内海峡、河口湾等则是内海水。

内水的法律地位与领陆相同，完全处于国家主权管辖和控制之下。外国人和外国船舶不能任意出入一国内水。国家可以自由规范在其内水中的航行、管理、资源开发等各项活动。但内海水的法律制度与内陆水略有不同，其除由国内法调整外，还要受《海洋法公约》规定的相关制度调整。关于内海水的法律制度将在海洋法一章讲解，本节只介绍内陆水的法律制度。

1. 内河（inland rivers）。内河是从河源到河口全部都在一国领土范围内的河流，如中国的长江、黄河。内河完全流经一个国家，处于沿岸国主权之下，沿岸国对内河的航运贸易、资源开发、环境保护和行政管理拥有排他的管辖权。是否允许外国船舶进入内河完全由国家自行决定，国家可以通过国内法开放某个或数个港口。例如，根据中国的《外国籍船舶航行长江水域管理规定》，外国船舶经国务院批准，可以进入长江水域的部分港口。

2. 界河（boundary river）。流经两国之间作为两国分界线的河流称为界河，如黑龙江、鸭绿江。界河的法律地位和界线由两个沿岸国通过协议确定，一般以河流的中心线或河流主航道中心线为界，各国对其疆界内的部分拥有主权。实践中，沿岸国往往会就界河的利用、开发与保护问题达成协议，就界河河道的管理与维护、捕鱼、水利工程等问题作出安排。多数情况下，界河不对非沿岸国开放，非沿岸国船舶需获得特许才可以在界河中航行。

3. 多国河流（multi－national river）。多国河流指流经两个或两个以上国家的河流。如，发源于中国的元江流入越南为红河，非洲的尼罗河流经埃及等六个国家。多国河流流经各国的河段分属于各沿岸国所有，沿岸国对流经它的那段水域行使完全的管辖权。一般沿岸国船舶可以在整条河上自由航行，多国河流不对非沿岸国船舶开放。由于多国河流的使用和其自然资源的开发和管理属于各沿岸国的共同利益，所以沿岸国应按照国际法公平合理地对其加以开发和利用，不得损害其他国家的利益。上游沿岸国不得故意使河水改道，或采取可能使下游河水泛滥或枯竭的措施；下游沿岸国不得垄断海上交通，断绝上游国家出海之路。由于上下游国家为自己利益损害邻国利益而引发的矛盾屡见不鲜。如流经印度和孟加拉国的恒河，由于印度在上游修建了多个水坝控制流量，使孟加拉国在旱季许多地方成为沙漠，两国因此发生争端，最后，两国于1977年签订协议，分配恒河流量，才解决了两国的争端。

4. 国际河流（international river）。国际河流，是指流经数国，可通航海洋，并且根据条约向所有国家商船或船舶开放的河流。例如，欧洲的多瑙河、莱茵河，非洲的尼日尔河、刚果河等。国际河流实行自由航行的原则，一般由沿岸国组成国际委员会管理，但河流的主权仍分别属于各河段沿岸国。它与多国河流的区别在于：①船舶能够直接通航至海洋；②具有专门的国际条约确立平时航行自由的原则。

国际河流制度确立于法国大革命后，欧洲的两大河流——多瑙河和莱茵河——分别根据1856年《巴黎公约》和1868年《曼海姆公约》实行了自由航行制度，从而成为国际河流。刚果河和尼日尔河也实行了国际化。亚洲的湄公河（在中国境内为澜沧江）也显示出国际化的趋势，湄公河流经中国、缅甸、老挝、泰国、柬埔寨、越南等六国。1955年东南亚各国签署了《湄公河流域持续发展合作协定》，成立湄公河委员会，1995年湄公河下游各国又签署了《湄公河流域可持续发展合作协定》，成立了新湄公河委员会负责大湄公河流域的资源开发与利用。

国际河流制度原本只限于航行制度。1921年在国际联盟主持下制定的《国际性可航水道制度公约及规约》规定：①沿岸国对于通过自己的领土的那部分河流行使管辖权，其主权仍属于沿岸国所有；②承认一切国家的船舶在平时都有运输商品以进行贸易的自由，但沿岸国保留"沿岸航运"权；③沿岸国负责管理和维护属于自己管辖的那段河流的航运，并征收为保证通航所必要的公平捐税；④非沿岸国的军舰不享有在河流上航行的自由；⑤设立统一的国际委员会制定规章，以保障河流的航行自由。随着人类全球化的进程，国际河流制度近年又有一些新发展，其不再局限于航行，而试图就河流的其他方面的使用，如能源、生产、灌溉和工业加工及其可能带来的污染危险等问题作出规定。联合国国际法委员会对此也作出了许多工作，1997年联大通过了《国际水道非航行使用法公约》，但该公约由于批准的国家的数量未达公约规定的35个国家，因此至今尚未生效。一些国际河流沿岸国也已对航行之外的问题达成了合作协议，如1991年欧洲国家签署了《保护莱茵河免受氯化物污染公约的议定书》。总的来看，对国际河流的使用和管理朝着河流资源一体化、共同利益方向发展。[1]

5. 通洋运河（inter - oceanic canal）。运河是人工开凿的河流。运河都位于一国领土之内，是该国领土的组成部分，受该国主权管辖，如我国京杭大运河。但有些连接海洋、构成国际要道的通洋运河，对国际航运具有重大的价值，而被确立为国际化运河。世界上最重要的运河主要有两条——苏伊士运河和巴拿马运河，其一直受国际条约的支配。

---

〔1〕 何艳梅：《国际水资源利用和保护领域的法律理论与实践》，法律出版社2008年版，第58~60页。

（1）苏伊士运河。苏伊士运河是世界上第一条，也是最重要的通洋运河。它位于埃及境内，长约190公里，沟通地中海和红海，是欧亚之间最短的航道，具有极重要的战略与航运价值。苏伊士运河是在殖民时期由英法殖民者在埃及开凿并管理，一直到1956年埃及将运河国有化，苏伊士运河才由埃及来经营和管理。

苏伊士运河的法律地位和航行制度由《君士坦丁堡公约》确立。1888年，当时的世界强国英国、奥匈帝国、法国、德国、荷兰、意大利、西班牙、俄国和奥斯曼帝国于君士坦丁堡召开国际公议，并签订了《君士坦丁堡公约》，规定运河的法律地位和中立化。埃及政府收回运河后，于1957年发表单方面宣言，宣布埃及政府一如既往地尊重、遵守并履行《君士坦丁堡公约》的规定和精神。

《君士坦丁堡公约》共17条，确定的运河制度主要有：①运河平时和战时对所有国家的商船和军舰一律开放。无论平时还是战时都不允许限制运河的自由使用。运河永远不得被加以封锁。②运河内不得设永久性防御工事。③平时，军舰不得在运河停泊，但每个国家可以在塞得港和苏伊士港内停泊两艘军舰。④战时，交战国不得在运河内或运河港口3海里内从事敌对行动。交战国军舰通过运河时不得停留；在塞得港内和苏伊士港内停留时间，除非绝对必要，不得超过24小时；交战国军舰和他方船舶驶离海港必须相隔24小时。在运河及其港口内不得装卸军队、军火及其他战争物资。

（2）巴拿马运河（the panama canal）。巴拿马运河位于巴拿马共和国境内，全长81.3公里，沟通大西洋和太平洋，是另一条极具经济和战略价值的国际水道。巴拿马运河根据《海—庞斯福条约》规定由美国享有制定运河规则和管理的排他的权利，同时约定巴拿马运河采用与苏伊士运河大抵相同的规则。1903年美国利用巴拿马刚从哥伦比亚分离出来，急于获得国际承认的机会，与巴拿马签署了《海—瓦里拉条约》，取得运河的开凿权和永久租让权。运河于1914年开放使用，美国颁布了运河的航行和管理规则。为了收回运河，巴拿马人经过不懈的斗争，终于于1977年与美国签订了新的《巴拿马运河条约》和《关于巴拿马运河永久中立和营运条约》。条约承认巴拿马共和国在对运河区拥有领土主权的基础上，有权在从条约生效起至1999年12月31日止的期间内对运河的经营、维护和防务做出新的安排；取消美国在运河区的特权，将运河区的司法、移民、海关、邮政交由巴拿马政府管理。自2000年1月1日起，巴拿马收回运河区，由巴拿马政府负责运河的经营和防务。同时《巴拿马运河条约》规定，巴拿马运河模仿苏伊士运河建立中立制度，无论平时或战时，运河均平等地向一切国家船舶开放。

此外，通洋运河还有科林斯运河和基尔运河。科林斯运河位于希腊境内，连接科林斯海峡和爱琴湾，由希腊行使完全主权。基尔运河位于德国境内，全长98.7公里，1895年开通，连接北海和波罗的海，是德国内水，完全由德国管辖。这两条运河也对所有国家的船舶平等开放，但不是基于国际条约，而是出自于东道国的意愿。

6. 湖泊和内陆海。在地理学意义上，淡水湖称为湖泊，咸水湖称为内陆海。从法律意义上看，它们是一致的。湖泊或内陆海完全被一国领土所包围，是该国领土的一部分，完全受主权管辖，如我国的青海湖、洞庭湖等。有不止一个沿岸国的湖泊和内陆海，通常需要沿岸国就划界和利用达成协议。如日内瓦湖分属瑞士和法国，休伦湖、伊利湖和安大略湖分属加拿大和美国。

黑海的法律地位具有典型意义。黑海是内陆海，从 15 ~ 18 世纪为奥斯曼土耳其帝国的陆地所包围。后来，俄罗斯、罗马尼亚、保加利亚先后成为沿岸国，黑海的法律地位发生变化。黑海的法律地位历经数次条约规定，最近的条约是 1936 年《蒙特勒条约》。该条约规定黑海实行中立化，黑海对一切商船开放，博斯普鲁斯海峡及达达尼尔海峡无论平时或战时都对各国商船开放，和平时期，沿岸国军舰可自由通过海峡，对非沿岸国军舰则进行总吨位和停留时间的限制。目前黑海有 6 个沿岸国，包括土耳其、俄罗斯、罗马尼亚、保加利亚、乌克兰和格鲁吉亚。

（二）领海

领海是邻接国家陆地领土及内水或群岛国家群岛水域的一定宽度的海水带，是沿海国领土的重要组成部分。领海的法律制度在《海洋法公约》中作了详细规定（请参看"海洋法"一章）。

四、领空

领空是处于国家主权管辖下的国家领陆和领水之上一定高度的空间，领空也是国家领土的重要组成部分。领空的法律制度将在空间法一章介绍。

五、底层领土

领陆和领水之下的底层领土也是国家领土的组成部分，包括其中的地下水、水床和资源等。底土完全受国家主权管辖和支配。目前国际法没有明确规定底土的深度是多少，国家对底层领土中的资源有开发、利用和进行科研活动的权利。

第三节　国家领土取得和变更方式

国家领土的取得和变更，是指国家由于某种自然或人为的原因取得或丧失领土，从而使国家领土发生变化。在国际实践中，国家取得领土和失去领土的情况时有发生。传统国际法认为，国家取得领土的方式有五种：先占、时效、添附、割让和征服。但随着国际实践的发展，产生了一些新的取得领土的方式：民族自决、全民公决、收复失地等。

一、传统国际法的领土取得方式

（一）先占

先占亦称占领，是指国家有意识地取得无主地的领土主权。先占的主体必须是国家，先占行为是国家行为，占领的对象是不属于任何国家的土地。即先占必须具备两个条件：

1. 先占的客体必须是"无主地"。这种土地或者完全无人居住，或者虽有土著居民，但该土著社会不被认为是一个国家[1]，或者为原属国所放弃。

2. 实行有效占领。有效占领原则在不同时期的要求是不同的。在 18 世纪以前，有效占领并不被认为是用先占方法取得领土的必需条件，单纯发现可取得领土主权。18 世纪后，国际法要求先占的完成必须是实现有效占领，即国家应对无主地适当行使或表现其主权，通过立法、司法或行政管理对无主地实行有效的占领或控制。占有到何种程度才为有效占领是相对的，对无人居住的土地，并不要求实际使用土地或移民，只要先占国通过宣告确立统治权即可，如发表声明、悬挂国旗、竖碑等；而对于有土著居民的土地，则要求做到设立行政组织，维持先占土地的公共秩序等。然而，发现在现代国际法中虽然不构成先占取得领土，但仍具有重要意义，它使发现国有一种不完全的权利，这种权利"有暂时阻止另一国加以占领的作用"。

以先占方式取得领土主权在殖民时代占有重要地位，在近代国家形成过程中广泛存在国家以先占取得领土的事实。先占在解决历史遗留的领土争端时有一定的事实举证作用，如我国对南海诸岛主张主权。但依据现代国际法，可依先占取得领土主权的无主地已罕见，南极、国际海底、外层空间等不同于无主地，有国际公约规定其法律地位。

（二）时效

时效，是指一国原先不正当地或非法地占有他国领土，而占有者已经长期而安稳地占有并行使事实上的主权，丧失国予以默认或不提出抗议，以致造成一种信念或错觉，以为事物的现状是合乎国际秩序的，占有国即取得主权。时效不以善意为必要条件，而且，其确立领土主权的时间也是不确定的，取决于各个事件的实际情况。只要在足够长的一个时期内对于一块土地连续地和不受干扰地行使主权，以至在历史发展的影响下造成一种一般信念，认为事物现状是符合国际秩序的，那么占有者取得该土地的主权。至于什么时候和什么情形下产生这样的事实状态，是一个事实问题，而不是法律问题。

时效与先占不同，时效是非法占有他国的领土，时效通常不是一项单独存在的法律原则，它往往是与默许、禁止反言的观点以及抗议或不抗议的效果紧密联系的。时效的适用在很大程度上依赖于对特定情形的事实的评估。由于现代国际法否认领土可作为非法取得的对象，因此时效应被摒弃。"非法的事实占领可以成为合法"显然不合理，会纵容或鼓励一些国家非法强占他国领土。1928 年"帕尔马斯岛仲裁案"和 1959 年"荷兰和比利时边境某些土地案"的裁定和判决都否定了以时效为依据取

---

〔1〕　传统国际法认为，仅具有土著居民尚未形成文明国家的地方都是无主地。1975 年国际法院在"西撒哈拉案"中发表咨询意见："凡在社会上和政治上有组织的部落或民族居住的土地就能被认为是无主地。""西撒哈拉案"参见梁淑英主编：《国际法案例教程》，知识产权出版社 2001 年版，第 51～56 页。

得有关土地领土主权的要求。

（三）添附

添附，是指由于自然的原因或人为的作用而形成新的土地。添附为原始取得领土的方式，国家无须采取任何特殊的步骤即可取得领土。添附可分为自然添附和人为添附。自然添附，是指由于自然力的作用而使一国领土增加的情况，主要有：涨滩、三角洲、废河床、新生岛屿等。人为添附，是指通过人为作用致领土扩大，主要是沿岸国岸外筑堤、围海造田。

自然添附获得国际普遍承认，但人为添附要受一定限制。如，界河的沿岸国在改变其本国领土的自然状态时不得使邻国的自然状态遭受不利；《海洋法公约》规定，一国的近海设施和人工岛屿，一国在专属经济区、大陆架及公海上建造的人工岛屿、设施和结构都不构成领土的添附。

（四）割让

割让，是指一国根据条约把部分领土主权转移给另一国家。割让有强制性割让和非强制性割让之分。强制性割让是战争或战争威胁的结果，常是战胜国对战败国通过签订不平等条约，无代价地取得战败国的部分或全部领土。割让通常是指这种意义的割让。如，普法战争中法国把阿尔萨斯－洛林割让给德国；甲午战争中中国把辽东半岛、台湾和澎湖列岛割让给日本。但1928年的《巴黎非战公约》和《联合国宪章》都规定废除国家的战争权，《维也纳条约法公约》也规定以威胁或武力缔结的条约无效，所以强制割让在现代不具有合法性。

非强制割让是国家在平等自愿基础上缔结条约转移部分领土，其形式有买卖、交换或赠与。如，1803年法国将路易斯安娜卖给美国，1867年俄国将阿拉斯加卖给美国，1916年丹麦将西印度群岛中的岛屿卖给美国；1850年英国将伊利湖中的马蹄礁赠给美国，1866年奥地利将威尼斯赠与法国；1890年英国将北海中的赫尔戈兰岛与德国的东非保护地交换，1960年中国和缅甸交换部分边界领土。非强制性割让符合现代国际法的基本原则，故仍被接受。

（五）征服

征服，是指一国以武力兼并他国的全部或部分领土，战后经过兼并而取得领土主权。征服与割让的区别是，割让以条约为依据，而征服不需要缔结条约，是战胜国的单方面行为。征服与交战国的军事占领也不同，前者是永久地取得领土，而后者并不取得领土所有权，而且战争法本身也明确规定交战占领者并不享有主权。[1]

在第一次世界大战之前，战争作为国家的自然权利，是国家解决争端的合法手段。因此，依据传统国际法，征服是国家原始取得领土的方式之一。有效的征服要满足两个条件：①征服国有兼并战败国领土的意思表示，一般要有正式合并的宣告。

---

[1]〔英〕奥本海著，詹宁斯、瓦茨修订：《奥本海国际法》（第一卷第二分册），王铁崖等译，中国大百科全书出版社1998年版，第83页。

②征服国对所占土地具有保持占有的能力，即如果是部分占领，被占国已放弃收复失地的企图；如果是全部占领，征服国已实行有效控制，被占国已放弃抵抗或作为国家已消失。现代国际法已经废止了战争作为推行国家政策的工具，《联合国宪章》明确禁止使用武力，这使通过武力兼并领土的行为被认为是非法的。1967 年以色列侵占阿拉伯国家领土及整个耶路撒冷，联大及安理会均决议其行为无效。1990 年伊拉克宣布吞并科威特，联合国安理会通过决议，不仅宣布伊拉克的行为无效，还授权联合国会员国对伊拉克进行制裁，甚至还采取武力措施以恢复科威特的独立。

上述五种取得领土的方式，除添附和非强制性割让外，其他方式都与现代国际法基本原则冲突，不能作为现代取得领土的合法依据。

二、现代国际法的领土变更方式

现代国际法中，除添附和非强制性割让仍有实践外，还产生了一些新的领土变更方式。

（一）民族自决

现代国际法确立了民族自决原则为国际法的基本原则，据此，原殖民地、委任统治地、托管领土实现民族自决成为新独立国家。民族自决不论是通过当地居民的全民公决来实现，还是通过民族解放战争来实现，都是符合国际法的。取得领土是新国家诞生的要素之一，国家的出现与领土主权取得是同时发生的。

此外，目前国际实践还出现这样的情况：不基于民族自决，因国家分立而出现多个新国家。如 1989 年苏联解体，出现 15 个独立主权国家；1991 年南斯拉夫分裂，出现斯洛文尼亚、塞尔维亚、波斯尼亚和黑塞哥维那、克罗地亚、马其顿、黑山六个国家。这也涉及领土变更。

（二）全民公决

全民公决，是指由国际法承认在特定条件下，居民以投票方式决定领土的归属问题。全民公决的领土变更方式必须是当地居民意愿真正自由的表达。全民公决最早可追溯至 18 世纪，现代国际法也有运用。举行全民公决大多基于以下几种情况：①原殖民地争取独立的民族或地区根据民族自决原则通过全民公决的方式来实行自决权，如 1944 年冰岛、1962 年西萨摩亚、1972 年巴布亚新几内亚、1999 年东帝汶都是通过全民公决的方式独立。②因战争失败而割让领土时，要经过公民投票表示同意后，割让才能生效。格老秀斯认为，获得领土上的居民同意是获得领土的必要条件，第一次世界大战后签订的许多条约都经过了全民公决。[1] ③一国内部的某一地区的居民在符合宪法规定的情况下，通过投票决定是否分离。如加拿大的魁北克省在符合《加拿大宪法》的前提下，于 1980 和 1998 年两次全民公决，都否决了获得独立的议案。

---

〔1〕 ［英］奥本海著，詹宁斯、瓦茨修订：《奥本海国际法》（第一卷第二分册），王铁崖等译，中国大
百科全书出版社 1998 年版，第 73 页与第 142 页注释。

通过全民公决的方式变更领土的归属，必须满足三个条件：①有合法和正当的理由；②没有外国的干涉、威胁和操纵，当地居民能自由地表达意志；③应有一个中立的国际组织进行监督，如联合国。如果投票是被迫的，或者投票过程中有欺诈行为，则投票产生的领土变更无效。

（三）收复失地

收复失地指国家恢复其对某些领土的历史性权利而收回被他国侵占的领土。国际法不承认以武力或武力威胁所取得的土地，国家就有可能重新收回那些历史上被非法强占的领土。收复失地既可以采取谈判协商等和平方式，如中国恢复对香港和澳门行使主权；也可以采取武装斗争的方式，如第二次世界大战结束后，中国于1945年收回被日本于1895年强行割让的台湾及澎湖列岛，1961年印度武力恢复16世纪被葡萄牙征服而夺去的果阿地区。

第四节　国家的边界和边境

一、边界和边境的概念

边界亦称国界，是划分国家领土范围的界线，是分隔一国领土与他国领土、一国领土和公海或专属经济区以及一国领空和外层空间的界线。由于国家领土是由领陆、领空、领水和底土组成的，因此边界可具体分为陆地边界、海上边界、空中边界和地下边界等。陆地边界是基础，水域边界和空中边界以陆地边界为基础，水域和空中边界在海洋法和空间法中介绍，本章讲陆地边界。边界对任何一个国家都具有极大的重要性，它是国家行使领土管辖权的范围，是维护国家领土主权的屏障。"现今世界上不能设想无领土的国家，也不能设想无边界的领土。"[1]

边境，是指紧接边界的一定的区域。边境和边界是两个不同的法律术语，边界是指分界的"线"，边境则是紧接界线两边一定范围的"区域"。各国立法或国际条约中都有关于边境制度的规定。

二、边界的形成与划分

（一）边界的形成

从国家实践来看，边界的形成都基于以下两种事实：或者是由历史上逐渐形成的传统习惯线构成，或者由有关国家通过双边或多边条约来划定。前者称为传统边界线或历史边界线，后者称为条约边界线。世界上大部分国家的边界线为条约边界线。传统边界线具有不确定性，易引起国际争端，许多国家对其传统边界线也签约加以明确。边界条约的性质是"非人身条约"，在国家继承范围内。1978年《关于

---

〔1〕　周鲠生：《国际法》（下册），武汉大学出版社2007年版，第357页。

国家条约方面继承的公约》规定：国家继承本身不影响条约划定的边界及条约规定的边界制度。1969 年《维也纳条约法公约》规定，边界条约不适用"情势变迁原则"。但这不表示边界条约是绝对的，不能对其提出异议，例如，在索马里与肯尼亚和埃塞俄比亚的边界争端中，"殖民主义"的边界条约没有被承认，因为这些条约不符合民族自决原则。边界条约只是比其他方式确立的边界在法律上更具永久性。〔1〕

（二）划界程序

按照国际法划定边界，一般经过定界、标界、制定边界文件三个步骤。

1. 定界，即有关国家经过谈判签订边界条约，确立边界的位置和走向，并附有标志边界的地图。边界条约是划分边界的基本法律文件。

2. 标界，即缔约国依据边界条约的规定，由缔约国任命代表组成划界委员会，进行实地勘测，划定边界位置和走向，并在边界上竖立界碑、界桩。

3. 制定边界文件，即在标界结束后，制定更详细的议定书和地图，作为边界条约的附件和划定边界的基本法律文件的组成部分。

在实践中会出现边界条约、议定书、地图及实地界标不一致的情况，依国际习惯法，遇此问题的处理规则是：实际地界与边界法律文件不符时，以后者为准；地图与边界条约不符时，以边界条约为准。因为条约在确定边界上的作用是基本的，是双方当事国意志的体现，当事国的意志是决定性因素；地图则只是根据条约文字的说明标明界线，作为附件，不能超越条约而具有决定性的效力。事实上，法庭在审理边界争端案件时，一向不将当事国提出的地图看作决定边界位置的有力证据。例如，在 1928 年"帕尔马斯岛案"与 1959 年"荷兰和比利时边境某些土地案"中，仲裁员和国际法院都拒绝承认当事国提出的地图的重要性，法学家们认为地图在确定边界方面至多是次要证据，不能成为主要证据。〔2〕但这不是绝对的规则，在 1962 年"隆端寺案"中，国际法院以地图为准作出有利于柬埔寨的判决。但本案的争执焦点不是边界条约与地图哪个为准的问题，而是围绕地图的合法性和有效性展开的。〔3〕

（三）划界方法和规则

无论是传统边界还是条约边界，在实践中用三种方法划定，即自然边界、几何边界和天文学边界。

自然边界，是指国家利用天然地形划定边界，如，以河流、湖泊、山脉、沙漠、森林等为界。地形边界不仅易于划定边界，还有利于隔离两个地区、警戒对方、阻挡攻击。不过即使是地形边界，国家之间仍需要一条具体边界线。国家在确定边界

〔1〕 ［英］奥本海著，詹宁斯、瓦茨修订：《奥本海国际法》（第一卷第二分册），王铁崖等译，中国大百科全书出版社 1998 年版，第 61 页。
〔2〕 周鲠生：《国际法》（下册），武汉大学出版社 2007 年版，第 369～370 页。
〔3〕 案件的具体内容参见梁淑英：《国际法案例教程》，知识产权出版社 2001 年版，第 59～63 页。

时，可以参照实践中的惯常做法：①以山脉为界时，通常以分水岭或以山脉的山麓或山脊为界；②以河流为界时，通航河流以主航道中心线为界，不通航河流以河道中心线为界，界河上的桥梁以桥中间为界；③以湖泊或内陆海为界时，一般以中间线为准。

几何边界是人为边界线。它是以一个固定点到另一固定点所划直线作为国家之间的边界线。这种方法易使水源断绝、村庄或建筑物割裂，故多用于偏僻荒芜、地形复杂又较难勘察的地区，或用于海上边界。目前，非洲国家采用几何边界较多，占全非洲的30%，美加之间的湖区分界也采用这种方法。

天文学边界也是人为边界。它是以地球上的经纬度作为国家之间的分界线的，多用于海上或人口稀少的地区及空中。如美加从温哥华至伍兹湖西岸即采用北纬49度线为界。非洲国家间的边界线中，这种边界占了44%。

空中边界和地下边界以陆地及水上界线向上空中及引向地下的垂直线为边界。

国家虽然签订了边界条约而确定边界，但边界争端还是时有发生。在世界大部分国家和地区都存在程度不同的边界争端，因边界争端引起的武装冲突也非罕见，上文提到的索马里与肯尼亚和埃塞俄比亚三国的边界争端就使三国在十多年里持续地发生边境武装冲突，直到非洲统一组织于1980年专门为此成立了调解委员会，才使三国边界争端获得基本解决。《联合国宪章》禁止使用武力，因此解决边界争端首先应坚持和平方式。目前，将边界争端提交仲裁或国际司法程序解决是一种经常性的实践，尤其是对边界条约的解释和适用的争议更加如此。国际法庭为实现边界的"稳定性和确定性"，[1] 在解决边界争端的过程中一般适用"法律上的占有"（"保持已占有的部分"）原则，[2] 同时兼顾公平原则。该原则在解决非洲与拉美地区的国家边界争端中发挥了非常重要的作用，特别是在稳定国家疆界方面具有一定的意义。

三、边境制度

边境制度是有关相邻国家考虑到边境地区的现实，为谋求该地区居民经济、社会生活的便利和利益，维护边境地区的秩序和利益，通过国内立法和双边条约进行合作而确立的法律制度。边境制度的内容根据具体情况有所差别，大致包括四个方面：

（一）维护边界标志

一般边界制度条约都规定，双方国家负有保护边界标志以免损坏或移动位置的责任，以及各自负责修理或恢复本国一方境内界桩的责任。例如，1961年中缅《关

---

〔1〕 ［英］奥本海著，詹宁斯、瓦茨修订：《奥本海国际法》（第一卷第二分册），王铁崖等译，中国大百科全书出版社1998年版，第63页。

〔2〕 ［英］奥本海著，詹宁斯、瓦茨修订：《奥本海国际法》（第一卷第二分册），王铁崖等译，中国大百科全书出版社1998年版，第64页。

于两国边界的议定书》第 38 条规定，如果一方发现界桩已被移动、损坏或毁灭，应尽量通知另一方，负责维护该界桩的一方这时应采取必要的措施，在另一方在场的情况下，在原地按原定规格予以恢复、修理或重建。第 39 条规定，缔约各方对于任意移动、损坏、毁灭边界标志或故意使界河改道的人，应视情节轻重予以追究。

（二）方便边界居民的往来

由于两国边境地区居民无论在民族、风俗习惯或者经济生活等方面都有共同之处，因此有关边境制度的条约一般都规定，边境居民在航运、小额贸易、探亲访友、治病、进香朝圣等方面进出国境时享有特殊便利，不受一般出入边境的正规手续的限制。

（三）边境资源的利用与环境保护

国家如果以河流和湖泊为界，有关边境制度的条约会规定，沿岸国在界河的使用上不得有损害邻国利益的行为，如使得河水污染或毒化、使得邻国一方遭受河水枯竭或泛滥的危害等；沿岸国对界河航运享有平等的权利；沿岸国对界河生物资源的保养负有共同责任；国家对边境土地的利用不得损害邻国边境居民的安全，如不得在边境地区建靶场或进行武器试验等。

（四）处理边界争端

邻国之间一般根据条约设立边界委员会或其他负责的边界当局处理一般的边境事件，如偷越国境、损毁界标等。如果有边界委员会未能解决的严重的事件，必须通过外交途径解决。

四、中国的领土与边界

（一）中国的领土

中国领土面积是 960 万平方公里，由大陆和岛屿组成，面积在 500 平方米以上的岛屿有 5000 多个，并拥有内海和领海。我国于 1992 年颁布《领海及毗连区法》、1996 年批准了《海洋法公约》、1998 年颁布《专属经济区和大陆架法》，据此，我国应拥有约 300 万平方公里的管辖海域。在太平洋底我国还拥有 7.5 万平方公里的海底专属采矿区，但这些只是我国行使特定主权权利的区域，不是我国领土的组成部分。

中国领土是在几千年的历史中形成的，中国在近代史上被强迫割让了大片领土，我国对历史遗留下的领土争议，一贯主张在和平共处五项原则的基础上，同有关国家通过谈判与协商和平解决，如香港和澳门问题就是这方面的典范。但历史遗留问题的解决是非常复杂的，即使中国愿意通过友好协商的方式解决，能否解决还取决于对方国家的态度。目前尚未能解决争议的领土有：钓鱼列岛，南沙、中沙和西沙群岛。

1. 钓鱼列岛。钓鱼列岛位于我国台湾地区基隆市东北约 90 海里处，由钓鱼岛、黄尾岛、赤尾岛、南小岛、北小岛、大南小岛、大北小岛和飞濑岛等组成，总面积约为 7 平方公里，在地质结构上是附属于台湾的大陆性岛屿，与日本辖下琉球群岛相隔着 2000 公尺深的海沟。

自明初起，钓鱼列岛就属于中国领土。在甲午战争前，日本没有对中国拥有钓鱼列岛提出过异议。1895 年《马关条约》把台湾及其附属岛屿和澎湖列岛割让给日本，日本才有"尖阁列岛"（钓鱼列岛）。第二次世界大战后，日本把台湾及澎湖列岛归还中国，却擅自把钓鱼列岛交给美国托管，并在 1951 年美日《旧金山和约》中作了规定。1971 年美日签订《归还冲绳协定》时把钓鱼列岛划入归还区域，日本据此宣布对钓鱼列岛的领土主权。但是中国政府一直予以抗议，宣布不承认《旧金山和约》，对 1971 年协定提出强烈抗议。1958 年中国发表领海声明时重申，中国领土包括台湾及其周围各岛。1972 年中日邦交正常化谈判时，双方同意把钓鱼列岛问题搁置起来留待条件成熟时解决。但是进入 20 世纪 90 年代后，日本政府不顾中日双方的承诺，默许右翼团体到岛上修建灯塔、立界碑，派军舰阻止中国渔民在钓鱼列岛附近捕鱼，甚至还阻止中国在该海域进行军事演习。日本政府还进行了所谓的从"民间所有者"手中租借钓鱼列岛中的三个岛屿的活动，中国外交部对此提出强烈抗议。从 2012 年起中国政府部门对钓鱼岛及附属岛屿开展常态化监视、监测，并于 2012 年 9 月 10 日，中国政府发表声明，公布了钓鱼岛及其附属岛屿的领海基点基线。

日本之所以垂涎钓鱼列岛，主要因为 1969 年美国海洋学家埃默里等人所著《东海和黄海的地质构造和水文特征》一文的发表，文中提出在东海，中、日、韩大陆架交界处存在着世界上最大储量的尚未勘探的海底石油资源。因此，日本政府想通过对钓鱼列岛的控制获得庞大的经济利益。日本主张钓鱼列岛归其所有的主要理由是：钓鱼岛群岛（日称尖阁列岛）是日本政府在明治十八年（1885 年）以后，通过再三实地调查，慎重确认该地不但是无人岛，而且也没有清国统治所及的迹象后，于明治二十八年（1895 年）正式将其编入日本领土的。在历史地理上，钓鱼岛群岛始终是构成日本南西诸岛的一部分，而不是包含在《马关条约》第 2 条中国清朝割让的台湾及澎湖的岛之内。[1]

日本所主张的通过先占取得钓鱼列岛的理由完全不成立，其"先占"的时间要比中国晚了 4 个世纪，至今日本也没有提交证据证明其曾对该岛进行过管理。不论是从历史事实还是从法律理论方面来看，中国对钓鱼列岛享有主权。首先，中国官方记载多次提到钓鱼列岛，在明朝时，已将钓鱼岛、黄尾屿、赤尾屿列入中国福建省海防区内。清朝时，慈禧太后还下诏将钓鱼列岛赐予盛宣怀，以做采药之用。因此，中国完全符合"先占"理论所要求的条件，构成对钓鱼列岛的先占。其次，在二战结束时，日本投降书中规定，将台湾及澎湖列岛（包括钓鱼列岛在内）归还中国，中国通过收复失地重新获得了钓鱼列岛的主权。最后，《海洋法公约》规定保护各国在海洋上的既得权，中国在钓鱼列岛的利益受到公约的保护。

---

[1] 吴辉："从国际法论中日钓鱼岛争端及其解决前景"，载《中国边疆史地研究》2001 年第 1 期。

2. 南海诸岛。南海诸岛自古就是中国领土。南海，西方人称为南中国海，是一个半封闭的海，北濒中国大陆和台湾，东临菲律宾群岛，南以连接西南婆罗洲到苏门答腊的一条线为界，西靠马来半岛，总面积350万平方公里。南海诸岛分东沙群岛、西沙群岛、中沙群岛和南沙群岛。南沙群岛位于南海最南部，由200多个岛屿、珊瑚礁组成。南海油气、渔业资源具有极高的经济价值。此外，南海地区在矿藏、旅游、运输等方面也都具有极高的价值。也就是因此，东南亚诸国垂涎其资源，近年来不断地与中国发生争端。目前，除东沙没有争议外，菲律宾对西沙群岛中的黄岩岛、越南对西沙主张拥有主权，要求中国归还，而南沙群岛已呈瓜分豆剖之势。在南沙，除最大的太平岛由台湾当局海军驻守外，我国只占领永暑礁等8个岛礁，越南占领了29个岛礁，菲律宾占据了7个，马来西亚占据了3个，印度尼西亚占据了2个，文莱占据了1个。

从20世纪40年代起，东南亚诸国开始对南海诸岛提出主权要求。首先，最典型的是越南，越南主张继承前安南国的领土，安南国曾占有西沙和南沙；其次，1933年统治越南的法国侵占的南沙9个岛礁应由越南继承；最后，越南还根据《海洋法公约》的规定，提出200海里专属经济区和大陆架。菲律宾、马来西亚等国也主要是以《海洋法公约》作为权利要求的依据。

中国在南海存在传统海疆线，是我国于1946年划定的，它是岛屿的归属线，表示线内的岛礁及其附近海域归属中国，线内的全部海域是中国内水。中国南沙群岛被东南亚诸国侵占情况认为，中国自古以来就对南海群岛拥有主权，法律根据有：①先占。中国最早发现南海诸岛，汉武帝时（公元前2世纪）就有关于南海诸岛的记载，随后中国在南沙开始生产和开发，政府对这些私人的生产和开发活动进行管理，并建立了统治。789年，唐朝将这些岛屿划归琼州府管辖，为历代所沿袭。元代以后，中国水军开始巡防南海，南沙属巡洋范围。旧中国也一再重申对南沙的主权，并竖立石碑、派驻军队。各国在第二次世界大战以前均承认中国对南沙的主权。19世纪中叶，英法德美日等国先后在南沙进行过考察和测量，有的因清政府的抗议而中止，有的则明确承认中国对南沙拥有主权。这些国家没有对南海诸岛提出过主权要求。②收复失地。第二次世界大战期间，南沙被日本占领，战后日本通过正式仪式把南海群岛归还中国，国民党政府接收后，在太平岛上驻军、升旗立碑，并在岛上成立了"南沙群岛管理处"。此后，苏日英美德等国出版的地图中都标明南沙属于中国。在20世纪70年代前越南的地图和教课本中也标明南沙属于中国。所以，不论是以传统国际法还是现代国际法取得领土的方式，中国对南沙都拥有主权。③《海洋法公约》关于专属经济区和大陆架的制度只适用于非国家主权水域，而南海是中国的历史性水域。

对于有争议的领土，中国主张尽最大努力以和平的方式解决，在尊重国际法和历史事实，特别是尊重国际海洋法的基础上解决争端，在此之前"搁置争议，共同开发"。

(二) 中国的边界

中国陆地边界线长 22 000 多公里,海岸线长 18 000 多公里,陆地邻国有 14 个。中国边界既有传统边界线也有条约边界线。中国至今已先后同 12 个陆地邻国签订了边界条约:缅甸 (1960),尼泊尔 (1961),朝鲜 (1962),蒙古 (1962),阿富汗 (1963),巴基斯坦 (1963),老挝 (1991),俄罗斯 (东段 1991,西段 1994),哈萨克斯坦 (1996),塔吉克斯坦 (1999),越南 (1999) 吉尔吉斯斯坦 (2002 年)。没签订条约的两国为:印度、不丹。

中印边界存在很大的分歧。就中印边界问题两国总理在 1960 年就进,行过谈判,但未能达成任何协议,1962 年两国还爆发了边境冲突。1981 年两国关系开始缓和又重新开始了边界谈判,2003 年中印还建立了"中印边界问题特别代表会晤机制"。三十多次的谈判取得了一些成果,如在维护实际控制线和平与安宁、解决边界问题的政治指导性原则和边境事务磋商和协调工作机制等方面达成了协议;建立了不同级别的中印边界谈判机制;两国边界贸易也在中断多年后再度开启等。[1] 但中印两国在关键问题方面依然分歧很大。

中印边界全长约 2000 公里,分西段、中段和东段,双方争议地区面积共约 125 000 平方公里。中印双方主要分歧在于:①中国认为中印边界从未正式签约划定,但根据两国历史上的行政管辖范围,形成一条传统边界线,西段分界沿喀喇昆仑山山脉,中段分界沿喜马拉雅山南麓。印度认为,除一些次要地方外,中印边界已经划定。②双方对于传统习惯线在哪有分歧。

中印西段分界,是指中国的新疆和西藏同克什米尔接壤的一段。印度主张这段边界已于 1842 年由中国西藏地方当局和克什米尔当局划定。这种划法把现中国控制的 33 000 平方公里 (阿赛克钦地区) 的土地划入印度。中国认为地方当局没有缔约权,同时该条约没有规定具体位置,所以不能成立。

中印中段边界,是指从西段的东南端到中国、印度、尼泊尔三国交界处为止的一段,争议涉及的面积为 2000 平方公里。印度认为,1954 年中印协定列举的作为双方商人和香客的通道而开放的 6 个山口,表明中国政府已经同意印度政府关于这段边界的意见。中国认为"54 年协议"不是边界协议。

中印东段边界,是指不丹以东的一段,该段争论的法律问题是麦克马洪线的合法性问题。该界线是英国谈判代表背着中国中央政府的代表,于 1914 年与西藏地方当局代表夏扎司伦秘密换文商定的中印边界,并把它作为附件附在与中国中央政府代表草签的《西姆拉专约》中。该专约把按传统边界线应属中国的 9 万平方公里的领土划归印度。该条约被中国的历届中央政府所否认。1987 年印度在麦克马洪线以南地方建立"阿鲁纳恰尔邦"。

---

[1] 邓红英:"印度学界对中印边界谈判的看法与主张",载《南亚研究》2014 年第 4 期。

各段习惯分界线是另一个争论问题。印度主张西段传统习惯线为分水岭，中国认为分水岭是可以考虑的因素，但不是决定因素，应以实际行政管辖情况来定，在西段应沿喀喇昆仑山山脉划定。就中段而言，中国主张也按实际行政线划定。就东段而言，中国主张传统分界线在喜马拉雅山南麓。

中国的海上边界还未完全确定。中国政府于1996年根据《领海及毗连区法》发布了"关于领海基线的声明"，宣布了中国大陆领海的部分基点和西沙群岛的领海基线。2000年中国与越南签订了《中华人民共和国和越南社会主义共和国关于两国在北部湾领海、专属经济区和大陆架的划界协定》。

第五节　南北极地区的法律地位

南北两极地区不属于任何国家，但其也不同于国际海底区域和外层空间。国际海底区域和外层空间有国际条约对其法律地位做出明确规定，但没有国际条约对南北两极的法律地位做出明确的规定。

一、南极地区

南极地区指南纬60度以南的地区，包括南极洲大陆、岛屿和海域。南极洲总面积约1400万平方公里，约占世界陆地面积的9.4%。南极洲年平均气温为 − 25℃，为世界最冷的陆地。南极洲蕴藏的矿物有220余种，主要有煤、石油、天然气、铂、铀、铁、锰、铜、镍、钴、铬、铅、锡、锌、金、铜、铝、锑、石墨、银、金刚石等。南极洲是世界鲸鱼的主要产地，也盛产磷虾，同时也是世界上重要的淡水储藏地。南极是人类最后到达的大陆，1739年法国人布韦首先发现了南极附近的岛屿，其后各国的探险队与考察队纷至。目前，南极洲没有通常意义的居民定居，只有一些来自其他大陆的科学考察人员和捕鲸队。

随着各国对南极洲地区的考察和探险，一些国家依据不同的理由对南极洲提出领土要求。目前正式宣布自己对南极地区的领土主权范围的国家有七个：英国、新西兰、澳大利亚、法国、挪威、智利、阿根廷。另外，德国和日本在第二次世界大战之前也曾主张主权，但在第二次世界大战后放弃。一些拉美国家，如巴西、秘鲁、乌拉圭等国也曾考虑对南极提出主权领土要求。这样的国家的领土要求相互重叠，争议不断。美国和苏联则公开声明不承认这些国家对南极地区的领土要求，同时宣布保留自己基于在南极活动而产生的权利。

上述各国对南极的领土要求大都是扇形的，即所谓"扇形原则"———一个直接相邻的国家可以主张一片从其领土的两个顶端至南北极的由子午线划定的区域。扇形区域理论既可归因于"势力范围"，也可归因于毗连性，但扇形区域理论还要"发现""先占""行政管理"等行为来支持，该理论本身并没有被普遍接受为领土权利的坚实根据。[1]

为协调各国对南极的权利主张，1955 年，美国、苏联、英国、法国、新西兰、挪威、澳大利亚、日本、比利时、阿根廷、智利、南非 12 个国家在巴黎举行南极会议，会议同意搁置各国对南极的领土要求，并强调加强在南极考察的国际合作。1959 年，在美国的倡议下，12 国在华盛顿又召开了一次南极会议，并签订了《南极条约》，该条约于 1961 年 6 月 23 日生效。《南极条约》在最初商定有效期为 30 年，在行将到期的第十六次协商会议（1991 年）上，缔约国发表联合声明，充分肯定《南极条约》在南极事务中的积极作用，认为持续和平地使用南极符合人类的利益，一致同意将有效期延长 10 年，后于 1999 年第二十三届协商会议上，缔约国再次联合声明，南极应永远贡献于和平与科学事业。无限期延长了《南极条约》，直到认为有必要修改时止。到 2012 年为止，《南极条约》有 49 个缔约国、28 个协商国和 21 个非协商国。[2]《南极条约》生效，《南极条约》协商国又通过了一些关于南极环境保护的条约，例如，1964 年签订了《保护南极动植物议定措施》，1972 年签订了《南极海豹保护公约》，1980 年签订了《南极生物资源保护公约》，1991 年签订了《南极条约环境保护议定书》等，形成了以《南极条约》为核心的南极条约体系。虽然这些条约没有解决南极的法律地位问题，但对南极的领土制度、资源开发和环境保护问题做了规定，建立了南极法律制度。

1. 南极只能用于和平目的。禁止在南极进行任何军事性措施，如建立军事基地和设防御工事、举行军事演习以及试验任何类型的武器等。各国合作保护南极的生态和资源，避免过度开发损害南极环境。

2. 科学考察自由和国际合作。缔约各国同意在南极进行科学调查的国际合作，包括交换有关情报、交换科学人员，鼓励与有关联合国专门机构或其他国际组织建立合作的工作关系。

3. 冻结对南极的领土要求。《南极条约》第 4 条规定，条约中的任何规定不得解释为：任何缔约国放弃它前已提出过的对在南极洲的领土主权的权利或要求；任何缔约国放弃或缩小它可能得到的对在南极洲的领土主权的要求的任何根据，不论该缔约国提出这种要求是由于它本身或它的国民在南极洲活动的结果，或是由于其他原因；损害任何缔约国关于承认或不承认任何其他国家对在南极洲的领土主权的权利、要求或要求根据的立场。条约有效期间发生的任何行动或活动不得成为提出、

---

[1] ［英］奥本海著，詹宁斯、瓦茨修订：《奥本海国际法》（第一卷第二分册），王铁崖等译，中国大百科全书出版社 1998 年版，第 78 页。

[2] 根据《南极条约》第 9 条的规定，只有那些在南极进行诸如建立科学考察站或派遣科学考察队的实质性科学研究活动而对南极表示兴趣的国家，才能成为协商国。只有协商国才有权参与南极事务的决策，一般的《南极条约》缔约国并没有参加决策的权利。中国于 1983 年加入《南极条约》，于 1985 年成为《南极条约》的协商国。

支持或否认对在南极洲的领土主权的要求的根据，或创立在南极洲的任何主权权利；不得提出对在南极洲的领土主权的任何新要求或扩大现有的要求。

4. 缔约国观察员制度。《南极条约》规定，缔约国有权指派观察员，观察员可在任何时间自由视察南极一切地区，以促进条约宗旨并保证条约规定得到遵守。

5. 缔约国协商会议制度。《南极条约》规定，条约协商国为使得交换情报，召开会议共同协商有关南极的共同利益问题，并促进公约原则与宗旨的实施。协商会议每两年举行一次，自 1993 年起每年举行。

中国从 20 世纪 80 年代初开始了对南极的科学考察活动，最初是跟随其他国家的考察队，在 1984 年首次派出考察队，1985 年建成第一个考察站——长城站；1989 年建中山站；2009 年在南极冰盖最高点冰穹 A 地区，中国首个南极内陆考察站昆仑站建成。长城站、中山站是常年科学考察站，昆仑站是内陆夏季站；2014 年 2 月，在东南极内陆冰盖腹地上，中国第四个科学考察站——泰山站建成，为内陆考察度夏站。居中山站与昆仑站之间的伊丽莎白公主地。中国每年都有科学人员赴南极进行考察。

二、北极地区

北极指北极圈以北的地区，包括北冰洋海域、北冰洋沿岸亚欧北美三洲大陆北部及北冰洋中的岛屿。北极的自然资源非常丰富，但常年覆盖着厚厚的冰层。北冰洋沿岸国有美国、加拿大、冰岛、挪威、丹麦、芬兰和俄罗斯。沿岸国已分占完北极地区周围的陆地和岛屿，并对北极地区提出扇形领土要求，但遭到其他国家的普遍反对。

关于北极的法律地位，由于北极除少数岛屿外没有陆地，因此至今没有签订国际公约来加以规定。北极没有形成像南极那样的条约体系来规定其制度，目前关于北冰洋的条约只是专项条约，主要有《保护北极熊协定》和《北极环境保护战略》。除北冰洋国家外，英、德、日等在北极地区活动，中国在 20 世纪 90 年代也开始对北极的探险和考察，并于 2004 年在北极的斯匹次卑尔根群岛的新奥尔松建立了第一个北极考察站——北极"黄河"科学考察站，成为第 8 个在挪威的斯匹次卑尔根群岛建立北极考察站的国家。

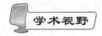 学术视野

领土取得制度

关于领土的取得制度，主要是由国际习惯法来调整，由于没有专门的关于领土取得的条约，各国间的领土纠纷不断。近年来，北极和南极的领土取得问题不断引发争议，特别是北极，参与争夺的均为发达国家，各国的经济与军事实力都比较强大，而《海洋法公约》关于大陆架与专属经济区的规定又加剧了问题的复杂性。中国与周边国家的领土纠纷也亟待解决，这也需要我们认真研究领土取得制度。

由于目前地球上已没有无主土地，一国要证明对领土拥有主权，必须证明自己对该领土拥有历史性权利，近年来国际法庭审理的一系列有关领土纠纷的案例，基本都遵循了"有效占领"原则。例如，从早年的"帕尔玛斯岛案"，到近年的"利吉丹岛和西巴丹岛主权归属案""洪都拉斯与尼加拉瓜在加勒比海领陆与海洋争端案"及"白礁岛、中岩礁和南礁主权归属案"，都以"有效占领"原则来解决领土的归属。该原则主要有两个条件，即有效占领的行为及占领的意图。该原则对其他领土纠纷的解决，包括中国与周边国家的领土纠纷解决也具有指导意义。

 理论思考与实务应用

一、理论思考

（一）名词解释

1. 先占

2. 时效

3. 边界

4. 国际河流

5. 国际地役

（二）简答题

1. 简述先占的条件。

2. 简述对国家领土主权的限制。

3. 简述国家领土划界程序。

4. 简述南极法律地位。

（三）论述题

1. 论传统的领土取得和变更方式及其地位。

2. 论国家领土主权原则。

二、实务应用

（一）案例分析示范

案例一

1990 年 8 月 2 日，伊拉克出动十万军队，入侵并占领了科威特，随之宣布正式兼并科威特，伊拉克入侵科威特的第二天，联合国安理会通过第 660 号决议要求伊拉克撤军。此后，安理会又通过第 661 号决议，对伊拉克实行经济制裁和禁运。同年 11 月 29 日安理会通过了授权对伊拉克采取"一切必要措施"的第 678 号决议。但该决议通过后，伊拉克发表声明，称这一决议是非法的并拒绝接受。1991 年 1 月 17 日，由美、英、法、意等 28 个国家组成的多国部队，对伊拉克采取了军事行动，结束了伊拉克对科威特的吞并。

问：请结合案情，分析伊拉克吞并科威特行为是否构成领土的取得？

【评析】 首先，传统领土取得方式中承认征服是领土的原始取得方式，前提是征服国对所占有的土地有保持占有的能力，即被占领国家已放弃收复失地的企图。而本案中伊拉克没有能力保持占有，故构不成征服。伊拉克对科威特的吞并，不能取得领土变更的法律效果。其次，现代国际法禁止发动侵略战争，认为武力征服行为违反国际法，伊拉克入侵科威特，违背了联合国的宗旨和原则，侵犯了科威特的主权和领土完整，威胁了世界和平与安全，其行为违反国际法，应承担相应的国家责任。

案例二

A 国与 B 国隔丹利海峡相望，丹利海峡平均宽度为 20 海里。两国订立的租借条约规定，B 国将海峡西面的大本岛永久租借给 A 国使用。条约生效后第 15 年，B 国发生内战，中央政府被推翻。新政府不满租借条约对其领土的限制，要求收回租借地，这遭到 A 国拒绝。与此同时，B 国对在海峡东面的日光岛在未与 A 国协商的情况下进行填海工程，这引起 A 国的多次抗议。

问：据以上案情，回答下列问题：

1. B 国是否有收回租借地的权利？

2. B 国是否有权进行填海工程？

【评析】 1. B 国有权收回租借地。租借，是指一国根据条约将其部分领土出租给另一国使用。租借不是转让领土主权，只是转让了使用权。无论租借条约是否规定期限，根据国家主权原则，出租国都有权收回。本案中 A 国是通过条约租借大本岛，租借条约不能对抗国家主权。另外，租借条约不是边界条约，不属于非人身条约，B 国新政府没有义务继承。

2. B 国无权进行填海工程。填海工程属于通过人工添附方式取得领土。添附是现代国际法承认的一种取得领土的方式。如果人工添附涉及其他国家利益，在未与有关利益国达成协议之前，不能进行人工添附。根据国际习惯法，任何国家不得通过改变其本国领土的自然状态，而使邻国领土的自然状态遭受不利。本案中，两国隔海峡相望，海峡本身的宽度只有 20 海里，B 国的填海工程损害 A 国的利益，因此，B 国在未与 A 国协商的情况下无权进行。

案例三

八角岛是位于乙国近海的本属于甲国的岛屿。50 年前甲国发生内战时，乙国乘机强占该岛，并将岛上的居民全部驱逐。随后乙国在国内法中将该岛纳入乙国版图。甲国至今一直主张对该岛的主权，不断抗议乙国的占领行为并要求乙国撤出该岛，但并未采取武力收复该岛的行动。乙国不顾甲国的反对，持续占据该岛，并主张其已占领该岛 50 年，根据时效原则，其已取得该岛主权。

问：请结合本案，分析乙国是否可根据时效制度取得该岛主权。

【评析】 乙国不能取得该岛主权。时效，是指一国原先不正当地或非法地占有他国领土，而占有者已经长期而安稳地占有并行使事实上的主权，丧失国予以默认或不提出抗议，以致造成一种信念或错觉，以为事物的现状是合乎国际秩序的，占有国即取得主权。由于现代国际法禁止非法侵犯一国领土完整，因此时效不能单独作为取得领土的方式，它往往与默认和禁止反言一起适用。本案中，首先，甲国一直没有放弃八角岛的主权，不断地抗议，抗议可以阻止权利的产生，不符合时效制度要求的平稳地占有的条件。其次，时效到底要多长时间才能产生权利，国际法没有规定，50 年并不能证明是取得领土的时间要求。

（二）案例分析实训

案例一

甲国与乙国就其相邻领土部分签订了边界条约，在标界完成后两国根据边界条约绘制了地图。随后，两国由于其他原因就上述领土发生纠纷后，发生边界地图与边界条约不符的情形。

问：请根据以上案情，分析应该以边界条约还是以地图为准确认两国边界。

案例二

亚金索地区是位于甲乙两国之间的一条山谷。18 世纪甲国公主出嫁乙国王子时，该山谷由甲国通过条约自愿割让给乙国，乙国将其纳入本国版图统治至今。2001 年，乙国发生内乱，反政府武装控制该山谷并宣布根据"民族自决"原则脱离乙国建立"亚金索国"。该主张遭受乙国强烈反对，但得到甲国政府的支持。

问：请根据以上案情，分析反政府武装是否有权以"民族自决"的方式获得亚金索地区的所有权。

案例三

恒河流经甲乙两国，甲国是上游国家，乙国是下游国家。甲国近十几年来先后在恒河上游修建了几个大坝水库限制恒河的流量，使乙国在旱季时许多地区都变成了沙漠，引起乙国强烈抗议。甲国声称，根据国家主权原则，其有权修建水库。

问：请根据以上案情，分析甲国是否有权在上游修建水库限制河水流量。

 主要参考文献

1. ［英］奥本海著，詹宁斯、瓦茨修订：《奥本海国际法》（第一卷第二分册），王铁崖等译，中国大百科全书出版社 1998 年版。

2. 赵理海：《海洋法问题研究》，北京大学出版社 1996 年版。

3. 周鲠生：《国际法》（上下册），武汉大学出版社 2007 年版。

4. 邵津主编：《国际法》，北京大学出版社、高等教育出版社 2008 年版。

第 七 章

海洋法

【本章概要】海洋法是确定各种海域的法律地位、调整各国从事海洋活动应遵循的原则、规则和制度的总称，1982 年《海洋法公约》标志着现代海洋法体系的确立。根据海洋法，海洋被划分为九大海域，即内海水、领海、毗连区、专属经济区、大陆架、用于国际航行的海峡、群岛水域、公海和国际海底区域，这些不同的海域具有不同的法律地位和制度，国家在不同的海域中有不同的权利和义务。

【学习目标】通过本章学习，学生应掌握如下问题：内海水、领海、毗连区、专属经济区、大陆架、用于国际航行的海峡、群岛水域、公海和国际海底区域的法律地位和制度；国家在不同海域中享有的权利和承担的义务；各海域的通行制度。

第一节　概述

一、海洋法的形成和发展

海洋，是指地球表面被海水覆盖的部分。海洋总面积约为 3.61 亿平方公里，占地球表面总面积的 71%，平均深度达 3800 米。海洋是海与洋的总称，海洋 89% 的部分为洋，11% 的部分为海。地球上有四大洋，即太平洋、大西洋、印度洋和北冰洋。洋边缘濒临大陆的水域是海，据国际水道局（the International Hydrographic Bureau）的统计，地球上一共有 54 个海。

海洋对于人类具有重要的价值。海洋蕴藏着十分丰富的自然资源，水体中的生物资源、海床洋底的金属、石油、天然气都对人类的生存和生活具有重大意义。海洋是重要的交通要道，上空可用于飞行，水面可供船舶航行，是当今运输的主要通道。海洋还被用来作为人类倾废、发展国家战略等的场所，因此海洋与人类社会的发展有密切的关系。在人类开发利用海洋的过程中，调整国家之间在海洋的原则、规则、制度逐步形成，并发展成国际法的一个分支。海洋法就是确定海洋各种海域的法律地位、调整各国在各种海域中从事海洋活动的原则、规则和制度的总称。

海洋法是随着人类在海洋活动范围的不断扩大而逐渐发展起来的。在古罗马时期，海洋被认为像空气一样，是"共有之物"，各国只能共同使用，不可占领。后来，随着罗马帝国势力的扩张，帝国内开始出现了君主权力应及于海洋的主张。中世纪时期，商业和航海事业的发展，使一些国家对自己控制下的海域提出了主权要求。到 15 世纪，国家占据海洋已发展到高峰。1493 年，罗马教皇亚历山大六世为了确认葡萄牙和西班牙的地理新发现，颁布圣谕指定以太平洋上的一条子午线作为两国在海洋上控制权的分界线。罗马时期称为共有物的海洋秩序正为海洋分割所代替，这时的海洋可以像无主地一样通过先占来占领。海洋被分割妨碍了资本主义的发展，引发了海洋自由论与闭海论的争论。1609 年，法学家格老秀斯为了荷兰的利益，发表了《海洋自由论》，宣扬海洋自由的观点。而英国法学家塞尔顿于 1635 年发表了《闭海论》，认为英国对其周围的海面有处置和控制的权力。18 世纪，由于资本主义生产关系的发展和海上贸易的日益扩大，任何国家都不能完全控制海洋，公海自由原则逐步被确认。19 世纪，伴随着公海自由原则的确立，领海制度也得到发展，海洋出现了领海与公海并立的法律秩序。20 世纪后，海洋法进入重大发展时期。除了传统的公海制度和领海制度外，还出现了毗连区制度、大陆架制度、专属经济区制度、群岛水域制度、国际海底制度、用于国际航行的海峡制度、海洋污染制度。

二、海洋法的编纂

对海洋法编纂的首次尝试是 1930 年的海牙会议。这次会议是在国际联盟的组织下召开的，由于各国的利益和分歧太大，没有达成协议。第二次世界大战以后，在联合国的主持下，开始了海洋法的正式编纂。为此，联合国召开了三次海洋法会议。

第一次海洋法会议于 1958 年 2 月 24 日～4 月 27 日在日内瓦召开，参加会议的有 86 个国家的代表。会议制定并通过了四个公约，即《领海和毗连区公约》《公海公约》《捕鱼和养护公海生物资源公约》以及《大陆架公约》。此外，会议还通过了一项关于强制解决这些公约可能产生的争端的任意议定书。由于不少亚非国家尚未独立未能参会，因此上述公约某些条款有利于少数海洋大国。例如，《领海和毗连区公约》笼统地规定各国船舶均享有无害通过领海的权利，而且领海宽度这个海洋法中的重要问题也未能解决；《大陆架公约》规定 200 米深度和技术水平容许开发的深度两个标准；等等。

第二次海洋法会议于 1960 年 3 月 17 日～4 月 27 日在日内瓦举行，参加会议的有 88 个国家的代表。会议的主要目的是审议领海宽度和捕鱼区的界限问题。然而，由于各国存在重大分歧，会议未获任何结果而宣告结束。

两次海洋法会议以后，国际社会围绕海洋权益的争斗更加尖锐，自行颁布海洋立法的国家越来越多。1967 年马耳他常驻联合国代表向联合国第 22 届大会提出议案，主张国际海底区域及其资源应为人类共同继承财产。1968 年联合国大会通过决议，设立和平利用国家管辖范围以外海床洋底委员会，简称海底委员会。1970 年，联大通过国际海底区域的原则宣言，宣布该区域及其资源为人类共同继承财产（Common Heritage of Mankind），同时决定再召开一次海洋法会议，以制定一项新的全面的海洋法公约。

1973 年 12 月 3 日，第三次联合国海洋法会议在纽约联合国总部召开。经过多次协商与谈判，在 1982 年 3~4 月的第三次海洋法会议的第 11 期会议上，以 130 票赞成、4 票反对、17 票弃权，表决通过了《海洋法公约》。1982 年 12 月 10 日，117 个国家（包括中国）和 2 个实体在《海洋法公约》上签字。

《海洋法公约》共有 17 个部分 320 条，另有 9 个附件。它在吸收和发展以往海洋法所有编纂成果的基础上，确立了一些新的海洋规则和制度，如第一次规定 12 海里领海宽度，建立了 200 海里专属经济区、群岛水域、国际海底区域，明确了海洋环境保护和保全、海洋科学研究、争端解决规则等。《海洋法公约》确立了人类利用海洋和管理海洋的基本法律框架，体现了世界各国特别是广大发展中国家的共同愿望，被誉为"海洋宪章"，它的通过标志着新的海洋国际秩序的建立。

美国、德国等主要发达国家认为，《海洋法公约》第十一部分关于国际海底区域的某些规定不能满足其要求，因而不能接受《海洋法公约》。这些国家要么没有签署《海洋法公约》，要么签署了但无意批准。这样，截止 1989 年 8 月，批准、加入公约的国家仅有 42 个，西方国家仅冰岛 1 个，其他都是发展中的中小国家。若不改变这种状况，即使公约生效，其代表性和适用性也将大打折扣。为使《海洋法公约》在普遍接受的前提下尽早生效，并使《海洋法公约》第十一部分得以有效执行，1990 年 7 月，联合国秘书长开始召集发达国家和发展中国家就第十一部分进行非正式磋商。经过 5 年两轮 15 个回合的艰苦谈判，发展中国家与发达国家达成协议，并于 1994 年 7 月 28 日在联合国总部签订了《关于执行 1982 年 12 月 10 日〈联合国海洋法公约〉第十一部分的协定》。同日，联大以 111 票赞成、7 票弃权、无反对票通过了上述协定。协定对《海洋法公约》第十一部分作了修改，确认协定同《海洋法公约》第十一部分应被视为单一的法律文书进行解释和适用。1994 年 11 月 16 日，《海洋法公约》正式生效，协定也在《海洋法公约》生效之日开始临时适用。我国第八届人大常委会于 1996 年 5 月 15 日通过了关于批准海洋法公约的决定。截至 2011 年 6 月，《海洋法公约》共有 162 个缔约国。

第二节　基线

一、正常基线和直线基线

为了测算沿海国领海、毗连区、专属经济区、大陆架这些海域的宽度，需要有一条起算线，这条起算线就叫作基线（Base Line）。基线同时也是陆地和海洋的分界线，基线向陆地一侧的海域是海洋内水，向海洋一侧的水域是领海。

根据《海洋法公约》的规定，基线有两种，即正常基线和直线基线。正常基线就是低潮线，即海水退到最低潮时的那条线。《海洋法公约》第 5 条规定，测算领海宽度的正常基线是沿海国官方承认的大比例尺海图所标明的沿岸低潮线。直线基线多用于沿海国海岸比较平直的情况，这是最容易确定的一条与海岸绝对平行的线。

直线基线就是在沿海岛屿上和沿岸向外突出的地方选定一系列的点，将这些点连接起来划出的一条线。沿海国采用直线基线作为本国各海域的起算线，源于国际法院1951年作出判决的英挪渔业案。在该案中，国际法院认为，挪威以岛屿、小岛和干礁为基点连接成的直线基线并不违背国际法。该案判决后，直线基线就被国家广泛采用，并被1958年《领海及毗连区公约》（第4条）和1982年《海洋法公约》（第7条）所肯定。根据1982年《海洋法公约》的规定，沿海国只有在"海岸线极为曲折的地方"或者"紧接海岸有一系列岛屿"的情况下可以采用直线基线，确定特定基线时，对于有关地区所特有的并经长期惯例清楚地证明其为实在而重要的经济利益可予以考虑。同时，直线基线的划定受到如下限制：不应该在任何明显的程度上偏离海岸的一般方向；直线基线内的海域必须充分接近陆地领土，使其受内水制度的支配；一国不得采用直线基线制度，致使另一国的领海同公海或专属经济区隔断。

沿岸的河口、海湾、海港和低潮高地在划定直线基线时应遵循如下规则：①如果河流直接流入海洋，基线应是一条在两岸低潮线上两点之间横越河口的直线。②海湾湾口不超过24海里的，其基线是连接两岸低潮标之间的封口线；如果湾口超过24海里，其基线则划在湾内。③海港最外部的永久海港工程（如防波堤）可作为划直线基线的基点。④低潮高地是否可作为测算领海宽度的基线，取决于它与大陆或岛屿的距离。如果低潮高地全部或一部分与大陆或岛屿的距离不超过领海的宽度，该高地的低潮线可作为测算领海宽度的基线；如果低潮高地全部与大陆或岛屿的距离超过领海的宽度，则该高地没有自己的领海。[1]

也有一些国家兼采正常基线与直线基线两种方法来确定该国的领海基线。《海洋法公约》第14条规定："沿海国为适应不同情况，可交替使用以上各条规定的任何方法以确定基线。"像荷兰、瑞典等海岸线较长、地形较复杂的国家，大多采用混合基线法来测算其领海宽度。

我国采用直线基线作为领海基线。1958年，我国政府《关于领海的声明》规定"中国大陆及其沿海岛屿的领海以连接大陆岸上和沿海岸外缘岛屿上各基点之间的各直线为基线"。1992年，我国《领海及毗连区法》也明确规定我国采用直线基线。1996年5月15日，我国在批准《海洋法公约》的同时，公布了我国大陆的部分基线和西沙群岛的领海基线。

二、群岛基线

第三次海洋法会议经反复协商，在《海洋法公约》第四部分为群岛国创设了群岛水域这种新制度。按照《海洋法公约》的规定，群岛国可以用连接其最外缘岛屿

---

〔1〕 根据《海洋法公约》第13条的规定，低潮高地是在低潮时四面环水并高于水面但在高潮时没入水中的自然形成的陆地。

的直线作为群岛直线基线，基线所包围的水域就是群岛水域，群岛国还可以从基线
量出领海、毗连区、专属经济区、大陆架等海域。群岛国在划出群岛基线时，应受
如下限制：①基线所包围的水域中，水域面积和陆地面积的比例应为1∶1到9∶1；
②在基线总数中，最多3%可以超过100海里，但最长也不得超过125海里，其余基
线长度不得超过100海里；③基线的划定不应在任何明显的程度上偏离群岛的一般
轮廓。

第三节　内海水

一、内海水的概念和法律地位

内海水是国家内水（Internal Waters）的一部分，指一国领海基线向陆地一侧的
水域，包括一国的港口、内海湾、历史性海湾、内海峡以及领海基线与海岸之间的
海域。

内海水是国家领土的组成部分，它与国家的领陆具有相同的法律地位，国家对
其享有完全的、排他的主权。所有外国船舶非经沿海国许可，不得在一国的内海水
中航行。外国非军用船舶如获准进入，必须遵照沿海国的法律、规章驶入该国指定
的港口。外国军用船舶进入内海水时，必须经过外交途径办理一定的手续。对于遇
难船舶，沿海国通常许可它们驶入，但应绝对遵守沿海国的一切规章、制度，不得
从事贸易、捕鱼以及任何违反沿海国利益的行为。

根据《海洋法公约》第8条第2款的规定，如果沿海国采用直线基线法使原来
并未认为是内海水的区域被包围在内成为内海水，则外国船舶在这部分海域仍享有
无害通过权。

二、港口

港口（Port），是指沿海岸具有天然条件和人工设施便于船舶停泊和装卸客货的
海域。港口的范围通常是从港口伸入大海最深处的永久性建筑（例如防波堤）算起，
包括陆域（如码头、仓库、船坞、灯塔）和水域（如航道）。

港口属于一国内水，是该国领土的组成部分，各国有权按照国际法的规则，制
定其港口的出入境制度，并在必要的情况下在港口对停靠的外籍船舶实施管理。国
际上对于海港曾制定了一些条约，最重要的是1923年的《国际海港制度公约》及其
附件《国际海港制度规约》，规定缔约国互相给予进入港口的互惠待遇，但由于这两
个公约签约国甚少，因此，更多的国家是通过国内法或者双边的友好、通商和航海
条约，来协调和处理外国船舶的出入港制度和规则。

港口国对外国商船在其港口内发生的刑事案件，具有当然的刑事管辖权。但在
实践中，一般只是对那些扰乱港口安宁、案件影响大、受害人是港口国公民以及船
旗国请求援助的案件予以管辖。对于纯属船舶内部事务的民事纠纷，如工资纠纷、

劳动条件纠纷或者涉及个人和财产权利等纠纷，各国通常都不行使管辖权。只有当民事案件涉及船舶以外的因素，或涉及船舶本身在港口内航行和停留期间的权利义务时，沿岸国才予以管辖。

我国于1957年颁布了《中华人民共和国对外国籍船舶进出港口管理办法》，于1979年废止该法，颁布了《中华人民共和国对外国籍船舶管理规则》，对外国船舶进出港、航行、停泊等作了具体规定：①到港前一星期办理进港申请手续，船舶如在航行途中遇特殊情况需临时进港或返航，应事先向港务监督报告。②进出港口或在港内航行、移泊，必须由港务监督指派引航员引航。③船舶上的武器、弹药，应在船舶抵港后由港务监督予以封存。④无线电报发射机、无线电话发射机、火箭信号、火焰信号、信号枪，只有在危急情况下才可以使用，但在使用后必须向港务监督报告。⑤船舶航行应遵守航行规定，维护航行秩序，如船舶发生意外事故有沉没危险时，应立即向港务监督报告，并尽力采取有效措施，驶离航道，避免妨碍交通和危及其他船舶。

外国军舰和政府公务船舶在一国港口内享有司法豁免权。它们经允许进入港口后，沿岸国非经舰长或船旗国有关当局同意，不得登临检查。

三、海湾

一国沿岸向陆地凹入的地方称为水曲，当水曲面积大于或等于横越曲口直线为直径所划的半圆面积时，该水曲称为海湾。为测算的目的，水曲的面积是位于水曲陆岸周围的低潮标和一条连接水曲天然入口两端低潮标的线之间的面积。

海湾内水域的法律地位通常取决于湾口的宽度。一般来说，有三种情况：

1. 内海湾，即沿岸属于一国，湾口宽度不超过该国领海宽度两倍的海湾。关于湾口宽度到底多少才能成为内海湾，曾经有过争议。1958年《领海和毗连区公约》和1982年《海洋法公约》都明确规定，海湾天然入口两端低潮标之间的距离不超过24海里，则可在这两个低潮标之间划出一条封口线，该线所包围的水域为内水。

2. 非内海湾，即湾口宽度超过24海里的海湾。对于这种海湾，通常将直线基线划在该海湾内，基线以内为内水；而基线以外的部分分别为沿海国的领海、毗连区、专属经济区或公海。

3. 历史性海湾。如果海湾沿岸属于同一国家，湾口宽度超过24海里，但在历史上一向被承认是沿海国内水，则该海湾为历史性海湾。历史性海湾这个概念最早出现在1910年英美北大西洋渔业仲裁案中，1958年《领海和毗连区公约》和1982年《海洋法公约》都肯定了这种海湾的地位，但未对它们的含义作出明确规定。根据国际实践，历史性海湾应包含三要素：①主张这种历史权利的国家对该水域行使权利；②该权利连续地在一段时间内行使并已成为惯例；③该权利之行使已为各国所确认。[1] 目前，湾口宽度超过 24 海里但被沿海国认为是内海水的海湾有很多，如加拿大的哈得逊湾，苏联的大彼得湾。其中，前者的宽度为 50 海里，后者湾口宽度则达到 110 海里。

我国的渤海湾，既是内海湾，也是历史性海湾。首先，我国渤海湾的湾口虽然超过 24 海里，但入口处被若干小岛分割成数段，其中最宽的一段为 22.5 海里，因而属于我国的内海湾。其次，渤海湾自古以来就在我国的主权支配之下，并且早已得到国际上的承认，因而属于历史性海湾。我国政府在 1958 年关于领海的声明中，已明确宣布它是我国直线基线以内的内水。

属于海洋内水的海湾包括内海湾和历史性海湾。

四、内海峡

海峡是两端连接海洋的狭长水道。它具有如下几个特征：处于两块陆地之间；连接两个海或洋；是天然形成的。

海峡按法律地位来区分，可分为内海海峡、领海海峡和非领海海峡。

1. 内海海峡，即位于一国领海基线以内的海峡。这种海峡如同基线内的其他水域一样，属于一国的内水。如我国的琼州海峡，位于雷州半岛和海南岛之间，长约 54 海里，宽为 10.8 海里，根据 1958 年我国政府关于领海的声明，该海峡划入我国直线基线以内，是我国的内海峡。

2. 领海海峡，即宽度在两岸领海宽度之和以内的海峡。如果两岸属于一个国家，则适用该国的领海制度；如果两岸不属于一个国家，则海峡的划分、适用和管理办法由有关国家协商确定。

3. 非领海海峡，即海峡宽度超过领海宽度两倍的海峡。这类海峡，不管两岸属于或不属于一个国家，领海外部界限以内的海域属于沿岸国领海，适用领海制度；领海外部界限以外的区域可能分别成为沿岸国的毗连区、专属经济区或公海，应允许外国船舶自由通过。如我国的台湾海峡，峡宽较宽，除两岸的领海外，中间还有一个可供各国船舶自由航行的公海水道。如果一个海峡属于用于国际航行的海峡或其他有专门条约规定的海峡，则具有特殊法律地位。

属于海洋内水的海峡是内海海峡。

第四节 领海和毗连区

一、领海（Territorial Sea）的概念

《海洋法公约》第 2 条第 1 款规定："沿海国的主权及于其陆地领土及其内水以

---

[1] 参见 1962 年联合国国际法委员会在《关于历史性水域，包括历史性海湾的法律制度》文件中的规定，引自端木正主编：《国际法》，北京大学出版社 1997 年版，第 192 页。

外邻接的一带海域，在群岛国的情形下则及于群岛水域以外邻接的一带海域，称为领海。"因此，所谓领海，是指邻接国家领陆、内水或群岛水域，受国家主权管辖和支配的一定宽度的海水带，它包括水域、水域的上空、海床及底土。

二、领海的范围

（一）领海宽度

领海宽度是从领海基线到领海外部界限的距离。关于领海宽度，各国法学家曾有不同主张，出现过航程说、视力说、大炮射程说等观点。如早期法学家巴尔图斯和博丹提出过航程说，主张以两天航程（当时约 30 海里）作为领海宽度。中世纪，欧洲北部国家流行视力说，以视力所及的范围作为领海的宽度。17 世纪荷兰法学家宾刻舒克提出了大炮射程说，主张以大炮射程作为沿海国行使权力的范围，由于当时大炮平均射程不超过 3 海里，一些国家就以 3 海里作为领海宽度。但也有一些国家采用不同的领海宽度，如西班牙和葡萄牙要求 6 海里领海宽度，俄国在 1912 年宣布领水宽度为 12 海里。国际社会数次开会协商领海宽度，但直到 1982 年联合国第三次海洋法会议通过的《海洋法公约》，才在第 3 条明确规定，每一个国家有权确定其领海宽度，但不应超过从基线量起的 12 海里界限。

（二）领海的外部界限

领海的外部界限是一条其上每一点同基线最近点的距离等于领海宽度的线。划定领海外部界限的方法主要有三种：

1. 平行线法，即以领海宽度所划的与基线完全平行的线。这种方法适用于海岸平直且采用正常基线或直线基线的情况。

2. 交圆法，当海岸不大平直且又采用正常基线时，在基线上选择适当的点作圆心，以领海宽度为半径向外划出一系列相交的圆，连接各交点之间的弧线就成了领海的外部界限。

3. 共同正切线法，当海岸比较曲折且采用直线基线时，在沿岸基线上选择适当的点为圆心，以领海宽度为半径向外划出一系列半圆，然后划出每两个半圆之间的共同正切线，这些正切线连接起来就形成了领海的外部界限。

三、领海的法律制度

（一）沿海国对领海的主权

领海是沿海国领土的组成部分，受沿海国主权管辖和支配，沿海国国家主权及于领海的水域、上空、海床及底土。沿海国对领海享有的主权权利主要包括：

1. 属地最高权。对于领海内的人和物，除受国际法的限制外，沿海国行使排他的管辖权。

2. 对自然资源的所有权。沿海国对从事开发、利用领海内一切资源，包括水域、海床及其底土的各种资源均享有排他的权利，其他国家和个人未经许可不得进行开发利用。

3. 沿海航运的专属权利。只有本国船舶有权从事本国港口之间的航运和贸易，外国和外国人不得经营，除非有相反的条约规定。

4. 沿海国制定有关领海科研、环保、航行、卫生等法律法规的权利。

（二）无害通过（Innocent Passage）制度

根据国际法，领海虽然处于沿海国的主权之下，但应允许外国船舶无害通过本国领海。这既是沿海国领土主权受到的限制，也是其他国家在沿海国领海享有的唯一权利。

无害通过，是指外国船舶在不损害沿海国和平、安全与良好秩序的情况下，毋须事先通知或征得许可，享有迅速和继续不停地通过领海航行的权利。无害通过包括"无害"和"通过"两个方面的内容。所谓通过，是指穿过领海但不进入内水，或从内水驶出或进入内水而经过领海的航行。这种航行必须是连续不停和迅速前进的，不得停泊和下锚，除非遇到不可抗力或遇难。

所谓无害，是指不损害沿海国的和平、良好秩序或安全，《海洋法公约》第19条列举了12种非无害的情形，凡外国船舶在领海内进行下列任何一种活动，其通过应视为损害沿海国的和平、良好秩序或安全：

1. 对沿海国的主权、领土完整或政治独立进行任何武力威胁或使用武力，或以任何其他违反《联合国宪章》所体现的国际法原则的方式进行武力威胁或使用武力。

2. 以任何种类的武器进行任何操练或演习。

3. 任何目的在于搜集情报使沿海国的防务或安全受损害的行为。

4. 任何目的在于影响沿海国防务或安全的宣传行为。

5. 在船上起落或接载任何飞机。

6. 在船上发射、降落或接载任何军事装置。

7. 违反沿海国海关、财政、移民或卫生的法律和规章，上下任何商品、货币或人员。

8. 违反本公约规定的任何故意和严重的污染行为。

9. 任何捕鱼活动。

10. 进行研究或测量活动。

11. 任何目的在于干扰沿海国任何通信系统或任何其他设施或设备的行为。

12. 与通过没有直接关系的任何其他活动。

关于军舰是否享有无害通过领海的权利，国际法上一直存在着争论，各国的实践也不尽相同。目前，有些国家实行外国军舰享有无害通过权的制度，而有些国家则要求外国军舰通过其领海必须要事先通知并获得批准。

对于外国船舶的无害通过，沿海国有权采取如下做法：

1. 制定关于无害通过的法律和规章，如航行安全及海上交通管理、保护助航设备和设施等。

2. 考虑到航行安全，可指定或规定海道和分道通行制。

3. 在领海内采取必要的步骤以防止非无害的通过。如为了国家安全的需要，沿海国可在其领海的特定区域内暂时停止外国船舶的无害通过。通过中的外国船舶作出非无害的行为，沿海国可对其行使完全的管辖权，可以扣押或拿捕，如是外国军舰或享有豁免权的船舶，可要求其立即离开领海。

为保证外国船舶享有的无害通过权，沿海国虽然对领海内的人和物享有排他的管辖权，但刑事管辖权和民事管辖权的行使都受到一定的限制。沿海国一般不对通过中的外国船舶行使刑事管辖权，除非：①罪行的后果及于沿海国；②罪行属于扰乱当地安宁或领海良好秩序的性质；③船长或船旗国外交代表或领事官员请求协助；④这些措施是取缔非法贩运麻醉药品或精神调理物质所必须的。沿海国有权采取本国法律所授权的任何步骤，对驶离内水后通过领海的外国船舶上的罪犯进行逮捕或调查。对于仅通过领海而不进入内水的外国船舶，沿海国不得采取任何步骤以逮捕在驶进领海前所犯任何罪行有关的任何人或进行与该罪行有关的调查。

关于民事管辖，沿海国不得为了对通过领海的外国船舶上的某一个人行使民事管辖而停止该船的航行或改变航向。沿海国不得为任何民事诉讼目的而对该船执行或加以逮捕，除非该船在通过时违反所应承担的义务或责任，但在领海内停泊或驶离内水后通过领海的外国船舶除外。

四、中国的领海制度

1958 年，我国政府颁布了《中华人民共和国政府关于领海的声明》。1992 年，我国又颁布了《领海及毗连区法》。1996 年我国在批准《海洋法公约》时，附带有如下声明："《海洋法公约》有关领海内无害通过的规定，不妨碍沿海国按其法律规章要求外国军舰通过领海必须事先得到该国许可或通知该国的权利。"因此，我国领海制度的主要内容如下：

1. 中国领海为邻接中华人民共和国陆地领土和内水的一带海域。

2. 中国领海基线采用直线基线法划定，领海宽度从领海基线量起为 12 海里。

3. 外国非军用船舶，享有无害通过中国领海的权利，外国军用船舶进入中国领海，须经中国政府批准。外国潜水艇和其他潜水器通过中国领海，必须在海面航行，并展示其旗帜。

4. 中国政府有权采取一切必要措施，以防止和制止对领海的非无害通过。为维护航行安全和其他特殊需要，中国政府可以要求通过中国领海的外国船舶使用指定的航道或者依照规定的分道通航制航行。

五、毗连区 (Contiguous Zone)

毗连区是沿海国在本国领海之外而又毗连领海的一定海域内设定的实行海关、财政、卫生、移民等类事项管制的特殊海域。

有关毗连区的制度产生于 18 世纪 30 年代，其产生的原因是沿海国为了本国的利益，需要将其某些权利扩大到领海之外的一定区域。1958 年联合国第一次海洋法会议制定了《领海和毗连区公约》，1982 年联合国第三次海洋法会议修改了 58 年公约有关毗连区的规定。

根据《海洋法公约》第33条的规定，沿海国在毗连区内，可行使为下列事项所必要的管制：①防止在其领土或领海内违反其海关、财政、移民或卫生的法律和规章；②惩治在其领土或领海内违反上述法律和规章的行为。

毗连区的宽度从测算领海宽度的基线量起，不得超过24海里。

毗连区是沿海国为维护国家某些权利而设置的特殊区域，因此，其法律地位既不同于领海，也有别于专属经济区和公海。

根据1992年《领海及毗连区法》的规定，中国毗连区为领海以外邻接领海的一带海域，毗连区的宽度为12海里。中国有权在毗连区内，为防止和惩处在其陆地领土、内水或者领海内违反有关安全、海关、财政、卫生或者入境出境管理的法律、法规的行为行使管辖权。

第五节　专属经济区和大陆架

一、专属经济区（Exclusive Economic Zone）

（一）专属经济区制度的形成

专属经济区是领海以外并邻接领海的一个区域，其宽度从领海基线量起不超过200海里。

专属经济区制度是第二次世界大战以后才开始出现并为《海洋法公约》所确立的一项新制度。1947年6月，智利总统发表声明，宣布凡距智利大陆海岸200海里以内的海域均属智利国家主权的范围，由智利实行保护和控制，其目的在于保护和控制区域内的生物资源和行使主权，但不影响公海自由航行原则。1952年，智利、厄瓜多尔和秘鲁三国签署《圣地亚哥宣言》，宣布对邻接海岸并从海岸延伸不少于200海里的海域拥有专属管辖权。1972年6月，加勒比海沿岸国家发布《圣多明各宣言》，提出了承袭海制度，把沿海岸200海里的海域称为承袭海，宣布沿海国对该海域内水域、海床和底土中的自然资源享有主权权利，但不影响其他国家在该海域内的航行权。

非洲国家也提出了对这种海域的权利要求，但使用的是"专属经济区"一词。1972年6月，非洲17个国家在喀麦隆首都雅温得举行海洋法问题区域讨论会，正式建议非洲国家有权在领海外"设立一个经济区"。同年8月，肯尼亚正式向联合国海底委员会提交了一份《关于专属经济区概念的条文草案》，建议专属经济区的宽度最大不得超过从测算领海的基线量起200海里。在联合国第三次海洋法会议上，大多数国家支持设立200海里专属经济区。这样，专属经济区作为一项新制度被订入了《海洋法公约》的第五部分。

从专属经济区的形成过程可以看出，它得到了广大发展中国家的拥护和支持，反映了广大发展中国家希望扩大对其沿海自然资源权利的要求，适应了当代国际政治、经济的发展趋势。

（二）专属经济区的法律制度

专属经济区不像领海那样完全隶属于沿海国的主权管辖之下，也不像公海那样对一切国家开放，其法律地位自成一类。专属经济区的法律制度包括沿海国的权利和义务以及其他国家的权利和义务。

1. 沿海国的权利和义务。沿海国在专属经济区的权利义务主要是与自然资源和经济活动有关的权利义务，包括：①以勘探和开发、养护和管理海床和底土及其上覆水域的自然资源为目的的主权权利，以及对在该区域内从事经济性开发和勘探有主权权利。这些权利是沿海国的专属权利，非沿海国未获沿海国许可，不得进行开发和勘探。②对人工岛屿、设施和结构的建造和使用、海洋科学研究、海洋环境保护和保全拥有管辖权。此外，沿海国还有制定有关专属经济区的法律和规章的权利。

沿海国在专属经济区享有权利的同时，亦承担如下义务：①应适当顾及其他国家的权利和义务；②应以符合公约规定的方式行使其权利和履行其义务。

2. 其他国家的权利和义务。根据《海洋法公约》，其他国家的权利义务如下：①所有国家，不论是沿海国还是内陆国，在专属经济区内都享有航行和飞越的自由、铺设海底电缆和管道的自由，以及与这些自由有关的海洋其他国际合法用途。②内陆国和地理条件不利的国家，有权在公平的基础上，参与开发同一部分区域或区域的沿海国专属经济区的生物资源的适当剩余部分，同时考虑到所有有关国家的相关经济和地理情况。③经沿海国同意，享有在专属经济区内进行科学研究的权利。④各国在专属经济区内行使其权利和履行其义务时，应适当顾及沿海国的权利和义务，并应遵守沿海国的有关法律和规章。

（三）相邻或相向国家间专属经济区的划分

在国家海岸相向或相邻的情况下，如果海面宽度小于400海里，往往会引起国家专属经济区范围划分的纠纷。根据《海洋法公约》第74条的规定，海岸相向或相邻国家间专属经济区的界限，应在《国际法院规约》第38条所指国际法基础上以协议划定，以便得到公平解决。在尚未达成协议之前，有关国家可作出临时性安排，但这种安排不应妨碍最后界限的划定。在沿海大陆架小于或等于200海里的情况下，专属经济区的外界与大陆架的外界是一致的。

（四）中国的专属经济区制度

1998年6月，第九届全国人大常委会第三次会议通过了《中华人民共和国专属经济区和大陆架法》，宣示和建立了中国的专属经济区。根据该法的规定，中国专属经济区制度的主要内容如下：

1. 中国专属经济区为中国领海以外并邻接领海的区域，从测算领海宽度的基线量起延至200海里。

2. 中国在专属经济区为勘查、开发、养护和管理海床上覆水域、海床及其底土的自然资源，以及进行其他经济性开发和勘查，如利用海水、海流和风力生产能等活动，行使主权权利。

3. 中国对专属经济区的人工岛屿、设施和结构的建造、使用和海洋科学研究、海洋环境的保护和保全，行使管辖权。

4. 任何国家在遵守国际法和中国法律、法规的前提下，在中国的专属经济区享有航行、飞越的自由、铺设海底电缆和管道的自由，以及与上述自由有关的其他合法使用海洋的便利。铺设海底电缆和管道的路线，必须经中华人民共和国主管机关同意。

5. 任何国际组织、外国的组织或者个人进入我国的专属经济区从事渔业活动，必须经我国的主管机关批准，并遵守我国的法律、法规及我国与有关国家签订的条约、协定。

6. 任何国际组织、外国的组织或者个人对我国的专属经济区的自然资源进行勘查、开发活动，必须经我国主管机关批准，并遵守我国的法律、法规。

7. 任何国际组织、外国的组织或者个人在我国的专属经济区进行海洋科学研究，必须经我国主管机关批准，并遵守我国的法律、法规。

二、大陆架（Continental Shelf）

（一）大陆架的概念

大陆架原为地质学上的概念，按照地质学，从海岸到坡度平缓的海底区域都被称作大陆边，大陆边包括三个部分：一是沿岸水深不超过 200 米、坡度很小的大陆架；二是大陆架外向海洋急剧倾斜、水深可达 3000 米左右的大陆坡；三是大陆坡脚充满沉积岩的大陆基。

第一个对大陆架提出主权要求的国家是美国。1945 年 9 月，美国总统杜鲁门发表《关于大陆架的声明》，宣称："处于公海下但毗连美国海岸的大陆架的底土和海床的自然资源属于美国，受美国的管辖和控制。"随后，不少国家发表了类似的声明。

大陆架的法律概念与地质学上的概念有所不同。1958 年《大陆架公约》确立了第一个法律上的大陆架概念，"'大陆架'一词是指：①邻接海岸但在领海范围之外、深度不逾 200 公尺或超过此限度而其上述水域的深度容许开发自然资源的海底区域的海床和底土；②邻接岛屿海岸的类似海底区域的海床和底土"。第三次海洋法会议上确立了新的大陆架概念，扩展了法律上大陆架概念的范围。根据《海洋法公约》第 76 条的规定，沿海国的大陆架包括其领海以外依其陆地领土的全部自然延伸，扩展到大陆边外缘的海底区域的海床和底土。大陆边包括沿海国陆块没入水中的延伸部分，由大陆架、大陆坡和陆基的海床和底土构成。因此，大陆架的法律概念应是领海以外依其陆地领土的全部自然延伸，扩展到大陆边外缘的海底区域的海床和底土。

随着大陆架概念的变化，大陆架的外部界限也在变化。根据《海洋法公约》第 76 条的规定，大陆架的外部界限有两个标准：一是大陆架如果从测算领海宽度的基线量起到大陆边的外缘的距离不到 200 海里，则扩展到 200 海里。二是从测算领海宽度的基线量起到大陆边的外缘的距离超过 200 海里的，则不应超过从测算领海宽度的基线量起 350 海里，或不应超过连接 2500 米深度各点的 2500 米等深线 100 海里。

同时，公约还规定沿海国对 200 海里以外的大陆架上的非生物资源的开发，应通过国际海底管理局缴付费用或实物。管理局应根据公平分享的标准将其分配给公约各缔约国，同时要考虑到发展中国家的利益和需要，特别是其中最不发达的国家和内陆国的利益和需要。

（二）大陆架的法律地位

沿海国为勘探大陆架和开发其自然资源的目的，对大陆架行使主权权利。这种主权权利是固有的，不取决于沿海国有效或象征性的占领或明文公告；这种主权权利是专属性的，其他国家未经沿海国明示同意不得在该大陆架上进行任何开发活动。

根据《海洋法公约》的有关规定，沿海国对大陆架的权利主要有：①授权和管理为一切目的在大陆架上进行钻探的专属权利。②开发自然资源的权利，包括海床和底土的矿物和其他非生物资源，以及属于定居种的生物。如果沿海国开发 200 海里以外的大陆架上的非生物资源，应向国际海底管理局缴付费用或实物。③有权建造并授权建造人工岛屿、设施和结构，并对它们拥有专属管辖权。但沿海国对大陆架的权利不影响上覆水域或水域上空的法律地位；沿海国对大陆架权利的行使，不得对航行和公约规定的其他国家的其他权利和自由有所侵害，或造成不当的干扰。

按照《海洋法公约》的规定，其他国家在大陆架主要享有以下的权利和自由：①在大陆架上覆水域或水域上空航行和飞越的权利；②在大陆架上铺设海底电缆和管道的权利。不过，这种管道线路的划定必须经沿海国同意。

（三）相邻或相向国家间大陆架的划分

自大陆架法律制度确立以来，相邻或相向国家间如何划分大陆架界限的问题就一直存在。1958 年《大陆架公约》第 6 条规定，相邻或相向国家间的划界应以协定划分，在无协定的情形下，适用"等距离中间线"原则，但容许有关国家根据特殊情况划定大陆架界限。对于这条规定，不仅很多国家签约时提出了保留，而且在实践中大多数国家也不接受。在 1969 年的北海大陆架案中，国际法院认为等距离中间线原则尚未成为普遍接受的国际习惯法规则，海岸的一般形状及特征、大陆架的地质结构、自然资源、海岸长度等均是大陆架划界应考虑的因素。

在第三次联合国海洋法会议上，关于相邻或相向国家间大陆架的划界原则是争论最激烈的问题之一。在会上，有两种截然相反的观点：一种观点以 1958 年《大陆架公约》为依据，认为应采用中间线或等距离线作为划界原则。另一种观点则主张按照公平原则和自然延伸原则来划定疆界。最终，《海洋法公约》第 83 条作出了与专属经济区相同的大陆架划界规定，即海岸相向或相邻国家间大陆架的界限，应在《国际法院规约》第 38 条所规定的国际法的基础上以协定划定，以便得到公平解决。如解决不了，可采用海洋法解决争端程序解决。

（四）中国的大陆架制度

我国是世界上大陆架超过 200 海里的 18 个沿海国之一，东海、黄海、南海都有宽阔的大陆架。其中黄海地形平坦，平均水深约44米，全属大陆架。东海平均水深约70米，大约2/3的面积为大陆架。南海在福建以南包括四个离岸较远的群岛：西沙群岛、南沙群岛、中沙群岛和东沙群岛，这些群岛都由珊瑚礁组成，大陆架占海域面积的一半。

根据1998年《专属经济区和大陆架法》的规定，中国大陆架制度的主要内容如下：①中国大陆架为中国领海以外依本国陆地领土的全部自然延伸，扩展到大陆边外缘的海底区域的海床和底土。如果从测算领海宽度的基线量起至大陆边外缘的距离不足200海里，则扩展至200海里。②中国为勘查大陆架和开发大陆架的自然资源，对大陆架行使主权权利。这里的自然资源，包括海床和底土的矿物和其他非生物资源，以及属于定居种的生物。③中国对大陆架的人工岛屿、设施和结构的建造、使用和海洋科学研究、海洋环境的保护和保全，行使管辖权。④中国拥有授权和管理为一切目的在大陆架上进行钻探的专属权利。⑤我国与海岸相邻或者相向国家关于大陆架的主张重叠的，在国际法的基础上按照公平原则以协议划定界限。在实践中，我国政府一贯主张通过谈判与协商，以和平的方式解决这些争议。2000年12月25日，中越两国正式签署了《中华人民共和国和越南社会主义共和国关于两国在北部湾领海、专属经济区和大陆架的划界协定》。⑥任何国家在遵守国际法和我国的法律、法规的前提下，在我国的大陆架享有铺设海底电缆和管道的自由，以及与上述自由有关的其他合法使用海洋的便利。铺设海底电缆和管道的路线，必须经我国主管机关同意。⑦任何国际组织、外国的组织或者个人对我国的大陆架的自然资源进行勘查、开发活动或者在我国的大陆架上为任何目的进行钻探，必须经我国主管机关批准，并遵守我国的法律、法规。⑧任何国际组织、外国的组织或者个人在我国的大陆架进行海洋科学研究，必须经我国主管机关批准，并遵守我国的法律、法规。

三、专属经济区和大陆架的关系

在第三次海洋法会议上，有关大陆架和专属经济区的相互关系曾引起很大的争论。一种观点主张大陆架和专属经济区合并成一个区域，管理200海里范围内的生物资源和非生物资源。另一种观点主张在200海里范围以内实行专属经济区制度，200海里以外实行大陆架制度。最后，大多数国家认为，尽管建立了专属经济区制度，大陆架仍须作为一项独立的制度继续存在。

大陆架和专属经济区在200海里内是一个重叠区域，沿海国的权利也有重叠。[1]例如，沿海国领海以外从领海基线量起200海里范围内的海床和底土，既是《海洋法公约》第56条第1款所指的专属经济区的海床和底土，也是第76条第1款所指的大陆架的海床和底土。在上述区域内开发自然资源的主权权利，既是《海洋法公约》第56条第1款所指的沿海国在专属经济区的权利，也是第77条第1款所指的沿海国

---

〔1〕 王铁崖主编：《国际法》，法律出版社1995年版，第279页。

在大陆架的权利。为解决这种重叠，第 56 条第 3 款规定，该条所载的关于海床和底土的权利，应按照第六部分（大陆架部分）的规定行使。

大陆架和专属经济区虽然联系密切，但两者又有很大区别，不可相互取代：

1. 沿海国对两者的权利依据不同。沿海国对大陆架的权利取决于大陆架存在的事实，不取决于有效或象征性的占领或任何明文公告，而对专属经济区的权利必须通过宣布建立专属经济区才享有，否则该部分仍属于公海。

2. 沿海国在这两个区域内的权利义务不同。在 200 海里内，沿海国对大陆架的主权权利限于大陆架海床和底土的矿物资源和非生物资源，对于 200 海里以外到 350 海里之间的大陆架，沿海国的开发收入要适当与其他国家分享，其上覆水域则属公海，适用公海法律制度。沿海国在专属经济区内的权利，则不仅包括 200 海里内的海床和底土，也包括 200 海里的水域，不仅包括生物资源，也包括非生物资源。

3. 两者的范围不同。200 海里是大陆架的最小宽度，却是专属经济区的最大宽度，在 200 海里专属经济区外，沿海国仍可能有大陆架。

第六节　用于国际航行的海峡和群岛水域

一、用于国际航行的海峡（Straits Used for International Navigation）

用于国际航行的海峡，是指两端都连接公海或专属经济区且用于国际航行的海峡。

用于国际航行的海峡这个概念最早出现在国际法院审理的科孚海峡案，在该案中，法院认为处在公海的两个部分之间的海峡，外国军舰享有无害通过权，沿海国不得禁止此种通过。国际法院的上述观点被 1958 年《领海及毗连区公约》所采纳，但是该公约把外国船舶的无害通过权扩大到"公海或公海一部分与外国领海之间的用于国际航行的海峡"。

在第三次海洋法会议召开之前，越来越多的国家宣布领海的宽度为 12 海里或更宽，这样，全世界将有 116 个海峡变成领海海峡，其中 30 多个是经常用于国际航行的海峡。关于用于国际航行海峡的法律地位问题，在第三次海洋法会议上引起了很大的争论。一些国家主张适用公海自由通行制度，另一些国家则主张适用无害通过制度。经过反复协商，《海洋法公约》采用了折中方案，对用于国际航行的海峡规定了三种通行制度：过境通行制度、无害通过制度以及适用特殊公约制度。

（一）过境通行制度

根据《海洋法公约》第三部分的规定，过境通行制度（Transit Passage），是指在公海或专属经济区的一个部分和公海或专属经济区的另一个部分之间用于国际航行的海峡内，所有船舶和飞机都享有基于继续不停和迅速过境目的的航行和飞越自由。

船舶和飞机在行使过境通行权时应遵守如下义务：①毫不迟延地通过或飞越海

峡。②不对海峡沿岸国的主权、领土完整或政治独立进行任何武力威胁或使用武力，或以任何其他违反《联合国宪章》所体现的国际法原则的方式进行武力威胁或使用武力。③除因不可抗力或遇难而有必要外，不从事其继续不停和迅速过境的通常方式所附带发生的活动以外的任何活动。④过境通行的船舶应遵守一般接受的关于海上安全的国际规章、程序和惯例，遵守一般接受的关于防止、减少和控制来自船舶的污染的国际规章、程序和惯例。⑤过境通行的飞机应遵守国际民用航空组织制定的适用于民用飞机的《航空规则》；过境飞机通常应遵守这种安全措施，并在操作时随时适当顾及航行安全；随时监听国际上指定的空中交通管制主管机构所分配的无线电频率或有关的国际呼救无线电频率。

海峡沿岸国有权就过境通行制定如下法律规章：①必要时为海峡航行指定海道和规定分道通航制，以促进船舶的安全通过；②使有关国际规章有效，以防止、减少和控制污染；③防止渔船捕鱼的规章；④防止违反沿岸国海关、财政、移民或卫生的法律和规章。

（二）无害通过制度

根据《海洋法公约》的规定，下列用于国际航行的海峡不适用过境通行制度，而只适用无害通过制度：

1. 如果海峡是由海峡沿岸国的一个岛屿和该国大陆形成，而且该岛向海一面有在航行和水文特征方面同样方便的一条穿过公海或穿过专属经济区的航道。

2. 海峡是在公海或专属经济区的一个部分和外国领海之间的。

3. 如果穿过某一用于国际航行的海峡有在航行和水文特征方面同样方便的一条穿过公海或穿过专属经济区的航道。

（三）特殊公约制度

根据《海洋法公约》的规定，如果用于国际航行的海峡已通过长期存在、现行有效的国际公约建立了法律制度，并对其通过作出规定，则这些海峡的法律制度不受《海洋法公约》的影响。换言之，对于这类用于国际航行的海峡，则适用特殊公约制度。如两岸均属土耳其所有的黑海海峡，保加利亚、英国、土耳其、原苏联等国家1936年在瑞士蒙特勒签订了《蒙特勒公约》（Montreux Convention），对其通过制度作出了具体规定，则其通过制度适用《蒙特勒公约》而不受《海洋法公约》的影响。

用于国际航行的海峡的通过制度不应影响构成这种海峡的水域的法律地位或影响海峡沿岸国对这种水域及其上空、海床和底土行使其主权或管辖权。

二、群岛水域

（一）群岛和群岛国的定义

根据《海洋法公约》的规定，岛屿就是四面环水并在高潮时仍高于水面的自然形成的陆地区域。除了那些不能维持人类居住或其本身的经济生活的岩礁不能有专属经济区和大陆架外，其他岛屿可以像陆地一样拥有领海、毗连区、专属经济区和大陆架。群岛（Archipelago）就是若干岛屿组成的一个在地理上、经济上和政治上密切联系的实体，建立在一个或几个这样群岛上的国家就是群岛国。

关于群岛国是各岛分别划出领海及其他海域，还是作为一个整体划出领海及其他海域，一直以来都有争议。1930 年的海牙国际法编纂会议、1958 年联合国海洋法第一次会议，都讨论过这个问题，但直到 1982 年第三次海洋法会议，经过各国反复磋商，才最终在《海洋法公约》第四部分规定了群岛水域的新制度。

（二）群岛基线的划定

按照《海洋法公约》第 47 条的规定，群岛国可以连接群岛最外缘各岛的最外缘各点的直线作为群岛基线，基线内应包括主要的岛屿和一个区域。群岛基线划定的时候应符合如下要求：①基线范围内，水域面积和包括环礁在内的陆地面积的比例应在 1∶1 到 9∶1 之间；②这种基线的长度不应超过 100 海里，但围绕任何群岛的基线总数中至多 3% 可超过该长度，最长不能超过 125 海里；③这种基线的划定，不应在任何明显的程度上偏离群岛的一般轮廓。

（三）群岛水域的法律地位和制度

群岛基线所包围的水域称为群岛水域（Archipelagic Waters）。根据《海洋法公约》第 49 条的规定，群岛国的主权及于群岛水域及其上空、海床和底土，以及其中所包含的资源。群岛国可以根据《海洋法公约》的规定，在群岛水域的河口、海湾和海港划定内水的界限。

但群岛国应尊重与其他国家间的现有协定，并应承认直接相邻国家在群岛水域范围内的某些区域内的传统捕鱼权利和其他合法活动；群岛国应尊重其他国家所铺设的通过其水域而不靠岸的现有海底电缆，并允许维修和更换。

所有国家的船舶均享有在群岛水域的无害通过权。基于国家安全的理由，群岛国可在特定区域暂停此种无害通过，但不能有形式上或事实上的歧视。

所有国家的船舶和飞机都享有群岛海道通过权，即群岛国可指定适当的海道和其上的空中航道，以便外国船舶和飞机继续不停和迅速通过或飞过其群岛水域和邻接的领海。但该通过制度不应影响包括海道在内的群岛水域的地位，或影响群岛国对这种水域及其上空、海床和底土以及其中所含资源行使其主权。

群岛水域制度是《海洋法公约》为群岛国新创的一种特殊的制度，在照顾群岛国利益的同时，也考虑了其他国家在海洋航行的权利。

第七节　公海

一、公海（High Seas）的概念

公海的概念产生于 16 世纪，并在 19 世纪获得各国的普遍认可，当时的公海，是指不包括国家内水和领海的全部海域。1958 年《公海公约》采纳了这个概念。第三

次海洋法会议确立了很多新的海域，因而公海的概念也随之发生了变化。根据《海洋法公约》第 86 条的规定，公海，是指不包括在国家的专属经济区、领海或内水或群岛国的群岛水域内的全部海域。值得注意的是，公海范围变小，海洋的海床和底土都不属于公海的范围。公海下面的海床和底土，要么属于一国的大陆架，要么属于国际海底区域。

公海自由原则是国际法上较古老的海洋法规则。按照国际法，公海是全人类的共同财富，对一切国家自由开放。任何国家也不得将公海的任何部分据为己有，不得对公海本身行使管辖权。

二、公海自由

19 世纪以来，公海自由逐渐获得国家的认可，成为国际习惯法规则。1958 年《公海公约》将公海自由的具体内容规定为四项，即航行自由、捕鱼自由、铺设海底电缆和管道自由以及公海上空飞越自由。1982 年《海洋法公约》根据各国在公海活动的新情况，将公海自由在四项基础上增加两项，即建造国际法所容许的人工岛屿和其他设施的自由、科学研究的自由。

不论沿海国还是内陆国，均享有公海自由。航行和飞越自由是公海的重要自由，它是指所有国家的船舶和飞机，不论是军舰还是商船，不论是民用航空器还是国家航空器，都享有在公海的任何部分自由航行和飞越的权利。捕鱼自由，是指所有国家有权在公海上捕鱼，但国家行使该自由受到一定限制。根据《海洋法公约》第 116 条的规定，国家捕鱼自由受如下限制：①国家参加的条约义务限制；②关于高度洄游鱼种等特殊鱼群，应受《海洋法公约》规定的沿海国权利义务的限制；③各国任其国民在公海上捕鱼的权利受《海洋法公约》规定的义务的限制。国家在公海有铺设海底电缆和管道自由，但国家应制定必要的法律和规章，以惩罚因故意或因重大疏忽而破坏或损害公海海底电缆的行为，并规定该种破坏或损害行为的损害赔偿制度。国家在公海上有建造国际法所容许的人工岛屿和其他设施的自由，这是《海洋法公约》新增加的自由。但根据《海洋法公约》的规定，国家在行使这一自由时要受《海洋法公约》第 60 条的限制，如对其他国家通知这种人工岛屿、设施或结构的建造，并对其存在维持永久性的警告方法，已被放弃或不再使用的任何设施或结构，应予以撤除等。科学研究自由也是《海洋法公约》新增加的自由，指各国均享有的在公海内进行科学研究的自由。但国家在行使这项自由时，要受《海洋法公约》第六部分（大陆架部分）和第十三部分（海洋科学研究）规定的限制。

三、公海的法律制度

公海是自由的，但并非处于无法律的混乱状态，国际社会在长期的实践中，通过国际条约、国际习惯和国内立法，逐渐形成了一整套利用公海的法律制度。

（一）航行制度

所有国家，不论是沿海国或内陆国，都有权在公海上行驶悬挂其国旗的船舶。但在 20 世纪以前，只有沿海国有权在公海上航行。直到 1921 年，在巴塞罗那会议上通过的《巴塞罗那宣言》才首次承认非沿海国在公海上航行的权利。

船舶在公海上航行必须悬挂一国的旗帜，船舶取得船旗国的国籍，因此受该国的管辖和保护。一国到底根据何种条件允许船舶登记并赋予国籍，国际法对此并没有统一的规定，通常是由各国通过国内立法加以确定的。

按照国际法，一艘船舶应只具有一国国籍并悬挂该国国旗。然而，有些国家为获取船舶登记费，开放登记，放宽赋予国籍的条件，这种旗帜被称为"方便旗"（Flag of Convenience），悬挂这种旗帜的船舶称为"方便旗船"。方便旗船与船旗国没有密切的联系，船旗国难以实现真正的管辖。为了解决这个问题，《联合国海洋法公约》规定："国家和船舶之间必须有真正联系"（第 91 条），但何为"真正联系"，《海洋法公约》并没有具体规定。船舶除所有权确实转移或变更登记外，不得在航程中或在停泊港内变换其旗帜，也不得悬挂两国或两国以上旗帜，悬挂两国或两国以上旗帜者，视同无国籍船舶。

为了维护公海航行安全，船舶在公海上航行要遵守国际社会制定的有关航行安全的国际公约，如《国际海上避碰规则》《国际船舶载重线公约》《统一船舶碰撞若干法律规定的国际公约》《统一海上救助若干法律规则的国际公约》等。

（二）管辖制度

1. 公海的管辖权。公海虽然是自由的，但各国在公海上可在一定限度内行使某些管辖权。船旗国管辖是公海管辖的主要原则。基于该原则，每个国家应对悬挂其旗帜的船舶有效地行使行政、技术及社会事项的管辖和控制；有权在公海上对悬挂本国旗帜的船舶，船上的人、物以及发生的事件进行管辖；对公海发生的船舶碰撞享有专属管辖权，对涉及碰撞事件的船长及船上工作人员的刑事责任只能向船旗国或这些人的国籍国提出，船旗国当局以外的任何当局，即使作为一种调查措施，也不应命令逮捕或扣留船舶。

此外，各国对公海上发生的违反人类利益的国际罪行以及违反国际法的行为具有普遍管辖权，包括海盗行为、从事未经许可的广播的行为、贩运奴隶的行为、贩运毒品的行为等。

军舰和政府非商业性服务的船舶在公海上享有完全豁免权，不受船旗国以外任何其他国家的管辖。

国家在公海上的管辖权一般是由军舰或经授权的国家公务船舶来行使的。

2. 登临权。代表国家行使公海上管辖权的军舰在公海上享有登临权，即军舰、军用飞机或其他经正式授权并有清楚标志可以识别的为政府服务的任何其他船舶或飞机。在公海上发现不享有豁免权的外国船舶具有下列嫌疑，有权登临和检查：

（1）从事海盗行为。海盗行为（Piracy）是指私人船舶或私人飞机的船员、机组人员或乘客，为私人目的，在公海上或在任何国家管辖范围以外的地方，对另一船舶或飞机或对另一船舶或飞机上的人或财物，所从事的任何非法的暴力或扣留行为或任何掠夺行为。如果军舰、政府船舶或政府飞机由于其船员或机组成员发生叛变并控制该船舶或飞机而从事上述行为，也属海盗行为。

（2）从事奴隶贩卖。贩运奴隶（Transport of Slaves）也是国际法所禁止的行为，《海洋法公约》也明确规定，每个国家应采取有效措施，防止和惩罚准予悬挂该国旗帜的船舶贩运奴隶，并防止为此目的而非法使用其旗帜。在任何船舶上避难的任何奴隶，不论该船悬挂何国旗帜，均当然获得自由。

（3）从事未经许可的广播。所谓未经许可的广播，是指船舶或设施违反国际规章在公海上播送旨在使公众收听或收看的无线电传音或电视广播，但遇难呼号的播送除外。依据《海洋法公约》第109条的规定，各国应进行合作，制止这种广播。

（4）船舶无国籍。

（5）船舶虽悬挂外国旗帜或拒不展示其旗帜，而事实上却与该军舰属同一国籍。

军舰在行使登临权时，可派一艘由一名军官指挥的小艇到该嫌疑船舶检查船舶文件，如仍有嫌疑，可对该船进行检查。如嫌疑经证明为无根据，且被登临船舶并未从事嫌疑的任何行为，则应对该船所受损失予以赔偿。

3. 紧追权。代表国家行使公海上管辖权的军舰在公海上享有紧追权，即沿海国对违反该国法律并从该国管辖范围内的水域驶向公海的外国船舶进行追赶，予以拿捕并交付审判的权利。根据国际法，沿海国行使紧追权必须遵循下列规则：

（1）紧追必须从沿海国的内水、群岛水域、领海或毗连区内开始，如果外国船舶在专属经济区或大陆架内违反沿海国有关专属经济区或大陆架的法律规章，也可以从专属经济区或大陆架海域开始紧追。

（2）紧追必须连续不断地进行，一旦中断，追逐立即停止。

（3）追逐只有在外国船舶视听所及的距离内发出视觉或听觉的停驶信号后，才可以开始。

（4）紧追任务只能由军舰、军用飞机或特别授权的其他公务船舶或飞机执行。

（5）紧追可以延续至公海，但被追逐船舶进入其本国或第三国的领海时，紧追必须终止。

（6）沿海国如无正当理由行使紧追权，应对在领海以外命令外国船舶停驶或逮捕外国船舶造成的任何损失予以赔偿。

第八节　国际海底区域

一、国际海底区域的概念和法律地位

国际海底区域（the International Sea‐bed Area），简称"区域"（the Area），是指国家管辖范围以外的海床、洋底及其底土，即各国领海、专属经济区和大陆架以外海域的海床洋底及其底土。这一区域约占海洋面积的65%。

20世纪中叶，海底区域发现了蕴藏量丰富的多金属锰结核矿，这种多金属结核

包含锰、铜、镍、钴四种宝贵的金属，引起了世界各国的关注。20世纪60年代，主要工业发达国家加快了对海底的勘探活动，初步查明全球各大洋底锰结核总储量为30 000亿吨，另外还发现了大洋底部除锰结核外的其他金属矿产（如金属硫化物等）。但对这种多金属结核矿的开发和提炼需要大量的资金和一定的技术，目前只有少数国家能进行。为防止海底资源被少数大国瓜分和控制，广大发展中国家要求对国际海底区域及其资源的勘探、开发实行管制，使之能为全人类谋福利。

1967年8月17日，马耳他常驻联合国代表阿维德·帕多（Arvid Pardo）在联合国大会上提出，海床洋底应被看作人类的共同继承财产，为全人类的福利服务。帕多的建议获得了大多数国家的支持。联合国大会后来通过的一系列决议都肯定了帕多提出的"人类共同继承财产"（Common Heritage of Mankind）的主张。例如，1970年12月联大通过的"联合国关于各国管辖范围以外的海床、洋底及其底土原则宣言"，宣告国际海底区域为人类共同继承财产，任何国家或个人（包括法人）均不得将其据为己有，国家也不得对其主张或行使主权权利。

在第三次海洋法会议期间，各国就国际海底区域应该实行何种法律制度进行了激烈的争论，最终发展中国家的观点占了上风。根据《海洋法公约》第十一部分的规定，国际海底区域的法律地位如下：①国际海底区域及其资源是人类的共同继承财产。②任何国家或个人不得将区域的任何部分或其资源占为己有，不得主张权利。③区域内资源的一切权利属于全人类，由国际海底管理局代表全人类行使。④区域对所有国家开放，专为和平目的利用。⑤区域的法律地位，不影响其上覆水域或水域上空的法律地位。

二、国际海底区域的开发制度

国际海底区域的开发制度是第三次海洋法会议上争论的焦点，发展中国家和发达国家有不同的观点。发展中国家主张实行"单一开发制"，认为区域内资源的勘探和开发活动全部由国际海底管理局代表全人类进行；发达国家主张由缔约国及其企业进行开发，管理局只负责登记。经过反复谈判协商后，达成了一个妥协方案，最后确定了"平行开发制度"（Panelled system）作为过渡时期国际海底区域的勘探和开发制度。

按照《海洋法公约》的规定，国际海底区域的勘探和开发的主体主要有两类：一是国际海底管理局企业部；二是缔约国或国有企业，或在缔约国担保下的具有缔约国国籍或由这类国家或其国民有效控制的自然人或法人，或符合公约规定的任何组织。第二类主体的开发活动必须与国际海底管理局以协作方式进行，即申请者在向管理局提出开发申请时，应向管理局提供两块具有同样商业价值的矿区及其资源数据，管理局在45天内将其中一块矿区批准给申请者开发，与申请者签订合同；另一矿区则作为保留区，由管理局的企业部开发，或由企业部与某个发展中国家联合开发。

三、国际海底管理局

为了管理、组织和控制国际海底区域的资源勘探、开发等活动,《海洋法公约》规定设立国际海底管理局 (the International Seabed Authority)[1]。管理局由所有缔约国组成,总部设在牙买加首都金斯敦。1994 年 11 月 16 日,国际海底管理局召开了大会,宣布国际海底管理局正式成立。

国际海底管理局的主要机关为大会、理事会和秘书处。

1. 大会。大会是管理局的最高权力机关,由全体缔约国组成,缔约国可派一名代表出席大会,副代表和顾问可随同代表出席。大会每年召开一届常会,必要时可召开特别会议。大会实行一国一票制,程序问题以出席并参加表决的成员过半数做出决定,实质问题则需 2/3 多数做出决定。大会职权广泛,有权就其职权范围内的任何事项或问题制定一般性政策,决定设立必要的附属机关,决定会费分摊,审议理事会决议,选举理事会理事国、秘书长、企业部总干事等。

2. 理事会。理事会是管理局的执行机关,向大会负责,按大会所制定的一般政策制定具体政策。理事会由 36 个具有代表性的缔约国组成,其中发展中国家至少要占一半以上,任期 4 年,连选可连任。每一理事国有一个投票权,程序问题以出席并参加表决的成员过半数做出决定,实质问题则需要 2/3 或 3/4 多数才能做出决定。理事会下设经济规划委员会、法律和技术委员会两个辅助机关,各委员会由理事会根据缔约国提名选出的 15 名委员组成。

3. 秘书处。秘书处是国际海底管理局处理日常行政事务的常设机构,由秘书长和经任命的科学技术人员和其他人员组成。秘书长是管理局的行政首长,由大会从理事会提名的候选人中选举,任期 4 年,连选可连任。秘书长及工作人员在执行职务时,不应寻求或接受任何政府的指示或管理局以外其他来源的指示。

此外,国际海底管理局还设立在区域内从事勘探和开发活动的业务机构——企业部,其宗旨是在海底管理局的国际法律人格的范围内,按照健全的商业原则,直接进行国际海底区域的各项活动,其中包括回收、运输、加工和销售海底区域的矿物;企业部也可与其他实体联营从事国际海底区域活动。[2]

四、《海洋法公约》第十一部分的修正问题

《关于执行 1982 年 12 月 10 日〈联合国海洋法公约〉第十一部分的协定》(Agreement Relating to the Implementation of Part XI of the UN Convention on the Law of the Sea of 10 December 1982)(以下简称《协定》)共有 10 项条款和 1 个附件。根据《协定》的规定,在涉及第十一部分适用的有关法律时,如出现公约与《协定》不一致

---

[1] 根据《联合国海洋法公约》第 308 条的规定,国际海底管理局大会应在《联合国海洋法公约》生效之日召开。《联合国海洋法公约》于 1994 年 11 月 16 日生效,因此国际海底管理局大会于当日召开,宣布国际海底管理局成立。

[2] 王铁崖主编:《中华法学大辞典:国际法学卷》,中国检察出版社 1996 年版,第 191~192 页。

的情形，以《协定》的规定为准；凡是已经递交批准书加入公约的国家，推定为同样接受《协定》的约束；此后表示愿意接受公约约束的国家，一旦递交批准书，即表示愿意同样接受《协定》的约束。

《协定》的主要内容如下：

1. 缔约国的费用和体制安排。公约规定的机构相当庞大，由此产生的费用承担对各缔约国来说也是巨大的。因此，《协定》对此作了修改，规定尽量减少各缔约国的费用承担；管理局各机关应当有成本利益的考虑，其设立和运作应采取渐进的方式。

2. 关于企业部。公约规定，企业部是直接进行"区域"内活动以及从事运输、加工和销售从"区域"回收的矿物的管理局机关，由董事会、总干事1人和执行其任务所需的工作人员组成。企业部最初活动经费，50%是由缔约国根据联合国经常预算会费分摊比额表以长期无息贷款的方式向企业部提供，其余50%由企业部自行筹措。因此，企业部具有特殊的地位，在财政上享有特权。因此，《协定》对此修改为：管理局秘书处履行企业部的职责，直至企业部开始独立运作；管理局秘书长从管理局工作人员中任命一名临时总干事来监督秘书处履行这些职务；企业部初期的采矿业务以联合企业的方式进行；适用于承包者的义务同样适用于企业部。

3. 关于决策程序问题。《海洋法公约》规定按理事会按照大会所制定的一般政策制定具体政策，《协定》修改为"管理局的一般政策应由大会会同理事会制定"，同时把决策程序修改为：管理局各机关的决策应当采取协商一致方式；若无法达成共识，大会应以出席并参加表决的成员过半数决定程序问题，以2/3多数决定实质问题。理事会若无法以协商一致方式达成共识，应以出席并参加表决的成员2/3多数决定实质问题，同时要求理事会5组中的任一分组没有过半数反对该项决定。

4. 审查会议。《海洋法公约》第155条规定，在商业生产开始后15年，应召开一次审查会议。《协定》将不再适用此规定，而是规定大会可根据理事会的建议，随时审查《海洋法公约》第155第1款所述的事项。

5. 技术转让。公约附件三第5条规定，深海海底开发承包者要向企业部转让开发技术，并且这种转让是强制性和无偿的。《协定》取消了强制技术转让的规定，规定采取商业运作作为技术转让的基础，可通过市场或者举办联合企业的方式获得技术。

6. 生产政策。《海洋法公约》对海上生产进行了限制，以保护陆上生产国的利益。《协定》完全取消了关于生产限额的规定，规定"区域"的资源应按照健全的商业原则进行开发；"区域"内的活动不应获得补贴；不对从"区域"和从其他来源取得的矿物实行区别待遇。这是《协定》对《海洋法公约》的一个根本性修改。

7. 经济援助。《海洋法公约》规定由于深海海底资源开发对于陆上生产国造成的损失应给予补偿，而《协定》则修改为对于陆上生产国的损失以经济援助基金的形式给予补偿。

8. 关于公约的财政条款。《海洋法公约》规定深海海底开发者从申请到商业性生产都应向管理局缴费，缴费时间为合同生效日，这对发达国家的承包者显然不利。《协定》修改了上述规定，取消生产费和利润的缴纳，"生产年费"的概念仍然保留，但缴纳多少由理事会决定，缴纳时间为商业性生产开始之日。

9. 财务委员会。《协定》增设财务委员会，由 15 位具有财务方面适当资格的委员组成，向管理局大会和理事会就所有的财务和预算问题提出建议。财务委员由缔约国提名，大会选举产生，任期 5 年，连选可连任一次。

 **学术视野**

关于军舰在领海的无害通过权

关于军舰是否像非军用船舶一样在他国领海享有无害通过权，不仅各国的做法不同，学者也有不同的看法。认可军舰享有该权利的学者认为，1958 年《领海和毗连区公约》规定一切国家的船舶，不分军用或民用，都享有无害通过领海的权利，1982 年《海洋法公约》基本上仍沿袭了 1958 年公约的规定。反对的学者认为，1982 年公约第 19 条列举的 12 种非无害的行为中，许多行为都是军舰才能做的行为，因此沿海国要求外国军舰须经批准或请求才能通过是完全合理的。

 理论思考与实务应用

一、理论思考

（一）名词解释

1. 领海基线
2. 无害通过
3. 毗连区
4. 紧追权
5. 平行开发制
6. 公海
7. 国际海底区域
8. 登临权
9. 群岛水域
10. 过境通行制

（二）简答题

1. 简述领海的法律地位。
2. 简述大陆架的法律地位。
3. 沿海国在专属经济区的权利义务有哪些？

4. 相邻或相向国家间划分大陆架应根据什么原则?

5. 简述公海的法律地位。

6.《海洋法公约》对群岛基线的划定有何规定?

（三）论述题

1. 论述领海的无害通过制度。

2. 论述沿海国的紧追权。

3. 大陆架和专属经济区有何异同?

4. 论述用于国际航行海峡的通过制度。

5. 论述军舰在公海的登临权。

6. 试述国际海底区域的法律地位及其资源开发制度。

二、实务应用

（一）案例分析示范

案例一：英挪渔业案

挪威海岸线长约 1500 公里，沿岸曲折，布满大小岛屿、岩石和暗礁，形成一个连绵不断的群岛。沿岸海域渔业资源丰富，是挪威当地居民赖以生存的重要生活来源。为阻止英国渔船进入该区域捕鱼，1935 年 7 月 12 日，挪威国王颁布《国王诏令》，把海上高地、岛屿和礁石上的 48 个基点连接成线，把毗连该基线并向海延伸 4 海里的海域作为挪威的专属渔区，主张排他性的捕鱼权。这些基点之间的距离有的超过 10 海里，其中最长的达 44 海里。挪威的做法对英国渔业有很大的影响，因此英国表示强烈反对，认为挪威的做法违背了国际法：①挪威采用直线基线不符合国际法，国际法所规定的领海基线应是低潮线，即海水退潮时退到不能再退时的那条海岸线，只有海湾才可以采用直线基线划法；②即使挪威采用直线基线，其长度也不能超过 10 海里，但挪威《国王诏令》中有一条基线竟长达 44 海里。挪威对此予以反驳，认为这些规则不适用于挪威，其所采用的划定基线的方法无论从哪一方面来说都是符合国际法的。挪威划定直线基线的以前敕令并未遭到包括英国在内的任何外国的反对。因此，应该认为英国已默认了这一方法的效力。由于两国均接受国际法院的强制管辖，英国遂于 1949 年 9 月 28 日以请求书方式向国际法院起诉。国际法院和两国都同意挪威有权主张 4 海里领水带，争议的焦点有二：一是直线基线是否符合国际法，二是直线基线长度是否有限度。对于第一个问题，国际法院认为，挪威海岸曲折，岛屿密布，英国曾经主张的平行线法和圆弧法都不适合，挪威采用的直线划法使得领水带与海岸方向一致，许多国家在挪威之前就使用过，从未引起其他国家的反对。对于第二个问题，国际法院认为，虽然有一些国家在国内法和国际条约中规定了 10 海里规则，但不管是国家实践还是司法判例，都存在不同做法，因此 10 海里规则尚未成为国际习惯法规则。在实践中，挪威长期以来一直采用直线基线，英国只在 1933 年才提出正式和明确的抗议。

鉴于上述理由，国际法院于 1951 年 12 月 18 日作出判决，驳回英国的要求，判定挪威 1935 年敕令划定渔区的方法和采用直线基线法确定领海基线并不违反国际法。

问：1. 领海基线应如何划定？

2. 我国如何划定领海基线？

【评析】1. 领海基线有正常基线和直线基线两种。正常基线就是低潮线，即海水退到最低潮时的那条线；直线基线就是在沿海岛屿上和沿岸向外突出的地方选定一系列的点，将这些点连接起来划出的一条线。

传统海洋法只承认以正常基线作为基线来划定一国的领海。这种方法对于那些海岸比较曲折或沿岸有很多岛屿的国家来说，显然是不合适的。在 1951 年的英挪渔业案中，挪威的做法得到了国际法院的认可。该案判决后，直线基线就被其他国家广泛采用，并被 1958 年《领海和毗连区公约》（第 4 条）和 1982 年《海洋法公约》（第 7 条）所肯定。1982 年《海洋法公约》在认可直线基线做法的同时，还规定了沿海国采用直线基线的前提条件和应遵守的规则，即沿海国只有在"海岸线极为曲折的地方"或者"紧接海岸有一系列岛屿"的情况下可以采用直线基线，确定特定基线时，对于有关地区所特有的并经长期惯例清楚地证明其为实在而重要的经济利益可予以考虑。同时，直线基线的划定受到如下限制：不应该在任何明显的程度上偏离海岸的一般方向；直线基线内的海域必须充分接近陆地领土，使其受内水制度的支配；一国不得采用直线基线制度，致使另一国的领海同公海或专属经济区隔断。

2. 我国 1958 年《关于领海的声明》和 1992 年《领海及毗连区法》规定，我国领海基线采用直线基线。

案例二："塞加号"案

"塞加号"是一艘在加勒比海岛国——圣文森特及格林纳丁斯（下称圣文森特）登记的油轮。1997 年 10 月 27 日晨，载有 5000 吨汽油（约值 100 万美元）的"塞加号"越过几内亚和几内亚比绍之间的海洋边界，进入几内亚专属经济区，向 3 艘渔船供应汽油。10 月 28 日晨 4 时，几内亚通过雷达侦察到油轮塞加号，于是派出两艘海上巡逻艇对油轮进行追逐。约 9 时，几内亚巡逻艇登上并逮捕了"塞加号"。在扣船的过程中，几内亚巡逻艇使用了机关枪，导致两名船员受重伤。"塞加号"及其船员被带往几内亚首都科纳克里，船长被拘留，船员的旅行文件都被拿走，船上由武装警卫看守，货物被卸下。此后，几内亚当局没有要求圣文森特提供释放"塞加号"和船员的担保，圣文森特也没有提供这种担保。

不久，几内亚当局在科纳克里初审法院对塞加号船长提出刑事诉讼。12 月 17 日，初审法院判决"塞加号"船长犯了有关禁运、欺诈和逃税罪，并处以罚金，没收了作为支付担保的该船及其货物。1998 年 2 月 3 日上诉法院维持了原判。

由于两国都是《海洋法公约》缔约国，圣文森特遂于 1997 年 11 月 13 日向国际海运法庭起诉几内亚，要求几内亚根据《海洋法公约》第 292 条的规定迅速释放"塞加号"及其船员。法庭于同年 12 月 4 日作出了判决，下令在提供合理的担保书或其他担保后释放"塞加号"及其船员：从"塞加号"卸下的石油应被视为是已取得的财政担保；以信用证或银行担保形式提交 40 万美元，或以双方当事人同意的任何其他形式提交。几经周折，几内亚终于遵照法庭判决，于 1998 年 2 月 28 日释放了"塞加号"及其船长和其余船员。

迅速释放问题解决后，圣文森特和几内亚在 1998 年 2 月 20 日达成协议，将争端提交国际海洋法法庭解决。圣文森特认为几内亚的紧追不合法，侵犯了"塞加号"在专属经济区内享有航行自由或海洋其他国际合法用途的权利："塞加号"在几内亚专属经济区向渔船加油并未违反其任何法律，几内亚将其海关法延伸到专属经济区是违反《海洋法公约》的；几内亚未按照《海洋法公约》第 111 条行使紧追权；几内亚在逮捕"塞加号"时使用了过分、不合理的武力。因此，几内亚应对"塞加号"所受损失进行赔偿。几内亚则对此反驳，要求法庭驳回圣文森特的请求，并宣布它没有侵犯圣文森特的任何权利以及没有赔偿的义务。

1999 年 7 月 1 日，法庭作出判决，支持了圣文森特的请求。法庭认为，沿海国有权在其领海和毗连区内适用海关法律规章，但《海洋法公约》没有授权沿海国可在专属经济区的任何其他部分适用其海关法，因此几内亚将其海关法适用于专属经济区是违反《海洋法公约》的。

关于几内亚行使紧追权是否符合《海洋法公约》第 111 条，法庭认为，合法的紧追应符合紧追的每一个条件。首先，沿海国当局须有"充分理由"认为外国船舶违反其按照《海洋法公约》可适用的法律和规章。既然"塞加号"没有违反按照《海洋法公约》可适用的几内亚法律和规章，扣押该船当然没有法律依据。其次，几内亚提供的证据不足以证明其在追逐开始前发出了必要的视觉或听觉的停驶信号。再次，追逐曾中断过，而追逐一旦中断，就不能再追。最后，被告扣留"塞加号"使用了过分不合理的武力。法庭认为，尽管《海洋法公约》没有关于扣留时使用武力的明文规定，但一般国际法要求，为捍卫权利或实施法律而使用武力，考虑到每一案件的具体情况应当是合理的和成比例的。人道主义的考虑也适用于海洋法。按照国际法的基本准则，必须尽可能地避免使用武力，武力不可避免时，不得超出当时情况下合理的和必要的限度。"塞加号"是非武装的一艘装满了汽油的油轮，最大速度为 10 海里，几内亚官员可轻而易举地登船，而被告当局却使用了自动枪实弹射击。因此，扣船时使用的武力是过分的、不合理的。圣文森特对它直接遭受的损失以及"塞加号"遭受的包括利润在内的损失有权获得赔偿。

问：1.《海洋法公约》关于迅速释放问题是如何规定的？

2. 沿海国在行使紧追权的过程中是否可以对被追逐船舶使用武力？为什么？

【评析】"塞加号"案是国际海洋法法庭成立后审理的第一号和第二号案件，分别对迅速释放和紧追权行使的条件作出了判决。

《海洋法公约》第 73 条和第 292 条对迅速释放问题及其争端解决有具体规定。根据该规定，沿海国行使其勘探、开发、养护和管理在专属经济区内的生物资源的主权权利时，可采取为确保其依照本公约制定的法律和规章得到遵守所必要的措施，包括登临、检查、逮捕和进行司法程序。但对被逮捕的船只及其船员，在提出适当的保证书或其他担保后，应迅速释放。在逮捕或扣留外国船只的情形下，沿海国应通过适当途径将其所采取的行动及随后所施加的任何处罚迅速通知船旗国。此外，如果缔约国当局扣留一艘悬挂另一缔约国旗帜的船只，而且据指控，扣留国在合理的保证书或其他财政担保经提供后仍然没有遵从本公约的规定，将该船只或其船员迅速释放，释放问题可向争端各方协议的任何法院或法庭提出，如从扣留时起10日内不能达成这种协议，则除争端各方另有协议外，可向扣留国根据第287条接受的法院或法庭，或向国际海洋法法庭提出。

关于紧追权行使的条件，法庭根据《海洋法公约》第111条所规定的紧追权行使条件进行了进一步阐述和解释，特别是在紧追过程中为有效逮捕被追逐船舶行使"必要且合理的武力"原则的适用作了非常详尽的分析，这些对沿海国制定适用于其管辖海域的法律和海洋执法都有重要的指导意义。

案例三：北海大陆架案

自1959年欧洲北海荷兰近岸地区发现大型天然气田以来，各国开始重视大陆架油气田的勘探开发，1963～1966年间，北海5个沿岸国（挪威、英国、丹麦、荷兰、联邦德国）纷纷颁布了本国大陆架法令，并与相邻或相向国家进行了一系列划界活动。1966年，德国与荷兰、丹麦在如何划定北海大陆架界线上发生争议。早在1964年12月、1965年6月，德国就分别与荷兰、丹麦签订了双边协议，用等距离中间线原则划分它们在近海岸部分的大陆架分界线，即从海岸到海面25海里～30海里处的分界线，但双边协议无法解决它们在近海岸以外的北海的大陆架分界线。1966年争议的焦点是荷、丹主张整条边界线应采用1958年《大陆架公约》第6条规定的等距离原则划出，德国认为这种划法不公平，因为德国的海岸是凹入的，从其两端划出的等距离线会形成交叉，使德国得到的大陆架只是一个与其海岸长度小得不成比例的三角形。

1967年2月，德国与丹麦、荷兰分别达成协议，将争议提交国际法院，请求法院判定"在划分属于该三国的北海大陆架区域时应适用什么国际法原则和规则"，同时请求法院将两案合并审理。

丹麦和荷兰认为，应以等距离（中间线）原则划分三国在北海的大陆架，理由如下：1958年《大陆架公约》规定了划界的"等距离——特殊情况"规则，两国都是该公约缔约国，德国虽不是该公约缔约国（德国1958年签署但未批准《大陆架公约》），但由于该规则是大陆架法律概念中的固有概念，已成为国际习惯法规则，对德国有拘束力；且德国的海岸地形还称不上"特殊情况"。德国则予以反驳，认为等距离（中间线）原则无论作为协议规则或是习惯规则对本案都不能适用；同一大陆架上国家之间划界应经协议决定，留给每个国家"公平合理的份额"，且北海东南部海岸外形应属于"特殊情况"，因而应公平划定这一地区各国大陆架的界线。

国际法院在1969年2月20日以11票赞成、6票反对作出判决。法院首先否定了等距离（中间线）原则是国际习惯法的观点，根据主要是：①批准或加入公约的国家数量有限；②公约第6条属于可保留的条款之一；③公约生效后，缺乏普遍和统一的实践来证明这一规则已取得法律确信（包括利益深受影响的国家在内的国家实践）。其次，法院拒绝了德国的"公平合理的份额"观点，强调了大陆架的自然延伸原则，即认为沿岸国对大陆架的权利是依据大陆架是沿海国陆地领土向海洋和海底的自然延伸，这个事实确定了某一大陆架区域属于沿岸国。最后，法院指出，作为有关各方之间划界适用的国际法原则和规则应是：①按照公平原则，考虑到所有有关情况，通过协议划界，尽可能为各方保留构成其陆地领土自然延伸而进入海下的所有大陆架部分，并且不侵犯其他国家的陆地领土的自然延伸部分；②对重叠或汇合的地方，应由他们按协议的比例划分，否则平等划分，除非他们建立一项联合管辖、权利行使或开发制度；③在协商过程中，考虑的因素应包括：海岸的一般外形；大陆架区域的地质结构和自然资源位置；大陆架的宽度和各国依海岸线一般方向测量出的海岸线长度之间的一个合理比例。

法院判决作出后，1971年1月28日，德国分别与丹麦、荷兰签订协议，划定了在北海的大陆架分界线。德国和荷兰在条约中将它们1964年的边界延长了177海里，直到荷兰、德国和英国三方大陆架边界的交叉点。德国和丹麦在条约中将它们1965年的边界延长了169海里，直到两国和英国三方大陆架的交叉点。但原丹麦和荷兰已颁发的油田区特许权仍然有效。

问：大陆架划界的原则是什么？

【评析】本案是通过国际司法程序解决大陆架划界的第一个案例。法院否定了等距离原则是大陆架划界的一项国际习惯规则，强调了自然延伸原则和依照公平原则以协议划界的原则，同时，判决还指出对大陆架重叠处可实行共同管辖和开发。该判决对理论和实践都产生了重要的影响，《海洋法公约》第76条吸纳了自然延伸理论，第83条吸纳了依照公平原则以协议划界的原则。

根据《海洋法公约》第83条的规定，海岸相向或相邻国家间大陆架的界限，应在《国际法院规约》第38条所规定的国际法的基础上以协定划定，以便得到公平解决。如解决不了，可采用海洋法解决争端程序解决。

（二）案例分析实训

案例一：银河号案

"银河号"是中国广州远洋运输公司中东航线上的一艘全集装箱货轮，固定航线是天津新港—上海—香港—新加坡—雅加达—迪拜—达曼港—科威特港。1993年7月7日，该船按计划在天津新港上货后启航，途经上海—香港—新加坡—雅加达，最后共载628个集装箱，驶向中东，预计8月3日抵达位于波斯湾的迪拜港卸货，然后去沙特达曼港和科威特港。但是，美国从7月23日起，以获得情报为由，指控中国"银河号"货轮装载着硫二甘醇和亚硫酰氯两类制造化学武器的原料，正在驶往伊朗的阿巴斯港。1993年1月通过的《禁止化学武器公约》要求缔约国控制这两种化学品的转让。从 8 月 1 日开始，美国派出两艘军舰在"银河号"航位 2 海里处进行跟踪。8 月 3 日，美国竟然要求中国政府命令"银河号"货轮返回出发地；或由美国人登船检查货物；或者索性停留在某个地点，听候发落。美国还向该货轮计划停靠的港口所在国施加影响，阻止货轮按计划进港卸货。为避免事态恶化，中方在对美国提出强烈抗议的同时，在 8 月 3 日指示"银河号"暂停前进，停泊在距离霍尔木兹海峡 10 多海里的公海上。经过认真、全面调查后，8 月 4 日，中方明确告知美方"银河号"货轮没有装载美方所说的化学品，要求美方停止一切干扰活动，但美方仍不停止干扰。

为了尽快解决问题，用事实向国际社会说明真相，避免发生更大的损失，中国提出沙特阿拉伯代表与中方代表一起对船上货物进行检查，美国派专家作为沙特方的技术顾问参与检查。8 月 28 日上午，美、沙人员在中方人员陪同下对船上货物进行清点和浏览检查。经过几天全部彻底的检查，没有发现上述两类化学武器前体。9 月 4 日，中、美、沙三方代表正式签署《"银河号"调查报告》，确认"银河号"货轮未载有上述化学武器前体。同日，中国外交部发表声明，要求美国公开道歉，赔偿中国经济损失，并保证不再发生类似事件。但直到现在，美国既没有道歉，也没有赔偿检查费用及"银河号"的一切损失。

问：美国是否侵犯了中国在公海上的航行自由？为什么？

案例二：缅因湾划界案

缅因湾位于北美东海岸，是美国和加拿大之间的一个半封闭海湾，呈不规则的矩形，湾内鱼类资源丰富。20 世纪 60 年代，美国和加拿大之间首次就缅因湾的大陆架划界发生争端。美国主张其大陆架的外界为 100 英里等深线，即将湾口处临近美国的富含石油、天然气的乔治沙洲全部划归美国大陆架范围内；加拿大则根据 1958 年《大陆架公约》主张等距离中间线。从 1976 年开始，划界争端扩及渔业方面。美国和加拿大分别于 1977 年 3 月 1 日和 1 月 1 日建立 200 海里渔区。加拿大仍主张渔区范围按等距离线确定，美国政府则提出，美国的 200 海里渔区和大陆架在毗邻加拿大边界的缅因湾盆地最深水线和东北水道的连接线，该边界线在 1000 公尺等深线处大致为等距离线。

为了解决分歧，美国和加拿大经过协商达成协议，于 1981 年 11 月 25 日将争端提交国际法院，要求国际法院组成一个有 5 名法官的特别分庭，根据适用于争端双方划界的国际法原则和规则，确定它们在缅因湾的大陆架和捕鱼区的界线。

1984 年 10 月 12 日，特别分庭以 4 票对 1 票作出了对该案的判决。判决首先对大陆架和渔区适用同一条边界线的做法予以肯定，认为海洋划界的国际法原则应当是在适用公平标准以及使用能够保证取得公平结果的实际方法的基础上划界。因此，美国早期提出的 100 英里等深线，可以适用于渔区划界但不能适用于大陆架的划界，否则将产生不公平的结果。法庭还否定了美国所谓的缅因湾的地质地貌及其他特点，强调缅因湾的大陆架与水体是有连续性的，不存在自然边界。法庭也不同意加拿大的等距离线，因为它会造成海岸长度与划界结果的严重失调，况且，两国海岸由最初的相邻关系变为相向关系的事实决定了应避免仅依一种标准划界。

法庭认为应根据争议区域地理情况确定划界的标准。因此，法庭在考虑了影响划界的各种因素，如两国海岸线长度的比例及两国海岸的关系等，对由应用地理标准横穿海湾中部所划的中线作了校正。这样，法庭最后决定的缅因湾海洋区域边界由三段组成。前两段位于缅因湾，第三段位于大西洋。第一段边界由加、美两国特别协议决定的起始点，沿着一条构成缅因湾矩形长边和短边夹角的等分段方向延伸。这段边界可以达到等分两国主张的重叠区域的目的。第二段以中间线为基础，根据两国各自在缅因湾海岸线长度的比率和小岛的作用进行了适当的调整。第三段采用几何学方法，自第二段边界线终点向湾口封口线划一垂直线，至双方协商指定的划界终点的三角区。

问：大陆架和专属经济区是否可以适用同一条分界线？确立分界线的原则是什么？

案例三：中日东海海洋划界案

东海是中韩日三国领土环绕的一个半闭海，西接中国，东邻日本的九州和琉球群岛，北濒韩国济州岛和黄海，南以台湾海峡与南海相通，总面积约75万平方公里。由于东海东西宽165海里~325海里，一般宽度为216海里，因此中日两国大陆架和专属经济区出现部分重叠。自20世纪60年代末，东海大陆架及钓鱼岛周边发现蕴藏丰富的石油资源以来，中日两国就东海名为划界实为海底资源争端的问题就开始出现。

中日两国在东海划界的争执主要集中在如下三点：一是权利主张和划界原则存在严重分歧；二是冲绳海槽在划界中的地位问题；三是钓鱼岛等岛屿的主权归属争端以及它们在划界中的问题。

关于第一个问题，中国认为对东海大陆架的权利依据是自然延伸，即东海大陆架无论从地形地貌地质上都与中国大陆有着连续性，是中国大陆在水下的自然延伸，中国大陆的大陆架终止于冲绳海槽，因此应采用公平原则来划分两国在东海的大陆架。日本是一个传统主张按照中间线划界的国家，在第三次海洋法会议上属于中间线集团中的一员。日本在1996年颁布的《专属经济区和大陆架法》中规定，日本的大陆架包括从日本的领海基线向外延伸到其每一点同领海基线的最近点的距离等于200海里的线以内的海域的海底及其底土，如果日本大陆架的外部界限的任何部分超过了从日本基线量起的中间线，则中间线（或日本同外国议定的其他线）将代替外部界限的那一部分。在东海，日本同样主张按照中间线划界。

关于第二个问题，中国认为：冲绳海槽的存在证明了中国与日本并非大陆架相连国家，冲绳海槽无论在地理地形地貌和地质构造上，都具有把东海陆架陆坡与日本琉球群岛分开的明显特征，在大陆架划界上具有特殊意义，海槽构成了两国大陆架的天然界限。日本则认为冲绳海槽只是两国自然延伸之间的一个偶然凹陷，不足以中断两国大陆架的连续性，日本的 200 海里大陆架主张不受海槽的影响。

关于第三个问题，中国认为钓鱼岛从地理角度上，位于毗连中国大陆和台湾地区的东海大陆架的边缘，南接 2000 多米深的冲绳海槽，是"大陆型"岛屿，附属于中国台湾地区。从历史角度看，钓鱼岛最先由中国发现和命名，因此钓鱼岛是中国的领土。日本认为钓鱼岛是无主地，日本以先占方式取得该岛的所有权。从条约看，1972 年日美签订的《归还冲绳协定》明确了日本对该岛所享有的完全主权。自 1895 年以来，日本已连续地、和平地对钓鱼岛行使了权力，包括建立气象站等，根据国际法上的"时效取得"概念，应取得对钓鱼岛的主权。对于钓鱼岛在划界中的地位，中国认为钓鱼岛面积小、无人居住、不能维持本身的经济生活，不能被视为《海洋法公约》中所指的岛屿，也不应有自己的大陆架。日本认为钓鱼岛属于国际法所规定的岛屿，应有自己的大陆架。因此在划界中坚持以钓鱼岛等岛屿为基点划界，即给予其全部效力。

2008 年 6 月 18 日，中日两国政府就东海问题达成三项原则共识：①要使东海成为和平、合作、友好之海；②在不损害各自法律立场的情况下，在东海选择一个区块进行共同开发；③日本企业按照中国法律参加春晓油气田开发。但鉴于"6·18 东海共识"的临时性质，因此中日东海争端尚未解决。

问：1. 中日东海争端可以采用的争端解决方法有哪些？有何利弊？
2. 中日东海大陆架划界应采用什么原则？

 主要参考文献

1. 赵理海：《海洋法的新发展》，北京大学出版社 1984 年版。
2. 魏敏主编：《海洋法》，法律出版社 1987 年版。
3. 陈德恭：《现代国际海洋法》，海洋出版社 2009 年版。
4. 周子亚、范涌：《公海》，海洋出版社 1990 年版。
5. 梁淑英主编：《国际法学案例教程》，知识产权出版社 2001 年版。
6. 杨泽伟：《国际法析论》，中国人民大学出版社 2007 年版。
7. 联合国第三次海洋法会议编：《联合国海洋法公约汉英》，海洋出版社 1996 年版。
8. ［斐济］南丹主编：《1982 年〈联合国海洋法公约〉评注》，焦永科等译，海洋出版社 2009 年版。
9. 吴慧：《国际海洋法法庭研究》，海洋出版社 2002 年版。

第八章

空间法

> 【本章概要】空间法是有关空气空间和外层空间领域的国际法原则、规则和制度的总称。空气空间和外层空间在国际法上具有不同的法律地位，它们的法律原则和制度也有各自的特点。
>
> 【学习目标】通过本章学习，学生应了解空气空间和外层空间的分界及其法律涵义，熟悉空气空间和外层空间所具有的不同法律地位，掌握这二者相应适用的不同的原则、规则和制度。

第一节　概述

空间法，是指调整各国利用天空（包括空气空间和外层空间）活动的原则、规则和制度的总和。其范围包括空气空间法（或称航空法）和外层空间法。天空可以区分为两个根本不同的区域：一个是空气空间即大气层，另一个是外层空间。这两个空间在物理方面不同，在法律上也根本不同。人们一般将在空气空间的活动称作航空，而把在外层空间的活动称为航天。空气空间以飞机等航空器为主要活动手段，并从属于其下面国家的管辖权，外层空间以各种宇宙飞船等航天器为活动手段，不从属于任何一国的排他的主权，而处于所有国家自由利用的地位。空气空间又称上空，外层空间一般称为外空。广义的外空包括所有天体在内，而狭义的外空专指星际空间，而不包括各种天体。空气空间属于航空法的适用对象，而外层空间则成为外层空间法研究的对象。[1]

一、空间法的形成和发展

空间法作为国际法的新兴领域是 20 世纪的产物，并且它最早是伴随着"航空"现象的出现而产生的，并在人类航空科学和技术的深刻影响下不断拓展其适用的空域，形成新的法律原则和制度。1783 年法国蒙特高飞兄弟（J. Montgolfier Brothers）

---

〔1〕 参见［韩］柳炳华：《国际法》（下卷），朴国哲、朴永姬译，中国政法大学出版社 1997 年版，第 119 页。

将空气热气球载入升空，揭开了人类开始征服空气空间开展航空活动的史册。1903年12月7日，美国人莱特兄弟把重于空气的动力装置安装在飞行器上，该飞行器被公认为世界上第一架飞机，从此人类开始了航空活动。飞机的发明和运营使空气空间的法律地位发生了重大变化。早在1910年5月18日至6月29日，第一次国际航空会议在巴黎召开，与会国讨论了飞行空域管理的权力。虽然此次会议最终未能达成协议，但公约草案却促进各国颁布了首批空中航行管理的法令。1919年10月13日，在巴黎签订的《巴黎航空公约》是世界上第一个关于航空活动的国际条约，此后，1928年2月20日在哈瓦那签订了《泛美航空条约》，1929年10月12日在华沙签订了《统一航空器对地面上第三者造成损害的某些规则的公约》，1944年12月7日于芝加哥签订了《国际民用航空公约》。通过上述国际立法，航空法成为现代国际法的一个新兴的分支，并成为空间法最早的立法领域。

到了20世纪50年代，人类开展航空活动的范围不断拓展，空间科学技术取得了突飞猛进的发展。1957年10月4日，苏联第一颗人造卫星发射成功，从此，人类的活动开始超越空气空间而进入外层空间。随后，联合国围绕外层空间的探索和利用等方面问题，通过了一系列宣言和决议，国际社会签订了一系列有关外层空间的国际条约，形成了空间法的另一个新领域——外层空间法。

总之，空间法的形成与航空航天技术的发展紧密联系，并受到空间科学技术的制约和深刻影响，反映了科学技术对国际法产生影响和推动作用的一般规律。即一方面，科学技术促进传统国际法的一些原则、规则和制度的改变；另一方面又在原有的国际法原则、规则和制度之外逐渐形成了一些新的原则和规则，空间法的形成与发展也反映和揭示了这一国际法的发展规律。

二、空间法的渊源

空间法包括空气空间法和外层空间法两大领域。空间法的渊源通常是指国家间在空气空间和外层空间从事活动的各项原则、规则、规范和制度的法律来源或形式，主要是这两个领域的有关国际条约和国际习惯。作为空间法渊源的国际条约主要包括：

（一）关于航空法律制度的国际条约

1.《关于航空管理的公约》（即《巴黎航空公约》），1919年10月13日签订于巴黎，后来为《国际民用航空公约》所取代。

2.《泛美商业航空公约》（即《哈瓦那公约》），1928年签订于古巴首都哈瓦那，之后也为《国际民用航空公约》所取代。

3.《统一国际航空运输某些规则的公约》（即《华沙公约》），1929年10月12日签订于波兰首都华沙，1933年2月13日生效，主要内容包括航空运输的范围、运输凭证、承运人责任、损害赔偿标准等。此公约后经多次修订，形成国际航空运输责任的"华沙体系"。我国1958年7月批准加入了《华沙公约》，1958年10月该公约对我国生效。

4. 《国际民用航空公约》（即《芝加哥公约》），1944年12月7日签订于芝加哥，1947年4月4日生效，中国于1944年12月签字，1946年成为该公约的当事国，后因故中断与国际民航组织的联系，1974年2月15日我国承认该公约。

5. 《国际航空运输协定》，即"五种自由协定"，1944年12月7日在芝加哥签订，1945年2月8日生效，我国未加入该协定。

6. 《国际航班过境协定》，即"两种自由协定"，1944年12月7日于芝加哥签订，1945年1月30日生效，我国尚未加入该协定。

7. 《东京公约》，1963年9月14日签订于东京，我国1978年加入了该公约。

8. 《海牙公约》，1970年12月16日签订于荷兰海牙，1971年生效，我国1980年加入了该公约。

9. 1971年《蒙特利尔公约》，1971年9月23日签订于加拿大蒙特利尔，我国已于1980年加入该公约。

10. 《补充蒙特利尔公约的议定书》，1988年2月24日签订于蒙特利尔，1989年8月6日生效我国全国人大常委会1998年11月4日通过批准该议定书的决定，同时指出：我国在加入1971年《蒙特利尔公约》时对第14条第1款所作的保留同时适用该议定书。

11. 《关于注标塑性炸药以便探测的公约》，1991年3月1日签订于加拿大蒙特利尔，1998年6月21日生效。

（二）关于外层空间法律制度的国际条约

1. 《外层空间条约》，1967年1月27日开放签字，我国于1983年12月30日加入了该条约。该条约规定了外层空间活动的法律原则和法律制度，被称为"外层空间宪章"，被认为是外层空间法的基石。

2. 《营救协定》，1968年开放签字，1968年12月3日生效，我国于1988年12月加入。截至1994年3月，已有83个国家批准了该协定。

3. 《国际责任公约》，1973年10月9日生效，我国于1988年11月加入了该公约，截至1994年3月已有75个国家批准了该公约。

4. 《登记公约》，1976年9月15日生效，我国于1988年12月加入该公约，截至1994年3月，已有38个国家批准了该公约。

5. 《月球协定》，于1984年7月11日生效，截至1994年3月已有9个国家批准了该协定，我国目前尚未加入该协定。

上述国际条约确定了空气空间法和外层空间法的各项法律原则和制度，构成空间法重要的法律渊源。

三、空气空间与外层空间分界的法律问题

地球的空气空间和外层空间在法律上是两个不同的空间。在地球的空气空间适用航空法，而且地面国家对其领土以上的空气空间享有支配和管辖的权利。与之相反，在外层空间适用自由利用原则，它是任何国家都不得主张主权或管辖权的空间。

从这个意义上，有必要确定空气空间和外层空间的区别或者界限。[1] 关于空气空间和外层空间的分界尚缺乏国际条约的规定，有关的理论、学说和分界标准不一，分歧很大，主要有空间论和功能论两种主张。

（一）空间论

即按照空间的物理特征，以空间的一定高度为标准区分空气空间与外层空间。主要有如下主张：

1. 空气构成说。该说主张凡有空气的领域为"领空"，无空气的领域为"外层空间"。但由于空间中空气的"有""无"是个相对的概念，因而对有空气存在的大气层的高度产生了几十公里、几百公里甚至几千公里的不同说法。

2. 地心吸力终止说。该说认为在地心吸力终止处航天器已进入太阳引力的范围。因此，空气空间与外层空间应以此处分界。

3. 有效控制说。该说类似于确定领海宽度的"大炮射程说"，主张以主权国家的有效控制的能力为依据来确定空气空间的范围。

4. 航空器飞行的最高限度说。一般约为离地面30公里～40公里。

5. 人造卫星运行的最低限度说。一般约为离地面100公里～110公里。这是目前最为流行的一种观点。

（二）功能论

在空气空间与外层空间划界方面与空间论相对立的是功能论。功能论主张以飞行器的功能来确定其所适用的法律。功能论认为空间是一个整体，没有必要明确划分空气空间和外层空间的界限，应当根据空间活动的性质和形式划定界限。进行航天活动的航天器适用外空法，进行航空活动的航空器适用航空法。

由于各国对划界问题分歧很大，空气空间与外层空间的界限问题至今没有得到解决。

第二节　空气空间法

空气空间，是指围绕地球表面的大气层，包括处在国家主权支配之下的领空和国家领土以外的公空。空气空间的法律地位与地面的法律地位一致。毗连区、专属经济区以及公海等可以自由航行的区域的上空属于公空，任何国家的航空器依法可以自由飞越。国家领土上的空气空间，称为领空。空气空间法或航空法，是指国际法中用来规范或调整国家之间在空气空间活动的各种原则、规则和制度的总称。

---

〔1〕［韩］柳炳华：《国际法》（下卷），朴国哲、朴永姬译，中国政法大学出版社1997年版，第144页。

一、空气空间的法律地位

空气空间的法律地位主要涉及的是空气空间的法律属性问题，即国家对于空气空间享有什么样的权利。应当明确的是，公海上空以及不属于任何国家的领土的上空，不属于任何国家的主权管辖，其法律地位旨在向各国开放和绝对自由。但是，国家领土之上的空气空间属于何种法律地位却存在争议，尤其是第一次世界大战之前，关于国家领土上空的法律地位存在不少争论和学说：

1. 完全自由论。该学说主张空气空间和公海一样向各国开放，是完全自由的。

2. 有限自由论。该说认为在原则上，空气空间是向各国开放和完全自由的，但地面国家享有自保权，在必要时国家对领土上空享有干预的权利。

3. 海洋比拟论。这一理论将空气空间与海洋作类比，认为相对于海洋划分为公海和领海，空气空间也可以划分为领空和公空，从属于国家主权的领空仅及于一定高度以内的空气空间，超过此高度的空间即为公空，公空应向各国自由开放。但是，在划定领空与公空的标准或者说在领空高度的确定问题上，却难以形成统一的意见。

4. 国家主权论。此说主张地面国家对其领土上空拥有主权，上空完全受地面国家法律管辖和支配。这种主张也与传统罗马法"谁有土地，谁就有土地的上空"的观点相契合。

5. 有限主权论。该说主张地面国家在原则上对其领土上空享有主权，但外国航空器享有无害飞越国家领土上空的权利，即国家领空主权受外国航空器无害通过制度的限制。

尽管在理论上存在不同的观点，但在第一次世界大战中，飞机飞行对地面国家的威胁打破了航空自由的观念，使各国从空中防御和国家安全的实际需要出发，转而支持国家主权论。战后的1919年《巴黎航空公约》首次通过国际条约明确规定，各国对其领土之上的空气空间享有"完全的和排他的主权"。这样，国家领空主权的观念获得了国际公约的确认和肯定。继1919年《巴黎航空公约》之后，一些重要的国际条约又不断重申和肯定了国家对领空的主权权利，确立了领空主权制度。例如，1944年芝加哥《国际民用航空公约》第1条规定："每一国家对其领土之上的空气空间具有完全的和排他的主权"。1958年日内瓦海洋法会议通过的《领海和毗连区公约》第2条也规定："沿海国之主权及于领海之上空……"1982年《海洋法公约》第2条第2款同样规定，沿海国主权及于领海上空。可以肯定地说，国家对其领土上空的主权以及国家领土之上的空气空间作为领空而构成国家领土制度的重要组成部分。

二、领空和领空主权

领空专指处于一个主权支配之下，在国家领土之内陆和水域之上的空气空间。

一个国家的领空同国家的领陆和领水一样，都是国家行使主权的空间。[1] 领空主权是整个领空制度的法律基础，它构成空气空间法的核心内容。1919 年《巴黎航空公约》最早确立了国家领空主权制度，该公约第 1 条规定："每一个国家对其领土上空具有完全的和排它的主权。"和领海受到别国船舶的无害通过权的制约不同，外国航空器不享有无害飞越一国领空的权利。这主要是因为来自空中的垂直威胁比来自海面水平方向的威胁大得多，从这种安全考虑出发，确立了领空主权的绝对性和排他性。

1944 年《芝加哥公约》又从以下几方面进一步明确了领空主权的具体内容：

1. 领空主权不得侵犯。国家对其领空享有完全和排他的主权，外国航空器不享有"无害通过权"。外国航空器未经特别协定许可，不得在他国领空飞行和降落。当一缔约国的民用航空器获准飞入另一缔约国领空时，应当按照该国法律规定，在指定的设有海关的航空站降停，接受该国海关检查。外国航空器不经允许擅自飞入或飞越一国领空，即构成对该国领空主权的侵犯，地面国家有权根据受侵犯程度采取抗议、警告、拦截、迫降直至击落等应对措施。1983 年 9 月，韩国一架波音 747 客机飞入苏联军事禁区，被苏军战斗机击落，造成机上 269 人全部死亡。为禁止对民用航空器实施武力攻击，1984 年 5 月国际民航组织召开紧急会议，对《芝加哥公约》第 3 条进行修改。修改后的内容表述为"缔约各国承允每一国家必须避免对飞行中的民用航空器使用武器，若要拦截，必须不危及航空器上人员的生命安全"。

2. 制定航空器飞行的法律规章。每一国家均有权制定必要的航空法律和规章，对外国航空器飞入或飞经其领土的航行活动加以管制和管理，任何外国航空器都必须遵守地面国家的法律和规章，当然，地面国家的航空法或规章应同等适用于所有缔约国的航空器，不得存在任何歧视。

3. 在领空设立"禁飞区"。缔约国出于军事需要和公共安全的考虑，可以在其境内某些地区的上空划定禁区，限制或禁止外国航空器飞行。但这种禁区应不分国籍地适用于一切缔约国的民用航空器。

4. 保留"国内载运权（Air Cabotage）"，即在一国境内两个地点之间的航空运营权，这一制度源自海洋法上的沿海航行权。《芝加哥公约》规定，缔约国有权拒绝其他缔约国的航空器在其领土内实施这一权利。国内两地间的空运业务只能由地面国家专属经营。任何缔约国不得将此项权利转让给其他国家，也不得对他国要求此项权利。

三、国际航空基本制度

（一）1919 年《巴黎航空公约》

《巴黎航空公约》是第一个关于航空的国际公约，共 43 条。其主要内容有：

---

[1]　王铁崖主编：《国际法》，法律出版社 1995 年版，第 295 页。

1. 确定了各缔约国对其领土上空享有完全的和排他的主权。

2. 建立了航空器国籍制度。公约规定，任何航空器必须有一个国籍，航空器应在其所有人的本国注册，并取得该国的国籍。

3. 设立一个常设机构——"国际空中航行委员会"（International Commission for Air Navigation，ICAN）。它是今天国际民航组织的前身。

（二）1929 年华沙《统一国际航空运输某些规则的公约》

1929 年，在华沙召开的第二届国际航空私法会议上，通过了 1929 年《华沙公约》（Convention for the Unification of Certain Rules relating to International Carriage by Air）。这是第一个有关航空承运人的损害赔偿责任的国际公约，该公约确立了国际航空承运人统一的责任制度，被认为是"国际私法领域制定国际统一规则的成功范例"[1]。随着国际关系的发展变化，1929 年《华沙公约》经历了多次修改。1999 年 5 月，在蒙特利尔举行的航空法外交会议上，通过了与 1929 年《华沙公约》同名的新公约，从而刷新了原来的规则，并建立了国际航空承运人的新责任制度。[2] 公约对旅客伤亡的赔偿以 10 万特别提款权为界，采取双梯度责任制：承运人对每一旅客在航空器内或上下航空器的过程中发生事故造成的死亡或身体伤害，在不超过 10 万特别提款权时，实行客观责任制；对超过 10 万特别提款权的损害，则实行推定的过失责任制，只要承运人能证明，这些损害不是由于承运人或其受雇人、代理人的过失造成的或者完全是第三人的过失或者其他非法的作为或不作为造成的，就不承担责任。

2005 年 2 月，我国批准了 1999 年《统一国际航空运输某些规则的公约》。

（三）1944 年芝加哥《国际民用航空公约》

1944 年，芝加哥国际民用航空会议签订了《国际民用航空公约》（Chicago Convention on International Civil Aviation）、《国际航空运输协定》（International Air Transport Agreement）和《国际航班过境协定》（International Air Services Transit Agreement）。

1. 《国际民用航空公约》。公约除重申领空主权原则外，还明确规定公约仅适用于民用航空器，而不适用于国家航空器。

2. 《国际航空运输协定》。《国际航空运输协定》规定了针对从事定期航班运输的民用航空器的五种空中自由，因而又称为"五种自由协定"。这五种自由是：①飞越外国领土上空而不降落；②为非商业目的而降落于外国，如加油或维修等；③在航空器的本国装载客货，运往外国卸下；④在外国装载客货，运回本国卸下；⑤在本国以外的两国间装卸客货。其中第①、②种自由属于非商业性权利，被称为"过

〔1〕 赵维田：《国际航空法》，社会科学文献出版社 2000 年版，第 199 页。

〔2〕 参见邵津主编：《国际法》，北京大学出版社、高等教育出版社 2000 年版，第 167～168 页。

境权"，第③、④、⑤种自由属于商业性权利，被称为"运营权"。[1] 后三种权利按照规定要通过有关当事国谈判协商来具体确定。

3. 《国际航班过境协定》。《国际航班过境协定》规定从事不定期航班运输的民用航空器仅可享有上述五种自由中的前两种即过境的自由，因而又称为"两种自由协定"。

（四）国际民航组织

1947 年 4 月，国际民用航空组织（International Civil Aviation Organization，ICAO，简称国际民航组织）在加拿大的蒙特利尔正式成立。它是协调世界各国政府在民用航空领域内各种经济和法律事务、制定航空技术国际标准的重要组织，也是联合国专门机构之一。

国际民航组织的宗旨是制定国际空中航行原则，发展国际空中航行技术，促进国际空中航行运输的发展，以保证国际民航的安全和增长；促进和平用途的航行器的设计和操作技术；鼓励用于国际民航的航路、航站和航行设备的发展；保证缔约各国的权利受到尊重和拥有国际航线的均等机会等。国际民航组织设立大会和理事会两个主要机构。自 1974 年起，我国连续当选为国际民航组织理事会的理事国。

（五）《民用航空法》

1995 年 10 月，第八届全国人民代表大会常务委员会第十六次会议通过了《民用航空法》。该法共 214 条，是我国民用航空的一部基本法。它既肯定了我国对领空享有完全的、排他的主权，又详细规定了外国民用航空器在我国境内从事民用航空活动时应遵守的规则。其主要内容包括：

1. 中华人民共和国的领陆和领水之上的空域为中华人民共和国领空。中华人民共和国对领空享有完全、排他的主权。国家对领空实行统一管理。在中华人民共和国境内飞行的航空器，必须遵守统一的飞行规则。民用航空器未经批准不得飞出中华人民共和国领空。

2. 外国民用航空器根据其国籍国政府与我国政府签订的协定或经我国民用航空主管部门批准或接受，方可飞入、飞出我国领空和在我国境内飞行、降落。

3. 外国民用航空器的经营人经其本国政府指定并取得我国民用航空主管部门颁发的经营许可证，方可经营协定规定的国际航班运输；外国民用航空器的经营人经其本国政府批准和我国民用航空部门批准，方可经营我国境内一地和境外一地之间的不定期航班运输。

4. 外国民用航空器的经营人，不得经营我国境内两地间的航空运输。

5. 外国民用航空器应按照我国民用航空主管部门批准的班期时刻表或飞行计划飞行，变更班期时刻或飞行计划的，其经营人应获得我国民用航空主管部门的批准，

---

[1] 王铁崖主编：《国际法》，法律出版社 1995 年版，第 310 页。

因故变更或取消飞行的，其经营人应及时报告我国民用航空主管部门。

6. 外国民用航空器应在我国民用航空主管部门指定的设关机场起飞或降落。

四、国际航空刑法

随着国际航空运输事业的迅速发展，空中劫持和各种危害民用航空器的犯罪日益突出，保护航空运输安全就成了很重要的问题。有鉴于此，国际社会制定了防止和惩治危害国际民用航空安全行为的相关公约，主要有：

（一）1963 年《东京公约》

1963 年 9 月，在东京签订的《东京公约》（Convention on Offences and Certain Other Acts Committed on Board Aircraft），是国际社会第一次试图对有关航空器内发生的罪行问题加以解决的国际公约。其主要内容包括：

1. 适用范围。公约适用于：①违反刑法的犯罪；②不论是否犯罪，凡可能或确已危害航空器或者机上人员或财产的安全，或者危害机上正常秩序与纪律的行为。

2. 管辖权。公约规定："航空器登记国有权对航空器上的犯罪与行为行使管辖权；各缔约国都应采取必要措施，以确立其作为登记国对在该国登记的航空器上犯罪的管辖权。"然而，公约并不排斥其他国家"依本国法行使的任何刑事管辖权"。因此，公约确立了以航空器登记国管辖权为主，以有利害关系的其他国家的管辖权为辅的"并行管辖"体制。

3. 非法劫持航空器的行为。公约对非法劫持航空器只作了简单的规定，没有特别强调对犯罪的处罚，只要求恢复机长对航空器的控制，让乘客继续旅行，以及将航空器及货物交还合法的所有者。此后的《海牙公约》对此则有详细规定。

（二）1970 年《海牙公约》

1970 年 12 月，在海牙通过的《海牙公约》（Convention for the Suppression of Unlawful of Seizure of Aircraft），是第一个专门处理空中劫持的国际公约，因而又称"反劫机公约"。公约的主要内容有：

1. 对"劫机犯罪"作了明确的界定。公约第 1 条规定："在飞行中航空器上的任何人，凡以武力或武力威胁，或者以任何其他精神胁迫方式，非法劫持或控制该航空器，或者这类行为的任何未遂行为；或者从事这类行为或其任何未遂行为的共犯，均构成犯罪。"

2. 在管辖权问题上有较大突破。公约第 4 条规定了多个国家即航空器登记国、降落地国、承租人主要营业地或永久居所地国以及罪犯发现地国的刑事管辖权，旨在反映管辖权的普遍性原则，不致使犯罪免受处罚。[1] 另外，公约也不排除有关国家根据国内法对罪犯行使管辖权。

3. 确立了"或引渡或起诉"原则，即案犯所在国如果不引渡，则不论罪行是否

---

〔1〕〔韩〕柳炳华：《国际法》（下卷），朴国哲、朴永姬译，中国政法大学出版社 1997 年版，第 135 页。

在其境内发生，应无例外地将这个案件提交有关当局，以便起诉；而有关当局应按照该国法律以对待严重性质的罪行的同样方式作出决定。

（三）1971 年《蒙特利尔公约》

1971 年 9 月，在蒙特利尔通过的 1971 年《蒙特利尔公约》（Convention for the Suppression of Unlawful Acts Against the Safety of Civil Aviation），也称《反破坏公约》。1971 年《蒙特利尔公约》在管辖权、"或引渡或起诉"原则等方面基本上沿袭了《海牙公约》的规定，但 1971 年《蒙特利尔公约》将以下危害国际民用航空安全的行为都规定为犯罪，从而扩大了其适用范围：

1. 对飞行中航空器上的人实施暴力行为，凡其具有危害该航空器安全的性质。

2. 毁坏使用中的航空器，或者致使该航空器损坏，使之无法飞行或具有危害其飞行安全的性质。

3. 不论以何种办法，凡在使用中的航空器上放置或由别人放置一种装置或物质，该装置或物质具有毁坏该航空器性质，或者具有造成其损坏使之无法飞行的性质，或者具有造成其损坏足以危及其飞行安全的性质。

4. 毁坏或损坏航行设施，或扰乱其工作，凡任何此种行为具有危害飞行中航空器安全的性质。

5. 传送明知是虚假的消息，从而危及飞行中航空器的安全。

可见，1971 年《蒙特利尔公约》并不限于"在飞行中"（In Flight）的航空器上的罪行，凡"在使用中"（In Service）的航空器上的罪行也包括在内。航空器"在飞行中"是指航空器从装载结束，机窗外部各门均已关闭时开始，直至打开任何一机门以便卸载时为止的任何时间；而如果航空器是被强迫降落时，则在主管当局接管航空器及其所载人员和财产以前。"在使用中"是指从地面人员或机组对某一特定飞行的航空器开始进行飞行前的准备起，直到降落后 24 小时止。

（四）1988 年《补充蒙特利尔公约的议定书》

1988 年《补充蒙特利尔公约的议定书》（Montreal Protocol）的全称是《制止在用于国际民用航空的机场发生的非法暴力行为以补充 1971 年 9 月 23 日订于蒙特利尔的〈制止危害民用航空安全的非法行为的公约〉的议定书》。议定书是 1971 年《蒙特利尔公约》的补充。该议定书补充规定："任何人使用一种装置、物质或武器，非法地故意地做出下列行为，即为犯罪：在用于国际民用航空的机场内，对人实施暴力行为，造成或足以造成重伤或死亡者；毁坏或严重损坏用于国际民用航空的机场设备或停在机场上不在使用中的航空器，或者中断机场服务以致危及或足以危及机场安全者。"

（五）1991 年《蒙特利尔公约》

1991 年《蒙特利尔公约》的全称是《关于注标塑性炸药以便探测的公约》。公约要求，各国制造塑性炸药时加添"可探测物质"，使之成为"注标塑性炸药"（Marking of Plastic Explosive），以便探测。公约规定，各缔约国应采取必要和有效的措施，在其领土内禁止生产、储存和运输非注标塑性炸药。

第三节 外层空间法

外层空间兼具两方面含义，在空间科学上，外层空间（Outer Space），一般是指地球表面大气层以外的整个宇宙空间；而法律意义上的外层空间则是指国家主权管辖以外的整个空间和天体。

伴随空间科学技术的迅猛发展，人类不断开展探索外层空间的活动，从而使国家间的关系进入到了外层空间的领域，各国通过缔结一系列国际条约，制定和确认了和平利用外层空间、从事外层空间探索和国际合作所必须遵循的各种法律原则、规则和制度，从而形成了空间法的另一个新的分支——外层空间法。

一、外层空间的法律地位

外层空间法律地位的实质在于国家主权可否扩及于外层空间。国家对于其领土上空拥有完全和排他的主权是公认的国际法原则，但是国家主权是否及于其领土上空之无限空间曾经是一个有争论的问题。按照罗马法的格言，"谁有土地，就有土地的上空"，一些国家受此影响，曾坚持国际领空无限说，主张国家主权及于外层空间，但是随着外层空间的探索和利用，各国逐步认识到外层空间的性质使其难以成为国家行使主权的对象，由此需要通过国际条约明确外层空间的法律地位。

1961年通过的联合国1721号决议肯定了外层空间由所有国家按照国际法自由探索和利用，而不得由任何国家据为己有的原则。此后，1963年联合国大会通过的《各国探索和利用外层空间活动的法律原则宣言》和1966年《外空间条约》同样确认了上述原则。《外空间条约》第1条第2款开宗明义规定："所有国家可在平等、不受歧视基础上，根据国际法自由探索和利用外层空间（包括月球和其他天体），自由进入天体的一切区域。"条约第2条规定："各国不得通过主权要求、使用或占领方法，以及其他任何措施，把外层空间（包括月球和其他天体）据为己有。"

通过上述联大的决议、宣言和具有普遍法律意义的《外空间条约》，在外层空间的法律地位方面，确认了公认的国际法原则，即外层空间供各国自由探索和利用，各国不得以任何方式将外层空间据为己有。

由此可见，外层空间的法律地位与空气空间的法律地位有着明显的区别：地面国对其领土之上的空气空间具有完全和排他的主权；外层空间不属于任何国家所有，地面国不得将其主权扩大到外层空间。[1]

---

〔1〕 程晓霞、余民才主编：《国际法》，中国人民大学出版社2008年版，第195页。

二、外层空间的基本法律制度

国际社会已通过了一系列有关外层空间法律原则或规则的国际条约，成为外层空间法的重要法律渊源。这些重要的国际条约主要是：

（一）1966 年《外空间条约》

1966 年 12 月 19 日联合国大会通过了《外空间条约》。这是迄今为止外层空间领域最为重要的国际公约，它构建了国际外层空间法的基本框架，规定了外空活动中应遵循的基本原则和规则，因而被誉为"外空宪章"。该公约规定了外层空间法的基本原则，包括根据国际法自由探索和利用外层空间；各国不得通过主权要求等方法把外层空间据为己有；探测和利用外层空间应为所有国家谋福利和利益；国际合作；国际责任等。《外空间条约》还规定对外空应和平利用，禁止将载有核武器或其他大规模毁灭性武器的物体放置在环绕地球的轨道上或安置在天体或外层空间内。对于外层空间活动的国际责任和损害赔偿责任，发射国对发射物体的管辖权、控制权、所有权和追索权，以及对宇航员的援助等，条约也作了原则性的规定。

（二）1967 年《营救协定》

1967 年 12 月 19 日联合国大会通过了《营救协定》。该协定规定了宇航员的营救制度，按照协定规定，各缔约国在获悉外空物体发生事故时，有义务通知发射当局和联合国秘书长。对因意外事故而降落的宇航员，降落地国应立即营救，必要时发射当局与降落地国应通力合作，进行寻找和营救；如果降落地点是公海或不属于任何国家管辖的地方，能提供协助的缔约国则应协助寻找和援助。

（三）1971 年《国际责任公约》

1971 年 11 月 29 日联合国大会通过了《国际责任公约》。该公约规定了空间物体所致损害的赔偿责任制度。根据公约，发射国就其空间物体对地球表面或对飞行中的航空器造成的损害承担绝对责任；如果一个发射国的空间物体在地球表面以外的其他地方，对另一发射国的空间物体或人员或财产造成损害，该国承担过失责任；赔偿应以国际法和公平原则为依据；损害赔偿的请求，应通过外交途径向发射国提出。如求偿国和发射国无外交关系，则可通过第三国提出。如求偿国和发射国均为联合国成员国，也可通过联合国秘书长提出。

（四）1974 年《登记公约》

1974 年 11 月 12 日联合国通过了《登记公约》。公约规定了外空物体的登记制度。该公约规定，登记是一项强制性制度，要求发射当局不仅在本国登记，而且应向联合国秘书长登记。其登记事项包括：发射国的名称；外空物体的标志或其登记号码；发射的日期和地点；基本的轨道参数；外空物体的一般功能等。此外，登记国还有义务随时向联合国秘书长提供外空物体的其他情报。

（五）1979 年《月球协定》

1979 年 12 月 5 日联合国通过了《月球协定》。该协定规定了月球开发制度。根据该协定的规定，各国探索和利用月球应遵循如下原则：月球应供全体缔约国专为和平目的加以利用，禁止各种为军事目的而利用月球；对月球的探索和利用应为一切国家谋福利；月球及其自然资源是人类共同财产，所有缔约国应公平分享这些资源的利益，并应对发展中国家以及对探索做出贡献的国家给予特殊照顾；应将探测、利用月球的活动尽可能通知秘书长、科学界和各国；各国对其在月球上的人员、运载器、站所保有管辖权和控制权；各国对其在月球上的活动负有国际责任。

虽然《月球协定》已于1984年生效，但因苏联和美国两个主要空间活动大国尚未签署加入这一协定，目前该协定参加国为数甚少，影响不大。

三、外层空间法的其他法律问题

(一) 卫星直接电视广播问题

卫星直接电视广播，是指通过地球静止轨道上的卫星，播放电视节目。直接广播最大的优点，就是在广泛的地区不用转播可以直接收看电视节目。[1] 直接广播可以覆盖不同国家的广大观众，在其覆盖区域内的普通家庭能直接从卫星接收电视节目，对其内容无法进行限制或控制，这就会引起主权或管辖权问题。与卫星直接电视广播相关的法律问题主要包括：播出国是否有对他国"自由播放"电视节目的权利？如播出国在未经接收国的"事先同意"的情况下播出电视节目，是否构成对接收国主权的侵犯？针对这些问题，目前尚无条约形式确立的法律制度，仅1982年联合国大会《各国利用人造地球卫星进行国际直接电视广播所应遵守的原则》的决议规定了下列基本原则，从而对信息自由（发达国家的立场）和不干涉内政（发展中国家的立场）两种对立主张进行了协调：利用卫星进行国际直接电视广播不得侵犯各国主权，包括不得违反不干涉原则，并且不得侵犯人人有寻求、接收和传递信息及思想的权利；计划建立国际直接电视广播卫星服务的国家应将此意图通知收视国，并且只应根据与任何提出协商要求的国家达成的协议建立这种服务，任何广播国和接收国有要求协商的权利和迅速协商的义务；卫星广播活动应遵照国际法；卫星广播应以国际合作为基础，并应特别考虑发展中国家利用这种技术促进本国发展的需要；各国应对卫星直接电视广播活动承担国际责任。

(二) 卫星遥感地球问题

所谓"卫星遥感地球"，是指利用在外空运行的卫星上的遥感器观察和探测地球表面环境条件。它可以勘探地球的物质资料、监察环境、预报气象以及了解自然灾害等各方面情况，从而取得各项资料。遥感一般以整个地球为对象，因而其他国家领土也不可避免地成为勘察对象，因此如何协调国家主权、管辖权与遥感国对外空的利用及信息自由，成为遥感中最重要的问题。[2] 这些法律问题具体体现为：遥感是否必须征得被遥感国的"事先同意"？遥感国能否自由处理遥感所取得的信息？被感国是否享有获得与其领土有关的遥感资料的优先权？涉及国家资源的资料是否属

---

[1]　[韩]柳炳华：《国际法》（下卷），朴国哲、朴永姬译，中国政法大学出版社1997年版，第169页。

[2]　[韩]柳炳华：《国际法》（下卷），朴国哲、朴永姬译，中国政法大学出版社1997年版，第172页。

于国家主权范围内的事情？发展中国家强调被感国的权利，主张他国未经其"事先同意"不得对其管辖领域进行遥感。而发达国家则强调自由利用外空原则，认为遥感无须取得被感国的"事先同意"，卫星遥感资料也无须征得被感国同意而可自由处理或散发。

关于卫星遥感地球问题，目前也无相关公约，仅 1986 年联合国大会通过的《关于从外层空间遥感地球的原则》的决议有一些原则性规定，主要包括：遥感活动应为所有国家谋福利和利益，应特别考虑发展中国家的需要；进行遥感活动应遵守国际法，应遵守所有国家和人民对其财产和自然资源享有完全和永久主权的原则，不得损害被感国的合法权利和利益；遥感国应促进遥感活动方面的国际合作，提供技术援助；被感国也得按同样基础和条件取得任何遥感国拥有的关于其管辖下的领土的原始数据和经处理过的数据；遥感应促进保护地球自然环境及人类免受自然灾害的侵袭；遥感国对其活动承担国际责任。该文件强调外空活动的国际合作，并排除了对遥感的事先同意。[1]

（三）外空使用核动力源问题

核动力源已较为普遍地运用于在外层空间运行的航天器，成为航天器重要的电能来源。但是，当核动力卫星失控或发生故障而重返地球时，不能排除其在重返过程中被烧毁后的散落物对环境和人类造成的危害和影响。因此有必要制定规范和调整在外空使用核动力源的法律原则和规则，保障环境和人体不受失控卫星放射物质的危害。1992 年联合国大会通过了由外空委员会法律小组委员会拟定的《关于在外层空间使用核动力源的原则》的决议，其内容包括：

1. 切实必要原则。核动力源的使用应限于非用不可的航天器。载有核动力源的空间物体的设计和使用应确保其危害低于国际辐射防护委员会建议的防护目标。

2. 确保安全原则。对核动力卫星拥有管辖权和控制权的国家在发射前应做彻底和全面的安全评价，并公布评价结果。

3. 尽速通报原则。当具有核动力源的空间物体发生重返地球的危险时，发射国应及时通知其他国家，并将该资料送交联合国秘书长。其他国家要求索取进一步的资料时，发射国应尽速答复。

4. 能力合作原则。拥有监测和跟踪设施的国家相互合作，向联合国秘书长及有关国家提供情报。

5. 承担责任原则。发射国赔偿损失的责任应包括有适当和足够依据的搜索、回收和清理工作的费用及包括第三方提供援助之费用。[2]

---

〔1〕 ［韩］柳炳华：《国际法》（下卷），朴国哲、朴永姬译，中国政法大学出版社 1997 年版，第 173 页。

〔2〕 慕亚平、周建海、吴慧：《当代国际法论》，法律出版社 1998 年版，第 355 页。

学术视野

作为国际法一个新分支的空间法，产生的时间并不长。一方面，有关人类空间活动的许多法律问题尚未解决；另一方面，伴随着科学技术的进步和人类外空活动的增多，新的法律问题还在不断涌现。因此，空间法有着广阔的发展前景，值得我们研究的问题很多，如卫星遥感地球问题、外空使用核动力源问题、卫星直接电视广播问题、外层空间商业化活动的国际法问题、航天开发国际法律责任问题、空间环境保护问题以及空间站的法律地位问题等。

 理论思考与实务应用

一、理论思考

（一）名词解释

1. 国际航空法
2. 领空主权
3. 危害国际民用航空安全罪
4. 外层空间法
5. 和平利用外空原则
6. 绝对责任

（二）简答题

1. 关于空气空间与外层空间的分界问题，主要有哪几种学说？
2. 简述外层空间法律制度的主要内容。
3. 简述外层空间法的基本原则。
4. 简述《民用航空法》的主要内容。
5. 简述领空主权的主要内容。

（三）论述题

1. 试述空气空间和外层空间的法律地位。
2. 试比较《东京公约》《海牙公约》和《蒙特利尔公约》。

二、实务应用

（一）案例分析示范

案例一

基本案情：1983 年 9 月 1 日，韩国航空公司波音 747KAL007 号民航客机在自纽约飞往平壤途中，于苏联萨哈林附近被苏联飞机拦截并被两枚导弹击中后坠入日本海。机上 269 人（其中乘客 240 人）全部丧生。该机被拦截时，偏离了航道 500 公里，进入了苏联禁飞区。此事发生后引起了强烈的国际反应。在韩国和加拿大的请求下，国际民航组织于 1983 年 9 月 15 ～ 16 日在蒙特利尔召开特别会议，通过决议，组织了一个由 5 名专家组成的调查小组，经过 2 个多月的调查之后指出了下列情况：

1. 该客机的驾驶员证件齐全，在从阿拉斯加安卡雷奇起飞时，一切必要的航行和电子系统正常，准时起飞，预计可按时到达平壤。韩国在当地时间 6 时命令该飞机按计划的航线飞行，从起飞到降落全程飞行时间 7 时 53 分。

2. 该机在起飞后不久就偏离了指定的航线，后来继续向北偏离，终于进入苏联领空。苏联认为这是对它领空的侵犯，苏联军用飞机曾两次对它拦截。出事时，该机偏离指定航线以北 300 海里。

3. 调查小组没有找到证据证明：①驾驶员已知道飞机偏离航线；②偏离航线是有预谋的。调查小组假设驾驶员没有正确调整"习惯航线系统"，由于不够注意和缺乏警惕使飞机不自觉地偏离航线达 5 个半小时。调查报告还附上了苏联的"初步调查报告"。该报告指出了以下几点：①KAL007 号飞机侵犯苏联边境；②苏联是在该飞机终止飞行之后才知道它是韩国飞机的；③苏联证实该飞机在起飞前曾与美国侦察机 RCl35 和地球轨道卫星 Ferret – D 接头，使该机的起飞时间比原定的时间延误了40 分钟。苏联认为该机是故意闯入其领空的，因为：①该机偏离航线 500 公里；②驾驶员未利用上雷达，"否则他早该知道飞机进入的地方"；③美国和日本一直监控着该飞机飞行，但没有通知驾驶员飞机已进入苏联领空；④该飞机没有接到苏联的拦截警告；⑤该飞机已进入苏联的战略禁区。

调查小组的结论是：驾驶员的证件是符合的；驾驶员的精神和心理没受过打击；飞机证件和起飞时适航条件合格；没有迹象说明飞机缺乏航行系统和气候雷达的装备；按时起飞和预计按时到达平壤；没有证据证明驾驶员知道该飞机已偏离航线，尽管它已偏离了 5 小时 26 分钟；没有证据证明驾驶员知道两次受到拦截；在 18 时 27 分，飞机被苏联两枚空对空导弹击落。

国际民航组织 1984 年 3 月 6 日，通过了决议，指责苏联违反国际法并谴责其使用武力。理事会认为：《国际民用航空公约》第 1 条规定："缔约各国承认每一国家对其领土之上的空气空间具有完全的和排他的主权。"根据这条国际习惯法规则，国家具有合法权利在其领土上空限制航道，并对违反者根据本国法律予以惩罚。非私人航空器或由一国指挥的私人航空器闯入他国领空，构成违反国际法行为。不过，对这种违反行为的反应，国际法并不是没有限制，国际法上的"对称性原则"和国际民航组织颁布的特别规则已被接受为习惯规则了。国家有权对威胁其安全和侵入其领空的军用飞机加以拦截或击落，但对没有造成实际威胁的民用航空机予以击落，无论如何都不符合对称性原则，而属非法的反应。

1984 年 5 月 10 日，国际民航组织大会对《国际民用航空公约》第 3 条通过了四点修正案，规定：

1. 缔约各国承认，每一个国家必须避免对飞行中的民用航空器使用武器，如果拦截，必须不危及航空器内人员的生命和航空器的安全。

2. 缔约国承认，每一个国家在行使主权时，对未经许可而飞入其领土的民用航空器，或者有合理的根据认为该航空器被用于与《国际民用航空公约》宗旨不符的目的，有权要求该航空器在指定的机场降落。

3. 缔约国应在其本国法律或规章中规定，以便在该国登记或者在该国有主营业所或永久居所的营业人所使用的任何私人航空器必须遵守上述命令。

4. 缔约国应采取适当措施，禁止将在该国登记的或者在该国有主营业所或永久居所的经营人所使用的任何民用航空器任意用于与本公约宗旨不相符的目的。

问：从国际法角度谈谈你对该事件的理解和认识。

【评析】这是20世纪80年代一起著名的航空事件。由于证据不足，该起事件尚存在不少难于澄清的疑点。不过，国际民航组织1984年所作决议及其对《国际民用航空公约》第3条的修订，仍然具有重要的法律意义：它再一次表明，各国对非法入境的民用航空器不应使用武力拦截，不得危及该机内人员的生命及该航空器的安全。

案例二

1982年7月25日上午8时7分，中国民航2505班机从西安飞往上海。10时许，当飞机飞越无锡上空时，机上5名歹徒孙云平、杨锋、高克利、谢智敏和魏学利突然袭击机组人员，企图逼机组人员改变航向。面对突如其来的袭击，8名机组人员镇定机智，沉着应战，伺机制服歹徒。中午12时45分，这架班机和机上的全部中外旅客、机组人员平安抵达上海虹桥机场，5名劫机歹徒全部被抓获。

8月19日，反革命劫机犯孙云平、杨锋、高克利、谢智敏、魏学利，经上海××法院审理，被判处死刑立即执行。

问：我国对该劫机事件的处理是否合法？

【评析】本劫机犯罪案发生在我国境内，而且被劫持的飞机是在我国注册，属于我国管辖。其劫机犯孙云平、杨锋等人的犯罪行为，是一种严重的刑事犯罪，触犯了我国刑法的规定，因此，对他们处以刑罚，这是完全合法的。

案例三

1977年9月18日，苏联将核动力卫星"宇宙954号"发射入轨道，并正式通知了联合国秘书长。第二年1月24日，该卫星在重返大气层时进入了加拿大西海岸夏洛特皇后群岛北部的上空。在重返和解体过程中，该卫星的残片坠落在加拿大西北部4.6万平方公里的区域内。加拿大在美国支持下采取"晨光行动"，共搜集65公斤残片。在互换一系列外交照会后，1979年1月23日，加拿大根据1972年《国际责任公约》对苏联卫星进入其领空和卫星的有害放射线残片散落在其领土上所引起的损害提出赔偿要求。

加拿大认为，苏联在该卫星可能进入和立即进入加拿大地区的大气层时没有通知它，苏联也没有对其提出的有关该卫星的问题作出及时、全面的答复。在所搜集的卫星残片中，除了两件以外，所有的都具有放射线，其中有些残片的放射线是致命的。加拿大和苏联都是1972年《国际责任公约》的缔约国。根据该公约第2条，苏联作为发射国对该卫星给加拿大造成的损害负有绝对赔偿责任。危险的放射线残片散布在加拿大大片领土上以及存在于环境中的这些残片使其部分领土不适宜使用，构成《国际责任公约》意义内的"对财产的损害"。此外，卫星进入加拿大领空和危险放射线残片散布在其领土上还侵犯了其主权。因此，苏联应赔偿加拿大600万美元。苏联则明确拒绝承担赔偿责任。它认为，由于设计了卫星上的核反应堆在重返大气层时完全烧毁，因此其残片不应该具有严重危险。在受影响的地方，引起当地污染的可能性很小。卫星坠落并未造成加拿大人员伤亡，也未造成实际财产损失，因此没有发生《国际责任公约》范围内的"损害"。

苏联最后同意"善意性"支付300万美元了结此案，但仍然拒绝负有赔偿责任，因为加拿大声称的损害不属于《国际责任公约》范畴内的损害。

问：本案的争议焦点是什么？此次事件的意义何在？

【评析】本案争论的焦点在于是否发生了《国际责任公约》所定义的损失。按照《国际责任公约》第1条，导致赔偿责任的外空物体所引起的损害，是指生命丧失、身体受伤或健康的其他损害，以及国家、自然人、法人的财产或国际政府间组织的财产受损失或损害。显然，这种损害应是实际损害。至于像放射线物质引起的环境污染是否也属于《国际责任公约》定义的损害，则是不清楚的。正因为《国际责任公约》有这一缺漏，苏联才拒绝承担责任。无论如何，由于核动力卫星所含放射性物质对人体和环境均有危险影响，所以"宇宙954号"卫星坠落事件引起了国际社会对在外层空间使用核动力源问题的严重关切，这直接导致了联合国外空委员会从事制定这方面法律原则的工作。1992年，联合国大会通过了《关于在外层空间使用核动力源的原则》。

（二）案例分析实训

案例一

1988年12月，美国泛美航空公司的103号航班在苏格兰的洛克比镇上空爆炸，机上及地面共270人死亡。美英情报机构咬定凶手是利比亚航空公司驻马耳他办事处经理费希迈和利比亚特工迈格拉希，但利比亚拒绝交出两人，联合国与美国遂实施了经济制裁。在英美与利比亚谈判陷入僵局时，在曼德拉的调停下，利比亚领导人卡扎菲交出了两名嫌疑人。2001年1月31日，总部设在荷兰的苏格兰特别法庭裁决迈格拉希罪名成立，判他终身监禁，建议最少服刑27年。

近年来，利比亚与西方关系明显改善。2002年5月，利比亚政府承诺对洛克比空难家属提供总额为27亿美元的赔偿，平均每个遇难者家庭将得到1000万美元的赔偿金，以此来结束长达14年的官司，这也创下世界空难史上赔偿金的最高纪录。

问：依据国际法，劫持航空器的行为应如何定性并处理？

案例二

莫斯科时间1987年5月28日，19岁的联邦德国青年鲁斯特驾驶一架美国制造的"赛斯纳172型"运动飞机，从芬兰首都赫尔辛基出发进入苏联领空，并于傍晚7

时 30 分出现于莫斯科红场上空。飞机擦着列宁墓顶飞过，降落在一座教室旁边。9月4日，苏联最高法院对鲁斯特进行了审判。鲁斯特在审判中承认侵犯了苏联领空，但辩解说其目的是执行和平使命、会见苏联领导人和公众；他也承认在红场降落后只向围观的苏联人讲他从赫尔辛基飞来，一路上躲避苏联的防空设备，而没有提到执行和平使命的话。苏联最高法院审理后，宣判其犯有非法进入苏联国境、违反国际飞行规则和恶性流氓罪，判处鲁斯特在普通劳改营服徒刑 4 年。此判决为终审判决。此后，经联邦德国政府多次交涉后，苏联最高苏维埃主席团于 1988 年 3 月 3 日决定提前释放鲁斯特，并立即驱逐其出境。

此次事件当时在国际上轰动一时，在苏联国内也引起了强烈的反应，其国防部长、防空总司令均因此被解职。

问：国家对其领空享有主权的国际法依据是什么？其表现在哪些方面？

案例三

1983 年 5 月 5 日，从沈阳机场载客 105 名飞往上海的中国民航班机 296 号，自沈阳东塔机场起飞后，被机上乘客卓长仁、姜洪军、安卫康、王彦大、高云萍和吴云飞 6 名持枪歹徒采用暴力和威胁的方式劫持。他们用枪射击驾驶舱门锁，破门闯入驾驶舱后，对舱内人员射击，将报务员王永昌和领航员王培富击成重伤；威逼机长王仪轩和副驾驶员和长林改变航向，并用枪顶住机长的头，威胁乘客要与全机同归于尽；还强行乱推驾驶杆，使飞机颠簸倾斜、忽高忽低（最低高度为离地 600 米）地飞行，严重危及飞机和全机人员的安全。飞机被迫在我国渤海湾、沈阳、大连和丹东的上空盘旋后飞经朝鲜民主主义人民共和国，最后飞入韩国领空，被韩国四架鬼怪式战斗机拦截，迫降在该国的春川军用机场。飞机降落后，罪犯们又控制了飞机和机上人员达 8 个小时之久。最后，他们向韩国当局缴械并被拘留。

事发后，韩国有关当局对事实进行了调查，并迅速将情况通知了中国政府和国际民用航空组织理事会。

中国外交部接到通知后，向韩国提出请求，要求按照有关国际条约的规定，立即将被劫持的航空器以及机组人员、乘客交给中国民航当局，并将劫机罪犯引渡给中国处理。国际民用航空组织致电韩国当局，表示对中国民航 296 号班机被非法劫持一事的密切关注，并希望韩国将不遗余力地安全交还乘客、机组人员和飞机，按国际民用航空组织大会的决议和韩国参加的 1970 年《关于制止非法劫持航空器的公约》的规定，对劫机犯予以惩处。

随后，经韩国民航局局长金彻荣的同意，中国民航局局长沈图率民航工作组于 1983 年 5 月 7 日赴汉城协商处理这一事件。经与韩国代表谈判，签署了一份关于交还乘客、机组人员和飞机问题的备忘录。按备忘录规定，被劫持的飞机上的乘客，除 3 名日本乘客回日本外，其余中国乘客和机组人员都先后返回中国。被劫持的飞机经韩国有关部门做了技术检修后归还给中国。

对于劫机罪犯的处理，韩国拒绝了中国的引渡要求，而坚持由其自行决定进行审讯和实施法律制裁。1983年6月1日，韩国汉城地方检察院以违反韩国《航空安全法》《移民管制法》和《武器及爆炸物品管制法》为由，对6名劫机犯提起诉讼。7月18日，汉城地方刑事法院开始审判。经审理后，法院作出判决：判处卓长仁、姜洪军有期徒刑6年，安卫建、王彦大有期徒刑4年，吴云飞和高云萍有期徒刑2年。

问：根据国际法，非法劫持航空器的行为应如何处理？韩国的做法是否妥当？

 主要参考文献

1. ［韩］柳炳华：《国际法》，朴国哲、朴永姬译，中国政法大学出版社1997年版。
2. 王铁崖主编：《国际法》，法律出版社1995年版。
3. 赵维田：《国际航空法》，社会科学文献出版社2000年版。
4. 程晓霞、余民才主编：《国际法》，中国人民大学出版社2008年版。
5. 李寿平、高凛、李斌主编：《国际公法教程》，对外经济贸易大学出版社2007年版。

第九章

外交和领事关系法

【本章概要】本章内容包括两部分：外交关系法和领事关系法。外交关系法是调整国家进行外交活动的国际法原则、规则和制度的总称，包括国家进行外交活动的中央机关和官员在外国时的地位，国与国之间外交关系的建立，常设外交代表机构和临时性外交代表机构的设立和派遣，使馆人员的组成，外交代表的等级和优先位次，使馆和外交人员的特权与豁免及对接受国的义务。领事关系法是调整国与国之间领事关系的国际法原则、规则和制度的总称，包括国与国之间领事关系的建立，领事馆人员的组成，领馆馆长的等级和优先位次，领馆和领事官员的特权与豁免及对接受国的义务。

【学习目标】通过本章学习，应重点掌握国家进行外交活动的机关；使馆的职务；使馆的人员组成；使馆和外交代表的特权与豁免；使馆及其人员对接受国的义务；领事馆人员的组成；领事特权与豁免；领馆及其人员对接受国的义务。

第一节　概述

一、外交关系

为了实现国家的对外政策，国家外交机关要进行各种各样的对外活动。国家进行外交活动的方式通常包括：互相在对方首都设立使馆，派遣或接受特别使团，国家领导人访问，举行国际会议，参加国际组织，签订国际条约等。国家进行上述活动而形成的关系就是外交关系。外交关系有广义概念和狭义概念，广义的外交关系是指国与国之间为了实现各自的对外政策，通过上述一系列活动在国际交往中所形成的关系；狭义上则是指国家互相在对方领土内设立常驻使团并通过它们进行交往的关系。国与国之间互设使馆被认为是保持两国之间正常关系的最有效、最主要的方法，因为这种关系的存在表明这些国家之间有着正常的关系。

在现在的国际实践中，外交关系主要有四种形式：①正式的外交关系，也称为正常的外交关系，以双方互派常驻使节为主要特征；②不完全的外交关系，也叫半外交关系，主要特征是双方互派的外交使节停留在代办的级别上；③非正式的外交关系，主要特征是两个没有正式建交的国家直接进行外交谈判，互设某种联络机构；④国民外交关系，也称为民间外交，主要特征是民间性，表现为非官方的个人或代表团体间的友好访问、接触，就国际问题或两国关系问题发表共同声明或联合公报、签订民间协定等。

二、外交关系法

所谓外交关系法，是调整国家之间外交关系的国际法原则、规则和制度的总称。外交关系法的内容主要是：国家进行外交活动的中央机关和官员在外国时的地位，国与国之间外交关系的建立，常设外交代表机构和临时性外交代表机构的设立或派遣，这些机构的组成，外交代表的等级和优先位次，这些机构和他们的人员的特权和豁免以及它们对接受国的义务等。

外交关系法的渊源既有国际习惯，也有国际条约。第二次世界大战以前，外交关系法主要是以国际习惯的方式存在，但也有少量条约，如1815年的《维也纳议定书》，规定了外交使节位次和等级；1818年的《亚琛议定书》补充了《维也纳议定书》的规定，增加了驻办公使；1928年签署的《哈瓦那外交官公约》则属于区域性公约。第二次世界大战后，在联合国主持下，签订了一系列外交关系国际公约和条约，主要有：

（一）1946年《联合国特权和豁免公约》

该公约于1946年2月13日由联合国大会通过，同年9月17日生效，截止到2011年9月，共有成员国157个。该公约共有9条，确立了联合国的法律人格、联合国职员和会员国代表的特权与豁免等。我国于1979年9月11日向联合国秘书长交存加入书，同时对公约第8条第30节作了保留。该公约已于我国加入当日对我国生效。

（二）1947年《联合国专门机构特权和豁免公约》

该公约于1947年11月21日由联合国大会通过，1948年12月2日生效，截止到2011年9月，共有成员国116个。该公约共有15项条款和15个附件，对联合国专门机构的特权与豁免作了具体规定。我国于1979年9月11日向联合国秘书长交存加入书，同时对公约第9条、第32条作了保留。该公约已于我国加入当日对我国生效。

（三）1961年《维也纳外交关系公约》

该公约于1961年4月18日由联合国大会通过，1964年4月24日生效，截止到2011年9月，共有成员国187个。该公约共53条，全面详细地规定外交关系方面的国际法原则、规则和制度。我国于1975年11月25日向联合国秘书长交存加入书，同时对公约第14条和第16条第3款关于教廷使节的规定，第37条第2～4款关于使馆行政、技术职员、事务职员及使馆人员的私人仆役所享有的外交特权与豁免等规定作出了保留。该公约已于1975年12月25日对我国生效。1980年9月15日，我国撤回对公约第37条第2～4款的保留。

（四）1969年《联合国特别使团公约》

该公约共有55条，对特别使团的相关制度作了具体规定，1985年6月21日该公约生效，我国至今尚未参加该公约。

（五）1973 年《关于防止和惩处侵害应受国际保护人员包括外交代表的罪行的公约》

该公约于 1973 年 12 月 14 日由联合国大会通过，1977 年 2 月 20 日生效，截止到 2011 年 9 月，共有成员国 173 个。该公约共 20 条，详细地规定了应受国际保护人员的范围、缔约国对罪行的管辖权、缔约国对犯罪嫌疑人承担的"或引渡或起诉"义务等。我国于 1987 年 8 月 5 日加入该公约，同时对该公约第 13 条第 1 款关于国际法院解决缔约国之间在解释或适用公约上的任何争端的规定作了保留。1987 年 9 月 4 日该公约对我国生效。

第二节　外交机关和外交人员

外交机关是国家为了实现其对外政策而进行外交活动的国家机关的总称。外交机关可分为国内的外交机关和驻国外的外交机关。

一、国内外交机关

国内外交机关包括国家元首、政府和政府中主管外交工作的外交部门。这些机关是国家外交活动的领导机关，其职权通常由宪法或法律规定，他们对外代表国家进行外交活动，与其他国际法主体建立和保持外交关系。

（一）国家元首

国家元首是国家在对外关系上的最高机关。国家元首可以是个人，如共和国的主席、总统，君主国的国王、皇帝等，也可以是集体，如圣马力诺的国家元首由具有同等权力的 2 名执政官共同担任。集体国家元首通常采用法定的机关名称，如瑞士的联邦委员会，原苏联的最高苏维埃主席团等。有的国家元首同时还是政府首脑，如美国总统。一国实行何种国家元首制，由该国宪法规定，国际法并没有统一的规则。

国家元首在对外关系上的职权由其本国宪法规定。一般来说，国家元首在对外关系上的职权主要有：①派遣和接受外交使节；②批准和废除条约；③宣布战争状态和媾和。有的国家的宪法和法律还规定，国家元首可以与外国政府进行谈判，出席国际会议，签订条约。

一国元首在他国境内时，除享有外交上的特殊尊荣外，还享有全部的外交特权与豁免。1973 年《关于防止和惩处侵害应受国际保护人员包括外交代表的罪行的公约》，把在外国境内的国家元首（包括依照有关国家宪法行使国家元首职责的集体元首机构的任何成员）及其随行家属，都列为应受国际保护人员。

我国的国家元首是中华人民共和国主席，它同最高国家权力机关——全国人民代表大会、全国人民代表大会常务委员会结合起来行使职权。根据我国 1982 年《宪法》规定，国家主席代表中华人民共和国接受外国使节；根据全国人民代表大会常务委员会的决定宣布战争状态；根据全国人民代表大会常务委员会的决定，派遣和召回驻外全权代表；批准和废除同外国缔结的条约和重要协定。中华人民共和国副主席受主席的委托，可以代行主席的部分职权。

（二）政府及其首脑

政府是国家的最高行政机关，也是国家对外关系的领导机关。政府的名称不一，有的称内阁，有的称部长会议，我国政府的称谓是国务院。政府在对外关系方面的职权，由其本国宪法和有关法律规定，一般有以下几种：①制定国家对外政策；②领导国家外交工作，管理对外事务；③有权就对外关系的重大问题发表声明；④有权同外国政府或国际组织的代表谈判，签订条约、协定，签发本国谈判代表的全权证书等。

政府首脑有权代表政府同外国政府进行外交谈判，签订条约，参加国际会议，同外国政府首脑发表共同宣言和公报等。政府首脑进行这些活动时无须全权证书。

按照国际法，政府首脑在国外时，同国家元首一样，享有完全的外交特权和豁免。当他在外国境内时，其本人及其随行家属，都被列为应受国际保护人员。

（三）外交部

外交部是执行国家对外政策和处理日常外交事务的专门机关。现代各国政府中都设有主管外交事务的机关，多数国家称为外交部，但也有些国家采用其他的名称，如日本称为外务省，美国称为国务院，英国称外交与联邦事务部等，瑞士称政治部。

中国在1861年正式设立专门办理外交事务的机构——总理各国事务衙门，简称总理衙门。1901年《辛丑条约》签订后，清政府将总理衙门改为外务部，位列六部之首。辛亥革命后，称为外交部，中华人民共和国成立后仍使用外交部之称。

外交部的主要职权是：①领导和监督驻外代表机构如驻外使领馆、驻国际组织使团、出席国际会议的代表团的工作及其活动；②与驻外代表机关保持经常性的联络；③与外国使馆和使团保持联系和进行谈判；④保护本国及其公民在国外的合法权益。

外交部部长领导外交部的工作，贯彻国家的对外政策和处理日常事务，行使同国外代表团谈判、经授权签订条约、参加国际会议等职权。外交部部长与外国政府进行谈判、出席国际会议、签订条约时，无须出示全权证书。当外交部部长在国外时，同国家元首、政府首脑一样，享有完全的外交特权和豁免权。其本人及其随行家属，都被列为应受国际保护人员。

二、驻国外外交机关

一国驻国外的外交机关，可以分为常驻的外交代表机关和临时的外交代表机关。

（一）常驻的外交代表机关

常驻的外交代表机关指一国派驻外国的使馆及一国向国际组织派遣的常驻外交使团。此外，一些重要的政府间国际组织，不但接受国家派遣的常驻使团，也会向成员国和非成员国派遣常驻使团。

（二）临时的外交代表机关

临时外交代表机关，又称特别使团，是指一国派往国外执行临时性任务的外交使团。根据它们参与外交活动的性质，可分为政治性使团和礼节性使团。政治性使团的主要任务是出席国际会议，为某一特定事项进行外交谈判，签订条约等，礼节性使团的主要任务是参加外国庆典，参加外国元首或政府首脑的就职仪式、吊唁活动等。

第三节　使馆及其人员

一、使馆的建立和职务

（一）外交关系和使馆的建立

两国间正式建立外交关系以互设使馆为具体表现形式，而外交关系的建立和使馆的设立均须经过双方的协议。这是一项公认的国际习惯法规则。《维也纳外交关系公约》第 2 条也规定："国与国之间外交关系及常设使馆之建立，以协议为之。"协议的方式由有关国家决定，既可以采用缔结双边条约的方式，也可以采用发表联合声明、互换照会、公报或换文的方式。过去往往缔结条约，近年来多用换文、照会、公报等形式。一国同哪些国家，按照什么条件建立外交关系和互设使馆，各国可自行决定。我国与其他国家建交，坚持以承认中华人民共和国中央人民政府为中国唯一合法政府、台湾是中国领土不可分割的一部分为条件，接受这一条件的可以进行建交和互设使馆的谈判。建立外交关系和互设使馆后，一国在认为必要时可以单方面决定暂时或长期撤回驻另一国的使馆，中止或断绝同另一国的外交关系。

（二）使馆的职务

按照《维也纳外交关系公约》第 3 条的规定，使馆有五项主要职务：

1. 代表。即在接受国中代表派遣国，而使馆馆长则是派遣国同接受国政府之间进行联系或者商讨有关两国关系事项的代言人。这是使馆最基本和最重要的职务。

2. 保护。即在国际法许可的范围内，在接受国中保护派遣国及其国民的利益。

3. 谈判。即代表派遣国政府与接受国进行谈判。

4. 调查和报告。即以一切合法手段调查接受国各方面的状况和发展情况，并向派遣国报告。

5. 促进。即促进派遣国与接受国间的友好关系和发展两国间经济、文化和科技关系。

此外，经本国政府授权，使馆还可以执行国际法所许可的其他职务，如执行本国侨民出生、死亡、婚姻登记等领事职务；经接受国同意，使馆可以受托保护未在接受国派有代表的第三国及其国民的利益。

二、使馆人员

（一）使馆人员的组成

根据《维也纳外交关系公约》第 1 条的规定，使馆人员由使馆馆长和使馆职员组成，而使馆职员则包括使馆外交职员、行政及技术职员以及事务职员。外交代表则包括使馆馆长和外交职员。

1. 外交职员。外交职员是指具有外交官职衔的使馆人员，包括参赞、武官、秘书和各种随员。

参赞是指使馆内协助馆长办理外交事务的高级外交官，也是馆长关于国际法和外交事务的顾问，包括商务参赞、文化参赞、新闻参赞、科技参赞等。馆长离职期间，往往由参赞担任临时代办，代理馆长处理使馆事务。

武官是一国军事部门向另一国军事部门派遣的代表，是馆长开展外交的军事顾问和助手。武官分为国防武官、军种武官和副武官，国防武官为首席武官，其等级大致与参赞相同，军种武官分为海、陆、空军武官。

秘书是使馆内秉承馆长旨意办理外交事务及文书的外交官，位次介于参赞和随员之间，分为一等、二等、三等三个等级。

随员是使馆内办理各种事务的最低一级外交官，由外交部和其他部门派遣。

此外，有些国家还在使馆中设有专员，这是各业务部门派遣的办理专门事务的人员，包括商务专员、文化专员、新闻专员等。这些人员通常被授予外交职衔，并按照外交人员标准享有优先权和豁免。

2. 行政技术职员。他们是承办使馆行政和技术事务的使馆职员，包括翻译、无线电技术员、会计、打字员、译电员、登记员等。

3. 事务职员。他们是使馆内提供服务的工作人员，包括司机、信使、厨师、传达员、维修工、清洁工等。

此外，《维也纳外交关系公约》还列有一种"私人仆役"。但该类人员只是上述使馆人员的私人服务员，并非派遣国的工作人员，因此不在使馆人员编制之内。

（二）使馆馆长的等级

使馆馆长是派遣国委派负责领导使馆工作的人。

19世纪前，使馆馆长的等级没有统一的规定。1815年的《维也纳议定书》首次把使馆馆长分为三级：大使、教廷大使；公使、教廷公使；代办。1818年的《亚琛议定书》又增加了驻办公使，介于公使和代办之间。但这一等级在当时很少派遣，因而在实际中没有什么意义。1961年的《维也纳外交关系公约》沿用上述规定，把使馆馆长继续分为三级：

1. 大使是派遣国国家元首向接受国国家元首派遣的使节，他代表本国及国家元首常驻接受国办理外交事务，可随时请求谒见接受国元首，进行直接谈判，是最高级的外交代表。

2. 公使是派遣国向接受国国家元首派遣的使节，是第二级的外交代表，除在礼遇上稍逊于大使外，其他方面与大使相同。

3. 代办是派遣国外交部部长向接受国外交部部长派遣的最低一级使节，是代办处的馆长。

以大使、公使或代办为馆长的驻外代表机关，相应地被称为大使馆、公使馆或代办处。除有关优先地位和礼仪事项外,各级使馆馆长不应因其所属等级而有任何差别。同级使馆馆长的优先位次,应按照其开始执行职务的日期和时间先后来确定。

国家之间设立哪一级使馆馆长应由有关国家商定。19世纪末20世纪初,有一种观点认为只有大国才能互派大使,小国只能派遣和接受公使,这违背了国家平等原则。第二次世界大战后,国家之间普遍派遣大使,互派公使的情况越来越少。现在,差不多所有国家,无论大小,都委派大使。

国家之间互派代办在现代已不多见,通常是两国关系出现问题才会派遣。但是,代办与临时代办不同,代办是一级馆长,临时代办则是在馆长职位空缺或不能执行职务时被委派暂代馆长,负责主持使馆日常行政事务的外交人员,通常由使馆中主管政务的、级别最高的外交人员担任。

三、使馆及其他外交人员的派遣

(一)使节权

使节权是一国派遣和接受外交使节的权利。其中,派遣外交使节的权利被称为积极的使节权,接受外交使节的权利被称为消极的使节权。按照国际法,国家不论大小强弱,都可以依照国内法决定派驻国外的使节人选。

(二)使馆人员的派遣和接受

1. 使馆馆长的派遣。由于使馆外交人员(特别是使馆馆长)对派遣国与接受国之间的关系具有重要作用,使馆人员应是接受国能够接受的。根据《维也纳外交关系公约》的规定,派遣国在使馆馆长正式任命前,须先以书面或口头方式不公开地征求接受国的意见,如果接受国同意接受,派遣国才可以正式任命。如果接受国不同意,无须向派遣国说明不同意的理由,派遣国也不能把拒绝同意视为不友好的行为。历史上,对已任命或即将任命的大使、公使拒绝接受的情况还是很多的。如1981年清政府拒绝接受美国拟派来华担任公使的布莱尔,理由是该人在担任美国参议员期间,于1888年发表极端反华言论,促成《排斥华工法案》通过。

2. 海、陆、空军武官的派遣。根据《维也纳外交关系公约》的规定,海、陆、空军武官的派遣也要征求接受国的同意。接受国可以要求先行提名,征求该国同意后,再由派遣国派遣。

使馆馆长和海、陆、空军武官以外的使馆人员,派遣国原则上可以自由派遣。

(三)不受欢迎的人和不能接受的人

为了保护接受国的利益,根据《维也纳外交关系公约》的规定,接受国可以随时不具解释地宣告使馆外交人员为不受欢迎的人,宣告使馆其他人员为不能接受的人。这种宣告既可以适用于已到任的和在任的使馆人员,也可以适用于已被任命而尚未就任的人员。如果发生这种情况,派遣国应斟酌情况召回该人,或终止该人在使馆中的职务。如派遣国拒绝召回该人,或拒绝终止该人在使馆中的职务,接受国有权拒绝承认该人为使馆人员。

四、使馆人员职务的开始和终止

（一）使馆人员职务的开始

大使或公使级馆长赴任需要携带国书。国书是派遣国国家元首发给接受国国家元首用以证明大使或公使身份的正式外交文书，文书中写明馆长的姓名、等级，并请接受国元首予以信任等。国书由国家元首签署，外交部部长副署，由大使或公使向接受国元首递交。

代办级馆长是向外交部部长派遣的，赴任时携带委任书，该委任书由外交部部长签署，向接受国外交部部长发出。

根据《维也纳外交关系公约》的规定，外交代表执行职务的开始日期，主要根据接受国的通行惯例来确定。使馆馆长在呈递国书后，或在向接受国外交部门或另经商定的其他部门通知到达并将所奉国书正式副本送交后，即视为已经在接受国开始执行职务。也有国家规定自馆长一踏上接受国领土就算已经到任。我国以使馆馆长正式呈递国书的日期为其在华执行使馆职务的开始时间。使馆的其他人员以其到达接受国担任使馆职务的时间为开始时间。

（二）使馆人员职务的终止

根据《维也纳外交关系公约》的规定，发生如下情形之一，外交代表的职务即告终止：

1. 任期届满。使馆人员任期届满，职务即告终止。

2. 派遣国召回。即使使馆人员任期未满，但由于辞职、调职等原因而被派遣国召回，其职务即告终止。

3. 接受国要求召回。接受国通知派遣国，宣告使馆人员为不受欢迎的人或不能接受的人，其职务即告终止。

4. 派遣国和接受国断绝外交关系。两国因发生战争、武装冲突或关系恶化等原因而断绝外交关系，各自撤回使馆人员，使馆人员职务即告终止。

5. 派遣国或接受国发生革命或政变而产生新政府，原来使馆人员的职务即告终止。

五、外交团

外交团概念有广义和狭义之分，狭义的外交团是指由驻在一国首都的所有使馆馆长组成的团体，广义的外交团则还包括这些使馆的所有外交人员及其家属。

外交团通常设一个团长，由外交团中等级最高、开始执行职务最早的使馆馆长担任，一些天主教国家则按照传统由教廷大使担任。外交团中其他外交人员的位次，按照等级和担任时间决定。先按照等级，大使高于公使，公使高于代办，参赞高于秘书；在职位相同的外交人员中，大使馆人员高于公使馆人员；对于馆长和外交人员，则按到任时间先后来定。

外交团不是一个固定的外交职能机关，不具有任何法律职能，它的作用主要在于外交礼仪方面。如在接受国举行庆典或宴会时，外交团团长代表外交团成员致辞、祝酒；应新任外交代表的请求，介绍接受国的风土人情；应接受国政府的请求，向外交团成员通知事情或转达意见；向接受国政府转达外交团成员一些有关日常事务的请求。国际法不允许外交团采取政治性的行动，干涉接受国的内政。

六、特别使团

特别使团是一国经另一国的同意或邀请，派往该另一国谈判某项特定问题或完成某项特定任务的临时性使团。1969 年 12 月，联合国大会通过了《特别使团公约》，该公约对特别使团的派遣、组成、特权与豁免作了规定。

特别使团的派遣，应通过外交或其他渠道事先征得接受国的同意，但特别使团的派遣或接受不以外交关系或领事关系的建立为条件。特别使团的职务应由双方以协议决定，一般来说，使团的职务主要有两类：一是政治性职务，如进行谈判、签订条约、出席国际会议等；二是礼仪性职务，如参加他国国庆大典、元首就职仪式等。

特别使团由派遣国的一名或几名代表组成，其中一人为团长。特别使团中可以包括外交人员、行政与技术人员以及服务人员。特别使团的人员原则上应具有派遣国的国籍，凡任命接受国的国民或第三国国民为特别使团的代表或外交人员，应征得接受国同意，接受国可随时撤销此项同意。特别使团的人员原则上可以自由任命，但接受国可以随时不具解释地拒绝任何一人为特别使团成员，也可以随时不具解释地通知派遣国，宣告使团中任何一人为不受欢迎的人或不能接受的人。

特别使团职务的开始以与接受国外交部或专门机构正式接触为标志。出现如下情形，特别使团的职务即告终止：①经有关各国达成协议；②特别使团任务完成；③为特别使团指定的期限届满；④派遣国发出通知结束或召回特别使团，或接受国发出通知，认为特别使团已经结束。

特别使团及其组成人员享有一定的外交特权与豁免，大体上与《维也纳外交关系公约》中所规定的使馆及其人员享有的外交特权与豁免相同，但在一些问题上《特别使团公约》作了某些变动和限制。特别使团及其人员对接受国应负的义务，与使馆及其人员对接受国应负的义务基本相同。

第四节　外交特权与豁免

一、外交特权与豁免的理论

外交特权与豁免，是指一国外交代表机关及其人员在接受国所享有的特殊权利和优惠待遇。长期以来，各国或根据国际习惯法，或根据本国国内法给予外交代表机关及其人员特权与豁免。1961 年《维也纳外交关系公约》对相关的国际法规则进行了系统的编纂，成为目前外交特权与豁免的主要法律依据。

关于外交特权与豁免的理论根据，国际法学界主要有以下三种学说：

1. 治外法权说。该学说认为，外交使节虽在接受国领土之上，但应看成是派遣国的拟制领土，因而应受派遣国管辖。该学说在历史上曾一度流行，被帝国主义国家作为欺侮弱小国家和民族的根据。但它不以事实为根据，不符合各国在外交特权与豁免方面的实际做法，现已被摒弃。

2. 代表性说。该学说认为，国家彼此平等，相互之间没有管辖权，使节作为国家的代表，自然享有外交特权与豁免。这一学说虽然有一定的事实根据，但不能确切解释外交特权与豁免的全部问题。

3. 职务需要说。该学说认为，外交特权与豁免为执行外交职务所必需，是保障外交使馆和人员在不受当地干扰和压力的条件下，自由代表本国执行职务所必需的。

出于对国家主权的尊重和执行职务上的需要，《维也纳外交关系公约》以职务需要说为依据，同时考虑了代表性说。给予外交代表特权与豁免，一方面表示对其所代表的国家尊严和主权的尊重，另一方面是外交代表执行使馆职务的需要。代表性与职务需要是一国赋予另一国的外交代表以特权与豁免的基础。

二、使馆的特权与豁免

根据《维也纳外交关系公约》的规定，使馆享有的便利、特权与豁免主要有以下几个方面：

（一）使用国旗和国徽

根据公约第 20 条的规定，使馆及馆长有权在使馆馆舍、使馆馆长寓所和交通工具上使用派遣国的国旗或国徽。

（二）建馆和执行使馆职务的便利

根据公约第 21 条、第 25 条的规定，接受国应便利派遣国按照接受国法律在其境内置备派遣国建馆所需的馆舍，或协助派遣国以其他方法获得建馆房舍；在必要的时候，接受国还应协助使馆为使馆人员获得适当的房舍；对使馆执行职务提供充分的便利。

（三）使馆馆舍不可侵犯

根据公约第 1 条的规定，使馆馆舍是指供使馆使用及供使馆馆长寓所之用的建筑物或建筑物的各部分，以及其所附属的土地，而不论其所有权归谁。根据该公约第 22 条的规定，馆舍不可侵犯包括以下三个方面的内容：

1. 接受国官员非经使馆馆长许可，不得进入使馆馆舍。这意味着接受国的任何官员，包括政府官员、司法人员、警察、税务人员、海关人员等，未经使馆馆长或其代理人的同意，不得擅自进入使馆馆舍执行公务或实施法律程序。使馆馆舍不可侵犯是绝对的，公约没有规定任何例外。

2. 接受国对使馆馆舍负有特别保护的责任，应采取一切适当步骤保护使馆馆舍免受侵入或损害，并防止一切扰乱使馆安宁和有损尊严的事情。所谓负有特殊责任，是指负有高于一般的维护社会秩序的责任，"适当步骤"则要根据具体情况决定。1979 年末到 1980 年初，美国驻伊朗大使馆被侵占，使馆人员被扣押作为人质。尽管这一事件的发生有特定的历史背景，但该事件显然违背了使馆馆舍不可侵犯的国际法原则。国际法院在"美国在德黑兰的外交和领事人员案"中指出，除其他外，伊朗政府在美国使馆受到攻击时没有采取任何"适当步骤"保护使馆馆舍、人员和档案，事后也没有采取措施说服或迫使侵入的人退出，释放被扣押的外交和领事人员，违反了1961年《维也纳外交关系公约》的规定。

3. 使馆馆舍、设备、财产及交通工具免受搜查、征用、扣押或强制执行。

（四）使馆的档案及文件不得侵犯

公约第24条规定，使馆的档案及文件无论何时，也无论位于何处，均不得侵犯。档案包括文书、文件、函电、胶片、胶带、登记册、明密电码、记录卡等。该条意味着接受国有关当局不得要求使馆交出其档案和文件，也不得对使馆的档案和文件采取搜查、查封、没收或销毁等措施。使馆的档案、文件不得侵犯在时间上和空间上均不受限制。"无论何时"不仅包括派遣国与接受国保持正常外交关系时，也包括两国断绝外交关系、发生战争或武装冲突时；"不论何处"是指不论这种档案和文件是位于使馆馆舍内，还是在使馆馆舍外，也不论这种档案和文件被外交代表携带，还是被装在外交邮袋内。

（五）通信自由

根据《维也纳外交关系公约》第27条的规定，接受国应允许使馆为一切公务目的自由通信，并予以保护。具体包括如下几点内容：

1. 使馆可以采取一切适当方法，包括使用外交信差、明密码电信在内的方法通信。但非经接受国同意，不得装置并使用无线电发报机；

2. 使馆的来往公文不得侵犯；

3. 外交邮袋不得扣留或开拆；

4. 外交信使的人身不得侵犯，不受逮捕或拘禁。

（六）免纳捐税、关税

根据《维也纳外交关系公约》第23、28、34、36条的规定，使馆馆舍免纳国家、区域或地方的捐税，如房地产税。但对使馆提供的特定服务所收的费用，如水、电费和清洁费等不能免除。使馆办理公务所收的规费及手续费免纳捐税，如使馆办理公证、认证、签证、护照、本国公民的出生、死亡和婚姻登记等收费，一律免征捐税；使馆的公务用品，如办公室用具、车辆等准许入境，免纳关税和其他课征，但贮存、运送及类似服务费不在此列。

（七）行动及旅行自由

使馆及其人员的行动及旅行自由被认为是使馆执行其保护和了解职务所必需的一种便利，但对这种自由是否必须是完全和绝对的并未形成统一的看法。《维也纳外交关系公约》第26条体现了两种意见的妥协。根据该条规定，接受国原则上应确保所有使馆人员在其境内行动和旅行的自由，但如果接受国为国家安全目的，以法律和规章设定禁止或限制进入区域，则使馆人员不在这些区域享有行动及旅行的自由。

三、外交代表的特权与豁免

根据《维也纳外交关系公约》的规定，外交代表享有的特权与豁免主要有如下几个方面：

（一）人身不可侵犯

根据公约第 29 条的规定，外交代表的人身不可侵犯包含两方面的含义：

1. 外交代表不受任何方式的逮捕和拘禁。接受国对外交代表的尊严应予尊重，不得对外交代表实施逮捕或拘留。

2. 接受国对外交代表应特示尊重，并应采取一切适当步骤以防止其人身、自由或尊严受有任何侵犯。接受国负有义务对外交人员给以特别的保护，使外交代表人身安全和尊严免受侵犯，同时防止任何侵犯外交代表人身、自由和尊严的行为发生。至于什么是"适当步骤"，要根据具体情况来确定，也可以由派遣国和接受国商定。

虽然外交人员人身不得侵犯，但这并不排斥接受国对利用此项特权进行犯罪的外交代表采取防止或制止措施，也不排除由于外交代表本人的挑衅行为而引起的他人自卫措施的实施。在发现外交人员进行间谍活动而情况紧急时，可以当场拿获，以便通过外交途径解决。

虽然规定外交人员的人身不得侵犯，但公约签订后侵害外交人员人身的事件仍不断发生。为此，联合国大会在1973年通过了《关于防止和惩处侵害应受国际保护人员包括外交代表的罪行的公约》，具体规定了预防、禁止与惩治应受国际保护人员罪行的国际机制。公约规定，缔约国应将谋杀、绑架包括外交官在内的国际上受保护人员定为国内法上的罪行。公约还确立了"或引渡或起诉"原则，规定缔约国应在对侵害应受国际保护人员罪引渡方面依法进行合作。

（二）寓所、财产文书和信件不可侵犯

根据公约第 30 条的规定，外交代表的私人寓所和使馆馆舍应享有同样的不可侵犯权及保护的权利。私人寓所是指外交人员所住的地方，而不是私人所有的意思，包括外交公寓、别墅和临时寓所，如旅馆房间。派遣国的官员、司法人员等外交代表的寓所未经其许可不得进入，接受国也应采取适当措施保护外交代表的寓所安全，防止和制止对寓所的侵犯。外交代表的文书和信件同样享有不可侵犯权，外交人员的财产，除按公约规定不免除强制执行的外，其余的也是不可侵犯的。

（三）管辖豁免

1. 刑事管辖的豁免。自 17 世纪以来，外交代表享有刑事管辖豁免就形成了惯例，得到公认。《维也纳外交关系公约》第 31 条第 1 款再次确认了外交代表对接受国的刑事管辖享有豁免权，这种豁免是没有例外的，是绝对的。这意味着在任何情况下，接受国不得对外交代表拘捕、审讯和判刑。对于外交代表的法律责任，一般通过外交途径解决。接受国对于经查明犯罪的外交代表虽然不能行使管辖权，但是可以根据具体情况采取一定的措施，如在案情较严重的场合要求派遣国放弃豁免权，从而对犯罪的外交代表行使管辖权，或宣布该外交官为不受欢迎的人。

2. 民事和行政管辖豁免。外交代表民事管辖豁免的确立比刑事管辖豁免要晚，直到 18 世纪 20 年代才可以认为已经确立。[1] 实践中，各国关于外交代表民事管辖豁免的范围、例外有不同的做法。《维也纳外交关系公约》第 31 条第 1 款规定外交代表享有民事和行政管辖的豁免，但该豁免是不完全的，存在三种例外：一是关于外交代表在接受国境内私有不动产的物权诉讼，但代表派遣国为使馆用途置有的不动产不在此列；二是关于外交代表以私人身份并不代表派遣国而为遗嘱执行人、遗产管理人、继承人或受遗赠人的继承事件的诉讼；三是关于外交代表于接受国内在公务范围以外所从事的专业或商业活动的诉讼。在上述三种情况下，接受国可以行使管辖。另外，外交代表或其他享有管辖豁免的人如果主动提起诉讼而被告提起反诉时，也不得对这种反诉主张管辖豁免，即接受国可以行使管辖。

3. 作证义务的免除。外交代表没有以证人身份作证的义务，接受国不能强迫外交代表作证。外交代表作证义务的免除，包括不得被迫在法律程序中作为证人出庭作证和提供证词。但接受国可请求派遣国同意外交代表作证，如果作证出于自愿，采取了适当方式，并得到派遣国同意，外交代表可以作证。

外交代表虽然享有接受国的上述管辖豁免，但并不能因此免除派遣国的管辖。

4. 管辖豁免的放弃或执行豁免的放弃。对外交代表和其他享有特权与豁免的人的管辖豁免可以由派遣国放弃。豁免的放弃必须采用明示方式，通常由使馆馆长把放弃决定通知接受国。应该注意的是，即便接受国可以行使管辖权，也不得对外交代表采取执行措施，只有当派遣国也放弃执行豁免时，接受国才可以采取执行措施。在民事或行政诉讼程序上管辖豁免的放弃，不得视为对判决执行的豁免也默示放弃，后项放弃必须由派遣国单独明示作出。

（四）免纳捐税、关税和行李免受查验

公约第 34 条规定外交代表免纳一切捐税，但同时规定了如下几项例外：通常计入商品或劳务价格内的间接税；在接受国境内私有不动产课征的捐税（除非是代表派遣国为使馆用途而拥有的）；遗产税、遗产取得税或继承税；对于在接受国内所获得的私人所得或商业投资所课征的税；为提供特定服务所收的费用；不动产的登记费、法院手续费或记录费、抵押税及印花税等。

公约第 36 条规定外交人员的私人财物和用品入境免征关税及贮存、运送及类似服务费用以外的一切其他课征，接受国在确保该规则的前提下，可以制定具体的法律规章，规定外交代表行使该权利应履行的手续，同时防止该权利被滥用。对接受国法律禁止进出口的物品，外交代表不能携带进口或出口。

公约第 36 条还规定外交代表的私人行李免受查验，但接受国当局有重大理由推定其中有非免税物品，或接受国法律禁止的进出口物品，或检疫条例加以管制的物

〔1〕 王铁崖主编：《国际法》，法律出版社 1995 年版，第 375 页。

品，不在此限，接受国应在外交代表或其代理人在场时查验。

（五）其他特权与豁免

此外，外交代表应免于适用接受国施行的社会保险办法；免除一切个人劳务和各种公共服务，如不服兵役、不担任陪审员、不承担个人捐赠等法律义务；免除关于征用、军事募捐等军事任务。

四、外交特权与豁免的适用范围

（一）使馆其他人员的特权与豁免

使馆馆长和外交职员享有全部的外交特权与豁免，外交代表以外的其他人员，也享有一定的特权与豁免，但不同类别的人员，享有的特权与豁免不同。

1. 外交代表的家属。公约第 37 条第 1 款规定，与外交代表构成同一户口的家属，如果不是接受国国民，则应享有与外交代表相同的外交特权与豁免。各国一般认为外交代表的配偶和未成年子女与外交代表构成同一户口，至于是否还有其他人属于外交代表的"构成同一户口家属"，公约没作具体规定，实践中以接受国的法律规定或惯例为准。根据我国《外交特权与豁免条例》的规定，只有与外交代表共同生活的配偶及未成年子女才与外交代表构成同一户口，他们如果不是中国公民，则享有与外交代表相同的外交特权与豁免。

2. 行政和技术人员及其家属。公约第 37 条第 2 款规定，使馆的行政与技术职员及其构成同一户口的家属，如果不是接受国国民且不在该国永久居留者，享有外交特权与豁免，但有以下三点例外：①执行职务范围以外的行为不享有民事和行政管辖的豁免；②除其最初定居时所带入的物品外不能免纳关税及其他课征；③他们的行李不免除海关查验。

3. 使馆事务职员。公约第 37 条第 3 款规定，使馆的服务人员如果不是接受国国民且不在该国永久居留者，就其执行公务行为享有豁免，其受雇所得报酬免纳捐税，免于适用接受国所实行的社会保险办法。

4. 使馆人员的私人仆役。使馆人员的私人仆役如果不是接受国国民且不在该国永久居留者，其受雇所得报酬免纳捐税。在其他方面，他们只能在接受国许可的范围内享有特权与豁免。

（二）外交特权与豁免的开始和终止

公约第 39 条对外交特权与豁免的开始和终止作出了如下规定：

1. 外交特权与豁免的开始。享有外交特权与豁免的人员，自其进入接受国国境前往就任之时起享有此等特权与豁免，如果人员已在接受国境内，自其委派通知接受国外交部或另经商定的其他部门时开始享有。

2. 外交特权与豁免的终止。享有特权与豁免人员的职务如已终止，特权与豁免通常是在其离境之时或听任其离境的合理期间终了之时终止，即使两国发生武装冲突，也应继续有效至上述时间为止。对于以使馆人员资格执行职务的行为，豁免应始终有效。如使馆人员死亡，其家属应继续享有其应享有的特权与豁免，直到听任其离境的合理期间结束时为止。

（三）使馆人员及其家属在第三国的地位

《维也纳外交关系公约》第40条规定了使馆人员及其家属在第三国的地位问题。根据规定，外交代表前往就任或返任或返回本国，途经第三国或在该国境内，而该国曾发给所需之护照签证时，第三国应给予不得侵犯权，并确保其过境或返回所必需之其他豁免。享有外交特权与豁免的家属与外交代表同行时，或单独旅行前往会聚或返回本国时，也享有同样的不得侵犯权和其他豁免。对于行政和技术人员或服务人员及其家属，遇有上述类似情形，第三国不得阻碍其过境。但是，对于未承认、未建交或交战国的外交代表，第三国完全可以拒绝给予其外交特权。

五、使馆及其人员对接受国的义务

使馆及其人员在接受国内享有特权与豁免，但对接受国又承担有一定的义务。根据《维也纳外交关系公约》的规定，使馆及其人员对接受国负有以下义务：

1. 使馆人员在不妨碍外交特权与豁免的情况下，负有尊重接受国的法律规章的义务。

2. 使馆人员不得干涉接受国的内政。一切国家都承担不干涉他国内政的义务，因此使馆人员也负有不干涉接受国内政的义务，如不得介入接受国的党派斗争，不得支持旨在反对接受国政府的集会、游行、示威活动，不得公开指责接受国政府的行为和政策等。

3. 使馆馆舍不得用于与使馆职务不相符合的用途。如不得将使馆馆舍用作进行颠覆、破坏或任何其他危害接受国活动的场所，不得利用馆舍关押使馆以外的人，不得利用使馆馆舍庇护接受国所追诉的人或罪犯或其他人。

使馆与接受国洽谈公务，应与接受国外交部或经商定的其他部门办理。外交代表不应在接受国内为私人利益从事任何专业或商业活动。

第五节　领事关系法

一、领事制度概述

领事制度是一国为了实行其对外政策，根据与他国达成的协议，派遣特定机构或个人驻他国某一城市或地区，执行领事职务，保护派遣国及其公民和法人在当地合法权益的制度。领事制度是随着国家之间贸易关系的发展而发展起来的。早在古希腊时期，就有了领事的萌芽。中世纪后期，领事制度作为一项制度正式产生了。15世纪时，意大利、英国、荷兰等欧洲国家之间，已互派了不少这类领事。从16世纪开始，领事由从当地侨商中挑选，逐步转到由政府委派，称为"委任领事"。18世纪后半叶，随着资本主义的发展以及国际贸易和航海事业的发展，领事制度开始从欧洲推行到西亚和东亚一些国家，资本主义国家通过不平等条约，在这些国家攫取了领事裁判权（即一国领事根据不平等条约享有的按照其本国法律对其本国侨民行使司法管辖的片面特权），把领事制度变成侵略和扩张的工具。鸦片战争后，帝国主义国家通过一系列不平等条约，与中国建立以"领事裁判权"为核心的领事关系。1949 年新中国成立后，西方国家在中国的领事裁判权才被彻底废除。

长期以来，领事制度是建立在国际习惯法、国家间双边通商和领事协定以及某些国内法的基础上的，一直没有一个普遍适用的关于领事制度的多边国际公约。1963 年 4 月 24 日，在联合国的主持下签订的《维也纳领事关系公约》成为领事制度领域的一个比较全面的国际公约，该公约于 1967 年 3 月 19 日正式生效。该公约共有 79 条，对国家之间领事关系的建立、领事职务、领馆馆长等级、委派及承认、领馆和领馆人员特权与豁免、享有特权与豁免的领馆及领馆人员对接受国的义务等作了明确规定。但该公约不影响双边领事条约，也不排除另订领事条约加以确认或补充。

我国于 1979 年加入该公约，同年 8 月 1 日该公约对我国生效。

二、领事关系和领事馆的建立

根据《维也纳领事关系公约》第 2 条的规定，国与国之间领事关系的建立，以协议为之；除另有声明外，两国同意建立外交关系就意味着同意建立领事关系；但断绝外交关系并不当然断绝领事关系。领馆须经接受国同意始得在该国境内设立。领馆的设立地点、类别及其辖区由派遣国决定，但须经接受国同意。实践中，国家往往以与他国达成的协议表示同意。如果派遣国要改变已经确定的领馆设立地点、类别及其辖区，或总领事馆、领事馆欲在本身所在地以外的地点设立副领事馆或领事代理处，或在原领事馆所在地以外开设办事处作为该领馆的一部分，均须征得接受国的同意。

三、领馆人员

（一）组成

根据《维也纳领事关系公约》第 1 条的规定，领馆人员分为领事官员、领事雇员和服务人员。

领事官员是指派任此职承办领事职务的人员，包括领馆馆长。领事雇员是指担任领馆行政和技术事务的人员，包括办公室秘书、译员、档案员等。服务人员是指受雇担任领馆杂务的人员，包括传达员、汽车司机、清洁工等，至于使馆人员的私人服务员，如保姆、仆佣等，不属于使馆人员。

领馆馆长就是领事。领事可分为职业领事和名誉领事，职业领事是国家任命的专职领事官员，一般由本国公民担任，由本国政府支付薪金，享受全部领事特权与豁免。除执行领事职务外，一般不从事其他职业活动。名誉领事是从居住在领馆所在地国家的人士中挑选的兼职领事官员，也可以从接受国的国民中选任。担任名誉领事的大多是商人或律师，不属于派遣国国家工作人员的编制，不领取派遣国的薪金，通常从办理领事业务所收取的费用中提取报酬。名誉领事不享受全部领事特权与豁免。我国目前既不委派也未接受名誉领事。

根据《维也纳领事关系公约》第9条的规定，领事馆长分为四级：总领事、领事、副领事和领事代理人。相应地，领馆也分为总领事馆、领事馆、副领事馆和领事代理处四级。我国实行的是总领事馆、领事馆和副领事馆三级领馆制。

关于领馆馆长的优先位次，根据《维也纳领事关系公约》第16条的规定，领馆馆长在各等级中的优先位次依颁给领事证书的日期确定。如领馆馆长在获得领事证书之前业经暂时准予执行职务，其优先位次依暂时准予执行职务的日期确定。

（二）领事馆长和其他人员的委派

根据《维也纳领事关系公约》第10~13条的规定，领馆馆长由派遣国委派，并由接受国承认准予执行职务。《维也纳领事关系公约》和国际习惯法并不要求任命领事馆馆长须事先征求接受国同意，但不妨碍当事国之间达成这种协议。领馆馆长奉派任职，应由派遣国发给委任文凭，经由外交途径送交接受国政府，接受国以发给领事证书的形式给予准许，获接受国准许后，使馆馆长才能执行职务。接受国有权决定是否颁发给其他领事官员领事证书，如接受国拒绝发给领事证书，无须说明理由。

根据《维也纳领事关系公约》第19条的规定，领馆馆员的委派可由派遣国自由决定。但若委派具有接受国国籍的人或第三国国民，则须经接受国明示同意。

为了保护接受国的利益，《维也纳领事关系公约》第23条规定，接受国得随时通知派遣国，宣告某一领事官员为不受欢迎人员或任何其他领馆馆员为不能接受的人。在这种情形下，派遣国应视情形召回该人员或终止其在领馆中的职务。如果派遣国拒绝召回有关人员或终止其职务，接受国得视情形撤销领事证书或不复承认该员为领馆馆员。接受国采取上述措施无须向派遣国说明理由。

四、领事的职务

根据《维也纳领事关系公约》第5条的规定，领事职务主要有以下几个：

1. 保护。在国际法许可的限度内，在接受国内保护派遣国及其国民的利益。

2. 促进。增进派遣国与接受国之间商业、经济、文化及科学技关系的发展，并在其他方面促进两国间之友好关系。

3. 调查和报告。以一切合法手段调查接受国内商业、经济、文化及科学等方面的发展情形，向本国政府报告，并向有关人士提供资料。

4. 办理证件、公证和登记等事务。向派遣国国民签发护照及旅游证件，并为拟赴派遣国旅行的人士办理签证或其他文件，担任公证人和民事登记员，并办理若干行政性质的事务，但以接受国法律规章无禁止的规定为限。

5. 帮助派遣国国民——个人与法人。

6. 传送司法书状和其他文书。

7. 监督、检查和协助派遣国的船舶、航空器及其航行人员等，即对具有派遣国国籍的船舶，在该国登记的航空机以及其航行人员，行使派遣国法律规章所规定的监督和检查权；对具有派遣国国籍的船舶与航空机及其航行人员，给予协助。

根据《维也纳领事关系公约》第25条的规定，除其他情形外，领馆人员的职务遇下列情形之一即告终止：

1. 派遣国通知接受国有关领事的职务业已终止；

2. 领事证书被撤销；

3. 接受国通知派遣国不复承认该员为领馆馆长，或两国领事关系断绝。

五、领事特权与豁免

领事特权与豁免是指领馆及其人员在接受国所享有的特殊权利与优惠待遇的总称。与《维也纳外交关系公约》一样，《维也纳领事关系公约》对于领事特权与豁免的根据也是采取职务需要说和代表性说。按照《维也纳领事关系公约》第28～39条的规定，领馆的特权与豁免主要有：

（一）领馆的特权与豁免

1. 使用国旗、国徽。领馆所在的建筑物及其正门上以及领馆馆长寓所和在执行公务时所使用的交通工具上，可悬挂派遣国国旗并展示国徽。

2. 执行使馆职务的便利。接受国应给予领馆执行职务的充分便利，便利派遣国置备馆舍或协助领馆以其他方式获得房舍，在必要时协助领馆为其人员获得适当房舍。

3. 领馆馆舍在一定限度内不可侵犯。领馆馆舍是指专供领馆使用的建筑物或建筑物的各部分及其附属的土地。公约规定了领馆馆舍的不可侵犯性，但是这种不可侵犯性是有一定限度的，具体体现在以下三点：①接受国官员未经同意不得进入领馆馆舍中专供领馆工作之用的部分，馆舍的其余部分不包括在内；②领馆如果遇到火灾或其他灾害须迅速采取保护行动时，接受国可推定馆长已表示同意，从而进入领馆；③使馆馆舍、馆舍设备、财产及交通工具应免受征用，如确有必要，仍可征用，但须给予迅速、充分及有效的赔偿。

值得注意的是，使馆馆舍有限度的不可侵犯在实践中已经发生了一定程度的变化。如中国与美国、中国与老挝领事条约中规定领馆馆舍不可侵犯的完全性，并把该不可侵犯扩大适用于领事官员的住宅。[1]

4. 领馆档案及文件不可侵犯。领馆档案及文件无论何时，也不论位于何处，都不得侵犯。

5. 行动自由。公约规定，除接受国根据其国内法规定为国家安全设定的禁止或限制进入区域外，接受国应确保所有领馆人员在其境内行动和旅行的自由。

6. 通信自由。领馆的通信自由权与使馆的通信自由权基本相同，主要包括以下三个方面的内容：①接受国允许领馆为一切公务的目的、采用一切适当方法所进行的自由通信，但非经接受国同意，不得装置和使用无线电发报机；②领馆的来往公

---

〔1〕 王虎华主编：《国际公法学》，北京大学出版社2006年版，第351页。

文不得侵犯；③领馆的邮袋不得予以开拆或扣留。但接受国当局如有重大理由怀疑邮袋所装之物品并非公文时，可请求派遣国指派一人在场当面开拆，如对方拒绝，可将邮袋退回原发送地点。

7. 与派遣国国民通信及联络。为了执行保护的职务，领馆有权与派遣国国民通信联系，包括：领事官员得自由与派遣国国民通信和会见；遇有领馆辖区内有派遣国国民受逮捕或监禁或羁押候审或任何其他方式拘禁，经其本人请求时，接受国当局应立即通知派遣国领馆，受逮捕、监禁、羁押或拘禁之人致领馆的信件应迅速递交；领事官员有权按照接受国法律规章探访受监禁、羁押或拘禁的派遣国国民，与其交谈和通信，并代其安排法律代表。

8. 免纳捐税、关税。领馆馆舍和领馆馆长寓所，其所有权人或承租人是派遣国或代表派遣国的人员的，免纳国家、区域或地方性的一切捐税，但对提供的特定服务的收费不在其列。领馆在接受国境内征收的领馆办事规费与手续费，免纳一切捐税。领馆公务用品准许入境，并免除一切关税。

（二）领馆人员的特权与豁免

根据 1963 年《维也纳领事关系公约》的规定，领事官员及其他领馆人员的特权与豁免有：

1. 人身自由受一定的保护。公约第 40、41 条规定，接受国对于领事官员应表示适当尊重，并应采取一切适当步骤以防止其人身自由或尊严受任何侵犯。但与外交人员的特权与豁免相比，领事官员的人身不可侵犯受到一定限制，具体体现在以下几点：①当领事官员犯有严重罪行时，当地司法机关裁判予以执行，则接受国可予以逮捕或拘禁或对其人身自由加以限制；②如果接受国对领事官员提起刑事诉讼，该官员须到管辖机关出庭，但应顾及对该官员职位的尊重。

2. 一定限度的管辖豁免。与外交人员的管辖豁免相比，领事官员及其他领馆人员的管辖豁免范围较窄，仅就其执行职务的行为，不受接受国司法或行政机关的管辖。但以下两种民事诉讼不在豁免之列：①领事官员或领事雇员并未明示或默示以派遣国代表身份而订立契约所发生的诉讼；②第三者因车辆、船舶或航空器在接受国内所造成的意外事故而要求损害赔偿的诉讼。

此外，在实践中领事官员对主动提起诉讼从而引起的与本诉直接有关的反诉不享有豁免。

3. 一定限度的作证义务的免除。领馆人员得被请求在司法或行政程序中到场作证，但就其执行职务所涉事项，无担任作证或提供有关来往公文及文件的义务。领馆人员还有权拒绝以鉴定人身份就派遣国的法律提出证言。对于领事官员，要求其作证的机关应避免对其执行职务有所妨碍，在可能情形下，可以在其寓所或领馆录取证言，或接受其书面陈述。如领事官员拒绝作证，不得对其施行强制措施或处罚。与外交人员相比，领事官员的作证义务的豁免范围较窄。

4. 免纳捐税、关税和免受查验。公约第 49～50 条规定，领事官员、领事雇员以及与其构成同一户口的家属免纳一切对人或对物课征的国家、区域或地方性捐税，但间接税、遗产税、私有不动产课征的捐税、为供给特定服务所征收的费用、登记费、抵押税和印花税等不在免纳之列。领馆服务人员就其服务所得的薪金，免纳捐税。免除关税的物品有：领事官员或与其构成同一户口的家属的私人自用品，包括初到任时定居所用的物品，但消费品不得超过关系人员本人直接需要的数量；领事雇员初到任时运入的物品。领事官员和与其构成同一户口的家属所携带的私人行李免受查验，但在某种特殊情况下，可依一定程序加以查验。

5. 其他特权与豁免。公约还规定其他的特权与豁免，如免除外侨登记和居留证的义务，免除适用关于雇佣外籍劳工有关工作证的义务，免除适用社会保险办法，免除个人劳务、公共服务及屯宿等军事义务。

根据公约规定，下列人员不享有领事特权与豁免：在接受国从事私人有偿职业的领馆雇员或服务人员；这些人员的家属或私人服务人员；领馆人员家属本人在接受国内从事私人有偿职业者。

六、领事馆和享有领事特权与豁免的人对接受国的义务

领馆、领馆人员及其他享有领事特权与豁免的人，对接受国负有以下义务：

1. 领馆人员负有尊重接受国法律、规章的义务；

2. 领馆馆舍不得以任何与执行领事职务不相符合的方式加以使用；

3. 负有不干涉接受国内政的义务；

4. 职业领事官员不应在接受国内为私人利益从事任何专业或商业活动；领馆人员应遵守接受国法律、规章就使用车辆、船舶或航空器对第三者可能发生的损害所规定的保险办法。

 学术视野

外交特权与豁免的理论根据

外交特权与豁免的理论根据，国际法学界主要有以下三种学说：一是治外法权说。该学说认为外交使节虽在接受国领土之上，但应看成是派遣国的拟制领土，因而应受派遣国管辖。二是代表性说。该学说认为，国家彼此平等，相互之间没有管辖权，使节作为国家的代表，自然享有外交特权与豁免。三是职务需要说。该学说认为，外交特权与豁免为执行外交职务所必需，是保障外交使馆和人员在不受当地干扰和压力的条件下，自由代表本国执行职务所必须的。出于对国家主权的尊重和执行职务上的需要，《维也纳外交关系公约》以职务需要说为依据，同时考虑了代表性说。给予外交代表特权与豁免，一方面表示对其所代表的国家尊严和主权的尊重，另一方面是外交代表执行使馆职务的需要。代表性与职务需要是一国赋予另一国的外交代表以特权与豁免的基础。

理论思考与实务应用

一、理论思考

（一）名词解释

1. 外交团

2. 特别使团

3. 外交特权与豁免

4. 国书

5. 临时代办

（二）简答题

1. 试述国家外交机关体系。

2. 试述"使馆不得侵犯"所包含的内容。

3. 试述"外交人员不得侵犯"所包含的内容。

4. 使馆及其外交人员对接受国承担哪些义务？

5. 使馆的职务有哪些？

（三）论述题

1. 试述外交人员的特权与豁免有哪些？

2. 领事特权与豁免与外交特权与豁免有何异同？

二、实务应用

（一）案例分析示范

案例一：1856年荷兰驻美国使节杜布瓦拒绝出庭作证案

1856年，在美国华盛顿发生了一起杀人案。该案发生时，荷兰驻美国的使节杜布瓦刚好在场。为了审理这个案件，对罪犯定罪量刑，根据美国相关法律，杜布瓦必须出庭作证。美国在承认杜布瓦没有义务这样做的前提下，国务卿仍邀请杜布瓦出庭作证。杜布瓦拒绝了美国国务卿的邀请，没有出庭作证。美国政府又向荷兰政府提出，荷兰政府认可杜布瓦拒绝出庭作证，准许他在美国国务卿面前宣誓作证。但是，依照当地法律，不在司法机关作证的证词不能作为定罪量刑的有效证词。最后，美国政府没有再要杜布瓦作证，而是宣布其为不受欢迎的人，要求荷兰政府将他召回。

问：杜布瓦是否有义务作证？美国政府能否宣布杜布瓦为不受欢迎的人？

【评析】根据国际法，外交使节没有以证人身份作证的义务，因此，不能被迫或者被请求在民事、刑事或行政诉讼中出庭作证。杜布瓦拒绝美国政府的出庭作证的要求，并不违反国际法。

美国政府能宣布杜布瓦为不受欢迎的人。为了保护接受国的利益，接受国可以随时不具解释地宣告使馆外交人员为不受欢迎的人，宣告使馆其他人员为不能接受的人。这种宣告既可以适用于已到任的和在任的使馆人员，也可以适用于已被任命而尚未就任的人员。

案例二

1895 年广州起义失败后，中国革命的先行者孙中山遭到清政府通缉。1896 年 9 月，孙中山流亡到英国伦敦。同年 10 月 11 日，孙中山被诱骗进入大清帝国驻英国伦敦公使馆并遭拘禁，驻英公使馆高价租用了一艘轮船，计划在几天后把孙中山装在木箱内秘密押解回国处死。

孙中山被拘禁于中国驻英公使馆的消息不久就传开了，不断有群众去围堵清公使馆进行抗议。迫于英国人民的压力，英国政府向中国驻英公使提出了抗议，并要求立即释放孙中山。中国驻英公使主张公使馆视同中国领土，享有治外法权，英国方面无权干涉。英国政府则坚持认为，中方滥用了外交特权，在公使馆内实施拘禁是违反国际法的。同年 10 月 23 日，清政府驻英国公使馆释放了孙中山。

问：治外法权说能否作为外交特权与豁免的根据？使馆对接受国负有哪些义务？

【评析】关于外交特权与豁免的根据，国际法学界长期以来存在"治外法权说"的理论。该学说认为，使馆及其人员虽在接受国领土之上，但应看成是派遣国的拟制领土，因而应受派遣国管辖，享有外交特权与豁免。但随着国际法的发展，代表性说和职务需要说逐渐成为外交特权与豁免的理论依据，并被《维也纳外交关系公约》所确认。

有外交特权与豁免的使馆及其人员要对接受国承担一定的义务，其中之一是使馆不得充作与其职务不相符合的用途，例如不得在使馆内拘禁任何人，包括派遣国本国的侨民。

案例三：美国驻伊朗使领馆及其人员被侵害案

1979 年 11 月 4 日，美国驻伊朗德黑兰大使馆门前发生大规模的群众示威游行活动，一部分示威群众袭击了美国大使馆。美国大使馆请求伊朗当局给予保护，但伊朗当局没有采取任何干预措施，致使游行队伍闯进大使馆后占领了大使馆，扣留了使馆内的美国使馆人员和来宾，捣毁了使馆的档案文件。11 月 5 日，美国驻伊朗大不里士和舍拉子的美国领事馆也在伊朗当局未采取任何保护措施的情况下被占领。使馆被占后，占领者把使馆人员作为人质扣押，并对人质进行威胁。伊朗政府认可和赞同伊朗人占领使馆和扣押人质的行为，未采取任何措施终止这种行为，也未对美使馆及有关人员遭受的损害进行赔偿，并拒绝就此问题与美国进行谈判。

1979 年 11 月 29 日，美国向国际法院提起对伊朗的诉讼，请求国际法院判决并宣布：①伊朗政府因容许、鼓励以及未加防止和惩处伊朗人侵犯美国使领馆及其人员的行为，违反了根据 1961 年《维也纳外交关系公约》、1963 年《维也纳领事关系公约》、1973 年《关于防止和惩处侵害应受国际保护人员包括外交代表的罪行的公约》、1955 年《美伊友好经济关系和领事权利条约》和《联合国宪章》的有关条款对美国所负的条约义务；②伊朗政府有义务立即保证释放目前被扣押在美国驻伊朗大使馆内的所有美国国民及被拘于伊朗外交部的三个人，并保证他们以及在伊朗的其他所有美国国民安全离开伊朗；③伊朗政府应就其前述违反其对美国所负义务行为向美国支付赔偿；④伊朗政府应将对上述罪行负责的有关人员交送本国主管当局惩处。美国还根据《国际法院规约》第41条提出请求指示临时保全措施，特别是请求立即释放被拘于大使馆和外交部的美国人员，并将使馆馆舍归还美国。

伊朗政府反对国际法院对该案的管辖，其外交部部长在庭审前一天致函国际法院提出，法院"不能，也不应审理此案"，因为"人质问题"只代表整个问题的"一个非中心的和次要的方面"，涉及美国过去25年间在伊朗从事的"无耻剥削"、颠覆合法政府、干涉内政等各种违反国际法和人道准则的活动，而且是伊朗伊斯兰革命所引起的反响之一，是在本质上直接属于伊朗国家主权范围之内的事项。

1979年12月10日，国际法院在伊朗未出庭的情况下开庭审理本案。第二年5月24日，法院就本案作出判决。法院确认了临时措施和管辖权，并认为，伊朗作为外交代表的接受国有义务采取适当步骤保护美国使馆不受侵犯，但伊朗当局未能充分认识到它们根据有效条约所负担的义务，也未采取任何行动。在美国使馆遭到占领以后，伊朗政府也未履行其义务，采取一切适当步骤以结束对使馆馆舍及使馆人员的侵犯，并赔偿由此造成的损害。据此，国际法院作出如下判决：

（1）法院以13票对2票判定，伊朗由于实施了法院在本判决中所确认的行为而在某些方面违反了（且仍在违反）它根据美、伊两国间有效的国际条约和长期公认的一般国际法规则对美国所负担的国际义务。

（2）法院以13票对2票判定，伊朗因违反这些义务的行为而对美国负有国际法上的责任。

（3）法院以15票对0票判定，伊朗政府必须立即采取一切步骤以对1979年11月4日及此后事件所导致的局势进行补救，为此目的，必须：①立即终止对正在伊朗被扣作人质的美国代办、其他外交和领事人员以及其他美国国民的非法扣押，而且必须立即释放所有这些人员，并将其委托给第三国保护；②保证所有上述人员取得离开伊朗所必需的一切手段，包括运输工具；③立即将美国驻德黑兰使馆及其驻伊领馆的馆舍、财产、档案和文件交由保管国保管。

（4）法院以15票对0票判定，不得将任何美国外交或领事人员扣留在伊朗，以对其实施任何形式的司法程序或使其在这些司法程序中作证。

（5）法院以12票对3票判定，伊朗政府有义务赔偿1979年11月4日及此后事件给美国造成的损害。

（6）法院以14票对1票判定，如当事国不能达成协议，此种赔偿的形式和数额应留待法院在本案随后的程序中予以确定。

法院上述实质判决作出之后，美、伊双方在阿尔及利亚的斡旋之下进行了紧张谈判。1981年1月19日，双方缔结了《美伊协定》，次日，美国人质全部获释。美国随后请求法院中止关于赔偿要求的诉讼，法院据此将本案从其案件总表上注销。[1]

问：伊朗应否对其容许、鼓励以及未加防止和惩处伊朗人侵犯美国使领馆及其人员的行为承担国际责任？

【评析】 国际责任的构成要件有两个：一是客观上存在国际不法行为；二是主观上该国际不法行为可归因于国家。根据 1961 年《维也纳外交关系公约》、1963 年《维也纳领事关系公约》等的规定，使馆及其外交人员享有外交特权与豁免，领馆及领事人员享有领事特权与豁免，这些特权与豁免的内容包括接受国对使馆馆舍负有特别保护的责任，应采取一切适当步骤保护使馆馆舍免受侵入或损害，并防止一切扰乱使馆安宁和有损尊严的事情；接受国对外交代表应特示尊重，并应采取一切适当步骤以防止其人身、自由或尊严受有任何侵犯；领馆馆舍在一定限度内不可侵犯；领事人员人身自由受一定的保护等。但在本案中，当美国驻使领馆的馆舍、档案、财产和有关人员受到侵犯时，伊朗当局没有采取任何措施防止、终止侵害行为，因此伊朗违背了应承担的条约义务，构成国际不法行为。该国际不法行为能否归因于伊朗，是伊朗国家是否承担国际责任的关键。国际法院将事件分为两个阶段，在第一阶段是普通民众袭击使馆，不直接涉及伊朗政府的责任问题，但没能采取适当措施防止使馆遭受袭击也产生了责任问题。在第二阶段，国际法院认为，伊朗政府领导人的态度，特别是把扣押人质与美国政府干涉内政联系在一起，该不法行为的可归因性就很明显了。伊朗政府所述的理由是不能成为免责事由的。因此，伊朗应承担全部国际责任。

（二）案例分析实训

案例一

安某和皮某分别是甲国驻乙国使馆的三等秘书和随员。在乙国履行外交职务期间，安某多次参加乙国群众举行的反政府集会和游行；皮某则是大量订阅乙国反对党公开出版的刊物并将有关内容向甲国报告。

问：安某和皮某是否构成对接受国内政的干涉？

案例二

甲乙两国都是《维也纳外交关系公约》的缔约国。赵某为甲国派驻乙国的商务参赞。在乙国任职期间，赵某以使馆的名义，向乙国某公司购买一栋房屋，因欠款而被售房公司起诉。与此同时，赵某在乙国的叔叔去世，其遗嘱言明将一栋位于乙国的楼房由赵某继承，但其叔叔之子对此有异议，而诉诸法院。

问：乙国法院对赵某的两个案件是否有管辖权？为什么？

案例三

苏联驻中华人民共和国大使馆一等秘书维·伊·马尔琴柯夫妇，三等秘书尤·

[1] 梁淑英主编：《国际法学案例教程》，知识产权出版社 2003 年版，第 136～139 页。

阿·谢苗诺夫夫妇及其武官处翻译阿·阿·科洛索夫在中国进行间谍活动。1974年1月15日晚，他们在北京市郊区与苏联派遣特务李洪枢等秘密接头，交接情报、文件、电台、联络时间表、密写工具和伪造的边境通行证等间谍用品以及活动经费等，被我国公安人员和民兵当场抓获，人赃俱获，罪证确凿。

对苏联驻华大使馆人员的间谍活动，中华人民共和国政府向苏联政府提出了强烈抗议，并于1月19日宣布维·伊·马尔琴柯夫妇、尤·阿·谢苗诺夫夫妇和阿·阿·科洛索夫为不受欢迎的人，立即驱逐出境。

问：我国对上述人员采取的抓捕行为是否违背了外交官应享有的人身不受侵犯的外交特权与豁免？

 主要参考文献

1. 涂亚杰等：《中国外交事例与国际法》，现代出版社1989年版。

2. 王虎华主编：《国际公法学》，北京大学出版社2015年版。

3. 王铁崖主编：《国际法》，法律出版社1995年版。

4. 端木正主编：《国际法》，北京大学出版社1997年版。

5. 〔英〕戈尔·布思主编：《萨道义外交实践指南》，杨立义等译，上海译文出版社1984年版。

第十章

国际组织法

【本章概要】国际组织在现代国际关系中起着日益重要的作用，因而有关国际组织的基本知识成为国际法的重要部分。本章对国际组织的法律地位、组织结构、职能、工作和表决程序等问题进行了详细的介绍，并着重阐述了联合国的基本概况和组织制度。

【学习目标】通过本章的学习，学生应了解和掌握如下问题：国际组织的各项法律制度、联合国的组织机构、联合国的专门机构、区域性国际组织、安全理事会"大国一致原则"的意义和"否决权"在实践中的作用等。

第一节 概述

一、国际组织的概念与类型

在过去的几个世纪里，国家始终是国际社会的主要行为体，而现在国家已然不是世界范围内唯一重要的角色了，政府间与非政府间国际组织、跨国公司甚至民众团体与个人，都已成为国际社会的参与者，在国际事务中发挥着越来越显赫的作用，其中，最为引人注目的便是国际组织。

（一）国际组织与国际组织法

1. 国际组织。国际组织是一种跨越国界的、以促进国际合作与理解为目标的多国机构，一般来说，凡是两个以上的国家或其政府、个人、民间团体基于特定目的，以一定协议形式而创设的各种机构，均可称为国际组织。

国际组织有广义和狭义之分。广义的国际组织，既包括政府间国际组织，即若干国家或其政府所设立的机构，如国际货币基金组织、世界贸易组织和欧洲联盟等；也包括非政府间组织，即若干国家的民间团体及个人所组成的机构，如国际奥林匹克委员会、国际红十字会组织和国际律师协会等。而狭义的国际组织则专指若干国家或其政府通过签订国际协议而成立的机构。它是严格意义上的国际组织，也是国际法所研究的主要的国际组织的类型。

2. 国际组织法。国际组织数目的急剧增长及其在世界事务中作用的加强，给现代国际关系带来了深刻的变化，也对国际法造成重大冲击，使传统的国际法发生很大变化。围绕国际组织，存在着大量的法律问题，诸如：适用于国际组织的各种法律、国际组织的法律地位与法律行为能力、国际组织各机构的活动范围与权力、其处置问题的法律效力、其各种决定的议事程序、国际组织的继承、国际组织承担的国际责任等。国际组织通过实践，不但突破了国际法主体范围，而且形成了许多新规则。现在，现代国际法的一个新分支——国际组织法，已经开始兴盛起来。

国际组织法是指用以制约与调整国际组织的创立、法律地位、内外活动及有关法律关系问题的所有法律原则、准则、规章和制度的总称。它以政府间国际组织为研究对象，其研究范围相当广泛。

3. 国际组织与国际法。国际组织与国际法两者相辅相成、交互作用，形成十分密切的关系。

（1）国际法对国际组织有制约力与影响力。表现在：①国际法为国际组织的创立提供了法律前提；②国际组织的运作受国际法的制约与调整；③规范国际组织的法律规则或同国际组织有关的法律本身，就属于国际法的一部分。

（2）国际组织对国际法也产生巨大推动作用。体现在：①国际组织可以倡议订立多边条约和国际公约；②国际组织可通过其宣言、决议来阐明和发展国际习惯法；③国际组织可为国际法的编纂、发展主持制订草案和计划；④国际司法机构的重要判决有助于解释和澄清国际法的有关法律规范与规则；⑤国际组织的某些机构可以产生有关国际法的重要决议与声明等。

（二）国际组织的特征

在国际关系的长期实践中，国际组织在国际法上呈现出如下特征：

1. 国际组织是国家之间的组织，而不是凌驾于主权国家之上的世界政府机构，它的权力是由成员国授予的。因此，无论国际组织的职权多么广泛，都不能违反国家主权原则而干涉本质上属于国家国内管辖的任何事项。国家为了便利国际组织实现其宗旨，需要赋予国际组织若干职权，在一定范围内约束国家本身的行为。但是国际组织并不要求成员国放弃在国际范围内反映国家主权主要属性的那些东西。另外，在国际组织内部，各成员国不管人口的多寡、版图的大小以及政治、经济和社会制度如何，其法律地位一律平等。

2. 国际组织一般都设立一套常设机构。是否设立常设机构通常是国际组织和国际会议在组织结构上的巨大差别，这些机构通常按照一定的规章活动。

3. 国际组织是以国际条约为基础而建立的。该条约具体规定了国际组织的宗旨与原则、主要机构、职权范围、活动程序以及成员国的权利和义务等。当然，该条约必须符合国际法。另外，该条约的效力原则上只及于成员国。

4. 自主权。国际组织一经成立，即具有自主权，它不是任何国家的附属机构，也不听命于任何国家的指示，而是独立地按其组织原则和运行程序行事。

（三）国际组织的类型

随着世界各国间政治、经济、文化、科技等方面的发展，国际组织的种类也不断丰富。关于国际组织的分类标准，众说纷纭，以下是几种常见的分类方法：

1. 按国际组织活动的目的不同，可分为一般性组织和专门性组织。前者有过去的国际联盟和现在的联合国；后者包括早在 1865 年就创立的国际电报联盟，1874 年创立的邮政总联盟，第一次世界大战后设立的国际劳工组织，第二次世界大战后 1946 年设立的联合国教科文组织及其他专门机构。

2. 按国际组织的成员范围的不同，可分为全球性组织与区域性组织。前者如联合国、世界贸易组织，后者如东南亚国家联盟、美洲国家组织等。

3. 按国际组织与成员国主权关系的不同，可分为国家间组织与超国家组织。一般认为，一个超国家的组织有权作出直接约束个人、团体、企业以及其所属的各国政府的决议，而不问其政府意向如何，这些个人、团体、企业都必须执行，如欧洲联盟，就是一个超国家的机构。如果一个国际组织的职权只是协调成员国之间的关系，其决定只约束成员国，而不对成员国的个人创设权利和义务，这样的组织即为国家间组织。

此外，按照国际组织的构成的不同，可分为政府间组织和非政府间组织；按照国际组织的持续性的不同，可分为常设的组织与临时的组织。

二、国际组织的历史发展

现代意义上的国际组织的产生与成长是晚近的事情，是国际社会政治经济发展到一定阶段的产物，是以近代国际关系的演变为基础的。

国际组织的产生必须具备两个基本条件：一是客观上的可能性，即国际社会的形势与客观情况能够提供开展国际组织活动的条件，国际社会各成员关系密切，而且在广阔的范围内拥有足以维持国际组织关系的社会基础。二是主观上认识到建立国际组织的必要性。因为国际组织不是自发产生的，而是有意识、有目的地成立的。加入国际组织则意味着要受组织关系的约束，本国主权也要受到限制，如果对此没有足够的认识则不可能成立国际组织。

国际组织的发展一般历经了这样几个阶段：

（一）19 世纪：国际组织的形成时期

人类社会进入 19 世纪以后，随着国际关系的发展和国家间交往的加深，各国间多边活动日益增加，国家间的民间交往逐渐发展到政府间的国际会议。政府间的国际会议成为讨论和解决国际问题的一种有用的手段。1815 年的维也纳会议、1856 年的巴黎会议、1878 年的柏林会议以及两次海牙和平会议，都是这种会议的重要例子。这种会议可以说是政府间的一种临时性议事组织。

到 19 世纪中期，随着科学技术的进步和社会经济的发展，国际协作的范围日益扩大。各国间已有关于调整交通、电信等方面相互关系的国际协定存在。在实施多边协定时，国家间出现了为某种特定目的而建立起来的"国际行政联盟"。这是一种比较稳定的组织形式。这类机构的规模与种类，是随着国际关系的发展而发展的。例如，早在 1865 年，国家基于电信合作的需要就成立了国际电报联盟。到 1874 年，又有 22 个国家的代表在伯尔尼集会，签订了第一个国际邮政公约，建立了邮政总联盟。此外，第一批较大的国际行政组织还有：1875 年的国际度量衡组织，1833 年的国际保护工业产权联盟，1886 年的国际保护文化艺术作品联盟，1890 年的国际反奴隶生活联盟和同年的国际铁路货运联盟等。诸如此类的国际行政组织的出现，标志着国际组织的发展进入了一个新的历史阶段。

随着 20 世纪的到来，资本主义大国在争夺国际市场和世界霸权的过程中，彼此间的矛盾进一步激化。在这一背景下，一些区域性国际组织，如美洲国家组织开始建立。此外，在这一时期，许多专门性的国际行政组织的发展更加完善。

（二）国际联盟的创立

第一次世界大战以后，成立了国际联盟。这是人类历史上第一个世界范围内综合性的国际组织，因而具有重大的政治与法律意义。国际联盟是巴黎和会的产物，它的建立，一方面是西方和平主义运动思潮的反映，另一方面也是为了适应英、法等战胜国维护既得利益的战后政策的需要。国际联盟据以成立的《国际联盟盟约》，包括一个序言和 26 个条文，构成了《凡尔赛和约》的一部分。国际联盟设有四个主要机关：大会、行政院、秘书处和国际常设法院。

国际联盟作为一种国际组织的形式，对现代国际组织的发展具有重要的影响。国际联盟的出现，是国际组织历史的继续和跃进。例如，国际联盟大会这种形式，可追溯到近几个世纪以来的外交会议，只不过国际联盟大会已具有更加稳定的形式，并且在某些程序上更加完善。行政院的先驱，可以说是 19 世纪的欧洲协作，但是行政院在组织上更加严密。秘书处是国际联盟体制中最富有创新的部分，它第一次比较完善地发展了一个国际性的常设秘书机构。

尽管国际联盟的创立者尽力使这一组织在形式结构及活动程序方面臻于完善，但是总的说来，国际联盟本身自其创立之始就有它的严重缺陷。[1]在实质上，它是以维持战胜国既得权益的现状为主要目的；在构成上，它缺乏普遍性，既把苏联排斥在外，也没有美国参加；在组织和程序上，大会和行政院的权限不分，决议又都以全体一致通过为条件，因而缺乏采取有效行动的灵活性。事实上，国际联盟自成立之始，就未能发挥作为综合性国际组织的权威和效能，特别是当 20 世纪 30 年代法西斯侵略势力开始猖狂时，它就日益暴露出其在维持国际和平与安全的任务方面的弊端。进入 20 世纪 40 年代，国际联盟即名存实亡，陷入完全瘫痪的状态。1946 年 4 月，国际联盟召开最后一届大会，正式宣告解散。

虽然国际联盟以失败而告终，但它并没有浇灭人们对世界性组织的希望之火。相反，国际联盟的理论与实践以及当初创建国际联盟的努力，为后来联合国这个崭新的国际组织的顺利建立铺平了道路。因此，联合国便在第二次世界大战的战火中

---

[1] 参见梁西：《国际组织法（总论）》，武汉大学出版社 2001 年版，第 55 页。

和废墟上酝酿产生了。

（三）联合国的创立

联合国的建立，使国际组织的发展进入到了一个新阶段。此后，国际组织的数量大量增加，种类不断丰富，职权范围逐步扩大，国际组织间的协调性也在日益加强（关于联合国的相关内容在"联合国"一节中将专门讲述，在此不再具体阐述）。

三、国际组织的法律地位

国际组织的法律地位即国际组织的法律人格问题，包括国际组织对内和对外关系两方面内容，即国际组织是否有与其成员交往的法律人格，国际组织是否具有与非成员国以及其他国际组织交往的法律人格。

国际组织是基于特定目的而设立的。因此，国际组织为了实现其目的和任务，除了开展维持组织内部的活动外，还要开展对外的各种活动。国际组织开展对外有效而又负责的活动的基础是在其活动范围内拥有必要的法律地位，而这种地位的前提条件是必须具备成为权利和义务主体的法律人格。

关于国际组织的法律人格主要有两种学说：一种是"授权说"，即国际组织的法律人格是由国际组织的章程明示规定的；另一种是"暗含权力说"，认为国际组织的国际法律人格不仅来源于基本文件的明示规定，而且来源于国际组织为实现其宗旨所必需的权能。因为国际组织具备必要的机关，并按设立宪章规定的宗旨行使职能，这已说明它具有独立意志，能够在国际社会进行活动。国际组织的意志不同于成员国的共同意志，国际组织不是简单地协调成员国意志的对话场所，而是承担权利、义务的真正的法律人格者。所以，即使设立宪章对法律人格无任何规定，也应解释为制定国际组织设立宪章时已赋予其法律人格。国际组织没有法律人格就无法存在。

国际法院在1949年"执行联合国职务时遭受伤害的赔偿案"中，就国际组织法律人格提出了司法上的权威咨询意见。国际法院认为："原则上联合国组织有国际人格，它的职能是如此重要以至于该组织非具有某种程度的国际人格，就不能履行其职能。"

国际组织在国际法上的法律人格和行为能力，一般包括以下内容：①缔约权；②对外交往权（使节权）；③承认与被承认的权利；④国际索赔和国际责任；⑤特权与豁免；⑥其他的行为能力，如登记与保存条约，临时托管一定的领土，拥有本组织的旗帜、徽章等。

由上可见，国际组织有可能具有广泛地享有国际权利和承担国际义务的能力。不过，国际组织的此等能力与主权国家是有差别的。国际组织的法律人格是派生的。它所取得的法律人格，不管范围有多大，同主权国家比较起来，显然是很有限的。离开了主权国家的授权，任何国际组织在法律上的权利能力和行为能力都是不可能存在的。这种法律人格的局限性是国际组织法律地位的一个重要特征。

第二节　国际组织的法律制度

迄今为止，国际上还没有就有关国际组织的法律制度进行正式的编纂，但是国际组织的制度化已呈现出明显的趋势，成为现代国际组织的基本特征之一。国际组织据以成立的多边条约一般就是该国际组织的组织约章。组织约章规定了国际组织的成员资格、宗旨原则、组织结构、活动程序、职权范围等法律制度。

一、国际组织的成员

国际组织的参与者问题是国际组织的一个基本问题，关系到该国际组织的本质、性质及其宗旨与原则，因而，可以通过国际组织所采取的会籍政策来判断国际组织的职能、其所承担的使命以及未来的发展趋势。

在国际组织的会籍问题上历来有两种不同的指导原则，分别是普遍主义原则和选择主义原则。采取普遍主义原则的国际组织一般是全球性国际组织，希望成员更具广泛性，其加入的条件和审查的程序相对简单；而采取选择主义原则的国际组织，由于其基本文件中规定了成为成员国的特定条件，更注重成员国的一致性，申请加入的条件相对严格，程序也较复杂。以某种商品生产国的利益为标准的国际组织，如石油输出国组织，则谋求该商品统一的生产和销售政策，不生产、出口石油的国家一般是不能加入的。

目前，主张两种原则的国际组织呈现出取长补短、相互靠拢的趋势。采取选择主义原则的国际组织希望其他国家以各种身份参加其组织的活动，如准成员、联系成员国或观察员，以便了解其他国家的反应，加强相互联系。而采取普遍主义原则的国际组织也设立了各种职能不同的专门机构或分支组织，以处理各种不同类型的问题。

国际组织的成员一般可分为两大类：

1. 正式成员。即国际组织的正式参加者，它们通常参加该组织的全部活动。正式成员在该国际组织内的地位是平等的，享有同样的权利，如代表权、发言权和表决权等，也承担着同样的义务。但有些国际经济组织（如国际货币基金组织），正式成员的权利和义务是有差别的，往往是承担的财政义务越多，拥有的决策权利也越大。

一般而言，国际组织的正式成员主要是国家，但也存在例外，有些国际组织也接受其他国际组织、正在争取独立的民族或地区为成员，如欧盟参加了世界贸易组织，巴勒斯坦参加了阿拉伯联盟，我国香港和台湾地区也是世界贸易组织的成员，联合国成立之初接纳了苏联的两个加盟共和国（白俄罗斯和乌克兰）为联合国的会员。国际组织的成员资格通常由该组织的章程加以规定，凡参与创立国际组织即为创始成员国；凡加入已经存在的国际组织，即为纳入成员国。国际组织的成员资格也可能因某种原因而丧失，如退出或被开除等。

2. 非正式成员。非正式成员主要有以下两种情况：

（1）准成员。一些国际组织中有一些权利受到限制的特殊成员国，称为准成员。国际组织中存在这种准成员的目的是便于一些非独立国家的非自治领土也能参与本组织的活动。例如，联合国亚太经济社会委员会、亚太电讯组织和世界贸易组织都将中国的香港列为其准成员。此外，很多国际组织甚至允许欧洲联盟以准成员的资格参加其活动。一般而言，准成员在国际组织的重要机构中没有表决权和选举权与被选举权。

世界卫生组织对准成员的权利与义务的性质与范围作出过明确规定，并为其他一些国际组织所仿效：①可以参加世界卫生组织的大会与主要委员会的讨论，但没有表决权；②除总务委员会、证书委员会和提名委员会外，可以参加其他委员会或小组委员会的讨论，拥有表决权并可以在这些机构中担任公职；③有权对世界卫生组织大会的议事日程提出议题建议；④有权和正式成员国一样得到通知、文件、报告和会议记录；⑤有权和正式成员国一样参加大会召集的特别会议；⑥尽管准成员不是执委会的成员，但可以向执委会提出建议并参加执委会的辩论，但无表决权；⑦尽管准成员与成员国承担同样的义务，但在交纳会费时，由于其在国际组织中的权利有限，其会费也得到相应的减免。

（2）观察员。大多数的国际组织一般都允许非成员以观察员的身份参与其活动。观察员通常分为两种类型：一种是"被动型的观察员"，其职责是将国际组织的有关活动情况通知本国或本国政府，它只是出席会议，但不参加会议的讨论。还有一类是"主动型观察员"，他们在国际组织中表现得更为积极主动，尽力将其本人、其国家或政府的意见提供给国际组织参考，他们对国际组织活动的参与是一种实质上的参与。这种类型的观察员也被称为"咨询会员"，它包括非成员国、民族解放运动组织、政府间国际组织、非政府间组织和个人。观察员一般是每次会议临时邀请的，但也有国际组织接纳常驻观察员代表团。例如，联合国在讨论苏联击落韩国民航客机的问题时，就曾邀请当时的非联合国成员国韩国派代表出席了会议。联合国大会一般不接纳常驻观察员代表团，但是联合国的其他机构和其他国际组织都可接纳常驻观察员代表团。

二、国际组织的组织结构

任何国际组织都离不开一定的组织结构，这些机构根据本组织的工作分工各具特点，有着不同的职能、级别、名称和成员。

国际组织一般设有如下三个主要机关：

（一）议事与决策机构

这类机构是国际组织根据各自的基本文件设立的最高权力机关，由全体成员国组成，负责该组织的全面工作。无论是普遍性的国际组织还是区域性或专业性的国际组织，这一机构向全体成员国提供了讨论其业务领域所有相关事项的机会，并就重大问题作出决策。

这类机构一般称为大会、代表大会、管理大会、全体会议等。这类机构一般由所有会员国组成，它定期召开会议（一般是一年举行一次），必要时召开特别会议。在决策时，多数国际组织的各成员国享有平等的投票权，除另有规定外，会议以各成员国的多数票作出决定。

由全体成员国组成的议事与决策机构作为本组织的最高机关，大大简化了其工作，摆脱了具体业务的束缚。同时，该机构还承担着一系列重要的任务，如接纳新成员国、选举下属的执行与主管机构成员并审议其年度报告、选举最高行政管理官员、修正基本文件并审批本组织的财政报告等。

（二）执行与主管机构

这类机构一般是由本组织中部分成员国组成，在一定任期内轮换。机构的成员由本组织高一级的议事与决策机构选举产生。执行与主管机构负责具体处理本组织承担的专业性问题。

这类机构一般称为委员会、理事会、董事会、执行或协调委员会、执行局等。这类机构的成员往往依据公平分配的原则确定不同地区的数额，经全体会议选举产生，当选后在一定期间内参与机构的活动，并享有平等的投票权。它们是最高权力机关休会期间的常设机关，负责履行本组织的职能，每年定期或不定期召开会议。联合国各专门机构所属的理事局、执行局、委员会等属于这一类情况。

（三）行政与管理机构

在大多数的国际组织中，行政与管理机构被称为"秘书处"，秘书处是行政机关，主要从事同成员国进行联络、交换情报以及筹备成立其他机关、执行决议、对外代表、登记条约等行政事务方面的辅助性工作，在秘书长的领导下，由独立完成任务的国际工作人员组成。

三、国际组织的表决制度

国际组织的表决，是组织活动程序的核心内容，它是指成员国对该组织有关决议草案表示反对或赞成的一种方式。各种国际组织的表决程序并不完全一样。概言之，有以下三种类型：

1. 全体一致通过。国际会议和国际组织决议的表决，在传统做法上必须以到会全体代表一致通过为基础来进行。这种制度是建立在国家主权平等原则基础上的。国际联盟大会和行政院的表决，均采取一致同意制。这种制度实际上赋予每一成员国以否决权。现在，只有少数区域性组织采用此制度。

2. 多数表决。最先采用多数表决方法的是司法系统的国际组织，如 1794 年根据《杰伊条约》成立的混合仲裁委员会。到 19 世纪，一些行政、技术性的国际组织也采用了多数表决。政治性国际组织采用多数表决比较晚。目前，不仅联合国等普遍性国际组织采用了多数表决，而且区域性国际组织也采用了此制度。多数表决中的多数是指出席并投票的成员国的多数。按照决议事项的重要程度，多数表决可分为三种情况：

（1）简单多数表决，即决议只需获得超过成员国过半数的同意票就可通过。目前，不少国际组织的机关采用简单多数表决。

（2）特定多数表决，即对于重要问题的表决必须获得特定的大于过半数的多数同意。这里的特定多数，一般是以 2/3 为准，如联合国大会对于重要事项的表决；但也有规定为 3/4、4/5 或更高比例的。

（3）加权表决，即在某些有关经济、金融等领域的国际组织中，实行按照特殊比例分配给各成员国以不等量的投票权，采取所谓"加权表决制"。这一制度偏重于从成员国的利害大小与经济实力着眼，给予占优势的国家以较大的决定权。像国际货币基金组织和世界银行，均采取按基金份额多少来分配投票权的方式。如世界银行，每个成员国除一律平等可投 250 个基本票外，还按所占股份，以每股增加一个投票权的比例计算。

3. 协商一致。第二次世界大战以后，国际组织和国际会议逐渐出现了一种新的决策方式——协商一致，即会议文件经协商后，如所有代表团均无反对意见，即认为通过，无需交付表决。协商一致对于提高决议的效率是可取的，但是它也存在贬低决议内容、方式暧昧不清以及由于允许保留意见而使得达成的协议有降低实际价值的缺点。

四、国际组织的特权与豁免

国际组织的特权与豁免是国际组织法律人格的又一重要特征。国际组织为了有效地工作并正常地履行职权，显然需要在其暂时或长期驻在国享有一定的特权与豁免，以免受到当地法院及行政机关的干扰。国际组织的特权与豁免问题，在国际联盟成立后才受到注意。第二次世界大战以后，国际组织大量出现，国际组织及人员的豁免，除在国际组织基本文件中作原则性的规定外，大多是通过多边条约、总部协定或与东道国协定的方式来加以规定的。联合国的特权与豁免颇具代表性，其他国际组织在这方面与联合国大同小异。

《联合国宪章》第 105 条规定："①本组织于每一会员国之领土内，应享受于执行其职务及达成其宗旨所必需之特权及豁免。②联合国会员国之代表及本组织之职员，亦应同样享受于其独立行使关于本组织之职务所必需之特权及豁免。③为明定本条第①项及第②项之施行细则起见，大会得作成建议，或为此目的向联合国会员国提议协约。"根据上述规定，1946 年 2 月联合国大会通过了《联合国特权与豁免公约》；1947 年 6 月联合国与美国签订了《总部协定》。在这些国际文件的规定下，联合国享有下列特权与豁免：联合国的房舍、档案以及属于联合国或联合国所持有的一切文件，均不可侵犯；联合国在每个会员国领土内的公务通讯的优先权、收费率和税捐等方面所享有的待遇，应不次于该会员国政府给予任何他国政府包括其使馆的待遇；联合国的财产和资产，对于各种方式的法律程序享有豁免；联合国得持有款项、黄金或任何货币，并得自由移转之；联合国的资产，应免除一切直接税；会员国出席联合国各种会议的代表，在执行职务期间和往返开会处所的旅途中，不受逮捕或拘禁，其行李不受扣押；联合国职员的公务言论和行为，豁免法律程序，其薪金免纳税捐；虽非联合国正式职员但为联合国执行使命的专家，在执行使命期间，享有与会员国出席联合国会议代表大体相同的特权与豁免；联合国发给职员的通行证，各会员国应承认并接受为有效的旅行证件。[1]

总之，赋予国际组织特权与豁免的目的，并不在于使其具有特殊的身份或治外法权的地位，而在于使其以独立、不偏不倚且有效的方式履行其职责。

第三节 联合国体系

一、联合国的建立

联合国是第二次世界大战胜利的产物。它是一个在集体安全原则基础上维持国际和平与安全的非常广泛的一般政治性组织，是一个当今最具有普遍性、最有影响和最大的国际组织。联合国的建立，经历了以下几个阶段：

（一）战争中期的构想

早在第二次世界大战的中期，创立一个国际安全组织的思潮就已经出现了。1941 年，英国、澳大利亚、加拿大、新西兰、比利时、捷克、希腊、卢森堡、荷兰、挪威、波兰、南斯拉夫、南非以及法国的代表，签署了《同盟国宣言》，强调"持久和平的唯一真正基础是，各国自由人民志愿在一个已经摆脱侵略威胁，人人享有经济和社会安全的世界中合作"。1942 年 1 月，中、苏、美、英等 26 个国家的代表在华盛顿签署了共同反对法西斯的《联合国家宣言》。1943 年 10 月，中、苏、美、英代表在莫斯科会议上共同签发了四国《普遍安全宣言》（又称《莫斯科宣言》），使得建立一个战后普遍安全组织的思想和愿望有了进一步的发展。《莫斯科宣言》，为联合国奠定了据以创立的方针和基础。它实际上是建立联合国的第一个步骤。

（二）敦巴顿橡树园会议

1944 年 8 月至 10 月，中、苏、美、英四国代表在华盛顿郊区的橡树园召开会议。这次会议根据《莫斯科宣言》的精神，草拟了战后国际组织章程的草案，称为《关于建立普遍性国际组织的建议案》，并建议这个组织命名为"联合国"。建议案总共包括 12 章，内容涉及联合国的宗旨与原则、会员资格、主要机关及其职权、关于维持国际和平与安全以及社会合作的各种安排等方面。总之，橡树园建议案绘制了联合国的蓝图，对联合国的成立起了十分重要的作用。

---

[1] 参见梁西：《国际组织法（总论）》，武汉大学出版社 2001 年版，第 112～113 页。

（三）雅尔塔会议

1945 年 2 月，在克里米亚的雅尔塔举行的英、美、苏三国首脑会议对于新的国际安全组织的建立方案又有所发展。一方面，会议解决了敦巴顿橡树园会议所未能解决的关于安理会的表决程序问题。会议通过了所谓的"雅尔塔方案"，即后来的"五大国一致"原则，使安理会各常任理事国因此而享有"否决权"。另一方面，该会议确定，1945 年 4 月 25 日在旧金山召开联合国家会议，以便依照在敦巴顿橡树园非正式会谈中建议的方针制定这个组织的宪章。雅尔塔会议为联合国的诞生进一步铺平了道路。

（四）旧金山会议

旧金山会议的正式名称为"联合国家关于国际组织的会议"。参加会议的共有 50 个国家。代表们研究和讨论了橡树园建议案、雅尔塔表决方案和各国政府所提出的修正案。1945 年 6 月 25 日，代表们一致通过了《联合国宪章》，并于次日正式举行签字仪式。波兰当时没有派代表参加会议，但后来作为创始会员国于 1945 年 10 月 15 日签署了宪章。《联合国宪章》于 1945 年 10 月 24 日开始生效，联合国正式成立。第一届联合国大会于 1946 年 1 月 10 日在伦敦召开。1946 年 2 月，大会决定将联合国总部设在纽约。此外，在日内瓦和维也纳也设有联合国机构的常驻中心。1947 年，联合国大会决定将 10 月 24 日定为"联合国日"。

二、联合国的宗旨和原则

《联合国宪章》规定了联合国的宗旨与原则、会员国、主要机关的组成、职权范围、活动程序与主要工作以及有关联合国组织的地位与宪章的修正等，它是联合国一切活动的法律依据。宪章由序文和 19 章组成，共 111 条。《国际法院规约》为宪章的组成部分。《联合国宪章》是联合国组织的根本法，它本身是一个多边条约，是一个立法性的国际公约，对会员国具有约束力。

（一）联合国的宗旨

《联合国宪章》第 1 条将联合国的宗旨规定为以下四项：维持国际和平与安全；发展各国间的友好关系；促进国际有关经济、社会及文化方面的合作；构成协调各国行动的中心。

（二）联合国的原则

为了实现联合国的上述宗旨，宪章第 2 条规定了联合国本身及其会员国应遵守的若干原则。这些原则是：会员国主权平等；善意履行宪章义务；和平解决国际争端；禁止以武力相威胁或使用武力；集体协助；确保非会员国遵行宪章原则；不干涉内政。

关于以上原则，联合国虽系从该组织的角度提出问题，规定权利和义务，但其中一些原则，特别是会员国主权平等、善意履行宪章义务、和平解决国际争端、禁止以武力相威胁或使用武力、不干涉内政等，均系国际社会全体接受的原则，因而其效力已超出了一个国际组织宪章的范围，而对各国具有拘束力。但这种拘束，就其性质来说，已不属于国际组织拘束成员国的范畴，而是作为公认的国际法基本原则被各国接受。

三、联合国的会员国

联合国的会员国可以分为创始会员国和纳入会员国两大类。

（一）创始会员国

按照宪章第 3 条的规定，凡曾经参加旧金山联合国国际组织会议或以前曾签署《联合国家宣言》的国家，签署了宪章并依法予以批准的，均为联合国的创始会员国。联合国的创始会员国共 51 个。

（二）纳入会员国

根据宪章第 4 条的规定："凡其他爱好和平之国家，接受本宪章所载之义务，经本组织认为确能并愿意履行该项义务者，得为联合国会员国。准许上述国家为联合国会员国，将由大会经安全理事会之推荐以决议行之。"

由上可见，联合国会员国资格是根据宪章的规定而取得的。同样，会员国资格在一定条件下也有可能丧失。会员国资格的丧失一般有三种情况：

1. 会员国的开除。按照宪章第 6 条的规定："联合国之会员国中，有屡次违犯本宪章所载之原则者，大会经安全理事会之建议，得将其由本组织除名。"开除是联合国最严厉的制裁形式。

2. 会员国权利的中止。按照宪章第 5 条的规定："联合国会员国，业经安全理事会对其采取防止或执行行动者，大会经安全理事会之建议，得停止其会员权利及特权之行使。此项权利及特权之行使，得由安全理事会恢复之。"又按照宪章第 19 条的规定："凡拖欠本组织财政款项之会员国，其拖欠数目如等于或超过前两年所应缴纳之数目时，即丧失其在大会投票权。"

3. 会员国的退出。《联合国宪章》虽然没有像《国际联盟盟约》那样作出关于会员国自动退出的规定，但在旧金山会议上有关委员会的报告肯定，联合国会员国具有退出组织的权利，而且这一意见得到了与会的全体国家的承认。因此，可以说，联合国的会员国不言而喻保留有自动退出组织的权利。在 1965 年，印度尼西亚就是自动宣布退出联合国的。

四、联合国的主要机关

为了实现宪章所规定的宗旨，联合国设有六大主要机关：大会、安全理事会、经济及社会理事会、托管理事会、国际法院和秘书处。此外，联合国还设有执行其职能所必需的各种辅助机关。

（一）大会

1. 大会的组成及职权。大会是联合国的主要审议机关，由全体会员国组成。大会每年举行一届常会，一般为期 3 个月，在 9 月的第三个星期二开幕，12 月 25 日以前闭幕，如果议程尚未讨论完毕，则在第二年春天继续开会。在一定条件下，联合国还可以召开大会的特别会议或紧急特别会议。会议的地点在宪章中没有指定，但大会通常在联合国总部所在地，即纽约举行，也有在其他地方举行会议的例子。

此外，大会根据宪章第22条的规定："大会得设立其认为由于行使职务所必需之辅助机关。"因此，大会下设7个主要委员会：①政治与安全委员会（第一委员会）；②经济与财政委员会（第二委员会）；③社会、人道与文化委员会（第三委员会）；④非殖民化委员会（第四委员会）；⑤行政与预算委员会（第五委员会）；⑥法律委员会（第六委员会）；⑦特别政治委员会。大会也可以随时就特定事项设立专门委员会，例如裁军委员会、国际法委员会。

大会具有广泛的职权。大会可以讨论宪章范围内的任何问题或事项，除安理会正在处理者外，得向联合国会员国或安理会提出对各问题或事项的建议。值得注意的是，联合国大会虽然在政治、经济、社会、文化等领域享有广泛的职权，但这些职权多属建议性质。联合国大会通过的决议虽然对会员国可以产生一定的政治影响，但并不具有法律约束力。

2. 大会的表决程序。按照宪章的规定，每一会员国在大会应有一个投票权，大会的决议事项分为两类，适用不同的程序。第一类是所谓重要问题的决议，大会应以到会投票的会员国2/3多数来决定。此类问题包括：关于维持国际和平及安全的建议、安理会非常任理事国的选举、经济及社会理事会理事国的选举、托管理事会理事国的选举，对于新会员国加入联合国的审批，会员国权利及特权的停止，会员国的除名，关于施行托管制度的问题及预算问题等。第二类是关于其他问题的决议，应以到会及投票的会员国过半数来决定。

（二）安全理事会

1. 安全理事会的组成。安全理事会简称安理会，由5个常任理事国（中、法、苏、美、英）和10个非常任理事国组成。其中，苏联的常任理事国席位现由俄罗斯接替。非常任理事国由联合国大会选举，在选举时，首先应特别照顾到各会员国对维持国际和平及安全以及联合国其他宗旨的贡献，也应照顾到地理上的公平分配。非常任理事国任期2年，每年改选5个，不得连选连任。按照惯例，非常任理事国的席位做如下分配：亚非5个，东欧1个，拉丁美洲2个，西欧及其他国家2个。安理会每一理事国应有代表1人。安理会主席由各理事国依其国名英文字首的排列次序，按月轮流担任，每个国家1个月。

2. 安全理事会的职权。安理会是联合国维持国际和平与安全方面负主要责任的机关。安理会的职权主要是执行性的，它有权根据宪章的规定采取执行行动来维持国际和平与安全，其有关决议对各会员国也是有约束力的。安理会除在和平解决国际争端方面行使重要的职权外，还在维持和平与制止侵略方面行使重要的职能。

3. 安全理事会的表决程序。根据宪章第27条的规定，安理会每一理事国拥有一个投票权；安理会关于程序事项的决议，应以9个理事国的可决票表决之；安理会对于其他一切事项的决议，应以9个理事国的可决票包括全体常任理事国的同意票表决之。这就意味着常任理事国享有否决权。但对于和平解决国际争端的决议，争端当事国不得投票。此外，关于某一事项是否属于程序性这一先决问题，也必须以 9 个理事国的可决票决定之，其中应包括全体常任理事国的同意票在内。这意味着五大常任理事国在安理会享有所谓的"双重否决权"。

从已有的国际实践来看，否决权的行使与国际政治形势密切相关。在联合国成立的初期，以美国为首的西方集团操纵联合国的表决机器，因此当时行使否决权的主要是苏联。但进入 20 世纪 60 年代之后，由于新会员国激增，联合国的力量结构发生了重大变化，美国成了常任理事国中行使否决权最多的国家。进入 20 世纪 90 年代后，形势又发生了新的变化。例如，90 年代初海湾危机爆发后，五大常任理事国在安理会连续通过的 10 多项决议中，没有一个对这些决议投反对票。这在安理会的表决史上，是十分罕见的。

自从联合国成立以来，否决权问题一直是宪章修改的一个焦点。然而，随着国际形势的发展变化，各国对否决权的态度是各不相同的。不过，发展中国家一贯主张：修改或适当限制否决权，以实现大小国家一律平等。我国政府一贯尊重并支持这一要求。

（三）经济及社会理事会

经济及社会理事会（简称经社理事会）由联合国大会选出的 54 个理事国组成。理事国任期 3 年，每年改选 1/3，改选时得连选连任。经社理事会的每一理事国应有代表 1 人。

经社理事会的职权包括：做成或发动关于国际经济、社会、文化、教育、卫生及其他有关事项的研究及报告，并得向联合国大会、各会员国和有关专门机构提出关于此种事项的建议案；为增进全人类的人权及基本自由的尊重与维护起见，得做成建议案；拟具关于其职权范围内事项的协约草案，提交大会；按照联合国所定的规则召集本理事会职务范围以内事项的国际会议；同各专门机构订立协定，使之同联合国建立关系；为调整各种专门机关的工作，得与此种机关会商并得向其提出建议；采取适当步骤，以取得专门机关的经常报告；向安理会提供情报，并应安理会的邀请，予以协助。

经社理事会每一理事国应有一个投票权，理事会的决议应到会及投票的理事国过半数表决之。从 1971 年开始，我国一直当选为经社理事会的理事国。

（四）托管理事会

托管理事会，是联合国负责监督托管领土行政管理的机关。联合国成立后，置于国际托管制度下的领土共有 11 个。由于托管领土的人民不断努力，托管领土相继取得了独立或自治。1994 年，联合国的最后一个托管领土贝劳取得了独立。因此，托管理事会在联合国的地位，是联合国改革中一个亟待解决的问题。

（五）国际法院

国际法院是联合国的主要机关之一，也是联合国的主要司法机关。关于法院的组织、职权和程序规则等内容，将在"国际争端法"一章中阐述。

（六）秘书处

秘书处是联合国的第六个主要机关。秘书处由秘书长 1 人和联合国所需要的若干办事人员组成。秘书长应由联合国大会经安理会的推荐委派，任期 5 年，连任期也为 5 年。办事人员则由秘书长按照联合国大会所定章程委派。办事人员的雇佣及其服务条件，应首先考虑工作效率、才干及忠诚；并在可能范围内，征聘办事人员时应充分注意地域上的普及。

秘书长是联合国的行政首长。秘书长在大会、安理会、经社理事会及托管理事会的一切会议上，应以秘书长资格行使职务，并应执行各该机关所托付的其他职务。秘书长应向大会提送关于联合国的常年工作报告。秘书长得将其所认为可能威胁国际和平与安全的任何事件，提请安理会注意。

秘书长和办事人员在执行职务时，不得请求或接受联合国以外任何政府或其他当局的训示，并应避免足以妨碍其国际官员地位的行动。秘书长和办事人员只对联合国负责。联合国各会员国应尊重秘书长和办事人员责任的专属国际性，绝不能设法影响其责任的履行。

联合国成立以来，已有八任秘书长。现任秘书长是韩国的潘基文。此前七任秘书长分别为：赖伊（挪威人）、哈马舍尔德（瑞典人）、吴丹（缅甸人）、瓦尔德海姆（奥地利人）、德奎利亚尔（秘鲁人）、加利（埃及人）和安南（加纳人）。按照惯例，安理会常任理事国的国民不得担任秘书长职务。

第四节　专门性国际组织

一、概况

进入 20 世纪以后，国际组织的发展趋势之一是专门性国际组织的逐步增加。

专门性国际组织是指"以某种专业技术活动为主的组织"，通常又称"非政治性组织"。专门性国际组织主要从事经济、社会或文教等行政或技术方面的单一活动。

从国际组织的发展史上看，专门性国际组织比一般政治性国际组织要先产生。最早的专门性国际组织的雏形，是有关国际河川的管理组织。早在 1804 年，欧洲就创立了莱茵河委员会，负责管理莱茵河的航行、税收等有关事项。诸如此类的国际河川管理制度，对以后专门性国际组织的发展具有一定的影响。

19 世纪下半叶以后，随着科学技术的进步，各种专门性国际组织相继产生。第二次世界大战以来，专门性国际组织的发展更加迅猛。现在这类组织已成为国际组织体系中的一种重要的类别。应当指出的是，现代专门性国际组织，有的是依据一般政治性国际组织的决定而设立的，有些则与一般政治性国际组织建立了工作关系。

二、联合国专门机构

（一）概念和特征

联合国专门机构是联合国体系的一个重要组成部分。联合国专门机构是指根据特别协定而同联合国建立关系的或根据联合国决定而创设的对某一特定业务领域负有国际责任的政府间专门性国际组织。

作为一类比较特别的国际组织，联合国专门机构主要具有以下特征：

1. 是政府间国际组织。所有联合国专门机构都是依政府间的多边条约而成立的，这种政府间的性质，是联合国专门机构最重要的特征。[1]一般说来，只有主权国家才能加入联合国专门机构。

2. 是在专门领域从事活动。只有在经济、社会、文化、教育、科学、卫生等领域享有广泛活动职能的国际组织才能成为联合国专门机构。联合国专门机构的这种专门性，是它们同其他一般政治性国际组织相区别的重要特征。

3. 同联合国具有法律联系。根据《联合国宪章》第57条和第63条的规定，由各国政府间协定所成立的各种专门机构，依其组织约章的规定，于经济、社会、文化、教育、卫生及其他有关部门负有广大国际责任的，应通过与联合国经社理事会订立协定的方式同联合国建立关系。宪章在这方面把联合国设计为一个协调国际行政的核心组织。经社理事会是联合国分工负责这一任务的机关。为此目的，经社理事会设置了一个"同政府间机构商谈委员会"，以便同各专门机构建立上述关系分别进行谈判，并签订关系协定。此种协定，需经联合国大会的核准。

4. 具有独立的国际法律人格。各专门机构虽然根据协定同联合国发生关系，但它们本身是自主的，并不是联合国的附属机关。各专门机构都有其各自的成员国、组织文件、体系结构、议事规则、经费来源以及各自的总部。各专门机构的决议和活动，也不需要联合国的批准。

目前，与联合国订立关系协定的专门机构有：国际电信联盟、万国邮政联盟、世界卫生组织、世界气象组织、国际劳工组织、联合国教育科学及文化组织、国际货币基金组织、世界银行、国际开发协会、国际金融公司、国际民用航空组织、世界知识产权组织、联合国粮食及农业组织、国际海事组织、国际农业发展基金、国际原子能机构、联合国工业发展组织等。

（二）各专门机构简介

1. 国际电信联盟（International Telecommunication Union，ITU）。国际电信联盟成立于1865年，总部设在日内瓦。1947年，它成为联合国的专门机构。1972年5月，中华人民共和国在该组织的合法权利正式恢复，同年10月25日起开始参加其活动。

该组织的宗旨为：维持和扩大国际合作，以改进和合理使用包括陆地、水上、

---

〔1〕　参见江国青：《联合国专门机构法律制度研究》，武汉大学出版社1993年版，第42~43页。

航空、宇宙、广播等在内的各种电信业务；协调各国行动，促进技术措施的发展及其最有效的运用，以提高电信业务的效率；扩大技术设施的用途并尽量使之为公众普遍利用等。国际电信联盟的主要机构有：全权代表大会、行政大会和行政理事会。该组织还设有四个常设机构：总秘书处、国际频率登记委员会、国际无线电咨询委员会和国际电报电话咨询委员会。

2. 万国邮政联盟（Universal Postal Union，UPU）。万国邮政联盟成立于 1875 年，总部设在伯尔尼。1948 年 7 月，该联盟成为联合国的专门机构之一。1972 年 4 月，中华人民共和国在该组织的合法权利正式恢复，5 月 8 日我国政府通知该组织，决定参加其活动。

该组织的宗旨为：组成一个单一的各国相互交换邮件的邮政区域，组织和改进邮政业务；参与提供联盟成员国寻求的邮政技术援助，促进邮政方面的国际合作。万国邮政联盟的基本活动之一是为成员国的邮政管理机关所执行的各种国际邮政业务制定规则。该联盟设有世界邮政大会、执行理事会、邮政研究咨询理事会和国际事务局等机构。

3. 世界卫生组织（World Health Organization，WHO）。世界卫生组织创建于 1948 年 4 月，同年 9 月成为联合国的一个专门机构，其总部设在日内瓦。1972 年 5 月，第 25 届世界卫生组织大会通过了恢复我国在该组织合法席位的决议，同年 8 月，我国政府决定逐步参加该组织的活动。

世界卫生组织以使全世界人民达到尽可能高的健康水平为其宗旨。该组织提供世界范围的服务来增进人的健康，与成员国在卫生工作方面进行合作，并协调生物化学的研究工作。世界卫生组织的主要机构有：世界卫生大会、执行局和秘书处。

4. 世界气象组织（World Meteorological Organization，WMO）。世界气象组织创建于 1950 年，总部设在日内瓦。新中国在该组织的席位于 1972 年恢复，并当选为执行委员会委员。从 1987 年起，中国一直被世界气象大会选为该组织的主席。

世界气象组织的宗旨是：促进气象服务和观测方面的国际合作；促进气象情报的迅速交换、气象观测资料的标准化以及观测和统计资料的统一发布。此外，它还推动气象学在航空、航运、水利、农业和其他人类活动中的应用，促进实用水文学，并鼓励气象学方面的研究和培训。该组织设有世界气象大会、执行委员会和秘书处等机构。

5. 国际劳工组织（International Labour Organization，ILO）。国际劳工组织成立于 1919 年，总部设在日内瓦，1946 年 12 月成为联合国专门机构。我国自 1983 年 6 月起正式恢复参加该组织的活动。

国际劳工组织的宗旨为：促进各国间在工业及劳工方面的国际合作，改善劳动状况，扩大社会保障措施，以增进世界和平及社会正义。该组织的一项最重要职能是通过或拟定有关劳工问题的国际公约与建议书。国际劳工组织的主要机构有：国际劳工大会、理事会和国际劳工局。

6. 联合国教育、科学及文化组织（United Nations Educational, Scientific and Cultural Organization, UNESCO）。联合国教育、科学及文化组织于 1946 年 11 月创立，并成为联合国的专门机构之一，其总部设在巴黎。1971 年 10 月，该组织执行局第 88 届会议通过决议，承认中华人民共和国的代表是中国唯一合法的代表。1974 年 3 月起，我国正式向该组织派出了常驻代表，并于 1979 年成立了"中华人民共和国联合国教科文组织全国委员会"。

联合国教育、科学及文化组织的宗旨是：通过促进各国间在教育、科学及文化方面的合作，对和平与安全做出贡献，以促进对正义、法治以及人类均得享受的人权与基本自由的普遍尊重。该组织设有如下机构：大会、执行局和秘书处。

7. 国际货币基金组织（International Monetary Fund, IMF）。国际货币基金组织成立于 1945 年，总部设在华盛顿。1980 年 4 月，该组织执行董事会通过了恢复我国的合法权利的决定。我国现在是该组织理事会的理事。

国际货币基金组织的宗旨为：提供协调机构，便于实现国际金融货币方面的合作；稳定国际汇兑，防止竞争性的外汇贬值；消除国际贸易中的外汇障碍；促进国际贸易的扩大与平衡发展以及通过贷款调整成员国国际收支的暂时失调等。其主要活动包括：在成员国国际收支失衡时，对其提供短期信贷；协商解决有关国际金融的各种问题；通过组织培训、派出代表及专家等形式，对成员国提供有关财政、货币、银行、外贸等方面的技术援助等。该组织设有理事会、执行董事会等机构。

8. 国际复兴开发银行（International Bank for Reconstruction and Development, IBRD）。国际复兴开发银行又通称"世界银行"（WBG），1945 年成立，1947 年 11 月成为联合国专门机构之一，总部设在华盛顿。其成员限于参加国际货币基金组织的国家。我国在世界银行（包括国际开发协会及国际金融公司在内）的权利已于 1980 年 5 月恢复，现为该银行的理事国之一。

国际复兴开发银行的宗旨是：促进生产目的资本投资以协助成员国领土的复兴和开发；促进外国私人投资；促进国际贸易的平衡增长以及国际收支平衡的维护。该组织设有理事会和执行董事会。理事和执行董事的投票权依认缴的资本多少决定。

世界银行（World Bank）是世界银行集团的简称，由国际复兴开发银行、国际开发协会、国际金融公司、多边投资担保机构和国际投资争端解决中心五个成员机构组成，成立于 1945 年，1946 年 6 月开始营业。狭义的"世界银行"仅指国际复兴开发银行（IBRD）和国际开发协会（IDA）。

9. 国际民用航空组织（International Civil Aviation Organization, ICAO）。国际民用航空组织成立于 1947 年 4 月，同年 10 月成为联合国专门机构之一，总部设在蒙特利尔。1974 年 2 月 15 日，我国政府正式通知该组织，决定承认《国际民用航空公约》及其 8 个议定书，并自同日起参加该组织的活动。从 1974 年 9 月起，我国一直被选为该组织理事会的理事国。

国际民用航空组织的宗旨是：发展国际空中航行的原则和技术，并促进国际航空运输的发展，以保证国际民用航空的安全和有秩序的增长；促进为和平用途的航空器的设计和操作技术；鼓励发展供国际民航应用的航路、航站和航行设备；满足世界人民对安全、正常、有效和经济的空运需要等。该组织的主要机构有：大会、理事会、航行委员会和秘书处。

10. 世界知识产权组织（World Intellectual Property Organization，WIPO）。世界知识产权组织建立于1970年4月，1974年12月成为联合国的一个专门机构，是技术性最强的机构之一。其总部设在日内瓦。我国于1980年6月加入该组织，从1982年11月起成为其协调委员会的委员。

世界知识产权组织的宗旨为：通过各国间的合作并在适当情形下同其他国际组织合作，促进全世界保护知识产权；确保各国在执行各种国际协定方面的国际合作。该组织设有大会、成员国会议、协调委员会和国际局。

11. 联合国粮食及农业组织（Food and Agriculture Organization of the United Nations，FAO）。联合国粮食及农业组织成立于1945年10月，1946年12月成为联合国最大的一个专门机构，其总部设在罗马。我国从1973年4月起，恢复参加该组织的活动。

联合国粮食及农业组织的宗旨是：提高营养和卫生水平；改善农、林、渔业一切粮食和农业产品的生产、加工、销售和分配；促进乡村发展和改善农村人口的生活条件；通过上述手段消除饥饿。为实现上述宗旨，该组织在近几年将活动重点放在协助与支持发展中国家发展粮食和农业生产方面。该组织的主要机构有：大会、理事会和秘书处。

12. 国际海事组织（International Maritime Organization，IMO）。国际海事组织成立于1958年3月，1959年1月成为联合国的专门机构之一，其总部设在伦敦。我国在该组织的席位于1972年5月恢复。从1973年3月1日起，我国政府正式参加该组织的活动。

国际海事组织的宗旨是：作为各国就影响国际贸易中的航运技术事项进行合作和交换资料的机构；鼓励在有关海上安全、航运效率和防止船舶造成的海洋污染的事项中普遍采取最高的可行标准，并处理与这些事项有关的法律问题；鼓励各国政府取消影响国际贸易中航运的歧视性行为和不必要的限制；审议有关航运公司不正当的限制性做法的事项。该组织设有大会、理事会、海上安全委员会、海洋环境保护委员会和秘书处等机构。

13. 国际农业发展基金（International Fund for Agricultural Development，IFAD）。国际农业发展基金创立于1977年11月，以罗马为其临时的总部。该基金是联合国系统内迄今成立最晚的一个专门机构。[1] 我国于1980年加入该组织。

---

〔1〕　参见梁西：《国际组织法（总论）》，武汉大学出版社2001年版，第321页。

农业发展基金的宗旨为：通过向发展中国家，特别是缺粮国家提供优惠贷款和赠款，来为它们以粮食生产为主的农业发展项目筹集资金。发放农业贷款是该基金的主要活动之一。该基金的主要机构有：理事会、执行局。另设有总裁1人，为该基金的行政首长。

14. 国际原子能机构（International Atomic Energy Agency，IAEA）。国际原子能机构成立于1957年7月，总部设在维也纳。1983年10月，该机构通过决议接纳我国为新的成员国。

国际原子能机构的宗旨是：加速并扩大原子能对全世界和平、健康和繁荣的贡献；确保由其本身或经其请求或在其监督或管制下提供的协助，不致用于推进任何军事目的。该机构设有大会、理事会和秘书处等机关。总干事为其行政首长。

第五节　区域性国际组织

一、概念和特征

区域性国际组织主要是指"一个区域内若干国家或其政府、人民、民间团体基于特定目的，以一定协议而建立的各种常设机构"[1]。

区域性国际组织在古代已有萌芽。但是真正意义上的区域性国际组织，则是到近代以后才开始出现的。第二次世界大战以后，区域性国际组织发展迅速。很多区域性国际组织，尤其是区域性经济组织就是在这一时期产生的。各种区域性国际组织，形成了与全球性国际组织并行发展的趋势。

区域性国际组织一般具有以下特征：

1. 具有明显的地理性质。区域组织的成员国一般是特定地区内的一些主权国家。它们领土接壤，交往频繁，比较容易建立和发展睦邻关系；同时，由于交往的增多，利害冲突也容易产生，因此需要建立一定的组织形式来加以调整。

2. 具有比较稳定的社会、政治基础。区域组织的成员国，往往具有共同的利益和政治背景，它们在民族、历史、语言、文化甚至精神上的联系比较密切，存在相互关心的政治、军事、经济或社会问题，有的还实行了相似的政治、经济和社会制度。

3. 具有较明显的集团性。成立区域性国际组织的目的，主要是维护本区域内的和平与安全，促进本区域的发展，在有关国际事务中用一个声音说话，形成一种集体的力量。

在区域性国际组织中，有些是政治性的，有些是专门性的。但是，一般区域性

---

〔1〕 梁西主编：《国际法》，武汉大学出版社2000年版，第371页。

国际组织从其基本活动来看，不仅具有政治方面的职权，也具有调整和促进本区域内社会、经济和其他有关专业方面的作用。

《联合国宪章》第51～54条，专门规定了区域性国际组织的法律地位及其与联合国的特殊法律关系。按照宪章的规定，联合国并不排除利用区域办法或区域机关来应付关于维持国际和平及安全而宜于区域行动的事件，但此项办法或机关及其工作，必须符合联合国的宗旨与原则。区域性国际组织的任务主要有：①设立区域性国际组织的联合国会员国，将地方争端提交安理会以前，应通过区域组织，力求争端的和平解决。②在适当情形下，应协助安理会实施依安理会权力而采取的强制行动，但此项行动必须有安理会的授权。此外，为了维持国际和平与安全，区域性国际组织已采取或正在考虑的行动，不论何时应向安理会充分报告。综上可见，区域性国际组织已被纳入联合国维持国际和平与安全的全球体制。

二、主要的区域性国际组织

第二次世界大战以后，成立了很多区域性国际组织。目前，比较重要的区域性国际组织主要有：美洲国家组织、欧洲联盟、非洲联盟、阿拉伯国家联盟和东南亚国家联盟。

（一）美洲国家组织

在世界各地现有的区域性国际组织中，美洲国家组织历史最悠久，其起源可以溯及至19世纪初期的南美独立战争。1890年，美洲国家正式成立了"美洲共和国国际联盟"。1910年，将其名称改为泛美联盟。到1948年，在哥伦比亚波哥大召开的第九次美洲国家会议中，通过了《美洲国家组织宪章》（《波哥大公约》），将该组织确定为现名，即"美洲国家组织"，其总部设在华盛顿。

根据《美洲国家组织宪章》第4条的规定，美洲国家组织的宗旨为：加强美洲大陆的和平与安全；防止会员国间所能引起困难的可能原因并保证会员国间可能发生的争端的和平解决；为遭到侵略的那些国家规定共同行动；寻求会员国间所引起的政治、法律及经济问题的解决；以合作行动来促进它们经济、社会及文化的发展。

美洲国家组织的成员国以拉丁美洲国家为主，也包括美国，现有34个成员国和70个常任观察员。1962年，古巴被取消在该组织的成员资格。该组织的主要机构有：大会、常设理事会、经社理事会和教科文理事会、总秘书处和外交部部长协商会议等。

（二）欧洲联盟

欧洲联盟（简称欧盟），其前身是欧洲共同体。它是第二次世界大战后高度发展起来的西欧各国的国际联盟，是一种新型的区域性国际组织。欧盟的显著特点为：一个联合起来逐步走向高度一体化甚至"国家实体联合"的经济与政治实体。

欧盟的历史发展，可以溯及至1950年5月法国外长舒曼提出的"舒曼计划"。根据该计划，1951年4月，法国、联邦德国、意大利、荷兰、比利时、卢森堡等六国在巴黎签订了《欧洲煤钢联营条约》，建立煤钢共同市场；1957年3月，这六国外长在罗马签订了《欧洲经济共同体条约》和《欧洲原子能联营条约》；嗣后，六国又于 1967 年 7 月，决定把欧洲煤钢联营、欧洲原子能联营并入欧洲经济共同体，统称为欧洲共同体。欧洲共同体的成员国最初只有上述六国。其后，英国、丹麦、爱尔兰于 1973 年加入，希腊于 1981 年、葡萄牙和西班牙于 1986 年加入，后来奥地利、芬兰和瑞典又相继加入。2002 年 11 月，欧盟 15 国外长会议决定邀请塞浦路斯、匈牙利、捷克、爱沙尼亚、拉脱维亚、立陶宛、马耳他、波兰、斯洛伐克和斯洛文尼亚 10 个中东欧国家入盟。2003 年 4 月，在希腊首都雅典举行的欧盟首脑会议上，上述十国正式签署入盟协议。2004 年 5 月，这 10 个国家正式成为欧盟的成员国。这是欧盟历史上的第五次扩大，也是规模最大的一次扩大。欧盟现有成员国 28 个，总部设在布鲁塞尔。

1991 年 12 月，欧盟成员国在荷兰的马斯特里赫特签订了《欧洲联盟条约》，到 1993 年初，欧盟已经具备一个真正的"单一"市场，或者说共同市场的基本组成部分，人员、商品、劳务和资本可以自由流动，尽管有些部分仍有待于进一步实施。1993 年 11 月 1 日，《马斯特里赫特条约》正式生效。这一天，欧洲共同体正式成为欧盟，欧洲 3 个共同体的委员会成为欧盟委员会。根据《马斯特里赫特条约》，成员国已开始就共同的外交和安全政策（"第二根支柱"）以及司法和国内事务（"第三根支柱"）问题，进行政府间协调。2002 年 1 月 1 日，欧洲统一货币"欧元"，开始流通。

欧盟的主要机构有：部长理事会、欧洲议会、（执行）委员会和欧洲法院。成员国一致同意把一定的国家主权权利交给欧盟机构，并在对这些权力的共同管理中进行合作。部长理事会是欧盟的立法与决策机关；欧洲议会主要起监督和咨询作用，有权决定共同体机构的预算，在某些条件下可以对理事会的决定进行修改；执行委员会由 20 人组成，是欧盟的执行机构，负责执行部长理事会的决议，代表欧盟对外联系与谈判等；欧洲法院是欧盟的最高司法机构，负责解释基本条约，并审理和裁判在执行条约中发生的争端。

在对外关系方面，欧盟现已同 100 多个国家建立了正式关系，并以国际组织身份参加联合国和其他一些国际组织的活动。

（三）非洲联盟

非洲联盟（简称"非盟"）是继欧盟之后成立的第二个重要的国家间联盟，是集政治、经济、军事等为一体的全洲性政治实体。非盟的前身是 1963 年 5 月成立的非洲统一组织。1999 年 9 月，非洲统一组织第四届特别首脑会议通过《苏尔特宣言》，决定成立非盟。2002 年 7 月，非盟举行第一届首脑会议，并宣布非盟正式成立。截至 2005 年 8 月，非盟拥有 53 个成员国（毛里塔尼亚 2005 年 8 月 4 日被非盟暂时中断成员国资格），总部设在埃塞俄比亚首都亚的斯亚贝巴。

非盟的主要机构有非盟首脑会议、执行理事会、泛非议会、常驻代表委员会和非盟委员会。首脑会议为非盟最高权力机构，其主要职责是制定非盟的共同政策、监督政策和决议的执行情况、向执行理事会和委员会下达指示等。首脑会议每年在非盟总部或应邀在成员国召开。在成员国提出要求并经 2/3 成员国同意后，非盟可召开特别首脑会议。执行理事会由成员国外长或其他部长组成，每年举行两次会议，负责实施大会决议和对成员国的制裁。根据《非洲联盟宪章草案》，非盟下设联盟大会、部长理事会、泛非议会、司法机构、非洲法院和非洲银行等专门机构。

非盟的主要任务是维护和促进非洲大陆的和平、稳定，推行改革与减贫战略，实现发展与复兴。

（四）阿拉伯国家联盟

阿拉伯国家联盟（简称"阿盟"），是阿拉伯世界最具代表性和影响力的组织，也是世界上最早成立的区域性组织之一。1944 年 9 月，阿拉伯各国外长在埃及的亚历山大举行会议，决定成立阿拉伯国家联盟。1945 年 3 月，叙利亚、约旦、伊拉克、沙特阿拉伯、黎巴嫩、埃及、也门 7 国代表在开罗举行会议，签订了《阿拉伯国家联盟公约》，阿拉伯国家联盟正式宣告成立，其总部设在开罗。

根据《阿拉伯国家联盟公约》第 2 条的规定，阿拉伯国家联盟的宗旨为：密切成员国之间的合作关系，协调彼此间的政治活动，捍卫阿拉伯国家的独立和主权，全面考虑阿拉伯国家的事务和利益；各成员国在经济、财政、交通、文化、卫生、社会福利、国籍、护照、签证、判决的执行以及引渡等方面密切合作；成员国相互尊重对方的政治制度，不得诉诸武力解决彼此之间的争端，成员国与其他国家缔结的条约和协定对阿盟其他成员国不具约束力。该组织的主要机构有：首脑会议、各专门委员会和常设秘书处等。

（五）东南亚国家联盟

1967 年 8 月，印度尼西亚、马来西亚、菲律宾、新加坡和泰国 5 国外长在曼谷举行会议，通过了《东南亚国家联盟成立宣言》。于是，东南亚国家联盟（简称东盟）正式成立，其总部设在雅加达。东盟共有 10 个成员国，除了 5 个创始成员国外，文莱和越南分别于 1984 年、1995 年加入；老挝和缅甸于 1997 年加入，柬埔寨于 1999 年加入。东盟观察员国为巴布亚新几内亚。东盟 10 个对话伙伴国是：澳大利亚、加拿大、中国、欧盟、印度、日本、新西兰、俄罗斯、韩国和美国。

根据《东南亚国家联盟成立宣言》，东南亚国家联盟的宗旨为：以平等和协作精神，共同努力促进本地区的经济增长、社会进步和文化发展；遵循正义、国家关系准则和《联合国宪章》，促进本地区的和平与稳定；同国际和地区组织进行紧密和互利的合作。

东南亚国家联盟的主要机构有：首脑会议、部长会议、常务委员会和秘书处。

 学术视野

非政府间国际组织

非政府间的国际组织的早期活动主要集中在人道主义和宗教方面。迄今，已扩

展到政治、经济、科技、文化等人类活动的所有领域。非政府间国际组织与政府间国际组织在实践中形成了相互协商和合作的关系，各自地或联合地发挥着相应的国际职能。但是，从理论上讲，非政府间国际组织在国际法和国际关系中的性质与地位还有待进一步探讨，是国际法领域中的新兴问题。

理论思考与实务应用

一、理论思考

（一）名词解释

1. 大国一致原则

2. 双重否决权

3. 集体否决权

4. 联合国的专门机构

5. 观察员

（二）简答题

1. 简述联合国大会和安理会的职能。

2. 简述联合国安理会的表决机制。

3. 简述联合国的机构设置。

（三）论述题

1. 论述联合国大会和安理会的异同。

2. 论述联合国组织法的特点。

3. 论述国际组织法与国际组织的关系。

二、实务应用

（一）案例分析示范

案例一

A、B 两国是先后从 C 国分离出来的国家。当 A 国申请加入联合国而经安理会推荐时，常任理事国 D 国投了反对票，理由是该国的国名与它的一个州的名称相同，且 A 国政要时常发表反 D 国言论。当 B 国申请加入联合国时，遭到另一常任理事国 E 国的反对，因为该国与它没有建立外交关系，而且 B 国人与它西部的人民属于同一种族。由于安理会迟迟不能就 A、B 两国的申请提出推荐，F 国建议由联合国大会通过决议，直接作出是否接纳 A、B 两国的决定。

根据以上案情，回答下列问题：

（1）安理会常任理事国在就是否接纳一国为联合国会员国的问题表示意见时，在法律上是否有权以《联合国宪章》第 4 条第 1 款没有明确规定的条件作为接纳的条件？

（2）在安理会对会员国申请不能作出接纳推荐时，联合国大会是否可以直接作出是否接纳的决定？

【评析】（1）安理会常任理事国在法律上不能以《联合国宪章》第4条第1款没有明确规定的条件作为同意接纳新会员国的条件。根据《联合国宪章》第4条第1款，申请者须具备五个条件：①国家；②热爱和平；③接受《联合国宪章》的义务；④能够履行这些义务；⑤愿意履行这些义务。该条款规定的条件是详尽无遗的，而不是仅仅以指导的或列举的方式所作的陈述。如果要求与这些条件无关的其他条件，势必使该规定失去意义和价值。因此，上述所有条件虽然服从于联合国的判断，但《联合国宪章》第4条第1款表明，具备上述五个条件的国家就具备了加入联合国的资格。国际法院在1948年"接纳一国加入联合国的条件案"的咨询意见中指出，《联合国宪章》第4条第1款规定的条件不仅是必要的，而且是充分的。这些条件不是一种不可缺少的最低限度的条件，任何会员国都无权在这些条件之上加上它所认为适宜的政治考虑。

在本案中，常任理事国D国和E国分别反对A国和B国加入申请的理由虽然与他们各自的政治考虑有关，但它们本身不是A、B两国是否符合申请者资格的条件。

（2）在安理会对会员国申请不能作出接纳推荐时，联合国大会不能直接作出接纳的决定。《联合国宪章》第4条第2款规定，准许符合第1款规定的国家为联合国会员国，将由大会经安理会之推荐以决议行之。这条规定为接纳新会员国规定了两个程序：安理会的"推荐"和大会的"决议"，而前者的"推荐"是后者"决议"的前提。这种推荐应是肯定的，而非否定的。对安理会的推荐不能作出这样的解释：如果安理会对于加入的申请国没有作出有利的决定，这在实际上就是建议不接纳有关国家。对于这项建议，大会可以接受，也可以拒绝接受；而如果拒绝接受，大会就是接纳了申请国。国际法院在1950年"联合国大会接纳会员国的权限案"的咨询意见中指出，作为"否决权"的结果而没有安理会的推荐，不能解释为"不赞成"的推荐，因为安理会本身曾把它自己的决定解释为没有做出推荐的意思。如果大会有权不经安理会的推荐而作出决定，安理会就被剥夺了《联合国宪章》授予它的一项重要职权。而且，《联合国宪章》并未使安理会在对大会的关系上处于从属的地位。

本案中F国的建议不正确，大会不能直接作出接纳A、B两国的决定，必须在安理会作出肯定推荐后才能以决议行之。

案例二

A国是联合国会员国。该国由于总统被暗杀而使总统和总理所各自代表的两大部族陷入仇杀之中，大量无辜贫民、妇女和儿童被屠杀，大批难民涌向周围邻国。安理会紧急讨论A国情势，通过第1725号决议，断定A国情势对国际和平与安全构成威胁，决心制止该国境内发生的严重违反国际人道法的行为，根据《联合国宪章》第七章采取行动，设立一个国际刑事法庭，起诉那些应对这种罪行负责的人。A国一陆军上尉甲被法庭指控犯有种族灭绝、谋杀和酷刑等罪行。在法庭审理中，甲主张该法庭的建立不合法，对他没有管辖权。因为它不是依条约或《联合国宪章》修改程序建立的，而是由安理会建立的，《联合国宪章》没有赋予安理会建立一个司法机关的权力。而且，法庭的审判干涉了A国内政。

根据以上案情，分析甲的主张是否正确？为什么？

【评析】甲的主张不正确。原因如下：

（1）安理会有权建立惩治个人的司法机关。首先，安理会对维持国际和平与安全负有主要责任和相当大的自由裁量权。安理会行使《联合国宪章》第七章所述权利的条件是：存在威胁和平、破坏和平和侵略行为。一旦安理会断定某一情势构成对和平的威胁、和平的破坏和侵略行为，它就有选择措施以恢复和平与安全的广泛自由裁量权。《联合国宪章》第39条明确表明安理会有采取第41条、第42条所规定措施的广泛权力。第41条规定了可采取非武力的措施，并列举了一些各国可采取的属于此类的措施。该条"包括"一词意味着，它对非武力措施的规定不是详尽无遗的。因此，建立司法机关完全在安理会依第41条行动的权利范围内。尽管安理会是一个政治机关，没有司法权力，但这并不意味着它不能建立一个司法机关来履行它维护和平与安全的主要职责。就如联合国大会不必有司法职能，它也可以建立联合国行政法庭一样。事实上，作为恢复伊拉克入侵科威特后海湾地区和平与安全行动的一部分，安理会建立了联合国赔偿委员会。在本案中，安理会断定A国情势对国际和平与安全构成威胁，并决定根据《联合国宪章》第七章采取行动，制止该国境内发生的严重违反国际人道法的行为。因此，它有权建立一个惩治个人的特设国际刑事法庭作为第七章中规定的一个措施。条约或修改《联合国宪章》不是建立这样一个法庭的唯一法律基础。它可以由一个具有有限的、能作出有约束力的决定的机关建立。安理会根据《联合国宪章》第七章采取行动时即是这样一个机关。其次，根据《联合国宪章》第7条的规定，安理会可依本宪章设立认为必需的辅助机关。第29条更明确规定，安理会可以设立其认为于行动职务所必需的辅助机关。不干涉各会员国国内管辖事项是《联合国宪章》的一项原则。但这项原则受一个条件的限制，即该原则不应影响执行依《联合国宪章》第七章采取的执行措施。而本案中国际刑事法庭的建立正是安理会根据第七章采取的执行行动。因此，不存在干涉A国内政的问题。

（2）法庭的属人管辖和属物管辖是A国境内对严重违反国际人道法行为负责的人。甲是A国人，其被指控的罪行属于法庭管辖的范围。因此，他对法庭管辖权的反对不成立。

案例三

X组织是一个区域军事组织。该组织的成立公约第5条规定，对任何一个或数个缔约国的武力攻击，应视为对缔约国全体的攻击。因此，如果发生此种攻击，每一缔约国应按照《联合国宪章》第51条行使单独或集体自卫的权利，个别或共同地采取必要的行动，包括使用武力，协助被攻击的一国或数国。根据本条约所采取的措施，将按照《联合国宪章》的规定行使。A 国 A1 省与 X 组织的成员国 B 和 C 接壤。该国 A1 省由于 H 民主党要求独立而与政府军发生武装对抗。持续冲突造成大量平民流离失所，数十万难民涌向 B、C 国边境。联合国安理会通过第 1392 号决议，要求 A 国政府与 H 民主党谈判，恢复 A1 省法律秩序，并决心继续处理此案。X 组织要求 A 国停止在 A1 省的军事行动，尽快与 H 民主党谈判达成协议。由于 X 组织的要求没有得到满足，它宣布对 A 国采取军事行动，以阻止该国 A1 省日益恶化的人道主义灾难。A 与 X 组织的成员国都是联合国会员国。

根据以上案情，分析 X 组织对 A 国的军事行动是否合法？为什么？

【评析】X 组织对 A 国的军事行动不合法。原因如下：

（1）A 国没有武力攻击 X 组织的成员国 B 和 C。根据 X 组织的成立公约第 5 条，如果任何一个或数个缔约国受到外来武力攻击，其他缔约国应行使单独或集体自卫的权利，采取包括使用武力在内的必要的行动，协助被攻击的缔约国。本案中没有发生这种攻击。A 国 A1 省众多难民涌向 B、C 国边境不构成 A 国对 B 国和 C 国的武力攻击。

（2）X 组织的军事行动没有得到安理会的授权。在现代国际法上，除以自卫合法使用武力外，另一种合法使用武力的情况是安理会采取或授权采取的武力执行行动。本案中安理会没有给予 X 组织这种授权，它无权自行对 A 国采取军事措施。因为：①根据《联合国宪章》第 52 条，区域组织及其工作须与联合国的宗旨和原则相符合。②X 组织的成立公约第 5 条规定，因自卫而采取的防御措施，将依《联合国宪章》的规定行使，这包括依第 53 条的规定行使。而该条规定，如无安理会的授权，区域组织不得采取任何执行行动，X 组织的行动违反了自己的组织文件，侵犯了安理会的权威。③X 组织的成员国都是联合国会员国，根据《联合国宪章》第 103 条的规定，它们依《联合国宪章》所负的义务优于其依任何其他国际协定所负的义务。本案中安理会已处理 A 国情势，并决定继续处理此案。因此，处理 A 国情势的权力仍在安理会手中，X 组织有义务尊重。

（3）人道主义灾难不构成 X 组织军事打击 A 国的法律理由。人道主义灾难不是现代国际法上可允许的一个单方面合法使用武力的理由，也没有形成这方面的习惯国际法。

（二）案例分析实训

案例一

罗马尼亚公民马兹路为联合国人权委员会防止歧视和保护少数民族小组委员会（以下简称"小组委员"）的专题报告员。由于罗马尼亚当局对马兹路的种种阻挠，使得他未能出席 1987 年 8 月的小组委员会，并且未能提交关于"人权和青年"的报告。

当联合国得知马兹路这一情况后，立即要求罗马尼亚给予马兹路必要的便利，以使他能够完成专题报告员的任务，但被罗马尼亚政府拒绝。由于罗马尼亚当局不合作，小组委员会要求秘书长援引适用《联合国特权和豁免公约》第 6 条第 22 节的规定，即"为联合国执行使命的专家（属于第 5 条范围的职员除外）在其执行使命期间，包括为执行其使命在旅程中所费的时间内，应给予为独立执行其职务所必需的特权和豁免"。秘书长将此事交给人权委员会，人权委员会交给经社理事会，经社理事会通过决议请求国际法院提供咨询意见。

请根据国际法的相关理论，回答下列问题：

1. 国际组织中的专家在执行使命时，是否享有《联合国特权和豁免公约》中有关的特权与豁免？

2. 国际组织中的专家享有的特权与豁免是否可以被用来对抗其国籍国或居住国？

案例二

联合国在成立之初的几年中，在接纳新成员国的问题上，各派政治力量曾进行过尖锐的交锋。《联合国宪章》虽然规定了接纳会员国的条件，但如何判断一国是否符合这些条件却没有一个客观的标准。例如，一国是否爱好和平，是否愿意履行宪章的义务，完全由安理会的成员国和联合国大会的成员国自由裁量，特别是对申请加入联合国的国家是否应附加其他宪章中未明文规定的条件，如是否与本国友好？是否有外交关系？是否与战时"敌国"关系暧昧？是否可以主张对所有申请国一同推荐加入？

为了澄清这些问题，联合国大会于 1947 年 11 月 17 日通过决议，请求国际法院发表咨询意见。

请根据国际法的相关理论，回答下列问题：

1. 联合国会员国依照宪章第 4 条在安理会或大会投票接纳一国加入联合国时，在法律上是否有权对其附加该条第 1 款所未明文规定的条件，即宪章第 4 条第 1 款所列的条件是主要条件，还是必要充分条件？

2. 能否以其他国家与该国同时获准加入联合国为其投票赞成的额外条件？

案例三

1948 年 9 月 17 日，联合国派往中东调停阿以冲突的瑞士籍调解员贝纳多特和法国籍观察员塞洛在耶路撒冷以色列控制区遭暗杀，以色列警方事先疏于防范、事后行动迟缓而致使罪犯逃脱。联合国拟根据国际法向其求偿，但其有无求偿能力是个先决问题。为此，联合国大会于该年 12 月 3 日作出决议，请求国际法院发表咨询意见。

请根据国际法的相关理论，回答下列问题：

1. 联合国的代表在执行职务受到伤害时，在涉及国家责任的情况下，联合国作为一个组织是否有能力对应负责的法律上或事实上的政府提出国际求偿，以便联合国和被害人就其所受的损害取得应有的赔偿？

2. 如果对上面问题的回答是肯定的，联合国的求偿与受害者本国的求偿应如何协调？

3. 国际组织的国际法主体资格表现在哪些方面？

 主要参考文献

1. 梁西：《国际组织法（总论）》，武汉大学出版社 2001 年版。

2. 饶戈平主编：《国际组织法》，北京大学出版社 1996 年版。

3. 江国青：《联合国专门机构法律制度研究》，武汉大学出版社 1993 年版。

4. 〔美〕巴尼特、〔美〕芬尼莫尔：《为世界定规则：全球政治中的国际组织》，薄燕译，上海人民出版社 2009 年版。

5. 郭瑜编著：《国际经济组织法教程》，北京大学出版社 2002 年版。

6. 徐莹：《当代国际政治中的非政府组织》，当代世界出版社 2006 年版。

7. 陈东晓等：《联合国：新议程和新挑战》，时事出版社 2005 年版。

8. 〔英〕罗伯茨、〔新西兰〕金斯伯里主编：《全球治理——分裂世界中的联合国》，吴志成等译，中央编译出版社 2010 年版。

9. 〔美〕埃克哈德：《冷战后的联合国》，J. I. 爱门森译，浙江大学出版社 2010 年版。

第十一章

条约法

【本章概要】随着国际关系的发展，条约构成国际法最重要的渊源，有关条约的知识和规则成为国际法的重要内容。本章以《维也纳条约法公约》为依据，对国际条约的各项主要法律制度进行了详尽阐述。

【学习目标】通过本章的学习，学生应了解和掌握如下问题：条约和条约法的概念、条约的缔结程序、条约的生效、条约的保留、条约的遵守与适用、条约与第三国、条约的加入、条约的解释、条约的修订、条约的终止与无效等。

第一节　概述

一、条约的概念与特征

（一）条约的概念

条约是现代国际法的主要渊源，也是国际法主体间相互交往的一种最普遍的法律形式。因此，条约在现代国际法上占有特别重要的地位。然而，中外国际法学者和国际立法性公约对条约的界定仍然存在很大分歧。

1969 年《维也纳条约法公约》第 2 条第 1 款（甲）给"条约"下的定义为："称'条约'者，谓国家间所缔结而以国际法为准之国际书面协定，不论其载于一项单独文书或两项以上相互有关之文书内，亦不论其特定名称为何。"很显然，该公约所称之条约，仅指国家之间缔结的条约，而未包括国家与其他国际法主体之间以及其他国际法主体彼此间所缔结的条约。

1986 年《关于国家和国际组织间或国际组织相互间条约法的维也纳公约》第 2 条规定，条约指一个或更多国家和一个或更多国际组织间，或国际组织相互间以书面缔结并受国际法支配的国际协议，不论其载于一项单独的文书或两项或更多有关文书内，也不论其特定的名称为何。

综合以上两项条约的规定，条约是指"国际法主体间缔结的，以国际法为准，旨在确立其相互间权利与义务关系的国际书面协议"[1]。

（二）条约的特征

根据条约的定义，条约在国际法上具有如下基本特征：

1. 条约是国际法主体间签订的协议。只有国家、国际组织等国际法主体之间所缔结的协议才是条约，而任何个人（包括自然人和法人）之间、个人与国家之间订立的协议，不论其性质或内容何等重要，都不是条约。1952 年国际法院对"英伊石油公司案"所作的判决认为，国家与公司之间签订的特许协议，只是一个契约，国际联盟的调解并不使该契约具有条约性质。1959 年联合国国际法委员会第 11 次会议也指出，仅一方为国家而另一方为自然人或法人的协议，无论何时都不是国际条约。

2. 条约必须以国际法为准。这是指条约必须按 1969 年和 1986 年两个条约法公约所规定的程序缔结，条约的内容不得与国际法相抵触。这是区分合法条约与非法条约、平等条约与不平等条约的重要标准。

3. 条约的基本内容是确立国际法主体之间的权利、义务关系。一般来说，无论条约的性质和名称为何，也无论条约是双边的或是多边的造法性条约，条约总是为了确立国际法主体之间的权利与义务关系而订立的。如果某一协议只是表明有关国家对某一问题的态度，而不涉及该国的具体权利与义务，则不称为条约。

4. 条约必须采用书面形式。条约以书面方式出现，不仅有助于缔约国清楚地表达自己的缔约意图，而且有利于条约的顺利执行。因此，1969 年和 1986 年两个条约法公约都规定，条约是以国际法为准的国际书面协定。国际实践中曾有所谓"口头协议"，可能有法律上的效力，但"口头协议"在国际上是不多见的。

二、条约的名称与分类

（一）条约的名称

"条约"有广、狭两种意义。广义的条约是指以各种名称出现的国际书面协议的总称。狭义的条约是指国际书面协议中以条约为特定名称的协议。

关于条约的名称，国际法上没有一个强制性的规定和标准。一般认为，条约名称的不同，只反映条约的内容、缔结程序等方面的差异，并不影响其法律性质。

国际法上比较常见的条约名称主要有以下几种：

1. 条约。这是广义条约中最正式的一种。通常以政治性问题为内容，用于较为重要的事项，如和平条约、友好条约、同盟条约、边界条约等。

2. 公约。它通常是多个国家举行国际会议缔结的多边条约，其内容多为造法性的行为规则，如《维也纳外交关系公约》《海洋法公约》等。

3. 协定。协定通常是政府部门为解决某一方面的具体问题而达成的协议，如航空协定、邮电协定等。

---

[1] 万鄂湘等：《国际条约法》，武汉大学出版社 1998 年版，第 3 页。

4. 议定书。它一般有三种情形：①作为一个公约的辅助文件，规定某些条款的解释、保留意见或其他类似问题。公约本身被批准时，这种议定书也通常包括在内。②作为一个公约的附属文件，但具有独立的性质，并需个别批准，如1930年《关于国籍法冲突的若干问题的公约》和《关于某种无国籍情况的议定书》就属这种类型。③作为一个独立条约的名称，如《和平解决国际争端的日内瓦总议定书》等。

5. 宪章、盟约、规约。它常常是国际组织的章程，如《联合国宪章》《国际联盟盟约》《国际法院规约》等。

6. 换文。换文是一种常用的简易缔约形式。当事国就有关事项，以互相交换外交照会的形式达成的协议，称为换文。换文的程序简便，通常不需批准。

7. 宣言。宣言主要有三种类型：①是指一个条约，如1856年关于海战规则的《巴黎海战宣言》。②是指附于一个条约上的非正式文件，用来解释或澄清条约中的某些条款。③是指单纯的政策声明而没有规定具体的权利和义务。

8. 联合声明、联合公报。它是指两个或两个以上的国际法主体就同一事项发表各自的声明，并同时生效，如《中英关于香港问题的联合声明》等。

9. 谅解备忘录。这是处理较小事项的条约，如1963年《美苏关于建立直接通讯联络谅解的备忘录》、1986年《中英双方关于"香港身份证明书"问题的备忘录》等。

10. 文件、总文件或最后文件。这一般是指在国际会议上通过的规定一般国际法规则或解决一般国际法问题的多边条约，如1890年《关于禁止非洲奴隶贸易的布鲁塞尔总文件》、1885年《关于非洲事项的柏林会议最后文件》等。

此外，国际实践中还有许多比较常见的名称，如专约、临时协定、补充协定以及会议记录和暂行办法等。

（二）条约分类

关于条约的种类，国际法上没有一种公认的分类法，常见的有以下几种：

1. 造法性条约和契约性条约。这是按条约的法律性质所作的分类。造法性条约是指数目较多的国家用以制定一般国际法规则以便相互遵守的条约。契约性条约是指缔约国之间就一般关系或特定事项上的相互权利和义务而签订的条约。不过，在国际实践中，这两类条约是很难严格区分的。

2. 双边条约和多边条约。这是按缔约方的数目所作的分类。双边条约是指两方签订的条约，不过每一缔约方可以包括几个国际法主体。多边条约是指多方签订的条约。

3. 正式条约和简式条约。这是根据条约的缔结程序所作的分类。正式条约是指经过国内立法机关正式批准而缔结的条约。简式条约是指无须国内立法机关的批准，仅由全权代表签署或交换构成条约的文书便生效的条约。

此外，按条约的内容，条约可以分为政治类条约、经济类条约、文化类条约、农林渔牧类条约和交通运输类条约等；按条约效力的持久程度，条约可以分为过渡性条约和持久性条约；按条约的政治性质，条约可以分为平等条约和不平等条约；按参加条约的条件，条约还可以分为封闭性条约和开放性条约；等等。

三、条约法的编纂

条约法是指解决有关条约的缔结、效力、解释、终止等问题的法律规则的总和。国际社会系统的条约法编纂工作，始于第二次世界大战后。1968 年和 1969 年，联合国在维也纳召开了两次条约法会议，对国际法委员会起草的条约法公约草案进行审议。1969 年 5 月，会议正式通过了《维也纳条约法公约》（公约于 1980 年 1 月 27 日生效）。我国于 1997 年 5 月 9 日加入该公约，1997 年 10 月 3 日该公约对我国生效。

《维也纳条约法公约》由序言、正文和一个附件组成。正文分为八编，共 85 条，内容涉及条约的缔结和生效、条约的遵守、条约的适用和解释、条约的修正与修改、条约的失效与终止以及条约的保管机关等。《维也纳条约法公约》是对条约法系统的、全面的编纂，是一部成功的条约法法典。

除了《维也纳条约法公约》，联合国国际法委员会主持编纂的有关条约方面的国际公约还有：1978 年 8 月《关于国家在条约方面的继承的维也纳公约》，1986 年 3 月《关于国家和国际组织间或国际组织相互间条约法的维也纳公约》。

第二节 条约的缔结

一、缔约能力和缔约权

缔约能力和缔约权，是两个不同的概念。缔约能力是指"独立参加条约法律关系，并且直接承担条约义务和享受条约权利的能力，即合法缔结国际条约的能力"[1]。而缔约权则指国家和其他国际法主体内部某个机关或个人缔结条约的权限。前者是由国际法所决定的，后者是由该主体的内部法律或规则所决定的。

根据 1969 年《维也纳条约法公约》和 1986 年《关于国家和国际组织间或国际组织相互间条约法的维也纳公约》的规定以及国际实践，国家、国际组织、争取独立的民族都具有缔约能力。

按照国家主权原则，任何国家都拥有与其他国际法主体缔结条约的权利。《维也纳条约法公约》第 6 条第 2 款规定："每一国家皆有缔结条约之能力。"国家的缔约能力是国家固有的、完全的，具有国家主权的属性。国家的缔约权必须由国家统一行使。至于一个国家内部由哪个机关代表国家行使缔约权，这通常是由各国的国内法，尤其是宪法来决定的。一般来说，由国家元首或国家最高行政机关代表国家缔结条约。例如，根据我国宪法和缔结条约程序法的有关规定，外交部在国务院领导

---

[1] 万鄂湘等：《国际条约法》，武汉大学出版社 1998 年版，第 20 页。

下管理同外国缔结条约和协定的具体事务；国务院同外国缔结条约和协定；全国人大常委会决定同外国缔结的条约和重要协定的批准和废除；国家主席根据全国人大常委会的决定，批准和废除同外国缔结的条约和重要协定。

国际组织的缔约能力，已经得到了国际社会的普遍承认。按照《关于国家和国际组织间或国际组织相互间条约法的维也纳公约》的规定，国际组织具有缔结国际条约的权利，其缔约能力依照该组织的规则。目前，国际社会中存在着为数众多的国际组织间以及国际组织与其他国际法主体间的条约。不过，与国家的缔约能力相比，国际组织的缔约能力是有限的。

二、缔约程序

关于缔约程序，国际法上并无硬性规定。一般来讲，缔约程序通常包括：谈判、签署、批准和交换批准书。

（一）谈判

谈判是指缔约各方为就条约的内容达成协议而进行的交涉过程。谈判是缔结条约的第一步。在通常情况下，条约的谈判是由各国有缔约权的机关委派的全权代表来进行的。谈判代表一般需持有被授权进行谈判的"全权证书"（Full Powers）。所谓"全权证书"，是指一国主管当局所颁发，指派一人或数人代表该国谈判、议定或认证条约约文，表示该国同意受条约拘束或完成有关条约之任何其他行为的文件。

按照《维也纳条约法公约》第 7 条第 2 款的规定，下列人员由于所任职务毋须出具"全权证书"，视为代表其国家：国家元首、政府首长及外交部部长，为实施关于缔结条约之一切行为；使馆馆长，为议定派遣国与驻在国间条约约文；国家派往国际会议或派驻国际组织或该国际组织一机关之代表，为议定在该会议、组织或机关内议定之条约约文。如果条约的缔结是由一个未经授权的代表所为，除非该国事后确认，不发生法律效果。

双边条约的起草，可以由一方提出草案，对方同意或修改，也可以由双方共同起草。多边条约的起草，一般是以召开国际会议的形式，由各方代表共同起草，或由国际组织起草，或由专门委员会起草。条约约文的议定，应经所有参加起草条约的国家同意。国际会议议定条约约文，通常应以出席及参加表决的国家的 2/3 多数票通过。条约约文议定后，进入约文的认证阶段。

（二）签署

签署是指"有权签署人将其姓名签于条约约文之下"[1]。条约在正式签署前，可以由谈判代表草签。草签只是表示各方谈判代表对条约约文的认证，不代表该国因此承受条约约束。草签时，一般是由缔约谈判代表将其姓名的首字母签于条约约文的下面，中国谈判代表只需签姓。

---

[1]　李浩培：《条约法概论》，法律出版社 1987 年版，第 71 页。

在缔约程序中，签署可以具有三种含义：①仅仅表示认证条约的约文；②表示认证条约的约文，同时还表示已明确同意承受条约的约束，即不再需要对条约的批准；③表示认证条约的约文，同时表示已初步同意缔结条约，但还需经过本国批准才承受条约的约束。至于签署究竟是何种意义，既可以由缔约双方共同约定，也可以由任何一方通过单方面声明而确定该签署的含义。

为了体现国家主权平等原则，按照国际惯例，条约签署采取轮换制。所谓轮换制，是指签署双边条约时，每一个国家都在己方保存的条约本首位（左）签字，然后交换，对方则在同一文本的次位（右）签字。多边条约的签字，则按缔约国所同意的文字的各国国名的字母顺序排列，依次签字。

（三）批准

所谓批准，是指缔约国的有权机关对其全权代表所签署的条约的确认，并同意接受条约的约束的行为。根据《维也纳条约法公约》第14条第1款的规定，遇有下列情形，一国得以批准表示承受条约的约束：条约有此规定；另经确定谈判国协议需要批准；该国代表已对条约作须经批准之签署；该国对条约作须经批准之签署之意思可见诸其代表所奉之全权证书，或已于谈判时有此表示。

批准条约是一国的主权行为。尽管各国对其全权代表已签署的条约，一般是给予批准的，但国家并没有批准的义务。条约的批准，主要作用有：①使缔约国的主管行政当局有时间对已经签署而事关重要的条约进行进一步的审查，借以考虑缔结该约的利弊得失，以便最后作出确定接受该条约约束的结论。②为了避免谈判代表由于其主观上的某种错误而对条约进行签署。[1]

除批准外，一国表示同意承受条约约束的方式还有接受、赞同等。条约的接受、赞同与批准并无实质意义上的区别。接受、赞同是政府的行为，而批准是立法机关的行为。因此，接受、赞同实际上是简化的批准方式。

（四）交换批准书

所谓交换批准书，是指缔约双方互相交换各自国家权力机关批准该条约的证明文件。批准书一般是由国家元首或其他权力机关签署，外交部部长副署。交换批准书的时间和地点，一般在条约中明文规定。国际上的一般做法是，在一方的首都签署条约，就在另一方的首都交换批准书。批准书通常由序文、主文、结尾三部分组成，内容包括条约的名称、签署或批准日期、保证遵守条约等。

至于多边条约，由于签字国众多，无法互换批准书。按照国际惯例，批准书交存某一个签署国政府或交存条约中指定的某一个国际组织，然后由它们将条约已被批准的情况通知各缔约国。

---

[1] 李浩培：《条约法概论》，法律出版社1987年版，第76～77页。

三、条约的加入

(一) 加入的概念

加入是指未签署条约的国家在多边条约签署后参加该公约并受其约束的一种正式的国际法律行为。一般来讲，加入主要适用于开放性的多边条约，特别是造法性的国际公约；双边条约或非开放性的多边条约很少有加入的问题。

(二) 加入的情形

根据《维也纳条约法公约》第 15 条的规定，以加入表示同意承受条约的约束可以有三种情形：①条约规定一国得用加入来表示此种同意；②另经确定，谈判国协议，该国得以加入方式表示此种同意；③全体当事国嗣后协议，该国得以加入方式表示此种同意。

传统国际法学认为，国家不能加入尚未生效的条约。然而，现代条约法的理论与实践都认为，加入与生效是两个不同性质的问题，条约的生效还部分地依赖加入书的交存。因此，一国不仅可以加入尚未生效的条约，而且加入本身还可算在条约生效的条件之内。

至于加入条约的形式，必须是书面的。加入国以书面形式通知条约保存方，由保存方转告其他缔约国。

(三) 加入国的法律地位

条约的加入国应该具有与条约的原始缔约国平等的法律地位，享受同等的条约权利和承担同等的条约义务。

四、条约的登记与公布

条约的登记与公布是指缔约国将其缔结的条约送交国际组织，以便公开发表。

条约的登记与公布制度始于国际联盟。联合国成立后，继承了国际联盟关于条约的登记制度。《联合国宪章》第 102 条规定："①本宪章发生效力后，联合国任何会员国所缔结之一切条约及国际协定应尽速在秘书处登记，并由秘书处公布之。②当事国对于未经依本条第 1 项规定登记之条约或国际协定，不得向联合国任何机关援引之。"《维也纳条约法公约》第 80 条第 1 款也规定："条约应于生效后送请联合国秘书处登记或存案及记录，并公布之。"

条约的登记与公布制度并不是一项强制性程序，其目的在于反对秘密外交。有关国家不遵守条约的登记与公布制度的唯一后果是，丧失向联合国任何机关援引该条约的权利。因此，登记不是条约生效的必备条件，未登记的条约，并不影响其法律效力。

五、中华人民共和国缔结条约程序法

1990 年 12 月 28 日，我国颁布了《缔结条约程序法》，这是我国第一部关于缔结条约程序的法律。该法一共 21 条，其主要内容有：

(一) 适用范围

该法适用于我国同外国缔结的双边和多边条约、协定和其他具有条约、协定性

质的文件。

（二）缔约权

国务院同外国缔结条约和协定；全国人大常委会决定同外国缔结的条约和重要协定的批准和废除；国家主席根据全国人大常委会的决定，批准和废除同外国缔结的条约和重要协定；外交部在国务院领导下管理同外国缔结条约和协定的具体事务。

（三）谈判和签约代表的委派

以国家或政府名义缔结条约、协定，由外交部或国务院有关部门报请国务院委派代表，全权证书由国务院总理或外交部部长签署；以政府部门名义缔结协定，由部门首长委派代表，并由部门首长签署代表的授权证书。我国国务院总理、外交部部长无须出具全权证书；我国派驻外国使馆馆长、政府部门首长、派往国际会议或国际组织的代表，在谈判、签署条约或协定时，除另有约定外，也无须出具全权证书。

（四）谈判和签约的程序

以国家名义谈判和签署条约、协定，由外交部或国务院有关部门会同外交部提出建议并拟订条约、协定的中方草案，报国务院审定；以政府名义谈判和签署条约、协定，由外交部或者国务院有关部门提出建议并拟订条约、协定的中方草案，报国务院审定；以政府部门名义谈判和签署属于本部门职权范围内事项的协定，由本部门决定或者本部门同外交部会商后决定，或者本部门同国务院其他有关部门会商后，报国务院决定。

（五）条约的批准

由全国人大常委会决定下列条约和重要协定的批准：友好合作条约、和平条约等政治性条约；有关领土和划定边界的条约、协定；有关司法协助、引渡的条约、协定；同我国法律有不同规定的条约、协定；缔约各方议定须经批准的条约、协定；其他须经批准的条约、协定。

（六）条约的加入和接受

加入多边条约和协定，分别由全国人大常委会或国务院决定；接受多边条约和协定，由国务院决定。

（七）条约的保存

以国家或政府名义缔结的条约由外交部保存；以政府部门名义缔结的双边协定由本部门保存。

（八）条约的登记

我国缔结的条约和协定由外交部按照《联合国宪章》的有关规定向联合国秘书处登记；需要向其他国际组织登记的，由外交部或国务院有关部门按照各该国际组织章程的规定办理。

（九）条约的公布

经全国人大常委会决定批准或加入的条约和重要协定，由全国人大常委会公布；

其他条约、协定的公布办法，由国务院规定。

（十）条约的修改和废除

我国缔结的条约和协定的修改、废除或退出的程序，比照各该条约、协定的缔结的程序办理。

第三节 条约的生效和暂时适用

一、条约的生效

（一）条约生效的含义

条约的生效是指"一个条约正式发生法律上的效力，从而开始对各当事国产生法律拘束力，当事国自此承担条约义务和享受条约权利"。[1]

国际法上没有对条约生效的方式和日期作出统一的规定。《维也纳条约法公约》第 24 条规定，条约生效之方式及日期，依约之规定或依谈判国之协议；倘无此种规定或协议，条约一俟确定所有谈判国同意承受条约之拘束，即行生效。

（二）双边条约的生效

在国际实践中，双边条约生效的方式主要有：

1. 自签字之日起生效。有关经济、贸易和技术合作方面的协定，多采用这种方式。例如，1982 年《中国与瑞典关于相互保护投资的协定》就规定，该协定自签字之日起生效。

2. 自批准之日或自互换批准书之日或之后若干时间生效。例如，1950 年《中苏友好同盟互助条约》第 6 条规定，本条约须经双方批准后，立即生效。1984 年《中英关于香港问题的联合声明》第 8 条规定，本联合声明须经批准，并自互换批准书之日起生效。1995 年《中国和俄罗斯联邦引渡条约》第 22 条规定："本条约须经批准，批准书在北京互换。本条约自互换批准书之日起第 30 天开始生效。"

3. 自条约规定的生效日期生效。例如，1946 年 9 月 14 日签订的《法兰西共和国政府和越南民主共和国政府临时协定》第 11 条规定："本协定自 1946 年 10 月 30 日起生效。"

（三）多边条约的生效

在国际实践中，多边条约生效的方式主要有：

1. 自全体缔约国批准或各缔约国明确表示承受约束之日起生效。例如，1959 年《南极条约》第 13 条规定，当所有签字国都交存批准书时，本公约应对这些国家和已交存加入书的国家生效。

[1] 万鄂湘等：《国际条约法》，武汉大学出版社 1998 年版，第 69 页。

2. 自一定数目的国家交存批准书或加入书之日或之后某日起生效。例如，1969年《美洲人权公约》第74条规定，一旦11个国家交存其批准书或加入书，本公约应立即生效。又如，1983年《关于国家对国家财产、档案和债务的继承的维也纳公约》第50条规定，本公约应在第15份批准书或加入书交存之日后第30天生效。

3. 自一定数目的国家，其中包括某些特定的国家提交批准书后生效。例如，1967年《外层空间条约》第14条规定，该约在五国政府交存批准书后即可生效，但其中必须包括该条约保管国，即苏联、英国和美国。此外，1985年《多边投资担保机构公约》也采取了类似的生效方式。

4. 以特定事件的发生为条约生效的条件。例如，1925年《洛迦诺公约》规定，该公约在德国加入国际联盟时生效。

二、条约的暂时适用

条约的暂时适用是指条约在生效前的适用。条约的暂时适用，一般涉及的是须经批准的条约。当一个条约一方面需要批准，另一方面又有某种急需付之执行的原因时，缔约国就采取暂时适用的措施。对此，《维也纳条约法公约》第25条第1款规定："条约或条约之一部分于条约生效前在下列情形下暂时适用：条约本身如此规定；或谈判国以其他方式协议如此处理。"

在国际实践中，暂时适用条约的情形并不是太多，比较典型的例子有：1947年《关税与贸易总协定》和1982年《海洋法公约》。

三、条约的有效期

条约的有效期长短不一，一般都在条约中明文规定。根据条约实践，条约可以分为无期限的条约和有期限的条约两种。

（一）无期限的条约

无期限的条约，除非另订新约，否则永远有效。造法性国际公约通常是无期限的，如《联合国宪章》《维也纳外交关系公约》等。边界条约一般也是无期限的。

（二）有期限的条约

有期限的条约，需要在条约里明文加以规定。期限长短，根据各条约的具体情况而定，有的1年，有的10年，甚至更长。有期限的条约，既可以规定在期满后自动延长，也可以允许在期满后单方面终止。延长的方式或者通过两国正式换文，或者按条约规定的延长程序办理。

第四节　条约的保留

一、保留的概念

条约的保留是指一国在签署、批准、接受、赞同或加入条约时所作的片面声明，不论措辞或名称为何，其目的在于摒除或更改条约中若干规定对该国适用时的法律效果。

双边条约一般不存在保留问题，而多边条约则经常出现保留的情形。这主要是因为多边条约参加国较多，各国利益往往又互相矛盾，有的国家在参加条约时不能接受某些条款，所以就引起保留问题。一国提出保留的目的，是为了免除该国的某项义务或变更某项义务。保留一般不同于一国表示同意受条约约束时所作的解释性声明。

二、保留的范围

根据《维也纳条约法公约》第19条的规定，任何国家都有权在签署、批准、接受、赞同或加入条约时提出保留，但保留的范围有一定的限制，即在下列三种情况下不得提出保留：

第一，该项保留为条约所禁止。例如，1956年《废止奴隶制、奴隶贩卖及类似奴隶制之制度与习俗补充公约》第9条规定，不得对公约作出保留。

第二，条约仅准许特定的保留，而有关的保留不在其内。例如，1958年《大陆架公约》第12条规定，任何国家可以对第1~3条以外的其他条文作出保留。

第三，该项保留与条约目的及宗旨不合。例如，1966年《消除一切形式种族歧视国际公约》第20条第2款规定："凡与本公约之目标及宗旨抵触之保留不得容许，其效果足以阻碍本公约所设任何机关之业务者，亦不得容许"。

三、保留的接受与反对

《维也纳条约法公约》第20条主要规定了保留的接受和反对的问题。按照该条的规定：

第一，凡是条约明示准许的保留，无须其他缔约国事后予以接受，除非条约有相反的规定。

第二，如果从谈判国的有限数目及条约的目的与宗旨可以看出，在全体当事国间适用全部条约是每一个当事国同意承受条约约束的必要条件时，那么保留须经全体当事国接受。

第三，如果条约是国际组织的组织约章，那么保留须经该组织主管机关接受，除非条约另有规定。

第四，凡不属于上述三种情况时，除非条约另有规定：保留经另一缔约国接受时，就该另一缔约国而言，保留国即成为该条约的当事国，但须以该条约对这些国家都已生效为条件；保留经另一缔约国反对时，并不排除该条约在反对国与保留国之间的生效，除非反对国明确地表示了相反的意思；一国表示其同意承受该条约拘束而附有保留的行为，只要至少有另一缔约国已经接受该项保留，就成为有效。

此外，《维也纳条约法公约》第20条还规定了保留可以用默示的方式接受：除条约另有不同规定外，如果一国直至接到保留通知后12个月的期间届满之日，或直至其表示同意承受该条约拘束之日，并未对该保留提出异议，该保留就被认为已经为该国所接受，在这两个日期中，以较后一个日期为准。

四、保留及反对保留的法律效果

《维也纳条约法公约》第21条分别规定了保留和反对保留在法律上的效果。

（一）保留的法律效果

按照该条第1款和第2款的规定，凡是根据公约有关规定对另一当事国成立的保留，其效果为：

1. 对保留国而言，在其与该另一当事国的关系上，按照保留的范围，修改保留所涉及的条约规定。

2. 对该另一当事国而言，在其与保留国的关系上，按照相同的范围，修改这些规定。

3. 此项保留，在条约其他当事国相互间，并不修改该条约的规定。

（二）反对保留的法律效果

按照该条第3款的规定，反对保留的效果为：如果反对一项保留的国家并未反对该条约在该国与保留国之间生效，那么该保留所涉及的规定，在保留的范围内，不适用于该两国之间。

此外，除条约另有规定外，保留和对保留的反对，都可以随时撤回。保留、对保留的明示接受和反对保留，都须以书面提出，并通知各缔约国和有权成为该条约当事国的其他国家。

第五节　条约的遵守与适用

一、条约必须遵守

（一）条约必须遵守原则的概念

国际法上的条约必须遵守原则是指"在条约缔结后，各方必须按照条约的规定，行使自己的权利，履行自己的义务，不得违反"。

应该注意的是，"条约必须遵守原则"并不是绝对的。因为各种条约的性质不完全一样，如果不论条约的性质如何而一律强令缔约一方遵守，将会造成不公正的后果。因此，"条约必须遵守原则"应该受到一定的限制，即条约必须遵守是指有效的条约必须遵守；至于非法的、无效的条约，不在条约必须遵守的范围之内。

（二）条约必须遵守原则确立的依据

"条约必须遵守"是一项古老的原则，它源于古罗马法，后来发展成传统国际法上的一项原则，并一直沿用到现在。从国际法的历史发展来看，国际法的理论和实践无不确认和强调"条约必须遵守原则"。

就国际法的理论来说，无论是近代国际法学者格老秀斯、瓦特尔，还是现代国际法学者安齐洛蒂、凯尔逊，都强调国家遵守条约的义务，一致承认条约必须遵守。

"条约必须遵守原则"还得到了许多重要的国际法律文件的认可。例如，《联合国宪章》序言郑重宣布："尊重由条约与国际法其他渊源而起之义务"。《维也纳条约法公约》第 26 条规定："凡有效之条约对其各当事国有拘束力，必须由各该国善意履行"；第 27 条规定："一当事国不得援引其国内法规定为理由而不履行条约"。

由上可见，条约必须遵守既是一条古老的原则，又是一条经广泛的国家实践、国际仲裁和司法实践所支持并由国际公约所确认的原则。

（三）国家愿意履行条约义务的原因

为什么国家愿意履行条约义务呢？有学者认为，这主要有三个原因：

第一，条约义务的履行总是相互的、对应的，缔约一方指望从对方对条约的履行中获取权利和利益，必须以自己实践对对方的承诺为条件；

第二，国际社会的互赖和依存关系使国家认识到，遵守条约不仅是国际社会良性运转的依托，而且是国家自身享受国际的长远利益和更大范围利益的条件；

第三，和平与正义是绝大多数国家向往和追求的目标，善意履行条约是实现国际持久和平与公正的有力保证。

二、条约的适用

条约的适用，不但涉及条约适用的时间范围和空间范围，而且还涉及条约的冲突等问题。

（一）条约适用的时间范围

一般来讲，在适用条约时，自条约生效之日起开始适用，不能溯及既往，除非条约有不同的规定。

《维也纳条约法公约》第 28 条规定，条约不能溯及既往，即"除条约表示不同意思，或另经确定外，关于条约对一当事国生效之日以前所发生之任何行为或事实或已不存在之任何情势，条约之规定不对该当事国发生拘束力"。1986 年《关于国家和国际组织间或国际组织相互间条约法的维也纳公约》也作了相同的规定。

条约不能溯及既往的原则也得到了国际司法判例的支持。1926 年，常设国际法院在阿姆巴蒂洛斯案中明确指出，《英希商务航行条约》不包含任何规定可以溯及的条款，因而不能认为该条约的任何规定在批准前已经生效，而事实上，《英希商务航行条约》第 32 条规定，该条约在批准时立即生效。

（二）条约适用的空间范围

条约适用的空间范围，一般是条约当事国的全部领土。《维也纳条约法公约》第 29 条规定："除条约表示不同意思，或另经确定外，条约对每一当事国之拘束力及于其全部领土。"全部领土的内涵，包括一国的领陆、领水和领空。

条约的规定应在条约当事国的全部领土内适用，这是公认的国际法原则。然而，条约适用于当事国全部领土的规则不是绝对的，当一国不想条约影响其领土的某些部分时，可以限制该条约的适用范围。例如，1990 年制定并于 1997 年施行的《中华人民共和国香港特别行政区基本法》第 153 条规定："中华人民共和国缔结的国际协议，中央人民政府可根据香港特别行政区的情况和需要，在征询香港特别行政区政府的意见后，决定是否适用于香港特别行政区。中华人民共和国尚未参加但已适用于香港的国际协议仍可继续适用。中央人民政府根据需要授权或协助香港特别行政区政府作出适当安排，使其他有关国际协议适用于香港特别行政区。"由此可见，中国缔结的条约不一定都适用于香港特别行政区。

（三）条约的冲突

条约的冲突是指缔约国所订条约的内容与其在先或在后所订条约的内容不符而发生矛盾，从而产生哪一个条约应优先适用的问题。条约的冲突主要是由于现代国际关系的复杂性所致。

《联合国宪章》第 103 条规定："联合国会员国在本宪章下之义务与其依任何其他国际协定所负之义务有冲突时，其在本宪章下之义务应居优先。"宪章的这一规定意味着，作为联合国会员国的缔约国，其在宪章之下所担负的义务优先于其在其他国际协定之下所担负的义务。

《维也纳条约法公约》第 30 条对"关于同一事项先后所订条约之适用"作出了如下规定：如果条约中明文规定该条约不得违反先订或后订条约，或不得视为与先订或后订条约不合，则该先订或后订条约之规定应居优先；如果条约没有明文规定，那么在先条约的当事国同时也是后条约的当事国，但在订立后条约时没有终止或停止施行先条约的情形下，先条约仅在其规定与后条约相符的范围内才适用，即冲突的条款按后条约执行；如果后条约的当事国不包括先条约的全体当事国，在同为先后两个条约的当事国之间，按后条约执行，而在为两条约的当事国与仅为其中一个条约的当事国之间，其权利和义务则依两国均为当事国的条约的规定办理。

（四）条约在国内的执行

国家缔结条约以后，就应采取必要的措施，以保证对其有效的条约在其领土内的执行。条约在国内的执行，属于国内法的范围。由于各国国内法制度各不相同，因此各国保证条约在国内执行的方式也不完全一样。一般来讲，一国既可以每次特别采取立法措施；也可以一次永久地规定出一般原则，使得一切生效条约可以当然执行；还可以按照习惯法默示地承认条约在国内法上的约束力。

此外，现在一些国际公约还明文规定，缔约国应采取必要的立法或其他措施来保证条约在其领土内的执行。例如，1980 年联合国大会通过的《消除对妇女一切形式歧视公约》第 24 条规定："缔约各国承担在国家一级采取一切必要措施，以充分实现本公约承认的各项权利。"

第六节　条约与第三国

一、条约相对效力原则

条约相对效力原则是指条约在原则上只对缔约国有约束力，而对作为非缔约国的第三国是不发生效力的。所谓第三国，是指非条约当事国的国家或者说条约当事国以外的国家。第三国有以下几种情形：①未签署条约的国家；②对需要批准或核准的条约，而未予批准或核准的国家；③原来是条约的当事国，但后来退出该条约的国家；④多边条约缔约国中提出保留的国家，就其保留的条款而言，也属第三国。

条约相对效力原则，源于古罗马法中"约定对第三者既无损亦无益"的原则，后来在许多国内合同法中得到广泛采用，并成为一项公认的国际法原则。《维也纳条约法公约》第 34 条规定："条约非经第三国同意，不为该国创设义务或权利。"

二、条约为第三国创设义务

《维也纳条约法公约》第 35 条规定："如条约当事国有意以条约之一项规定作为确立一项义务之方法，且该项义务经一第三国以书面明示接受，则该第三国即因此项规定而负有义务。"根据这一规定，一项条约要对第三国创设并发生义务，必须具备以下两个条件：当事国有此意思表示；第三国以书面形式明示接受。

未经第三国同意不得对其加以条约义务的原则，也得到了国际司法实践的支持。例如，1928 年独任仲裁人胡伯在帕尔马斯岛仲裁案的裁决中宣称，无论对条约的解释如何正确，也不能将其解释为作为对独立第三国的权利任意处置……荷兰所享有的初步权利不能由他国间缔结的条约予以修改。

值得注意的是，未经第三国同意不得对其加以条约义务的原则，有例外情况。例如，为了制裁而在多边公约中对侵略国课以的义务，与一般的条约为第三国创设义务完全不同，它属于追究国家责任的性质，根本不需要侵略国的同意。《维也纳条约法公约》第 75 条对此作了明确的规定："本公约之规定不妨碍因依照联合国宪章对侵略国之侵略行为所采取措施而可能引起之该国任何条约义务。"

三、条约为第三国创设权利

《维也纳条约法公约》第 36 条规定："如条约当事国有意以条约之一项规定对一第三国或其所属一组国家或所有国家给予一项权利，而该第三国对此表示同意，则该第三国即因此项规定而享有该项权利。该第三国倘无相反之表示，应推定其表示同意，但条约另有规定者不在此限。依第一项行使权利之国家应遵守条约所规定或依照条约所确定之条件行使该项权利。"按照这一规定，某一条约要为第三国创设权利，也必须具备三个条件：条约当事国有此意思表示；第三国表示同意，或如无相反的表示，可推定其同意；第三国同意后，应按条约规定行使权利。

在国际实践中，条约为第三国创设权利的例子，并不少见。例如，1919 年《凡尔赛和约》第 380 条关于基尔运河自由通航条款，规定该运河对一切国家开放；1947 年《对意大利和约》第 31 条确定了一些属于阿尔巴尼亚的权利。

四、取消或变更对第三国的义务或权利

一个条约对第三国的义务或权利已经成立后，原条约当事国是否可以取消或变更的问题，《维也纳条约法公约》第 37 条分别作了规定："依照第 35 条使第三国担负义务时，该项义务必须经条约各当事国与该第三国之同意，方得取消或变更，但

经确定其另有协议者不在此限。依照第 36 条使第三国享有权利时，倘经确定原意为非经该第三国同意不得取消或变更该项权利，当事国不得取消或变更之。"这条的意思是，条约使第三国负担义务时，除另有协议外，该项义务一般必须经条约各当事国与该第三国的同意方得取消或变更；条约使第三国享有权利时，对权利的取消或变更无须原条约当事国的同意，但必须得到第三国的同意。

五、条约的规定成为国际习惯法

如果条约的规定形成了国际习惯法规则，那么在这种情况下，第三国的权利、义务的法律依据不是条约规定本身而是表现于条约中的国际习惯法规则。对此，《维也纳条约法公约》和国际法院的判决都予以了肯定。例如，《维也纳条约法公约》第 38 条规定："条约所载规则由于国际习惯而成为对第三国有拘束力。第 34～37 条之规定不妨碍条约所载规则成为对第三国有拘束力之公认国际法习惯规则。"

第七节　条约的解释

一、条约解释的含义

条约的解释是指条约解释主体（包括有关国家或有关机构）按一定的规则和方法，对条约各条款、各条款相互间关系以及构成条约整体的其他文件的正确含义加以阐明。

条约的解释是条约法上很重要的一个问题。它对于正确履行条约、减少或消除当事国间的条约纷争、维护国际关系的稳定等，都具有重要的意义。

二、条约解释的主体

条约解释的主体问题，其实就是谁有权解释的问题。它包括条约当事国、国际组织、仲裁法庭和国际法院。

（一）条约当事国

条约的当事国当然有权对条约进行解释，因为条约当事国既是条约的缔结者，也是它的履行者。根据国家主权原则，各缔约国解释的权利是平等的，每一当事国对条约所作的解释具有同等的价值，都属于官方解释，但只有由全体条约当事国就某种解释达成一致的协议才构成正式的、有权的解释。

（二）国际组织

原则上国际组织对它赖以创立和活动的组织约章有权解释。这主要是因为该组织是根据这些组织约章创立和活动的，又是执行这些组织约章规定的职权的机构。只有该组织本身最了解这些组织约章的真实含义。不过，国际组织的解释只在该组织的范围内有效。

（三）仲裁法庭或国际法院

一些国际公约包含条约解释的条款和解决争端的程序，规定当事国可把解释条约时产生的争端诉诸仲裁法庭或国际法院，仲裁法庭或国际法院从而获得解释条约的权力。例如，《消除一切形式种族歧视国际公约》第22条规定："两个或两个以上缔约国间关于本公约之解释或适用之任何争端不能以谈判或以本公约所规定之程序解决者，除争端各方商定其他解决方式外，应于争端任何一方请求时提请国际法院裁决。"《国际法院规约》第36条规定，"条约之解释"是当事国自愿接受法院强制管辖的法律争端之一。

值得注意的是，仲裁法庭或国际法院并不当然具有对条约作出解释的权利，只有在争端当事国就条约的解释达不成协议时，应当事国的请求，仲裁法庭或国际法院才有权就条约的规定对当事国作出有约束力的解释。此外，仲裁法庭或国际法院所作的解释，只对该争端当事国有效。

三、条约解释的原则与方法

关于条约解释的原则与方法问题，国际法学界的分歧很大。《维也纳条约法公约》第31～33条就"条约之解释"作出了规定。

（一）条约解释的原则

在国际法上，较为普遍的条约解释的原则有：

1. 约文原则。条约应主要地按其现状，并根据其实际约文，予以解释。条约具体的词语应被赋予其在上下文中通常的、自然的和不牵强附会的意义。

2. 综合原则。条约须作为整体来解释，一些个别的部分或章节也作为整体来解释。

3. 有效原则。在解释条约时，应作通盘考虑以使条约最有效与最有用，即使条约的条款得以实施并产生相应的效力。这个原则在解释多边条约，包括国际组织的基本文件上尤为重要。然而在运用这条原则时，不得使解释起修正公约的作用，或不得使解释与条约文字和精神具有相反效果。

4. 合理原则。应该假定，各缔约国所追求的是合理的东西，而且是既与公认的国际法原则又与对第三国的前条约义务不相抵触的东西。因此，如果一项规定的意义含糊不明，那么，应在合理与不合理的两种意义中采取合理的意义；在合理程度不同的两种意义中采取较合理的一种意义；在符合公认的国际法原则和对第三国的前条约义务与不符合这些原则和义务的两种意义中，采取符合这些原则和义务的一种意义。

5. 从轻原则。如果一个条款的意义含糊不明，应采取使担负义务的一方较少负担的意义，或对缔约一方的属地和属人最高权极少妨碍的意义，或对缔约国加以较少的一般限制的意义。但是，在运用这个解释规则时，必须注意到：承担义务是条约的首要目的。

6. 嗣后惯例原则。在解释约文时，可以求助于缔约各方的关于该条约的嗣后行动和实践，因为嗣后行动和实践提供了关于该条约正确解释的最好和最可靠的证据。

（二）条约解释的方法

条约解释的基本方法主要有：文法解释、系统解释、历史解释、限制或扩张解释和目的解释等。

1. 文法解释。文法解释是从文字、语法分析角度来确定法律条文的含义而不考虑立法者意图或法律条款以外的其他要求。文法解释是解释条约的基本方法，因为解释条约首先必须探求缔约各方表现于条约文本中的真正意思，而缔约国意图的确定又是以条文表示的意义为依据的。

2. 系统解释。系统解释就是指分析某一法律规范与其他法律规范的联系以及它在整个法律体系和所属法律部门中的地位和作用，来说明该法律规范的内容和意义。系统解释方法对于条约的解释具有重要意义。如果对条约条款中任何一个条款有疑义，必须对整个条约加以通盘考虑；不但要考虑条约的词句，而且要考虑条约的目的、缔结条约的动机和其他情况。

3. 历史解释。在国际法上，对于运用历史解释方法来解释条约，存在不同的观点。以劳特派特为代表的主观解释学派认为，为解释一个条约，应当研究该条约的准备资料，作为探知缔约各方真正的共同意思的最好方法。而以贝克特、麦克奈尔为代表的约文解释学派则持相反的意见。[1] 笔者认为，由于准备资料一方面存在混乱、不明确甚至自相矛盾的缺点，另一方面它只能说明过去，往往与时代精神有一定距离。因此，准备资料只有在采用约文解释法发生困难时才作为辅助方法谨慎地使用。换言之，历史解释方法仅仅是一种辅助性手段。

4. 限制或扩张解释。在国际法上，为了帮助阐明缔约各方的意思，在有些情形下，必须对条约文本的个别文字进行扩张或限制的解释。对于本身明白清楚的一个规定，不应进行扩张解释，只有在构成该条约的主题的事项规定不清楚、不明确，因而含糊时，才可以引用扩张解释。任何倾向于限制缔约任何一方自由行使权利的规定，必须按最狭义的意义来理解。如果所用的词语并不明白表示该缔约方约许了担任或实行某种行为，引起负担的规定也须按狭义解释。

5. 目的解释。目的解释是指探求法律在社会中所要达到的目的，并据此来确认法律规定的具体涵义。当立法原意或法律规范条文不适应形势发展时，应该以立法目的为依据加以校正、补充。在国际法上，目的解释方法对条约的解释甚为重要，并且出现了目的解释学派。目的解释强调解释一个条约应符合该条约的目的。在国际法学者中，安齐洛蒂、阿尔伐勒兹、田中、卡斯特罗、卡瓦雷等也都主张目的解释。为建立国际组织而缔结的多边条约，更应当按照目的来予以解释。

---

[1]　李浩培：《条约法概论》，法律出版社 1988 年版，第 414～417 页。

第八节　条约的修订

由于国际情势的变化，条约缔结以后往往需要进行修订。条约的修订是指条约的当事国在缔结条约后于该条约有效期内改变条约规定的行为。条约的修订分为条约的修正和条约的修改。

一、条约的修正

条约的修正是指原条约全体当事国对条约个别条款的修订。按照《维也纳条约法公约》第40条的规定，条约的修正应遵循以下规则：①修正多边公约的任何提议，必须通知全体当事国，各缔约国都应有权参加对修正条约提议采取行动的决定以及参加条约修正的谈判和缔结；②凡有权成为条约当事国的国家也有权成为修正后条约的当事国；③未参加修正协定的原条约当事国不受修正协定的约束；④修正协定生效后成为条约当事国的国家，如无相反表示，应视为修正后的条约的当事国，并就其与不受修正协定约束的原条约当事国的关系而言，应视为未修正条约的当事国。

多边条约一般都明文规定了该条约的修正程序。例如，《联合国宪章》第108条规定，对于《联合国宪章》的任何修正案，必须得到联合国大会2/3的表决通过，然后由2/3的会员国，其中必须包括中、英、法、美、俄五国的批准，才能生效。

二、条约的修改

条约的修改是指原条约的若干当事国彼此间对条约的修订。按照《维也纳条约法公约》第41条的规定，条约的修改应遵循以下规则：①必须是条约内有这种修改的规定，或者该项修改不为条约所禁止，而且不影响其他当事国的权利和义务，同时该项修改也不涉及有效实现整个条约的目的和宗旨；②如果若干国家彼此间对条约进行了修改，应将修改的内容通知其他当事国。

第九节　条约的终止与无效

一、条约的终止与停止施行

（一）条约的终止

条约的终止是指"条约由于某种法律事实和原因而造成条约失去效力的法律情况"。

按照《维也纳条约法公约》的规定和国际条约的实践，条约的终止一般有以下原因：

1. 条约到期。条约通常都规定有一定的有效期限，若期限届满，且无延长期限的行为，条约便会因自然终止而失效。例如，1950年《中苏友好同盟互助条约》第6条第2项规定，本条约有效期为30年。由于中、苏双方在上述期限届满时均未提出延长要求，该条约遂于1980年4月11日期满失效。

2. 条约解除条件成立。有的条约明文规定了解除条件，一旦解除条件成立，条约即终止效力。例如，1948 年《灭绝种族罪公约》第 15 条规定："倘因解约关系，致本公约之缔约国数目不足 16 国时，本公约应于最后一项解约通知生效之日起失效。"

3. 条约被代替。由于另订新约，旧条约失效。例如，1960 年《中缅边界协定》第 4 条第 2 项规定："本协定在互换批准书后立即生效，到两国政府将签订的中缅边界条约生效时自动失效。"1961 年 1 月，《中缅边界条约》生效，《中缅边界协定》自然终止。

4. 退约。有些多边条约明确规定缔约国有退约的权利。某缔约国提出退约，在一定的期限内，如果其他缔约国不提出反对，该约就对退约国终止效力。例如，1971 年《蒙特利尔公约》第 16 条规定："任何缔约国可以书面通知保存国政府退出本公约；退出应于保存国政府接到通知之日起 6 个月后生效。"

5. 缔约各国同意终止条约。条约生效后，经全体当事国的同意，条约可以终止。因此，《维也纳条约法公约》第 54 条第 2 款规定："无论何时经全体当事国同其他各缔约国咨商后表示同意，予以终止。"

6. 条约履行完毕。条约规定的事项，如移转领土、买卖商品、交付赔偿等，如果履行完毕，该条约可以说是终止了。当然，条约处分的结果仍然存在，而条约本身也有证据的价值。在国际实践中，有的条约履行完毕并不使条约当然失效，尽管它们已不再需要其他履行行为。

7. 条约履行的不可能。条约缔结后，如果发生意外使条约的履行不可能，可以终止条约。《维也纳条约法公约》第 61 条第 1 款规定："倘因实施条约所必不可少之标的物永久消失或毁坏以致不可能履行条约时，当事国得援引不可能履行为理由终止或退出条约。"但如果不能履行是由于当事国"违反条约义务或违反对条约任何其他当事国所负任何其他国际义务之结果，该当事国不得援引不可能履行为理由"，来终止条约。

8. 新的强行法规则的产生。《维也纳条约法公约》第 53 条规定："条约在缔结时与一般国际法强制规律抵触者无效。"因此，条约缔结后，如果出现新的强行法规则，条约自当终止。

9. 单方面废约。原则上，条约不能单方面被废除，但在下述情况下，国际法允许单方面废约。

（1）一方违约。根据国际法上"对不履行者不必履行"的原则，如有缔约一方违反条约义务，则他方有权宣布废除条约。《维也纳条约法公约》第 60 条第 1、2 款规定，双边条约当事国一方有重大违约情事时，他方有权援引违约为理由终止该条约，或全部或局部停止其施行。多边条约当事国之一有重大违约情事时，其他当事国有权以一致协议：在各该国与违约国之关系上，或在全体当事国之间，将条约全部或局部停止施行或终止该条约。

（2）情势变迁。情势变迁是指"当事国在缔结条约并同意受其约束时存在一个前提，即缔约时的情况保持不变，一旦上述情况发生了根本性变化，当事国可援引该理由要求终止、暂停实施或修改该条约"[1]。

情势变迁是一项古老的原则，其最初萌芽可以追溯到古巴比伦时期《汉谟拉比法典》的有关规定。在国际实践中，情势变迁原则经常被引用。例如，20 世纪 20 年代下半期，中国政府分别照会有关缔约国，要求修改或终止载有领事裁判权的条约，就是以"情势变迁"为理由的。

为了保持条约关系的稳定，防止滥用情势变迁原则，《维也纳条约法公约》第 62 条对援引情势变迁原则终止或退出条约作出了严格的限制：发生变迁的一些情势必须存在于缔约当时；发生的情势变迁必须是根本性的；发生的情势变迁必须是各当事国所未预见的；这些情势的存在必须原来构成各当事国同意受该条约约束的必要基础；发生的情势变迁的效果必须是将根本改变依该条约尚待履行的义务的程度。[2] 此外，该条还规定了适用情势变迁原则的两个例外：不得援引情势变迁原则作为终止或退出边界条约的理由；如果因为当事国自己违反条约义务而引起情势变迁的，该国不得援引情势变迁原则终止或退出条约。

（二）条约的停止施行

条约的停止施行是指条约缔结生效以后，由于某种原因的出现，一个或数个当事国在一定期间内暂停施行条约的一部或全部，但条约本身并未终止，嗣后必要时可依一定程序恢复条约的施行。可见，条约的停止施行与条约的终止是有区别的。

根据《维也纳条约法公约》的规定，条约的停止施行可以在下述情况下发生：全体当事国表示同意；条约有这样的规定；后订条约默示同意；一方违约；情势变迁等。

二、条约的无效

条约的无效是指条约缔结后因不符合条约生效的实质要件而不能发生国际法上的效力。

《维也纳条约法公约》第 46～53 条对"条约的无效"作出了具体规定。

（一）违反国内法关于缔约权限的规定

如果一项条约为无缔约权限或越权者所为且事后未得到其本国追认，则该条约无效。然而，《维也纳条约法公约》第 46 条对这种违反国内法的缔约权限导致条约无效的情况作了严格的限制：①违反国内法的行为必须是明显的；②该行为涉及根本上重要的国内立法规则。只有满足上述条件，一国才可以援引违反国内法的缔约权限作为条约无效的理由。

此外，如果一缔约国的代表表示该国同意接受某一条约约束的权力附有特定的限制，必须在其表示同意前已将此项限制通知其他谈判国，否则该国不得援引该代

---

〔1〕 万鄂湘等：《国际条约法》，武汉大学出版社 1998 年版，第 353 页。

〔2〕 李浩培：《条约法概论》，法律出版社 1988 年版，第 548 页。

表未遵守该项限制的事实而主张条约无效。

（二）错误

如果条约的错误在一国缔约时存在，并且构成该国同意承受条约约束之必要根据的事实或情势，那么该国可以援引条约内的错误主张该条约无效。然而，如果该项错误是由有关国家本身行为所造成，或当时情况使该国完全可能知悉有错误，那么就不能以此为理由主张该条约无效。1962年隆端寺案，就是一个典型的例子。

（三）诈欺

如果一国因另一谈判国的诈欺行为而缔结条约，该国可以援引欺诈为理由撤销其承受条约约束的同意。

（四）贿赂

如果一谈判国直接或间接地贿赂另一谈判国的代表，使之同意承受条约的约束，那么该国可以援引贿赂为理由撤销其承受条约约束的同意。

（五）强迫、威胁或使用武力

根据《维也纳条约法公约》第51、52条的规定，一国同意承受条约约束的表示是他国以行为或威胁强迫其代表而取得者，应无法律效果；条约系违反《联合国宪章》所含国际法原则以威胁或使用武力而获缔结者无效。

（六）与一般国际强行法相抵触

根据《维也纳条约法公约》第53条的规定，条约在缔结时，与一般国际法强制规则抵触者无效。

条约法的新发展

条约法是国际法上的重要内容之一。目前，国际法委员会正在对"条约的保留"问题进行编纂。1969年《维也纳条约法公约》的第19～23条对条约保留制度的主要方面进行了规定，但仍有囿于原则、缺乏可操作性之嫌，且存有一些制度上的漏洞。为此，2011年国际法委员会第63届会议通过了《条约保留的实践指南》（以下称《实践指南》）的总报告，其目的就是为学术界和实务界在涉及条约保留的敏感问题和重要问题时提供指导和帮助。此外，条约的实施、条约的解释、条约与第三国的关系、条约必须遵守原则等，均为条约中重大的理论与实践问题，都值得深入研究。

一、理论思考

（一）名词解释

1. 条约

2. 条约的保留

3. 全权证书

4. 条约的解释

5. 条约的加入

（二）简答题

1. 简述条约所应具备的基本特征。

2. 简述多边条约的缔约程序。

3. 简述条约的解释规则。

（三）论述题

1. 论述条约对第三国的效力。

2. 论述条约保留的范围及保留的法律效果。

二、实务应用

（一）案例分析示范

案例一

云掩寺是位于 A 国和 B 国交界的碧螺山山脉东部的一座古寺。两国签订的边界条约规定，边界线沿着碧螺山的分水岭划出。双方建立的混合划界委员会对划界地区实地勘察后，绘制了边界地图，其中一张关于碧螺山山脉的地图标明云掩寺在 A 国一边。该地图作为边界条约的附件 I，由双方各自公开出版发行。在两国进一步谈判边界事务安排时，B 国地理学会的一名成员在该国公开出版的一刊物上对地图上的线与实际的分水岭线的一致性提出了质疑。B 国仍然依据那张地图达成了与 A 国的边界事务安排。当 A 国宣布开放云掩寺旅游时，发现 3 名 B 国森林警察驻扎其内。A 国向 B 国提出抗议。B 国则声称，按照分水岭划出的边界线应该把该寺划在自己一侧，附件 I 的地图有严重错误，是无效的。

根据以上案情，回答下列问题：

（1）A、B 两国边界条约附件 I 的法律地位。

（2）B 国关于地图无效的主张是否成立？为什么？

（3）附件 I 与边界条约的效力冲突如何解决？

【评析】（1）附件 I 是 A、B 两国边界条约的组成部分，为二者所接受和遵守，具有条约的地位。

（2）B 国关于地图无效的主张不成立。根据 1969 年《维也纳条约法公约》，错误是一缔约国可以援引为撤销其同意条约约束的一个理由。但是，依此主张条约无效是相对的。如果错误是由该国本身的行为所造成，或当时情况足以使该国有知悉错误的可能，该国则不能援引错误作为撤销其同意的理由。本案中附件 I 地图所划边界线在存在错误的情况下，当时的情况足以使 B 国知悉错误的存在。因为 B 国公开出版了边界地图，而且在两国谈判边界事务安排时，B 国地理学会的一名成员在该国公开出版的一刊物上对附件 I 地图上的线与条约上实际的分水岭线的不一致性提出了怀疑。在 B 国知悉地图存在严重错误的可能时不主张图上所划边界的无效，即丧失援引错误的权利。

（3）边界地图通常是边界条约的一个附件。在地图与边界条约不一致时，原则上应该以边界条约为准。但如果不一致的边界地图为有关国家所接受和遵守，则构成对条约的修正。国际法院在 1962 年的"隆端寺案"中就以作为条约附件的地图所标明的边界线为准，而没有以条约规定的分水岭线为准。在本案中，B 国公开出版附件 I 的地图，并依据地图上的边界线与 A 国就边界事务作出了安排，这表明它同意了对边界条约的修正。因此，A、B 两国在碧螺山的边界线应以附件 I 为准。

案例二

A、B 两国都是《海洋法公约》的缔约国。A 国《海上航行安全法》规定，外国军舰通过领海须经该国政府批准。B 国军舰"海狼"号访问 C 国后返航通过 A 国领海时，A 国指责 B 国军舰违反其《海上航行安全法》，派遣两艘军舰向外驱赶"海狼"号。B 国反驳说，它的军舰在 A 国领海享有无害通过权，其通过无须 A 国政府批准，并抗议 A 国的驱赶行为。

根据以上案情，结合条约解释的规则，分析 B 国军舰是否享有无害通过 A 国领海的权利。

【评析】B 国军舰享有无害通过 A 国领海的权利。

（1）《海洋法公约》第二部分第三节 A 分节下的"所有船舶"或"船舶"术语虽然没有被定义或解释，但第三节"领海的无害通过"由三部分组成。A 分节涉及"适用于所有船舶的规则"，B 分节进一步对适用于商船的规则作了规定，C 分节则对适用于军舰的规则予以规定。从逻辑上看，既然第三节首先规定了适用于所有船舶的规则，而后又分别对适用于商船和军舰的特别规则予以规定，那么这里的"所有船舶"术语显然包括商船和军舰。而第 17 条规定，所有国家的船舶都享有无害通过领海的权利。显而易见，军舰也享有这种权利。

（2）根据《维也纳条约法公约》的条约解释规则，条约解释应依照其用语按上下文进行。这里"按上下文"的措辞表明，解释军舰是否享有无害通过权必须将 C 分节与 A 分节联系起来。既然 A 分节和 C 分节都是"领海的无害通过"标题下的组成部分，那么无害通过逻辑地适用于军舰。而且，A 分节中有些非无害行为只能由军舰行使，比如在通过时对沿海国的主权、领土完整或政治独立进行任何武力威胁或使用武力；以任何类型的武器进行任何操练或演习，在船上发射、降落或接载任何军事装置。再者，按照《海洋法公约》第 20 条的规定，潜水艇在领海内享有无害通过权。该条"潜水艇和其他潜水器"的措辞包括军用潜艇在内。

（3）按照条约解释规则的"通常意义"的解释要求，第三节"领海的无害通过"中"所有船舶"或"船舶"术语在没有明确排除军舰这类船舶的情况下，它的通常意义应该包括军舰在内的所有类型的船舶。

（4）在某些用于国际航行的海峡中，适用与领海相同的无害通过制度。在这类用于国际航行的海峡中，外国军舰享有无害通过权。国际法院在 1949 年 "科孚海峡案" 判决中指出，外国军舰在用于国际航行的海峡中享有无害通过的权利。沿海国不得禁止这种通行。

（5）B 国是《海洋法公约》的缔约国，享有公约规定的权利。其军舰 "海狼"号是返航时经过 A 国领海，属于公约中的通过。

案例三

A、B 两国都是联合国的会员国。A 国内战在联合国干预下结束后，根据一个独立调查委员会的报告，安理会通过第 1468 号决议，根据《联合国宪章》第七章采取行动，决定设立一个国际刑事法庭，起诉应对 A 国内战中发生的严重违反国际人道法的行为负责的人，并要求所有国家与法庭合作，将被指控的嫌疑人移交给法庭。A 国陆军参谋长甲出席 B 国国际战略研究所举行的一个国际学术会议时，法庭指控他对 A 国境内发现的 "万人坑" 负有责任，要求 B 国逮捕甲并移交给法庭。这为 B 国所拒绝，因为它与 A 国之间的引渡条约规定，未经对方同意，任何一方不得将对方的国民引渡给任何第三方。

根据以上案情，分析 B 国的做法是否正确？为什么？

【评析】B 国的做法不正确。

（1）安理会第 1468 号决议对 B 国有约束力。《联合国宪章》第 25 条规定，联合国会员国同意依宪章之规定接受并履行安全理事会之决议。第 1468 号决议是安理会根据宪章第 7 条采取的行动，并规定所有国家有义务与它设立的国际刑事法庭合作，逮捕被指控的嫌疑人并移交给它。B 国是联合国会员国，根据宪章有遵守第 1468 号决议的义务。

（2）B 国根据安理会第 1468 号决议的义务优于它根据与 A 国引渡条约的义务，即未经 A 国同意，它不得将 A 国陆军参谋长甲移交给法庭的义务。《联合国宪章》第 103 条规定，联合国会员国在本宪章下的义务与其依任何其他国际协定所负之义务有冲突时，其在本宪章下之义务应居优先。1969 年《维也纳条约法公约》第 30 条重申了这一原则。本案中的国际刑事法庭是根据安理会决议设立，被指控的 A 国陆军参谋长甲在 B 国管辖的领土内，法庭向它提出了逮捕并移交的要求。因此，B 国有义务与法庭合作，不能以它与 A 国的引渡条约来对抗。

（二）案例分析实训

案例一

甲乙丙三国订有贸易条约。后甲乙两国又达成了新的贸易条约，其中许多规定与三国前述条约有冲突。新约中规定，旧约被新约取代。甲乙两国均为《维也纳条约法公约》的缔约国。根据条约法，新约是否须经丙国承认方能生效呢？

案例二

英伊石油公司是一家英国私有公司，由伊朗政府授予其在伊朗境内开采石油的特许权。双方在许多问题上存在着分歧。1951 年，伊朗议会通过了石油工业国有化的法律。根据这项法律，伊朗政府对英伊石油公司实行了国有化。这就引起了伊朗和该公司之间更大的冲突。英伊石油公司认为这些法律违反了以前与伊朗政府签订的有关契约。英国政府支持该公司的主张，并以行使外交保护权的名义，于1951年5月26日以单方申请形式在国际法院对伊朗提起诉讼。

英国认为，根据两国曾经发表过的愿意接受国际法院强制管辖的声明，国际法院对本案有管辖权。其中，伊朗1932年9月19日的声明指出：对于伊朗接受的条约或公约所发生的争端，愿意依照《国际常设法院规约》第36条第2款接受国际常设法院的管辖。英国认为，该声明对于1932年9月19日以后缔结的条约也应适用，国际法院对本案应有管辖权。

英国政府还指出：1933年伊朗与英伊石油公司缔结的协定，既是一项特许权契约，又是伊朗与英国之间的国际条约。英国与伊朗两国政府根据该条约分别负有义务，所以，违反了该协定，即违反了国际条约，因而也违反了国际法。

伊朗则对国际法院的管辖权提出初步反对意见，理由是：伊朗的前述接受国际法院管辖权的声明，只适用于该声明发表后的条约、协定的争端，而英国的要求都是直接或间接地以1932年以前与伊朗缔结的条约为依据的。

请根据条约法的相关规则回答下列问题：

（1）国际法院是否对本案具有管辖权？

（2）结合案情阐述条约解释的原则。

（3）结合案情阐述条约的特征。

案例三

1932年常设国际法院"《关于夜间雇用妇女公约》的解释案"是一件涉及条约解释的咨询意见案。

1919年国际劳工会议通过了《关于夜间雇用妇女公约》，该公约第3条规定："妇女，不分年龄，不得受雇于任何公共的或私人的工业企业从事夜间工作。"由于在解释《关于夜间雇用妇女公约》问题上发生了困难，国际劳工局请求国联行政院就下列问题取得常设国际法院的咨询意见："国际劳工会议于1919年通过的《关于夜间雇用妇女公约》，在公约包括的工业企业里，是否适用于担任监督或管理职务的非从事普通体力劳动的妇女？"

常设国际法院从条约上下文、国际劳工会议制定公约的情况以及制定公约的预备文件等方面探索公约第3条的确切含义，并着重分析词语的自然意义，最后于1932年11月以6票对5票通过了咨询意见，认为《关于夜间雇用妇女公约》第3条适用于在工业企业中担负监督或管理职务而不是一般体力劳动的妇女。

请根据本案案情阐述条约解释的一个相关原则。

主要参考文献

1. 万鄂湘等：《国际条约法》，武汉大学出版社 1998 年版。
2. 李浩培：《条约法概论》，法律出版社 2003 年版。
3. 杨泽伟：《宏观国际法史》，武汉大学出版社 2001 年版。
4. 朱文奇、李强：《国际条约法》，中国人民大学出版社 2008 年版。
5. ［英］奥斯特：《现代条约法与实践》，江国青译，中国人民大学出版社 2005 年版。
6. 梁淑英主编：《国际法学案例教程》，知识产权出版社 2003 年版。

第 十 二 章

和平解决国际争端

【本章概要】在国际交往的各个领域中都可能发生争端，而现代国际法提倡所有争端都只应以和平的方法来解决。本章讲述现代国际法规定的和平解决国际争端的方法以及采取各种方法的规则和程序，如国际法院或联合国与和平解决争端问题等。

【学习目标】通过本章的学习，学生应在了解国际争端的概念和特点的基础上，掌握国际争端不同的解决方法的特点和具体运用，明确和平解决国际争端是国际法的基础原则。

第一节　概述

一、国际争端的概念和特点

随着国家的出现，国家间的交往逐渐增多，国际争端时有产生。国际争端（International Disputes）有广义和狭义之分。广义的国际争端包括国家与国家之间的争端、国家与国际组织之间的争端、国际组织之间的争端以及国家与他国个人之间的争端。狭义的国际争端则专指国家与国家之间的争端。一国与他国自然人或法人发生的争端不属于国际争端的范畴，但这种争端有时会引起国际争端。

同国内争端相比较，国际争端具有以下几个明显的特点：

1. 国际争端的主体具有特定性。国际争端的主体是现代国际法的主体，这种主体在国际法上都是平等的。但国内争端的主体是国内法的主体，争端当事双方的地位可以是平等的，有时也是不平等的，如自然人与国家行政机关之间的争端，则是不平等主体之间的争端。

2. 国际争端的解决方法具有特殊性。国际争端的主体之上没有更高的权威，因此，在国际社会没有超越主权权力而凌驾于主权之上的权力机关和司法机关来制定法律和审理争端，也没有凌驾于主权之上的强制执行机关来执行解决争端的判决。但在国内法上，有凌驾于国内争端主体之上的立法者、司法者，有强有力的国家强制力作为保障。

3. 国际争端的起因具有多样性。国际争端的起因相当复杂，可源于领土、意识、民族、宗教等，而国内争端则一般只是源于个人的法律权利和个人利益。

4. 国际争端的后果具有严重性。国际争端通常涉及主权国家的重大利益，有的甚至涉及地区或国际社会的和平与安全，处理不当就容易引发武装冲突甚至战争。而国内争端无论涉及面多广，关系的利益多重要，很少会产生国际影响。

二、国际争端的种类

一般国际法理论认为，国际争端因所涉及事项的性质不同可区分为法律争端和政治争端，以便适用不同的方法解决。1925 年《洛迦诺公约》、1928 年《和平解决国际争端的日内瓦总议定书》、1920 年《国际常设法院规约》、1945 年《国际法院规约》以及 1957 年《关于和平解决争端的欧洲公约》等都对争端进行分类，区别对待。

1. 法律争端。它指当事方以国际法所承认的原则和规则为理由，就法律上的权利、义务发生分歧而产生的争端。传统国际法把此类争端称为"可裁判的争端"（Justifiable Disputes），提倡提交仲裁或司法解决。

2. 政治争端。它指争端当事方基于国家或民族的政治利益的对立或冲突而产生的争端。传统国际法把此类争端称为"不可裁判的争端"（Non - justifiable Dis-putes），认为只能通过外交途径或用政治方法加以解决，不宜适用法律方法解决。

3. 事实争端。事实争端是指国家因"事实问题的分歧"（A Difference of Opinion on Point of Facts）而产生的争端。[1] 事实争端一般是通过设立"国际调查委员会"，依公平调查的方式，查明事件的真相，从而获得解决的。

4. 混合性争端。在国际关系的实践中，很多国际争端既有政治争端的成分，又含有法律争端的因素，是一种混合性质的争端。这种争端，既可以用政治或外交方法加以解决，又可通过法律手段来处理，有时甚至需要政治和法律方法并用才能解决。事实上，单纯的政治争端或法律争端并不多见，政治争端和法律争端是很难截然分开的。

三、和平解决国际争端原则的确立

随着人类社会的发展，人类文明的进步，特别是两次世界大战给人类带来的惨痛教训，国际争端解决办法也逐步从野蛮走向了理性。在第一次世界大战之前，国际争端的解决办法分为"和平的解决方法"和"武力或强制的解决方法"。西方学者所指的解决争端的强制方法是：战争和非战争武装行动、反报、报复、平时封锁和干涉。但从现代国际法观点来看，用战争和武力行动解决国家争端显然是不符合联合国宪章的宗旨和原则的。《联合国宪章》第 2 条第 3 款明确规定："各会员国应以和平方法解决其国际争端，俾免危及国际和平、安全及正义。"把和平解决国际争端列为其七项基本原则之一，标志着和平解决国际争端原则作为国际法基本原则的

---

〔1〕 参见苏义雄：《平时国际法》，三民书局 1996 年版，第 418 页。

地位得以确立。此后，联合国通过的一些重要决议和宣言，如 1970 年《国际法原则宣言》等，进一步确认和重申了和平解决国际争端原则，并对其作了具体阐释。

但和平解决国际争端原则并不排斥作为国家基本权利之一的合法自卫权，《联合国宪章》第 51 条明确规定："联合国任何会员国受武力攻击时，在安全理事会采取必要办法，以维持国际和平及安全以前，本宪章不得认为禁止行使单独或集体自卫之自然权利。"《联合国宪章》第 42 条也规定："安全理事会如认为第 41 条所规定之办法为不足或已经证明为不足时，得采取必要之空海陆军行动，以维持或恢复国际和平及安全。"当然，合法自卫权只能在受到外来武力攻击时行使，在程序上也要受到一定的限制。

第二节　国际争端的外交解决方法

和平解决国际争端的外交方法，即政治方法，包括作为当事方自行解决程序的谈判和协商，和作为非法律第三方介入程序的斡旋与调停、调查与和解。外交方法的特点在于：①当事方在整个过程中都可按自己的意志行事，其主权和尊严得到保障；②可适用于各种不同类型的争端；③当事方同时或在其后可采用其他和平方法解决国际争端。

一、谈判与协商

谈判（Negotiation）与协商（Consultation）是指国际争端当事方通过直接交涉或共同商讨来谋求有关争端解决的一种方式，它是以政治方法解决国际争端的最基本、最常用和最有效的方法。谈判是国际法史上最常见的解决争端的方法，相比较而言，协商在古代和近代还只是为谈判创造条件的辅助性和非正式方法。20 世纪 50 年代，中国政府在关于和平解决朝鲜问题的政治会议的声明中首次提出协商方式[1]，并积极运用这一方式有效地解决了与其他国家之间的许多问题和争端，自此之后，协商方法受到国际社会的高度重视，并逐渐发展成为独立的和平解决国际争端的方法。

采用谈判与协商的方法解决国际争端具有许多优点，其主要表现为：①直接性。争端当事方直接接触，在整个接触过程中，当事国始终可以自己掌握主动权和决定权。任何国家在涉及它的主权、领土和根本利益及国家荣誉等重大事项争端时，都不会轻易地交由第三方加以裁决，都会争取与对方直接进行谈判或协商。②灵活性。当事方可以互谅互让、有所妥协，可以澄清事实、消除误会、增进了解和信任，可以求同存异，以期达成双方都能接受的解决方案。③有效性。由于谈判和协商所达

---

〔1〕　中国政府在关于和平解决朝鲜问题的政治会议的声明中正式建议："为了使政治会议能够和谐进行，以便在国际事务中给和平协商解决争端建立典范，政治会议应采取圆桌会议的形式，即朝鲜停战双方在其他国家参加下共同协商的形式，而不采取朝鲜停战双方单独谈判的形式。"

成的协议是双方既斗争又妥协的结果，一般都能得到当事方的自动遵守和执行。

在《联合国宪章》第 33 条所规定的和平解决国际争端的各种方法中，谈判位于首位。许多国际条约都明确要求当事国通过谈判或协商的方法解决国际争端。例如，1978 年《关于国家在条约方面的继承的维也纳公约》第 41 条规定："如果本公约两个或两个以上当事国对公约的解释或适用发生争端，它们应经其中任何一国要求，设法以协商和谈判方式解决该争端。"1982 年 11 月 15 日联合国大会通过的《关于和平解决国际争端的马尼拉宣言》第 10 条规定："各国应铭记直接谈判是和平解决争端的灵活和有效的办法。"

谈判和协商的形式是多样的：可以是口头的，也可以是书面的；可以是双边的，也可以是多边的；可以是公开的，也可以是秘密的；可以是有期限的，也可以是无期限的。谈判和协商的结果有三种：谈判或协商成功，当事国达成和平解决争端的协议；当事国同意将争端提交仲裁或司法解决；谈判或协商未果，即谈判或协商失败，后经任何一方提议可重开谈判或协商。

二、斡旋与调停

斡旋（Good Offices）是指由第三方以各种有助于促成当事国进行直接谈判的行动，促使争端当事国开始谈判，或促使已中断或未曾达成协议的谈判重新开始或继续进行。

调停（Mediation）是指第三国为了和平解决争端而直接参与当事国之间的谈判，或提出参考性的条件和解决方案，促使各方让步，达成和解。

斡旋与调停的主要区别在于斡旋者不参加谈判，调停者参加谈判。它们的共同特点是：①斡旋与调停都是第三方根据自己的好意来帮助和促成当事各方进行谈判以便解决国际争端。②争端当事方可以邀请一个或数个国家、国际组织或国际知名人士出面斡旋或调停，第三方也可主动进行斡旋或调停。③斡旋者或调停者所提出的意见，仅具有劝告性质，并无拘束力，当事方对这种意见有保留、拒绝或接受的完全自由。④提供斡旋或调停的第三方，可以是国家、国际组织以及个人。⑤斡旋或调停对争端所涉法律与事实很少进行调查和研究，因此，通常它们只能作为其他外交方法的初步或辅助措施。

斡旋与调停的事例自古就有。1899 年和 1907 年《海牙和平解决国际争端公约》对斡旋与调停方法作了详细规定后，运用斡旋与调停促成争端解决的事例很多。例如，1905 年美国总统罗斯福对日俄战争进行斡旋，促成交战双方缔结了《朴茨茅斯和约》。1982 年在伊朗扣留美国外交及领事人员导致的危机中，阿尔及利亚进行斡旋，促成美伊两国就释放人质问题达成协议。1978 年，美国总统卡特出面调停埃及与以色列的冲突，埃、以两国政府首脑在戴维营达成《埃以和平条约》。

三、调查与和解

调查（Investigation）又称查明事实（Fact‐finding），指在对事实问题发生分歧的国际争端中，争端当事方同意以一定方式进行调查，以查明是否存在有各方声称的争议事实，并提出适当的补救办法加以调整。在争端各方同意采用其他解决方法（仲裁、和解、区域办法等）并有必要收集一切必需的情报以便确定或阐明引起争端的事实时，也可使用调查的方法。

根据1899年《海牙和平解决国际争端公约》的规定，凡遇有国际争端不涉及国家荣誉或根本利益而只起因于对事实的意见分歧者，如争端当事国不能以外交手段解决，则于情况许可范围内，设立国际调查委员会，进行公正认真的调查，辨清事实，以促进争端的解决。

1907年《海牙公约》进一步完善了国际调查程序规则，根据其有关规定，调查结束后，委员会应讨论，起草和宣读报告书；报告书限于查明事实，不同于仲裁裁决书，各当事国对于给予调查结果何种效力，有完全自由。

1913年以后的一系列《布赖恩和平条约》使国际调查程序进入到了常设性的阶段，根据该条约，一切通过外交方式不能调解的争端都可以提交给一个常设调查委员会。

调查作为查明事实和调查研究的公正的第三方程序，具有如下特点：

1. 调查所针对的范围非常广泛。海牙条约体系只能调查处理某一项争端，主要适用"无关名誉或重大利益而起因于对事实观点分歧的"争端。布赖恩和平条约体系调查程序的适用范围则没有任何限制。

2. 调查一般都由临时性或者常设性的机构来承担，海牙条约体系所设立的调查机构是特别的、临时的。每完成一项调查事项，原调查机构就告解散，布赖恩和平条约体系设立的调查委员会是常设性的，争端当事国可以提请事先设立的常设机构调查争端事实。1988年联合国大会通过的《关于预防和消除可能威胁国际和平与安全的争端和局势以及关于联合国在该领域的作用宣言》要求国际社会充分利用联合国安理会和秘书长的事实调查能力，进一步加强联合国在维持国际和平与安全方面的作用和效力。

3. 调查的任务是调查争端事实情况和发表一项限于说明事实而不具有仲裁裁决特点的报告。争端各方有权自由决定对报告赋予何种效力。一般来说，该报告没有终止争端各方一切行动的效力。

4. 调查程序规则有延缓或冷却矛盾的功能。布赖恩和平条约体系要求常设调查委员会的报告必须在一年内完成，在调查期间或提出报告之前，当事国不得宣战或从事敌对行动。载明调查程序的其他国际公约均有上述类似的规定。调查方法的这一特点是由有关争端起因于事实不明这一性质所决定的。

和解（Conciliation）也称调解，指争端当事方将争端提交一个由若干人组成的委员会，由委员会调查、评价相关事实，并提出建议，促使争端当事方达成一致解决争端的方法。从以上定义可以看出，由若干人组成的和解委员会的基本职能有二：一是调查和澄清有关争端的事实，二是设法提出为争端各方共同接受的解决问题的办法，以便使各当事方达成和解协议。同调查制度一样，和解制度也是由1899年和

1907 年的两个海牙公约以及 1913 年及其以后的布赖恩和平条约体系逐步确立的。与常设调查委员会的方法一样，和解制度也是在 1928 年通过《和平解决国际争端的日内瓦总议定书》和 1949 年联合国大会通过《和平解决国际争端修订总议定书》以后，才在国际上逐步通行的。

第三节　国际争端的法律解决方法

一、仲裁

仲裁（Arbitration）又称公断，是指当事国在协议的基础上，同意将争端交给由它们自己选择的仲裁员处理，并相互承诺遵守其裁决。仲裁是国际争端的法律解决方法之一。

（一）国际仲裁制度

国际仲裁制度的内容主要包括以下几个方面：

1. 仲裁的依据。仲裁的依据，是仲裁条约、协定或有关条约中的仲裁条款。仲裁条约可以是双边的，也可以是多边的。它既可以在争端发生之后订立，也可以事先缔结。仲裁条约一般应规定提交仲裁的争端范围、仲裁庭的组成、仲裁庭的程序规则和适用的法律、裁决的效力等。

2. 仲裁的审理范围。1907 年《海牙和平解决国际争端公约》第 38 条明确规定了仲裁的审理范围，即"关于法律性质的问题，特别是关于国际公约的解释或适用问题，各缔约国承认仲裁是解决通过外交手段所未能解决的争端的最有效而且也是最公平的方法。因此，遇有关于上述问题的争端发生时，各缔约国最好在情况许可的范围内将争端提交仲裁"。但仲裁是自愿性质的，争端当事国没有接受强制仲裁的义务。

3. 仲裁庭的组成。仲裁庭通常由 3 人或 5 人组成，其中争端当事国各指派仲裁员 1 人，其余由争端当事国共同选定的具有第三国国籍的人士担任。仲裁庭一旦组成，在作出裁决之前应保持不变。

4. 仲裁庭适用的法律。原则上，仲裁庭应适用仲裁协定所规定的法律规则以解决争端。如果仲裁协定对此未作规定，那么仲裁庭一般适用国际法，即《国际法院规约》第 38 条所规定的国际法，如国际条约、国际习惯和一般法律原则等。此外，在争端当事国同意的情况下，仲裁庭还可以适用"公允及善良"原则来裁判争端。

5. 仲裁程序。争端当事国一般会就仲裁程序达成协议。如果争端当事国事先没有协议或协定中没有规定程序规则，或者所订规则不够具体，仲裁庭有权确定或完善程序规则。仲裁程序包括辩护和审理两个阶段。

6. 仲裁裁决。仲裁裁决是书面的，一般包括仲裁员姓名、裁决日期等。仲裁裁决采用多数原则作出。仲裁裁决具有法律约束力，当事国在法律上有接受的义务。

仲裁裁决是终局性的，不得上诉。

（二）常设仲裁法院

根据 1899 年《海牙和平解决国际争端公约》第 20~29 条的规定，"为了便利将不能用外交方法解决的国际争议立即提交仲裁"，1900 年荷兰海牙设立了常设仲裁法院（Permanent Court of Arbitration）。1899 年《海牙和平解决国际争端公约》或 1907 年《海牙和平解决国际争端条约》的缔约国，都是法院成员国。截至 2000 年 8 月，常设仲裁法院有成员国 86 个。

常设仲裁法院包括三个不同的机构，即常设行政理事会、国际事务局和仲裁法院本身。常设行政理事会由公约缔约国驻荷兰的外交代表和荷兰外交大臣组成，其主要任务是指导和监督国际事务局的工作，并就仲裁法院的工作、经费等向缔约国提出报告。国际事务局由秘书长 1 人和若干工作人员组成，其任务主要是保管档案、处理行政事务。仲裁法庭是在缔约国间出现争端并同意提交常设仲裁法院裁决时，由各国在仲裁员名单中选出的仲裁员组成。

可见，常设仲裁法院既不是常设的，也不是法院，而只是提供一个仲裁员的名单以供缔约国从中选任仲裁员组成临时性的仲裁法庭，该法庭就特定案件进行裁决后就解散了。常设仲裁法院自成立以来，受理的案件并不多。

常设仲裁法院和国际法院都设在荷兰海牙的和平宫，两者分别在仲裁和司法解决国际争端领域发挥着各自的作用。

二、司法解决

司法解决（judicial settlement）是解决国际争端的主要法律解决方法，指当事国将争端提交一个常设的国际司法机关进行审理，并由其根据国际法对当事国作出具有法律拘束力的判决。

与国际仲裁相比，司法解决方法具有如下特点：①法院或法庭是固定的和事先组成的，而不像仲裁法庭那样是临时组成的；②法院或法庭的法官不取决于争端当事国的选择，而是由有关国家事先和定期选举产生的，在一段时间内保持不变，而仲裁法庭的仲裁员则是争端当事国为特定的案件逐案专门选任的；③法院或法庭审判案件适用国际法，而仲裁法庭所适用的法律则需要争端当事国一致同意，有较大的任意性；④法院或法庭的判决对争端当事国具有法律拘束力，争端当事国有义务必须服从和执行，而仲裁裁决则需要靠有关当事国的善意遵守和执行。

（一）国际常设法院

由于常设仲裁法院还不是一个通常意义上的真正的法院，不能满足国际社会以法律方法解决国际争端的要求。因此，有必要创立一个真正的国际法院。1920 年 2 月国际联盟行政院在伦敦会议上决定任命法学家组织委员会，起草《国际联盟法院组织草案》。同年 7 月，法学家组织委员会完成了起草工作；同年 12 月 13 日和 14 日分别由大会和行政院通过了《常设国际法院规约》。1921 年，根据《常设国际法院规约》规定，国际联盟大会和行政院分别投票选举了 11 名法官和 4 名候补法官。

1922 年 2 月 15 日，国际常设法院（Permanent Count of Justice）在荷兰海牙正式宣告成立。

国际常设法院从 1922~1942 年的 20 年中，共受理了争端案件 65 个，其中作出判决的 32 个，此外，还提出了 28 项咨询意见。由于第二次世界大战爆发，在海牙的国际常设法院被迫停止工作。1945 年，筹建联合国组织的旧金山会议，决定结束国际常设法院，建立一个新的国际法院来代替它。于是，1945 年 10 月国际常设法院的全体法官提出辞职；同年 4 月，国际联盟最后一次大会解散了国际常设法院。

（二）国际法院

国际法院（International Court of Justice）是根据 1945 年《联合国宪章》的规定而设立的联合国主要司法机关，《国际法院规约》是《联合国宪章》的一个组成部分。根据《联合国宪章》和《国际法院规约》的有关规定，联合国大会和安全理事会于 1946 年分别进行了法官选举，选出了 15 名法官。同年 4 月 2 日国际法院在海牙召开第一次会议，宣布国际法院正式成立。

1. 国际法院的组织。国际法院由 15 名法官组成，其中不得有 2 名法官为同一国家的国民。法官候选人由各国政府委托有关团体提出，联合国大会和安全理事会同时并分别选举，在大会和安全理事会同时获得绝对多数票者即当选为国际法院法官。法官应是品格高尚并在本国具有最高司法职位的任命资格或为公认的国际法学家。这些法官作为整体应确能代表世界各大文化及各主要法系。

法官任期 9 年，得连选连任。法官是专职的，不是其国籍国的代表，不得担任任何政治或行政的职务，或执行其他任何职业性质的任务。除其余法官认为其不再符合法官所必要的条件的情况外，法官不得被免职。法官在执行法院职务时，应享受外交特权和豁免。

为了审理特定的案件，法院可以根据《国际法院规约》第 31 条选派 1 名或 1 名以上的专案法官参与案件的审理。专案法官在参加案件的审判工作时，与其他法官权利和地位完全平等。

法院院长和副院长任期 3 年，由法官秘密投票选举产生，获多数票即为当选，并立即就职。法院院长职位出现空缺或院长不能执行职务时，应由副院长代行职务。

2. 法院的管辖权。国际法院的管辖权分为诉讼管辖权和咨询管辖权两种。

根据《国际法院规约》第 34~37 条的规则，法院的诉讼管辖权包括以下主要内容：一是诉讼当事者。《国际法院规约》第 34 条第 1 款规定："在法院得为诉讼当事者，限于国家。"得在国际法院进行诉讼的当事国包括：联合国会员国即国际法院规约的当然当事国；虽非联合国会员国，但依《联合国宪章》第 93 条规定的条件而成为规约的当事国者；既非联合国会员国，亦非规约当事国，但按规约第 35 条第 2 款的规定，该国已预先向法院书记处交存一项宣言，声明按宪章和规约以及程序规则接受法院管辖，保证认真执行法院判决并承担宪章第 94 条加予联合国会员国的一切义务的国家。二是根据《国际法院规约》第 36 条的规定，法院的诉讼管辖范围分三大类：各当事国提交的一切案件；现行条约及协定所特定的一切事件；当事国随时声明，对于接受同样义务的任何国家，承认不需另订协议而接受国际法院的强制管辖的各种法律争端。这类争端经常涉及：条约的解释；国际法的任何问题；任何事实之存在，如经确定即属违反国际义务者；因违反国际义务而应予赔偿之性质与范围。

国际法院除具有诉讼管辖权外，还具有咨询管辖权。《联合国宪章》第96条规定："①大会或安理会对于任何法律问题得请求国际法院发表咨询意见。②联合国其他机关及各种专门机关，对于其工作范围内之任何法律问题，得随时以大会之授权，请求国际法院发表咨询意见。"《国际法院规约》第65条第1款规定："法院于任何法律问题如经任何团体由联合国宪章授权而请求或依照联合国宪章而请求时，得发表咨询意见。"国际法院在执行咨询管辖时，可以参照《国际法院规约》有关诉讼管辖权的规定进行。

3. 法院适用的法律。依据《国际法院规约》第38条的规定，国际法院应依国际法裁判案件，裁判时适用的法律有：①国际条约。这是指争端当事国明确承认为有效的双边或多边条约。②国际习惯。这须被证明已被国际社会普遍接受为国际习惯法。③被世界各国所普遍承认的一般法律原则。④司法判例和各国权威最高的公法学家学说。此外，法院征得争端当事国同意，可依照"公允及善良"原则裁判案件。

4. 法院的程序。《国际法院规约》第三章第39~64条详尽地规定了法院的诉讼程序。该程序主要包括起诉、书面程序、口述程序、特别程序及判决。

国际法院诉讼程序的第一阶段是起诉。根据《国际法院规约》第40条的规定，向法院提出诉讼案可以通过两种方式进行。一种是以请求书的方式送达书记官长，由书记官长核准请求后将其副本转送被告国。另一种是以特别协定的方式通告书记官长，通知书可由当事国联合提出，也可以由其中一国提出，书记官长应将通知书副本立即送达另一方当事国。

诉讼程序的第二阶段是书面程序阶段。书面程序是指将诉状、辩诉状及必要时的答辩状连同可资佐证的各种文件及公文书送达法庭及各当事国。

以请求书开始的案件，先由请求国提交诉状，再由被告国提交答辩状。以特别协定开始的案件，一般是由各方当事国在同一期限内提交诉状和辩诉状。诉状应包括有关事实和法律的陈述以及诉讼要求。辩诉状应包括对诉状中所述事实和法律的陈述以及诉讼要求。辩诉状应包括对诉状中所述事实的否认或承认，对事实的必要补充，对诉状中关于法律依据的意见，辩诉的法律依据和诉讼要求。

诉讼程序的第三阶段是口述程序。这是指法院审讯证人、鉴定人、代理人、律师和辅佐人。口述程序开始的日期一般由法院确定。法院的审讯应公开进行，除非当事国各方有相反的要求。除上述正常的诉讼程序外，还有些特别程序，如临时保全、初步反对主张、反诉、第三国参加、向法院的特别提交和中止等。

5. 法院判决的执行。国际法院的判决对争端各当事国有确定的拘束力。根据

《联合国宪章》第 94 条的规定，联合国的每一会员国应在其为当事国的任何案件中承诺遵守和执行国际法院的判决。如果任何案件当事国（无论是否联合国会员国）不履行法院判决所承担的义务，其他当事国可以向安全理事会提出申诉；安全理事会在认为必要时，可以提出建议或决定应采取的方法，以执行国际法院的判决。在国际实践中，迄今为止尚无任何一个争端当事国拒绝遵守和执行国际法院判决。

国际法院自 1946 年成立到 2000 年 9 月初，共受理诉讼案件 94 件，受理 23 个咨询案件，并且发表了咨询意见。1999 年是国际法院有史以来受理诉讼案件最多的一年，共有 17 件。国际法院通过诉讼和咨询活动成功地解决了一些法律争端，确立了许多有价值的原则、规则，促进了国际法的发展，维护了国际法律秩序，加强了国际法治观念。

但是，国际法院也存在不足。法院成立初期，欧美法官偏多，亚非国家法官太少，使法院在个别诉讼或咨询案件上处理不公。由于国际法院的程序拖沓等原因，有些发达国家也不愿将其国际争端提交国际法院解决。20 世纪 50 年代，提交国际法院的案件每年 2~3 件，60 年代，平均每年尚不足 1 件。1966 年国际法院对西南非洲案的判决严重违反了"既决不重开"的国际司法惯例，其作出的对原南非种族主义政权有利的判决，引起了广大第三世界国家的强烈不满。国际法院陷入"信任危机"。

20 世纪七八十年代，国际法院修改程序规则，来自第三世界国家的法官明显增加，并且多次当选国际法院院长。1986 年 6 月在国际法院对"在尼加拉瓜境内和针对尼加拉瓜的军事和准军事活动案"的判决中，美国从程序上到实体上彻底败诉。这些情况使包括中国在内的许多国家开始改变对国际法院的不信任态度，自此，国际法院进入了一个比较活跃的新时期。随着国际法院对自身工作的不断改善和国际地位的不断提高，它将发挥更大的作用。

第四节　国际组织与和平解决国际争端

一、联合国与和平解决国际争端

联合国自成立以来，和平解决国际争端就是其重要任务之一。《联合国宪章》第 1 条规定，以和平方式且依正义及国际法之原则，调整或解决足以破坏和平的国际争端或情势。《联合国宪章》第 2 条进一步指出："各会员国应以和平方法解决其国际争端"和"各会员国在其国际关系上不得使用威胁或武力"。以此为基础，宪章还规定了联合国和平解决国际争端的制度和一系列方法。[1]

---

[1]《联合国宪章》第六章和第十四章。

（一）大会

联合国大会由联合国全体会员国组成，它在和平解决国际争端中主要享有讨论权、建议权以及调查权。

《联合国宪章》第 10 条规定，大会得讨论本宪章范围内之任何问题或事项，或关于本宪章所规定任何机关之职权。因此，任何国际争端都属大会讨论的范围。根据《联合国宪章》第 11 条第 2、3 款的规定，大会不可以讨论联合国任何会员国或安理会以及非联合国会员国向大会所提出来的"关于维持国际和平与安全的任何问题"，并向会员国或安理会或兼向两者提出对于各该项问题的建议。"大会对足以危及国际和平与安全之情势，得提请安全理事会注意。"

此外，大会还有与安理会同样的调查某项争端或情势的权利，并可以设立常设或临时调查委员会协助解决争端。

联合国大会对争端或情势的讨论，建议和调查的结果可以通过决议的形式提出，决议也可以提出解决争端的方法和条件。但是，这类决议只有道义力量，并不具备法律强制力。

（二）安全理事会

安理会是联合国解决国际争端的最主要也是最重要的机关，特别是在存有可能危及国际和平与安全的重大争端时，安理会在解决争端中起着举足轻重的作用。《联合国宪章》第 24 条规定，安理会"对维护国际和平与安全有重要责任"。《联合国宪章》第 6 章、第 7 章和第 8 章进一步明确了安理会在解决国际争端中的主要职权。

1. 建议权。当争端的继续存在足以危及国际和平与安全时，如果安理会认为有必要，可以促请当事国以谈判、调查、和解、公断、司法解决、利用区域机关或区域办法或各国自行选择的其他和平方法，解决争端。此外，安理会还可以在任何阶段建议适当的程序和调整方法。

2. 调整权。安全理事会对任何争端或可能引起国际摩擦或惹起争端的任何情势可以自行进行调查，以断定该争端或情势的存在和继续存在是否足以危及国际和平与安全。安全理事会可以在为解决争端建议适当程序或调整方法时行使调查的权力，也可以在断定需要采取《联合国宪章》第七章所规定的执行行动的情势存在时行使调查的权力。为了行使调查的权力和职责，安全理事会可以设立常设或临时的调解委员会。争端当事国根据《联合国宪章》的有关规定，有义务对安全理事会所设立的调查机构给予一切必要的支持。

3. 执行行动。当争端发展到威胁或破坏国际和平安全或构成侵略行为时，《联合国宪章》第七章授权安理会以具体的执行行动的权力来实施其决议。这类权力包括两大类行为和办法。一类是武力以外的办法，如局部或全部停止经济关系、铁路、海运、航空、邮、电、无线电及其他交通工具，直到断绝外交关系。另一类是武力行动，如会员国联合进行的海陆空示威、封锁及其他军事行动。由于安理会是联合国唯一的执行机构，因此安理会这方面的权力是大会和其他任何机构所不能具有的。

但值得注意的是，安理会这时的执行行动针对的只能是侵略行为。

（三）秘书长

秘书长是联合国的行政首长。秘书长在解决国际争端方面也拥有广泛的权力，其主要职权有：

1. 受委托而进行解决国际争端的活动。《联合国宪章》第 98 条规定，秘书长受大会和安理会的委托，行使这两个机构在解决国际争端方面的职能。在联合国的实践中，秘书长在这方面的活动不胜枚举。

2. 提请安理会注意。《联合国宪章》第 99 条规定："秘书长得将其所认为可能威胁国际和平及安全之任何事件，提请安全理事会注意。"

此外，秘书长利用其特殊地位，采取斡旋、调解和国际调查的方式，在解决国际争端方面的作用也明显加强。

二、区域性国际组织与和平解决国际争端

根据《联合国宪章》第 33 条的规定，国际争端也可以通过利用区域机关或区域办法求得解决。有关区域机关或区域办法的利用，《联合国宪章》第八章作了专门规定。

利用区域机关或区域办法的目的在于"用以应付关于维持国际和平及安全而宜于区域行动之事件者"。属于世界性而不是区域性的国际争端，不在利用区域机关或区域办法的范围之内。

作为争端当事者的联合国会员国在将区域性争端提交安理会以前，应先利用区域办法或区域机关和平解决争端。

安理会在采取执行的行动时，也可以利用区域机关和区域办法，但区域机关采取执行行为实施区域办法时必须有安理会的授权。

由区域机关或区域办法所采取或正考虑采取的具体行动应向安理会作充分报告。

目前世界上常用的区域办法和区域机构主要有美洲国家组织、阿拉伯联盟、东南亚联盟、欧洲共同体和非洲统一组织等。

和平解决国际争端，近年来发展较快，出现了很多新变化。和平解决国际争端的政治或外交方法的新发展、《海洋法公约》和世界贸易组织争端解决机制对和平解决国际争端法律方法的影响、联合国国际法院的改革问题、如何进一步加强国际组织在和平解决国际争端中的作用、怎样更好地协调联合国与区域性国际组织在解决国际争端方面的关系等，都值得进一步研究。

 理论思考与实务应用

一、理论思考

（一）名词解释

1. 国际争端

2. 谈判

3. 调查

4. 调停

5. 专案法官

6. 国际法院管辖权

7. 维持和平行动

8. 附带程序

（二）简答题

1. 国际争端的政治解决方法有哪些？

2. 简述国际法院的诉讼管辖权。

3. 试述国际组织在和平解决国际争端中的作用。

4. 试述国际法院的咨询管辖权。

5. 试述区域机关或区域办法与国际争端的和平解决。

（三）论述题

1. 试论国际法院的改革问题。

2. 论述国际争端的法律解决方法。

二、实务应用

（一）案例分析示范

案例一

1955 年 7 月 27 日，一架以色列艾尔阿尔航空公司的民航机在奥地利的维也纳和以色列的黎达之间作定期商业飞行，因未经许可进入保加利亚领空，被保加利亚边防战斗机击落，乘客（包括各国国籍的）及机组人员全部遇难。以色列在通过外交谈判来解决赔偿问题的努力失败后，便于 1957 年 10 月 16 日向国际法院起诉。以色列于 1956 年 10 月 3 日根据《国际法院规约》第 36 条第 2 款声明接受国际法院的强制管辖。保加利亚王国在 1921 年 7 月 29 日根据《常设国际法院规约》的规定，声明无限期地接受常设国际法院的强制管辖（该声明于 1921 年 8 月 12 日批准）。

以色列在请求国际法院管辖此案的请求书中请求国际法院宣布，保加利亚应对因飞机失事所造成的损失负赔偿责任。对于以色列将此案提交给国际法院，保加利亚提出了 5 项反对法院管辖权的主张，其中第 1 项反对主张认为，保加利亚在 1921 年 8 月 12 日批准的无限期地接受常设国际法院强制管辖的声明到 1946 年 4 月 18 日常设国际法院解散时就失去效力了，因此，在 1955 年 12 月 14 日保加利亚加入联合国时该声明也不再有效了，因而，不能根据《国际法院规约》第 36 条第 5 款认为该声明已构成对国际法院强制管辖权的接受（《国际法院规约》第 36 条第 5 款规定："曾依常设《国际法院规约》第 36 条所为之声明而现仍有效者，就本规约当事国间而言，在该项声明尚未届满前并依其条款，应认为对于国际法院强制管辖之接受。"）。以色列要求法院驳回保加利亚提出的初步反对主张。以色列认为，保加利亚

1921 年 8 月 12 日所批准的声明是无限期地接受常设国际法院的强制管辖，根据《国际法院规约》第 36 条第 5 款的规定，该项声明从 1955 年 12 月 14 日保加利亚加入联合国之日起，也应适用于国际法院的强制管辖权。

对于本案，法院必须要确定的就是《国际法院规约》第 36 条第 5 款是否能适用于保加利亚 1921 年声明的问题。对此，法院认为，参加旧金山会议和签署《联合国宪章》的国家与后来加入联合国的国家是不同的，其最基本的区别就在于：出席旧金山会议和签署《联合国宪章》的国家知道它们在自己拟定的宣言中应采取什么立场，而且它们显然是要把旧法院的管辖权转移到新法院来；而其他没有参加旧金山会议或签署《联合国宪章》的国家，日后有可能加入联合国，但它们加入联合国时，其接受常设国际法院的声明有可能仍然有效，也有可能已经失效。这种不同表明以色列政府对《国际法院规约》第 36 条第 5 款的解释是不合适的。声明接受常设国际法院强制管辖的联合国创始会员国以及在 1946 年 4 月 18 日常设法院解散前加入联合国的国家，其接受声明可以依《国际法院规约》第 36 条第 5 款继续有效，但无论如何，第 36 条第 5 款不能适用于在 1946 年 4 月 18 日以后加入联合国的国家，因为常设国际法院的解散日也就是原接受声明的期满日。

法院又进一步阐述了第 36 条第 5 款的立法精神和目的，研究了旧金山会议的筹备工作以及规约的上下文，指出，保加利亚在 1955 年 12 月 14 日以前还不是联合国的会员国和法院规约的当事国，因此，《国际法院规约》第 36 条第 5 款不能适用于保加利亚在 1921 年所作的接受常设国际法院强制管辖的声明。

1959 年 5 月 26 日，法院以 12 票对 4 票接受保加利亚的第 1 项反对主张，宣布对此案没有管辖权，并指出，没有必要再审查其他几项反对主张。

问：如何认识国际法院对此案的管辖权？

【评析】本案主要涉及常设国际法院的强制管辖权依特定声明转移给国际法院的问题、《国际法院规约》第 36 条第 5 款的解释问题、法院管辖权要基于国家同意的问题等。

根据《国际法院规约》的规定，国际法院对案件的管辖是以当事国的自愿为前提的。国际法院的诉讼管辖共有三种方式，其中的任意强制管辖是根据《国际法院规约》第 36 条第 2 款的规定而进行的。第 36 条第 2 款规定："本规约各当事国得随时声明关于具有下列性质之一切法律争端，对于接受同样义务之任何其他国家，承认法院之管辖为当然而具有强制性，不需另订特别协定：①条约之解释；②国际法之任何问题；③任何事实之存在，如经确定即属违反国际义务者；④因违反国际义务而应予赔偿制性质及其范围。"该条第 5 款又进一步规定："曾依《常设国际法院规约》第 36 条所为之声明而现仍有效者，就本规约当事国间而言，在该项声明期间尚未届满前并依其条款，应认为对于国际法院强制管辖之接受。"在这个案件中，以色列曾于 1956 年 10 月 3 日接受了国际法院的强制管辖，保加利亚王国曾在 1921 年 7 月 29 日声明无限期接受常设国际法院的强制管辖。本案的关键就在于保加利亚王国在 1921 年 7 月 29 日的声明对 1946 年《国际法院规约》第 36 条第 2 款、第 5 款是否有效的问题，这就涉及对第 36 条第 5 款的解释问题。法院强调指出，对于接受常设国际法院强制管辖的国家应当加以区别，即如果参加了旧金山制宪会议或签署了《联合国宪章》，也就是说是属于联合国的创始会员国，则接受常设国际法院强制管辖的国家在其接受声明届满以前也适用于《国际法院规约》，即应接受国际法院的强制管辖；如果不属于联合国创始会员国，则其声明不适用《国际法院规约》。这类国家要获得国际法院的强制管辖，就应当在接受《国际法院规约》以后，明确声明接受规约第 36 条第 2 款。

案例二

在 1983 年底和 1984 年初，美国派人在尼加拉瓜的布拉夫、科林托、桑提诺等港口附近布雷，范围包括尼加拉瓜的内水和领海。这种布雷活动严重威胁了尼加拉瓜的安全和航行，并已造成了重大的事故和损失。尼加拉瓜于 1984 年 4 月 9 日向国际法院提出请求书，对美国政府指使美国军人和拉丁美洲国家的国民在尼加拉瓜港口布雷、破坏尼加拉瓜的石油设施和海军基地、侵犯尼加拉瓜的领空主权以及在尼加拉瓜组织和资助反政府集团等军事和准军事行动提出指控。尼加拉瓜请求国际法院判定美国的行动构成非法使用武力和以武力相威胁、干涉尼加拉瓜内政和侵犯尼加拉瓜主权的行为，请求法院责令美国立即停止上述行动并对尼加拉瓜及尼加拉瓜国民所受的损失给予赔偿，并请求国际法院指示临时保全措施。

美国提出种种反对理由，反对法院对此案具有管辖权，要求法院将此案从法院的受案清单中取消。

5 月 10 日，法院发布命令，拒绝了美国提出的把此案从法院的受案清单中取消的要求，指示了临时措施。11 月 26 日，法院结束了此案初步阶段的审理，就法院的管辖权和应否接受该案的先决问题以 15 票对 1 票作出了肯定判决。法院初步判决后，美国于 1985 年 1 月 18 日宣布退出此案的诉讼程序。法院决定，根据《国际法院规约》第 53 条有关当事国一方不出庭的规定，继续对此案进行缺席审判。1986 年 6 月 27 日，法院结束对此案实质问题阶段的审理，就此案作出有利于尼加拉瓜的判决。

在初步判决中，法院依法审查了尼加拉瓜提出的法院管辖权的依据和美国的种种初步反对主张，最后驳回了美国的反对主张，确立了法院对此案的管辖权。

在实质案情的审判阶段，法院首先全面审查了此案涉及的事实和可适用的法律及其内容。考虑到美国在其 1946 年接受国际法院强制管辖的声明中对涉及多边条约的案件作了一项保留，法院决定审查本案实质问题时不适用条约法而适用习惯法，为了确定习惯法规则的存在，法院有必要从《联合国宪章》、1928 年的《国内冲突中各国权利和义务公约》、1970 年联合国大会通过的《国际法原则宣言》、1965 年《关于各国内政不容干涉及其独立与主权之保护宣言》以及 1974 年联合国大会《关于侵略定义的决议》等重要国际文件中确定习惯法规则存在的证据。通过考查，法院认为下述原则或规则为可适用于本案的国际习惯法的内容：

1. 禁止使用武力原则。法院指出,关于此原则的"法院确信"可以从争端双方和其他国家对联合国大会的若干决议的态度中推断出来,特别是第 2625（XXV）号决议即《关于国家间友好与合作关系的国际法原则宣言》。国家对这些决议表示同意时即表达了将该原则视为独立于宪章之类的条约法规则之外的一项习惯法原则的法律确信。

习惯法中所确立的禁止使用武力的一般规则允许若干例外,单独或集体的自卫权即是一例。对一场进攻的回击是否合法取决于该回击是否符合"必要性"与"相称性"的要求。而且,不论自卫是单独的,还是集体的,它只能为回击"武装进攻"而实施。法院认为,"武装进攻"应理解为不仅指一国正规武装部队越过国际边界的行动,也包括一国向另一国领土派遣武装团队,条件是此等行为由于其规模与后果,如果为正规武装部队所实施即可视为武装进攻。

法院并不认为"武装进攻"的概念包括对另一国叛乱分子以提供武装、后勤或其他援助为形式的帮助。此外,法院确认,在国际习惯法中,不论是一般性的,还是中美洲特有的,没有任何规则允许在未受到武装进攻之受害国提出援助请求时行使集体自卫。习惯法亦要求受害的国家应宣布它遭到了武装进攻。

2. 不干涉原则。不干涉原则涉及每一主权国家不受外来干预处理其事务的权利。各国关于该原则之存在的"法律确信"在许多场合表达出来,如美国与尼加拉瓜都参加了的许多国际组织和会议所通过的诸多决议与宣言。这些决议与宣言表明美国和尼加拉瓜承认该原则为普遍适用之习惯法原则。至于习惯法中该原则的内容,法院认为包括如下要素:所禁止的干涉针对的必须是各国根据国家主权原则有权自由决定的事项（如选择政治、经济、社会及文化制度,决定对外政策）;干涉使用的是强制手段,尤其是使用武力,而不论是军事行动这种直接的干涉形式,还是支持在另一国家的颠覆破坏活动等间接形式的干涉。法院还指出,那种认为国际习惯法中存在着一项支持另一国国内反对势力的一般干涉权的观点没有得到各国实践的赞同;事实上,美国和尼加拉瓜亦均不赞成此观点。

对于针对非武装进攻行动的集体对抗措施的合法性问题,即若一国对另一国的行动违反了不干涉原则,第三国对该行为国采取等同于干涉其内部事务的对抗措施是否合法? 这类似于在遭到武装进攻的场合行使自卫权,但导致报复措施的行动没有武装进攻那么严重,不构成武装进攻。法院认为,根据现代国际法,国家不具有对非武装攻击行动实施所谓"集体"对抗措施的权利。

3. 国家主权原则。国际法院认为,国家主权及于每个国家的内水和领海,在他国内水或领海布雷,构成侵犯他国主权的行为。布雷妨碍了进出港口的权利,也阻碍了该国的海上交通和海上商业活动,因而构成侵犯国家主权原则的行为。

在阐明了可适用的法律原则之后,法院将此等法律原则适用于案件事实,以绝大多数赞成票的表决就下述几个问题作出判决:

1. 美国对尼加拉瓜非法使用武力并以武力相威胁。尼加拉瓜指控美国在其港口设置水雷，出动飞机袭击尼加拉瓜港口和石油设施以及向尼加拉瓜反政府武装提供训练、武器装备和财政支持。

美国并不否认上述事实。但它一方面坚持说，美国政府没有直接参与上述活动；另一方面辩解说，上述活动是出于"集体自卫"，为了证明"自卫"，美国提出尼加拉瓜曾向萨尔瓦多境内反政府武装运送武器．并指责尼加拉瓜进攻洪都拉斯。

法院判决指出，根据调查，从事上述活动的人员是根据合同由美国政府雇佣的，所以美国政府对上述活动负有直接责任。法院根据禁止使用武力原则评价上述活动，认为它们构成对该原则的违反，除非美国行使集体自卫权的抗辩能够成立，即满足了行使自卫权的以下条件：①尼加拉瓜从事了对萨尔瓦多、洪都拉斯或哥斯达黎加的武装进攻；②有关国家认为它们是尼加拉瓜武装进攻的受害者，这些国家要求美国提供帮助；③美国的行动符合自卫行动应是确实必要的、行动规模应与攻击规模相称的原则。对此，法院认为对每一项至少都无法作出肯定的答复。因此，法院判定，美国的所谓自卫不能成立。美国的上述行动违反了禁止使用武力原则，构成了对尼加拉瓜非法使用武力和以武力相威胁。

2. 美国支持尼加拉瓜反政府武装是对尼加拉瓜内政的干涉。美国否认它支持尼加拉瓜反政府武装的目的是推翻尼加拉瓜合法政府。但它承认，其目的是迫使尼加拉瓜政府改变其内外政策。

法院指出，尽管美国政府的目的不是要推翻尼加拉瓜政府，但美国支持的尼加拉瓜反政府武装的目的却是如此。如果一国政府出于对另一国政府施加压力的目的，支持、帮助该另一国境内目的在于推翻其政府的武装力量，此等支持、帮助行动无疑构成对该另一国内政的干涉，而不论该提供支持国具有何种政治动机。因此，法院判定，美国以提供财政支持、训练、武器装备、情报、后勤支持的形式支持尼加拉瓜境内的反政府武装的军事及准军事活动，美国的行为明显构成了对不干涉内政原则的违反。

3. "集体对抗措施"的辩解不能为美国的干涉行动提供合法根据。

4. 美国对尼加拉瓜的行动违反了国家主权原则。法院判决，美国支持尼加拉瓜的反政府武装，直接攻击尼加拉瓜港口、石油设施等，在尼加拉瓜港口布设水雷以及上述判决中认定的包括使用武力在内的干涉行动，不仅违反了禁止使用武力原则，亦违反了尊重国家领土主权原则。这些行动不能因所称尼加拉瓜在萨尔瓦多的活动证明是正当的；假定尼加拉瓜的活动确实存在，此等活动也不能赋予美国任何权利。

法院判决还逐个审查并最终拒绝了美国为其行动辩解的其他理由。关于所称尼加拉瓜政府违反了它对尼加拉瓜人民、美国及美洲国家组织所作的某些庄严承诺的抗辩，法院指出，它不能设想创造一项所谓"意识形态的干涉"的原则，即一国有权因为另一国奉行某种意识形态，或选择了某种政治制度而干涉后者。关于指控尼加拉瓜违反人权的抗辩，法院指出，美国的使用武力不可能是监督或确保尊重人权的适宜方法。

法院判决宣布美国有义务立即停止并再不采取上述任何违反其国际义务的行为；并且有义务对上述行为给尼加拉瓜造成的损害作出赔偿。

最后，法院判决要求争端双方履行其国际义务，根据国际法，以和平手段解决它们之间的争端。

问：国际法院对该案行使管辖权的依据是否充分？其意义何在？

【评析】本案涉及的主要问题是国际法的基本原则和国际法院的管辖权问题。禁止使用武力侵犯别国主权和不干涉别国内政原则，是现代国际法的基本原则，也是普遍适用的国际习惯法规则。对这些国际法基本原则的破坏，构成严重的国际不法行为，行为国应对此承担国际责任。

本案是国际法院第一次对一个大国进行缺席审判。由于证据确凿，事实清楚，美国的抗辩主要是反对国际法院对本案的管辖权。但是，在实质案情审理阶段，法院对上述国际法基本原则的法律地位、含义和约束力都作了较为深入的剖析，这对于我们认识和理解国际法基本原则是极为有益的。

案例三

1885～1909年这段时间，挪威政府和两家挪威银行在外国市场（包括法国市场）上发行了各种不同的公债。根据挪威政府的规定，所有这些债券都包含一个黄金条款，即公债本息到期时只能以黄金或可兑换为黄金的货币来支付。1914年，挪威停止以黄金支付债款；1923年挪威制定的一项法律规定，以黄金表示的挪威公债，只能以挪威货币克朗来折算偿还。由于法国政府对其公民实行外交保护，两国政府进行了长时间的外交谈判，但未达成任何有效协议。1955年7月6日，法国向国际法院提起诉讼。

法国要求国际法院判决：债务的清偿应当是在息票偿付之日偿付债券息票的黄金价值，并在偿债之日偿付应偿清的债券的黄金价值。法国政府明确援引《国际法院规约》第36条第2款以及挪威和法国分别于1946年12月16日和1949年3月1日发表的接受国际法院强制管辖的声明，作为国际法院对本案的当事国挪威有管辖权的法律根据。

挪威政府对国际法院的管辖权提出了4条初步反对意见。其中包括，挪威政府认为，法国提交法院的争端处于国内法排他的管辖范围之内，不属于《国际法院规约》第36条第2款规定的争端，根据法国的声明中的保留，基于对等原则，挪威也可以援引这一保留并将其适用于本案，因而国际法院对本案无管辖权。因为，对法国政府，挪威不应受比法国政府作出的承诺更多的义务的约束。

1957年7月6日，国际法院以12票对3票作出裁定：法院对法国提交的该争端无管辖权。法院认为，它对本案的管辖权取决于双方以相互同意为条件作出的声明。由于涉及两个单方面的声明，因而只有在这两个声明一致给予法院管辖权的范围内，法院才有管辖权。

1946年12月16日挪威政府声明："在它与接受同样义务的其他国家之间，即以义务对等为条件，挪威政府接受《国际法院规约》第 36 条第 2 款规定的强制管辖，无须特别协定。本声明自 1946 年 10 月 3 日起生效，为期 10 年。" 1949 年 3 月 1 日法国政府声明："在它与接受同样义务的其他国家之间，即以义务对等为条件，根据《国际法院规约》第 36 条第 2 款的规定，对在本声明批准后涉及事实和情势之任何争端，除当事国已经协议或可能协议诉诸其他和平解决方法之外，接受国际法院的强制管辖。本声明不适用于法国政府认为在本质上属于其国内管辖之事项。"

根据法国政府对其所认为的国内管辖事项所作的保留，法院认为，法国接受国际法院强制管辖的范围要比挪威窄。因此，双方当事国的共同意志只存在于法国保留所声明的较窄的范围之内。挪威政府的声明没有插进任何类似于法国声明中的保留的内容，但是根据对等原则，挪威政府有权为了自己的利益而援引法国声明中的保留，把它认为本质上属于其国内管辖的争议排除在国际法院的强制管辖之外。

法院认为，它不应审查法国的这个保留的效力，而应加以执行，因为它的国际效力并没有受到有关当事方的质疑。在此基础之上，法院指出："根据相互条件，挪威政府有权引用法国政府在 1949 年 3 月 1 日的声明中所载的保留，这项保留把法国政府在请求书中提到的争端排除在法院的管辖权之外，因而法院是无权受理这个请求的。"

问：如何理解国际法院对本案的管辖权？

【评析】本案涉及的是《国际法院规约》第 36 条第 2 款的规定。该款规定，规约各当事国得随时声明，对于接受同样义务的任何其他国家，承认法院对关于下列性质的一切法律争端的管辖为当然而具有强制性的，不须另订特别协议。这些事项是：条约的解释；国际法的任何问题；任何事实的存在，如经确定即构成违反国际义务者；因违反国际义务而应予赔偿的性质及其范围。该规定就是通常所说的"任择性强制管辖"。所谓任择性强制管辖，就是说一方面它是任意的，即各国可以自由选择接受或不接受、在什么时候接受以及在何种程度上和范围内接受；另一方面是强制的，即在其所接受的程度和范围之内，国际法院有强制管辖权。

在本案中，挪威就以 10 年为期，无保留地声明接受了法院的这种管辖权；而法国虽在期限上没有限制，但提出了两项保留，一是除已经协议或可能协议诉诸其他和平解决方法的涉及事实或情势的争端，另一个是本质上属于其国内管辖的事项。

由于在接受法院的这种管辖上存在着任意性，因此，保留是容许的，保留的效力也不容置疑。但《国际法院规约》第 36 条第 2 款明确使用了"对于接受同样义务的任何其他国家"的措词，这也是挪威和法国声明中都使用的"以义务对等为条件"的意思。在国际法上，此即对等原则。正是根据这一原则，法院在本案中才判决法国败诉的。

（二）案例分析实训

案例一

1904 年正是日俄战争局势紧张的关头。该年 10 月 11 日，俄国波罗的海舰队在开赴远东作战途经北海时，误认在北海多革堤附近的英国赫尔渔船队为日本鱼雷艇，予以炮击，结果打死渔民 2 名，并有几只渔船受到相当损失。因此英俄两国一时关系紧张。

英国不仅要求俄国给予道歉和充分的赔偿，并且要求严惩对这次事件负责的军官。

俄国认为这次炮击是由于渔船队中藏有日本鱼雷艇而引起的，因而他不能对指挥官加以惩罚。可见，这一争端归结到一个事实问题。

最后，两国政府同意根据 1899 年《海牙和平解决国际争端公约》的规定，委托一个国际调查委员会。其任务是秉公查明北海渔船事件的真实情况，并对于事件的责任以及负责人员的责任程度发表意见。

该委员会由 5 名高级军官——英、俄、美、法、奥各 1 人组成，在经过调查后，于 1905 年 2 月在巴黎开会。报告断定事件发生时并没有日本鱼雷艇在场，波罗的海舰队的开火纯系由于指挥官的判断错误造成的事故，不能认为是正当的，舰队司令海军上将应对这一事件负责。

英国不能坚持惩办负责的俄国军官，但俄国政府给予了 6.5 万英镑，用以赔偿受害人。

问：本案适用的是何种国际争端解决方法？这种解决方法有何特点？

案例二

美国内战期间，联邦政府封锁了南方同盟的各个港口，同盟政府急需船只和装备，它力图从中立国——特别是从已承认同盟是交战团体的英国购买军舰。因此，同盟政府以私人名义向英国私人船厂订购了许多船舶，其中一艘被称为"恩利加号"的"290 号"船于 1862 年 5 月 15 日下水。该船就是后来闻名的"阿拉巴玛号"，是当时同盟军所拥有的最有名的一艘巡洋舰。

1819 年 7 月 3 日的《英国外国征募法》严禁卖军舰给外国，但英国政府不愿执行这个法律，其理由是联邦政府驻伦敦的公使未能证实"290 号"的真实性质。后来，经进一步提出证据后，王室法律官员建议应拿捕此船，但发现"290 号"刚刚离港试航，并从此一去不复返了。

那时候"290 号"尚无武器装备，航行人员也没有配备齐全。在亚速群岛的水面上，两艘负责把所有装备物资送到会合地点的英国船舶，向这艘当时已属于同盟军的巡洋舰"阿拉巴玛号"提供了人员和武器。从那以后，"阿拉巴玛号"便开始从事劫掠商船的勾当，在大西洋、印度洋，甚至在中国海面上追击美国商船队。在富有传奇色彩的船长拉菲尔·赛墨的指挥下，"阿拉巴玛号"在不到两年的时间里，击沉、烧毁或劫持了近 70 艘联邦船舶。它给联邦海商事业造成了极为严重的损害，不仅使船只受到了直接损失，而且给美国船主造成了极重的恐怖心理，使他们后来不得不在外国（尤其是英国）登记以取得外国船旗。1864 年 6 月 19 日，在法国瑟堡以外的海面上，"阿拉巴玛号"被联邦军舰"凯撒基号"击沉。它的船长、部分军官和水手被一艘英国私人快艇救起，并被送到英国。

联邦政府向英国提出抗议，认为其非法承认南方同盟为交战团体是干涉其内政的行为；并抗议英国违反中立义务，因为它没有制止在它管辖的范围内建造和装备南方同盟的军舰；而且当这些军舰停泊在港口内时，它也没有采取措施予以拿捕。在内战期间，联邦政府曾向英国提出过赔偿请求，但双方没有达成协议。1869年，双方签订《约翰逊·克莱列顿专约》，该专约规定设立一个英美混合委员会，以解决（除其他事项外）美国对英国当局给南方同盟供应军舰并给予支持的行为而提出的所有赔偿要求的问题。由于英国拒绝将它承认南方同盟为交战团体一事是否合法的问题提交委员会解决，美国参议院未批准这个专约。随后双方进行了进一步的谈判，最终于1871年5月8日签订了《华盛顿条约》。该条约规定，将"阿拉巴玛号"求偿争端提交给一个设在日内瓦的仲裁法庭解决，该法庭由5人组成，这5人分别是诉讼的两个当事国、意大利国王、瑞士联邦总统和巴西皇帝各指派的1名仲裁员。有关交战团体的承认问题不在仲裁之列。条约包括以下3项规则，说明了在海战中的中立国所承担的义务。

中立国应受下列各条之约束：①以相当注意防止在其管辖范围内对任何该政府有合理的根据认为是为了追逐一个与它处于和平状态的国家的船舶或对该国作战的船只进行装备、武装及配备；并以同样的注意防止全部或部分地在其管辖范围内进行特别装备以适合战争使用而具有如上之追逐及作战之目的的任何船只离开其管辖的地区。②不得允许或容忍任何交战一方利用它的港口或领水作为攻击他方的海军活动基地，或用于更新或补充军需或武器及补充兵源的目的。③在其港口或领水内，对于在其管辖下的任何人，加以"相当注意"，防止他们作出任何破坏上述义务及责任的行为。

根据该条约第6条的规定，仲裁员须适用这些规则和与这些规则相一致的国际法原则。英国政府不同意将这些规则作为在求偿问题发生时有效的国际法原则，但它同意仲裁员在裁决案情时应推定，英国已经承允按照这些规则提出的原则行事。

1872年9月14日，仲裁法庭作出了裁决。对于"阿拉巴玛号"，法庭认为，英国政府没有采取有效措施在该船建造时即加以制止，因而在履行中立义务方面没有加以"相当注意"。而且，"阿拉巴玛号"数次自由进入英国殖民地的港口，也"没有受到应得的控告"。法庭认为，英国政府不能以它缺乏能够运用的合法的诉讼方式为理由，而为其不给以相当注意的行为辩护。结果，仲裁员以4票对1票的多数裁定：英国在"阿拉巴玛号"案中由于失职未能履行《华盛顿条约》第6条所确定的规则中的第1项和第3项所述之义务；裁决由英国支付给美国15 500 000美元的金币作为赔偿，以了结"阿拉巴玛号"案的全部赔偿要求。

"阿拉巴玛号"案的重要意义体现在国际仲裁和中立义务两个方面。在国际仲裁史上，"阿拉巴玛号"案的判决具有十分深远的影响，它成功地解决了英美间的一项严重争端，突出了仲裁方法的价值和效用，促进了国际仲裁制度的完善和发展。在中立义务方面,《华盛顿条约》三规则第一次使海战中的中立行为的某些普遍原则系统化,对传统的战时中立制度作了补充和发展。1907年10月18日的《中立国在海战中的权利和义务公约》吸收了华盛顿规则的内容。

问:国际仲裁有哪些特点?战时中立的性质和由此引起的后果是什么?

案例三

2002年5月,以色列决定将沿1967年停火线(绿线)在约旦河西岸巴控地区与以交界地带,修建总长约360公里的隔离墙。建成后的隔离墙将由数米高的钢筋混凝土墙体、高压电网和电子监控系统等组成,并由以色列巡逻队和哨兵进行警戒。隔离墙建成后,约旦河西岸和以色列本土将被分割开来,形成一条无法跨越的地面障碍。以色列修建隔离墙遭到巴方的强烈反对。国际社会也普遍谴责以色列强行修建隔离墙的行为。2003年10月,联合国大会紧急特别会议以压倒性多数票通过决议,要求以色列停止在巴勒斯坦被占领土上修建隔离墙。12月8日,第58届联合国大会通过一项决议,要求国际法院就以色列在巴勒斯坦被占领土上修建隔离墙是否合法提出意见。

2004年7月9日,国际法院发表咨询意见,认为以色列在巴勒斯坦被占领土上修建隔离墙违反国际法,要求以色列停止任何违反国际法的行为,停止在巴勒斯坦被占领土上修建隔离墙,并赔偿因修建隔离墙的错误行为而对巴勒斯坦造成的损失,赔偿办法之一是拆除已在被占领土上修建的隔离墙。

问:国际法院的咨询意见是否有约束力?它对有关国际争端的解决有何影响?

 主要参考文献

1. 苏义雄:《平时国际法》,三民书局1996年版。
2. 李寿平等主编:《国际公法教程》,对外经济贸易大学出版社2007年版。
3. 杨泽伟:《国际法析论》,中国人民大学出版社2007年版。
4. 王铁崖主编:《国际法》,法律出版社1995年版。
5. 邵津主编:《国际法》,北京大学出版社、高等教育出版社2000年版。

第 十 三 章

战争与武装冲突法

【本章概要】战争和武装冲突法是与平时法相对应的特殊法律。国际法不仅对国家在和平时期的相互关系予以规范，还对它们在战争和武装冲突中的相互关系予以规范。战争和武装冲突法是指在战争和武装冲突中，以国际条约和惯例为形式，调整各交战国或武装冲突各方之间、交战国与中立国之间关系的和有关战时人道主义保护的原则、规则和制度的总称。其内容涉及战争的开始和结束、对作战方法和手段的限制、对平民和战争受难者的保护、战时中立以及对战争犯罪的责任追究等。

【学习目标】通过本章的学习，学生应掌握战争、战争的开始和结束、战时中立等相关概念，掌握战争和武装冲突法的各项原则、规则和制度。

第一节　概述

一、战争与武装冲突法的概念与特征

（一）战争与武装冲突法的概念

在现代国际关系中，尽管人类渴望和平，并且和平已成为时代的主流，但是武装冲突和战争还是不能完全避免。因此，现代国际法不仅调整和平时期的国际关系，而且也调整武装冲突和战争期间的国际关系。前者被称为平时法，后者被称为战争与武装冲突法。[1]

"战争与武装冲突法"（Law of War and Armed Conflicts）是现代国际法的一个重要分支，是指在战争和武装冲突中，以国际条约和惯例为形式，调整各交战国或武装冲突各方之间、交战国与中立国之间关系的和有关战时人道主义保护的原则、规则和制度的总称。

国际法上的战争与武装冲突具有以下特点：

1. 战争与武装冲突既包括国际性的武装冲突（即国与国之间的武装冲突），也包括非国际性的武装冲突（即发生在一国国内的武装冲突）。因此，战争与武装冲突

---

〔1〕　参见邵津主编：《国际法》，北京大学出版社、高等教育出版社 2000 年版，第 413 页。

的主体主要是国家，但不限于国家。民族解放组织和非国际性的武装冲突各方，都是国际法意义上合法的主体。

2. 战争与武装冲突既是事实状态又是法律状态。依据传统国际法，战争是一种法律状态。法律意义上的战争的存在，除存在武装敌对行为的事实以外，还要看交战各方是否有"交战意思"和第三国的态度。如果交战一方或双方宣战，或事实上把对方的敌对行为看作是战争，或者非交战的国家宣布中立，这就意味着法律上战争状态的存在和交战双方和平关系的正式结束，战争法和中立法开始适用，并由此产生一系列的法律后果。

3. 战争是一定规模的长时间的武装冲突或是通过宣战表达的敌对意图。一方面，并非一切武装冲突都构成国际法上的战争。如果武装冲突只是一般性的敌对行动，并且敌对行动在小规模、短时间内进行的，则不是战争。武装冲突只有持续较长的时间，发展到一定规模并产生一系列的法律后果，才构成国际法上的战争。另一方面，战争也不以武装冲突的存在为前提，现代战争还包括敌对双方以宣战表示它们敌对意图的行为。如二战期间中国对德国、意大利的宣战，从宣战前后直到战争结束都从未和后二者发生过武装冲突。

（二）战争与武装冲突法的内容

战争与武装冲突法的内容主要包括两大部分：一是关于武装冲突或战争本身的规则，即战争或武装冲突的开始与结束，海、陆、空战行为规则，交战国之间、交战国与中立国或非交战国之间法律关系的规则，对作战方法和作战手段的限制，对战争罪犯的惩处等。这是属于传统战争法的范畴。它在第二次世界大战后变化不大。二是国际人道法，即从人道主义原则出发，给予战时平民、战斗员、战俘和其他战争受难者的待遇和必要保护等。"它是第二次世界大战以后唯一独立于联合国组织以外编纂、发展的法律，也是自成一种的法律体系。"[1]

（三）战争与武装冲突法的特征

1. 国际条约和国际习惯法规则同时适用。由于战争法是国际法中最古老的一个部分，战争法规大部分是传统的国际习惯法规则，许多有关战争与武装冲突的重要条约只是编纂已经存在的惯例，因此，有的条约虽未被批准或生效，但可以以公认习惯法规则的形式来适用。此外，由于科学技术的进步，作战手段的日新月异，战争法条约的规定也不可能详尽无遗，因而适用国际习惯法规则具有特别重要的意义。

2. 新、旧条约并存。战争法中有些条约虽然已经为新的条约所代替，但由于旧约和新约的批准国不尽相同，因而出现旧约与新约并存的局面。对未批准或加入新约的国家而言，旧约仍然有效。例如，1906 年《日内瓦公约》虽然早已被 1929 年《日内瓦公约》所代替，但直到 1970 年哥斯达黎加加入 1949 年《日内瓦公约》，

---

[1] 王铁崖主编：《国际法》，法律出版社 1995 年版，第 640 页。

1906 年《日内瓦公约》才正式失效，而 1929 年《日内瓦公约》却因缅甸未加入 1949 年《日内瓦公约》而仍然未完全失效。

二、战争与武装冲突法的编纂

1856 年的巴黎会议缔结了关于海战的巴黎宣言，使传统的战争惯例第一次以成文法形式载入战争法史册，这是战争法编纂的开始。经过国际社会 100 多年的努力，战争法的编纂取得了巨大的成就，编纂的内容涉及战争法的很多方面。1899 年和 1907 年的两次海牙会议，1929 年、1949 年和 1977 年的三次日内瓦会议又进一步完善和发展了战争行为规则和战时人道主义法，使战争法形成"海牙公约系统"（Hague Convention System）和"日内瓦公约系统"（Geneva Convention System）两大系统，包含有关战争法内容的各项条约有：

1. 1856 年 4 月 16 日《巴黎会议关于海上若干原则的宣言》。

2. 1864 年 8 月 22 日《改善战地武装部队伤者病者境遇之日内瓦公约》。

3. 1868 年 12 月 11 日《禁止在战争中使用某些爆炸性子弹的圣彼得堡宣言》。

4. 1899 年 7 月 29 日海牙公约和宣言，包括：

（1）《陆战法规和惯例公约》（海牙第二公约）及其附件：《陆战法规和惯例章程》；

（2）《关于 1864 年 8 月 22 日日内瓦公约的原则适用于海战的公约》（海牙第三公约）；

（3）1899 年 7 月 29 日海牙第一次和平会议三个宣言：《禁止从气球上或用其他新的类似方法投掷投射物和爆炸物宣言》（第一宣言）；《禁止使用专用于散布窒息性或有毒气体的投射物的宣言》（第二宣言）及《禁止使用在人体内易于膨胀或变形的投射物，如外壳坚硬而未完全包住弹心或外壳上刻有裂纹的子弹的宣言》（第三宣言）。

5. 1904 年 12 月 21 日《关于战时医院船免税的公约》。

6. 1906 年 7 月 6 日《关于改善战地武装部队伤者和病者境遇的公约》。

7. 1907 年 10 月 18 日海牙第二次和平会议公约与宣言：

（1）《战争开始公约》（第三公约）；

（2）《陆战法规和惯例公约》（第四公约）及其附件：《陆战法规和惯例章程》；

（3）《中立国和人民在陆战中的权利和义务条约》（第五公约）；

（4）《关于战争开始时敌国商船地位公约》（第六公约）；

（5）《关于商船改装为军舰公约》（第七公约）；

（6）《关于敷设自动触发水雷公约》（第八公约）；

（7）《关于战时海军轰击公约》（第九公约）；

（8）《关于 1906 年 7 月 6 日日内瓦公约原则适用于海战的公约》（第十公约）；

（9）《关于海战中限制行使捕获权公约》（第十一公约）；

（10）《关于建立国际捕获法院公约》（第十二公约）；

(11)《关于中立国在海战中的权利和义务公约》（第十三公约）；

(12)《禁止从气球上投掷投射物和爆炸物宣言》。

8. 1909 年 2 月 26 日《伦敦海军会议文件最后议定书》。

9. 1922 年 2 月 6 日《关于在战争中使用潜水艇和有毒气体的条约》。

10. 1925 年 6 月 17 日《禁止在战争中使用窒息性、毒性或其他气体和细菌作战方法的议定书》。

11. 1929 年 7 月 27 日的日内瓦公约：

(1)《关于改善战地武装部队伤者病者境遇的日内瓦公约》；

(2)《关于战俘待遇的日内瓦公约》。

12. 1930 年 4 月 22 日《限制和裁减海军军备的国际条约第四部分关于潜艇作战的规则》。

13. 1936 年 11 月 6 日《1930 年 4 月 22 日伦敦条约第四部分关于潜艇作战规则的议定书》。

14. 1937 年 9 月 14 日《尼翁协定》及其附件：1937 年 9 月 17 日《尼翁协定的补充议定书》。

15. 1945 年 8 月 8 日《关于控诉和惩处欧洲轴心国主要战犯的协定》及其附件：《欧洲国际军事法庭宪章》。

16. 1946 年 1 月 19 日《远东盟军最高统帅部宣布成立远东国际军事法庭的特别通告》及其附件：《远东国际军事法庭宪章》。

17. 1946 年 12 月 11 日《联合国大会确认纽伦堡宪章承认的国际法原则的决议》。

18. 1949 年 8 月 12 日的日内瓦公约：

(1)《改善战地武装部队伤者病者境遇的日内瓦公约》（第一公约）；

(2)《改善海上武装部队伤者病者及遇船难者境遇的日内瓦公约》（第二公约）；

(3)《关于战俘待遇的日内瓦公约》（第三公约）；

(4)《关于战时保护平民的日内瓦公约》（第四公约）。

19. 1954 年 5 月 14 日《关于发生武装冲突时保护文化财产的公约》。

20. 1961 年 11 月 24 日《禁止使用核及热核武器宣言》。

21. 1963 年 8 月 8 日《禁止在大气层、外层空间和水下进行核武器试验条约》。

22. 1967 年 1 月 27 日《关于各国探索和利用包括月球和其他天体在内外层空间活动的原则条约》。

23. 1968 年 7 月 1 日《不扩散核武器条约》。

24. 1968 年 11 月 26 日《战争罪及危害人类罪不适用法定时效公约》。

25. 1971 年 2 月 11 日《禁止在海床洋底及其底土安置核武器和其他大规模毁灭性武器条约》。

26. 1972 年 4 月 10 日《禁止细菌（生物）及毒素武器的发展、生产及储存以及销毁这类武器的公约》。

27. 1973 年 12 月 3 日《关于侦察、逮捕、引渡和惩治战争罪犯和危害人类罪的国际合作原则》。

28. 1974 年 12 月 4 日《在非常状态和武装冲突中保护妇女和儿童宣言》。

29. 1974 年 12 月 14 日《武装冲突中对人权的尊重》。

30. 1977 年 5 月 18 日《禁止为军事或任何其他敌对目的使用改变环境的技术的公约》。

31. 1977 年 6 月 8 日关于 1949 年 8 月 12 日的日内瓦四公约的议定书：

（1）《1949 年 8 月 12 日日内瓦四公约关于保护国际性武装冲突受难者的附加议定书》（第一议定书）；

（2）《1949 年 8 月 12 日日内瓦四公约关于保护非国际性武装冲突受难者的附加议定书》（第二议定书）。

32. 1980 年 10 月 10 日《联合国禁止或限制使用某些可被认为具有过分伤害力或滥杀滥伤作用的常规武器会议最后文件》。其附件如下：

附件 1：《禁止或限制使用某些可被认为具有过分伤害力或滥杀滥伤作用的常规武器公约》；

附件 2：《关于无法检测的碎片的议定书》；

附件 3：《禁止或限制使用地雷（水雷）、饵雷和其他装置的议定书》；

附件 4：《禁止或限制使用燃烧武器议定书》；

附件 5：《关于小口径武器系统的决议》。

33. 1987 年 12 月 8 日《苏美销毁中程和短程导弹条约》。

34. 1989 年 12 月 4 日《反对招募、使用、资助和训练雇佣军国际条约》。

35. 1993 年 1 月 13 日《关于禁止发展、生产、储存和使用化学武器及销毁此种武器的公约》。

36. 1996 年 9 月 10 日《全面禁止核试验条约》。

37. 1997 年 4 月 29 日生效的《禁止化学武器公约》，等等。

上述列举的战争条约编纂的内容涉及对作战手段和方法的限制，对平民、战争受难者和交战人员的保护，中立国的权利、义务，追究战争犯的责任以及其他方面的问题。随着未来科学技术的进步和发展，国际社会应制定新的条约来限制或禁止使用大规模杀伤性武器，特别是对核武器的限制和禁止滥用。

第二节　战争与武装冲突法的规则

一、战争的开始与结束

（一）战争的开始

传统国际法认为，战争应以宣战的形式开始。格老秀斯就曾经指出："开战前必须宣战是国际法的一个准则。"1907 年《战争开始公约》第 1 条也规定，缔约各国承认，非有预先明确的警告，或用说明理由的宣战的形式，或用附有有条件的宣战的最后通牒的形式，彼此间不应开始敌对行动。第 2 条规定，战争情形之存在，应从速通知各中立国。

宣战作为一种法律程序，它宣告了交战国之间和平关系的结束和战争状态的开始。然而，从国际实践来看，第一次世界大战以后不少大战都是不宣而战的。例如，1935 年意大利进攻阿比西尼亚，1937 年日本入侵中国，1939 年德国入侵波兰，1941 年日本偷袭珍珠港，1980 年两伊战争，1982 年英国和阿根廷的战争等都未事先宣战。对这类不宣而战的行为在法律上是否应被视为战争，国际社会存在意见分歧。一般认为，如果发生了大规模的全面的敌对行动，无论其是否经过宣战程序均应视为战争。1949 年关于战俘的《日内瓦公约》第 2 条第 1 款宣称，未发表宣战声明的敌对行为也应视为战争。而战争一旦开始，就会产生一系列相应的法律后果。

战争开始的法律后果主要有以下几个方面：

1. 交战国之间断绝外交和领事关系。交战国双方由和平状态转为战争，两国关系急剧恶化，交战前外交和领事关系濒临破裂或断绝的，因为战争的开始往往会完全断绝。由此看来，外交和领事关系的完全断绝是战争所致的最直接的后果。根据 1961 年《维也纳外交关系公约》的有关规定，享有外交豁免权的人员应得到便利尽快离境，在离境前的外交特权和豁免权应受尊重。即外交官的特权与豁免权并不因战争的开始而被剥夺。该条约还规定不能任意征用断交国的外交财产。

2. 条约关系发生变化。战争的开始必然会使交战国之间的条约发生变化。一般来说，交战国双方的政治性条约如和平友好条约、司法协助条约、军事同盟条约等随着战争的爆发立刻废止；经济条约如有关贸易及商务往来方面的条约即行失效或停止施行；但边界条约、割让条约等应继续有效。

3. 交战国人民和财产受到影响。战争发生后，处在敌国领土上的交战国人民一般被允许限期离境或被拘禁或被强制集中居住等。敌国国民的财产原则上不受侵犯，但可以扣押或代管，并禁止转移，必要时还可以征用。属于敌国国家的财产，如果是不动产，除使馆外，可以没收，也可以使用。属于军事性质的敌国不动产，可以破坏；如果是动产，则可以没收。

在非战争的武装冲突中，其法律后果有所不同，如武装冲突各方不一定断绝外交和领事关系，条约和其他关系也不一定中止，财产也不一定受到影响等。

（二）战争的结束

传统的战争结束方法是签订停战协定和缔结和约。在此种状态下停战只是战争状态暂时的中断，签订消除战争原因、恢复正常关系的和约才是真正的战争的结束。即战争的结束是指交战国之间战争状态的终止和和平关系的恢复。第二次世界大战中，出现了无条件投降的形式。"无条件投降"这一用语是在 1934 年 1 月 24 日的记者招待会上由美国总统罗斯福第一次使用的，其后，1943 年 10 月 30 日的《莫斯科宣言》、1943 年 12 月 1 日的《开罗宣言》和 1945 年 2 月 11 日的《雅塔尔宣言》等文件中又多次使用。实际应用是在 1945 年 5 月 8 日根据《柏林投降协定》接受德国的无条件投降；1945 年 9 月 2 日根据投降协定接受日本的无条件投降。无条件投降后，敌对行为即告终止，无条件投降排除了有关战争结束条件的谈判或条约缔结程序，事实上，1945 年日本和德国投降以后，战胜国与意大利等战败国依据传统程序缔结了和约。战争的结束与投降或无条件投降的区别是：投降有时也指某个战区或要塞被围的部队结束抵抗，要求攻击的一方停止军事行动，在约定的条件下，或无条件地停止一切军事行动，或解除武装。根据 1907 年海牙第四公约的规定，投降必须接受，不得拒绝。投降后的军人不得受侮辱，投降是结束敌对行为的步骤，但不是战争状态的结束，战争状态的结束，还必须经过必要的法律程序。

结束战争的通常方式是：①缔结和平条约。和平条约（Peace Treaty）简称和约，主要内容包括完全停止军事行为、释放和遣返战俘、部分或全部恢复战前条约的效力、恢复外交和贸易关系、战争赔款、赔偿、惩治战争罪犯等。和约直接以条款形式确定交战各方的权利和义务，属于比较重要的国际条约。②单方面宣布结束战争状态。一般由战胜国宣布，如 1954 年 4 月 7 日中华人民共和国主席发布命令，宣布结束与德国之间的战争状态。③交战双方共同宣布结束战争状态。如 1956 年 10 月 19 日，苏联通过与日本签订联合宣言宣布结束战争状态。有时协议也可成为结束战争状态的法律文书。

战争状态的结束在交战国之间一般产生以下的法律后果：①双方恢复外交和领事关系，重新派遣驻对方的外交代表和领事官员。②两国恢复条约关系。政治性条约可以重订；因战争而停止施行的条约恢复其效力；双方还可以在正常关系的基础上签订新的条约。③两国恢复全面国际交往。战争期间交战国之间的政治、经济、军事及文化诸方面的关系中断，随着战争状态的结束，双方可以全面恢复国际交往，发展和平时期的友好关系。

二、作战手段和方法的限制

（一）作战手段和方法的基本原则

战争的最终目的是为了使敌国屈服，因此在战争中应最大限度地消灭敌方的战斗人员，削弱敌方的作战能力，但从人道主义立场出发，交战国在战争中使用的手段和方法受到一定的限制。在战争与武装冲突法的发展过程中，形成了一些对作战手段和方法加以限制的基本原则，主要有：

1. "军事必要"和条约未规定不免除交战国尊重国际法义务的原则。这一原则首先要求交战国不能借口"军事必要"而取消战争法所规定的义务。另外，由于科技的进步、军事技术和新式武器的不断发展，因此在战争与武装冲突法尚无规定的情况下，交战者也不能为所欲为，而要遵守有关的国际习惯法规则。

2. 区分原则。这一原则要求军事战斗行动只能针对战斗人员和军事目标进行，而不得以平民和民用目标为攻击对象。

3. 人道原则。这一原则要求尽量减少战争的残酷性，不能使用不必要的战斗方法，不能使用引起过多的苦难或损害的作战方法。

（二）禁止使用的作战手段和方法

根据上述原则和有关国际条约的规定，禁止使用的作战手段和方法，主要有：

1. 极度残酷的武器。所谓极度残酷的武器，是指超过使战斗员丧失战斗能力的程度而造成极度痛苦、必然死亡的武器。早在 1868 年《圣彼得堡宣言》就明确禁止使用重量在 400 克以下的燃烧弹和爆炸性硬壳子弹及子弹外壳不完全包住弹心或外壳上刻有裂纹的子弹；1899 年和 1907 年的海牙公约又明文规定禁止使用毒气和有毒武器；1972 年《禁止细菌（生物）及毒素武器的发展、生产及储存以及销毁这类武器的公约》进一步规定"不仅禁止使用细菌生物武器，而且永远禁止在任何情况下发展、生产和储存这类武器"；1993 年《关于禁止发展、生产、储存和使用化学武器及销售此种武器的公约》规定全面禁止化学武器的研制、生产、贮存和使用，并且要销毁这类武器。

但是，国际社会没有制定全面禁止大规模杀伤性武器（特别是核武器）的法规，对于核武器只是严格限制其安置，没有一个普遍禁止核武器的试验、生产、拥有和使用的国际条约。1996 年 7 月国际法院就"国际法是否允许在任何情况下威胁和使用核武器"的问题发表了咨询意见："威胁和使用核武器总的来说是违反适用于武装冲突的国际法规则的，尤其违反人道主义法的原则和规则；但是就国际法目前的状况和法院所掌握的事实情况而言，法院对于在危及一国的生死存亡时进行自卫的极端情况下，威胁和使用核武器是否合法不能作出确定的结论。"1972 年联合国大会通过决议，宣布"永远禁止使用核武器"。

2. 不分皂白的攻击。不分皂白的攻击是指不能区分平民与交战人员、军事目标与非军事目标的作战手段和方法。这种作战方法是战争法明确禁止的。例如，1907年《陆战法规和惯例章程》规定："不得以任何方式攻击或炮击不设防城镇、乡村或住宅"；"围攻及炮击时，凡关于宗教、技艺、艺术及慈善事业的建筑物、历史纪念物、医院及病伤者收容所等……务宜尽力保全"。1949 年《关于战时保护平民的日内瓦公约》也规定，不得攻击医院和安全地带。1977 年《日内瓦四公约关于保护国际性武装冲突受难者的附加议定书》更明确禁止"不分皂白的攻击"，并列举了"不分皂白的攻击"，如不以特定军事目标为对象的攻击、使用不能以特定军事目标为对象的作战方法和手段等。

3. 改变环境的作战手段和方法。这种作战方法是指使用旨在或可能对自然环境造成广泛、长期而严重损害的作战手段，如使用改变环境的技术，引起地震、海啸、破坏生态平衡、破坏臭氧层等。1976 年《禁止为军事和任何其他敌对目的使用改变环境的技术的公约》规定，禁止使用具有广泛、长期或严重影响的改变环境的技术，对任何缔约国造成毁灭、破坏或损害。1977 年《日内瓦四公约关于保护国际性武装冲突受难者的附加议定书》也明确规定："在作战中，应注意保护自然环境不受广泛、长期和严重的损害。这种保护包括禁止使用旨在或可能对自然环境造成这种损害从而妨碍居民的健康和生存的作战方法和手段。作为报复对自然环境的攻击是禁止的。"

4. 背信弃义的作战手段和方法。这是指利用对方遵守战争法规或信义以达到自己目的所采用的手段。"背信弃义"与在战争中使用"诈术"不同。在战争中，为了迷惑敌人或诱使敌人作出轻率行为而使用诈术，如伪装、假目标、假行动和假情报等，只要不违反任何适用于武装冲突的国际法规则，都是不受禁止的。而1907年《陆战法规和惯例章程》则规定，禁止"以背信弃义的方式杀、伤属于敌国或敌军的人员"。1977年《日内瓦四公约关于保护国际性武装冲突受难者的附加议定书》更加明确规定："禁止诉诸背信弃义行为，以杀死、伤害或俘获敌人。以背弃敌人的信任为目的而诱取敌人的信任，使敌人相信其有权享受或有义务给予适用于武装冲突的国际法规则所规定的保护的行为，应构成背信弃义行为。"该议定书还列举了下列背信弃义的事例：假装有在休战旗下谈判或投降的意图；假装因伤或因病而无能力；假装具有平民、非战斗员的身份；使用联合国或中立国家或其他非冲突各方的国家的记号、标志或制服而假装享有被保护的地位。

三、对平民和战争受难者的保护

保护平民的规则最早出现在1899年海牙第二公约和1907年海牙第四公约附件的第二、三编中。战争法中的平民（Civilian）是指位于交战国领土而不属于交战者的和平居民，广义的平民应泛指交战者之外的所有和平居民，包括占领地和占领地外的平民。现有保护平民的公约中一般限于占领区的平民，对占领区之外的平民保护缺乏关注。在占领区内的平民应该享有以下人道主义待遇：①占领当局在行使权利的同时，有义务维持社会秩序和居民的生活，不得剥夺平民的生存权。②对平民的人格、荣誉、家庭权利、宗教信仰与仪式、风俗习惯等应予尊重。③对平民不得施用暴行、恐吓和侮辱，不得把平民扣为人质，进行集体惩罚、谋杀及做实验。④不得对平民施以身体上或精神上之强迫，不得对其迫取情报。⑤不得以武力驱逐平民。⑥不得强迫平民为占领当局的武装部队或辅助部队服务或加入其军队。⑦不得侵犯平民正常需要的粮食和医药供应。⑧妇女应受到保护，防止强奸、强迫卖淫以及任何其他形式的对妇女的非法侵犯。⑨不得废除被占领国的现行法律，必须维持占领区原有法院和法官的地位，并尊重现行的法律。

战争受难者是在战争中遭受伤害的交战的战斗员及其他正式随军服务的人员，主要包括战俘和伤病员。战俘（Prisoner of War）也称俘虏，是在战争或武装冲突中落于敌方权力之下的战斗员。1907年《陆战法规和惯例公约》的附件《陆战法规和惯例章程》、1929年和1949年的两个《关于战俘待遇的日内瓦公约》和1977年《日内瓦四公约关于保护国际性武装冲突受难者的附加议定书》等中都有关于战俘待遇的内容。主要包括以下几个方面内容：①交战双方应将战俘拘留所设在比较安全的地方，战俘必须受到人道的待遇和保护，不受虐待，不受侮辱。②战俘的自用物品除武器、马匹、军事装备和军事文件以外一律归其个人所有。③尊重战俘的风俗习惯和宗教信仰，允许他们从事宗教、文化和体育活动。④允许战俘与其家庭通信和收寄邮件。⑤战争停止后，战俘应立即遣返，不得扣留。⑥讯问战俘应使用其了解的语言。伤病员（the Wounded and Sick）是战争中的患病或负伤者，对其的待遇包括：①战争结束后，交战各方应立即搜寻伤、病、亡人员，对伤病员给予照顾和进行治疗，交战双方应交换伤、病、亡者的名单，对死者进行埋葬或火化。②对落入己手的敌方伤病员，进行必要的治疗并给予其战俘待遇。③对伤病员不得因性别、种族、国籍、宗教、政治主张不同而予以歧视。④交战方因不得已而将本方的伤病员委弃于敌方时，应在军事考虑认可的范围内，留下部分医务人员和器材。⑤对从事救护、医疗的人员与机构，在任何情况下都应给予保护，不得攻击。⑥军事当局应准许居民或救济团体自动收集和照顾任何国籍的伤者、病者。任何人不得因看护伤者、病者而被侵扰或定罪。

四、战时中立

战时中立（Neutrality in Time of War）指在战争中，非交战国不参加交战，也不支持任何一方的不偏不倚的法律地位。处于这一法律地位的国家称为中立国，中立国在国际法上具有一定的权利和义务，交战国在其对中立国的关系上也具有一定的权利和义务。

战时中立地位是非交战国在战争开始以后作出的选择，具有临时的性质，国家可以随时宣布结束其战时中立地位。它与永久中立国不一样，永久中立国也称为中立化国家，在战时遵守中立的义务是以国际条约为基础的永久性、普遍性义务。永久性中立国的中立地位和中立义务不是在某一个时期针对某几个国家而言，而是在中立条约生效以后，在任何时期对所有国家而言的。战时中立与政治意义上的中立、中立主义也有区别。前者是一种法律行为，后者只是一种政治行为或政治主张，不产生严格意义上的法律后果。

中立国的权利和义务。根据1907年关于中立国的海战、陆战中的权利和义务的海牙公约和历次日内瓦公约的有关规定，中立国对交战国享有的权利包括：①交战国必须尊重中立国的主权，禁止交战国的部队进入其领土，否则予以拘禁。②中立国禁止交战国的军火押送队或供应品押送通过其领土。③交战国必须尊重中立国的主权。④中立国禁止交战国在其领土上实施违反中立的行为。⑤中立国禁止交战国的军舰在其领海内进行拿捕和临检行为。⑥中立国禁止交战国在其领土和领水内的船上设捕获法庭。⑦中立国禁止交战国在其境内装配船舰或增加武装。中立国对交战国的义务包括：①中立国不得直接或者间接地向任何交战国提供援助，不得向交战国提供军队、武器弹药、军舰等军用器材。②中立国应采取适当措施防止交战国为战争的目的利用中立国领土或其法律管辖内的区域，或利用中立国的资源进行战争准备或其他与战争有关的行动。③中立国对交战国为进行战争，依据战争法采取的行动给本国国民及其财产带来的不利或造成的损害应在一定的范围内予以容忍。

第三节　战争犯罪及其责任

一、战争犯罪的概念

战争犯罪（War Crime）在把进行战争作为国家权利的传统国际法时期一般认为指违反公认的战争法规和惯例的行为。但战争犯罪的概念随着战争在国际法上的地位变化而不断变化。第二次世界大战以后，战争犯罪的概念得到了充实和发展，根据1945年《欧洲国际军事法庭宪章》和1946年《远东国际军事法庭宪章》的规定，战争罪行包括三种：破坏和平罪、战争罪和反人道罪。

破坏和平罪（Crime against Peace）指计划、准备、发动或实施侵略战争，或违反国际条约、协定或保证的战争，或参与为实现上述战争的计划或同谋。

战争罪（War Crime）指违反战争法规或惯例，此种违反应当包括但不限于对所占领土或占领区平民的谋杀、虐待，或为奴隶劳役或其他目的的放逐，对战俘或海上人员的谋杀或虐待，杀害人质，劫掠公私财物，任意破坏城镇或村庄，进行非基于军事必要的破坏行为。

反人道罪，即危害人类罪（Crime against Humanity），是指在广泛而系统的针对平民的攻击中，实施的杀戮、奴役、强奸等行为。

当代国际法上的战争犯罪是指违反国际法基本原则，策划、发动侵略战争，破坏和平，违反战争法规和惯例，违反人道主义准则的各种犯罪行为的总称。[1]

二、对战争罪犯的审判

第二次世界大战后，纽伦堡欧洲国际军事法庭和东京远东国际军事法庭的设立开创了国际法庭追究个人国际刑事责任的先河，上述两个法庭的活动即著名的"纽伦堡审判"和"东京审判"。

纽伦堡审判（Nuremberg Trial）是1945年11月20日至1946年10月1日在德国纽伦堡对德国首要战犯的国际审判。1945年8月，苏、美、法、英四国在伦敦签署了《起诉及惩治欧洲轴心国首要战犯协定》及其附件《欧洲国际军事法庭宪章》，并在纽伦堡组成国际军事法庭。四国的四名法官组成法庭，对德国法西斯战犯进行了审判。

东京审判（Tokyo Trial）是1946年1月19日至1948年11月12日在日本东京对日本首要战犯的国际审判。1946年1月19日远东盟军最高统帅公布了《远东盟军最高统帅总部宣布成立远东国际军事法庭的特别通告》及其附件《远东国际军事法庭宪章》，并由中、美、英、法、苏等11国的11名法官组成法庭，对日本法西斯战犯

---

[1]　慕亚平、周建海、吴慧：《当代国际法论》，法律出版社1998年版，第567～568页。

进行了审判。

1993 年 5 月设立了"前南国际法庭",1994 年 11 月设立了"卢旺达国际法庭",对在前南斯拉夫境内和卢旺达境内的武装冲突中犯有严重违反国际人道主义法行为的人进行了起诉和审判。

上述国际刑事法庭的设立及其审判活动是战争法的重大发展,它清楚地表达了国际社会起诉和惩治在武装冲突中对严重违反国际人道主义行为负责的人的愿望和决心。[1]

三、追究战争罪犯法律责任的原则

1950 年,国际法委员会根据联合国大会的决议,把《欧洲国际军事法庭宪章》和法庭判决中所体现的原则概括为 7 项,它们同样也是《远东国际军事法庭宪章》及法庭判决书体现的原则。这些原则包括:

1. 从事构成违反国际法的犯罪行为的人承担个人责任,并因而受惩罚。

2. 不违反所在国的国内法不能作为免除国际法责任的理由。

3. 被告的地位不能作为免除国际法责任的理由。

4. 政府或上级命令不能作为免除国际法责任的理由。

5. 被控有违反国际法罪行的人有权得到公平审判。

6. 违反国际法的罪行是:和平罪、战争罪和反人道罪。

7. 共谋上述罪行是违反国际法的罪行。

《欧洲国际军事法庭宪章》和《远东国际军事法庭宪章》使自 1928 年巴黎非战公约以来形成的"侵略战争是严重的国际罪行"和"对战争罪犯必须予以严惩"的理想变成现实,无疑对制止侵略、反对战争、维护国际和平以及运用国际社会的审判机制使战争罪犯受到应有的惩处产生了深远的影响。1967 年联合国大会通过的《领土庇护宣言》宣布:凡有重大理由可认为犯有国际文书设有专条加以规定之危害和平罪、战争罪或危害人类罪之人,不得请求享受庇护之权利。宣言的规定确立了"战争罪犯无权要求庇护"的原则。

四、国际刑事法院

1998 年 7 月,联合国设立的国际刑事法院全权代表外交大会在意大利罗马通过了《国际刑事法院规约》。2002 年 7 月 1 日,国际刑事法院(International Criminal Court)在海牙正式宣告成立。它将对灭绝种族罪、危害人类罪、战争罪和侵略罪等进行审理并作出判决。

国际刑事法院由四大机关组成:①院长会议。它由院长、第一副院长和第二副院长组成,负责管理法院除检察官办公室以外的工作和履行法院规约所赋予的其他职能。②上诉庭、审判庭和预审庭。上诉庭由院长和 4 名其他法官组成,审判庭由

---

[1]　张爱宁编著:《国际法原理与案例解析》,人民法院出版社 2000 年版,第 810 页。

至少6名法官组成,预审庭也由至少6名法官组成。③检察官办公室。它是法院的一个单独机关,负责接受和审查提交的情势以及关于法院管辖权内的犯罪的任何有事实根据的资料,进行调查并进行起诉。④书记官处。它负责法院非司法方面的行政管理和服务。

国际刑事法院的管辖权是对国家刑事管辖权的补充,只有在一国的国内法院不愿意、不能够、不方便或不能有效地行使管辖权等特殊情况下,国际刑事法院才可以行使管辖权。国际刑事法院的设立,反映了"国际社会对以国际刑事司法审判机构的形式来预防、审判和惩罚国际犯罪的迫切需要"。[1]

近年来,随着国际关系的发展,战争与武装冲突法、国际人道法再次引起人们的关注和重视。中立制度问题、"伊拉克虐囚事件"所引发的国际人道法问题、前南国际刑庭和卢旺达国际刑庭的若干国际法问题、国际刑事法院的管辖权和检察官制度等,都应加强研究。

理论思考与实务应用

一、理论思考

(一) 名词解释

1. 武装冲突

2. 战争

3. 国际人道法

4. 战斗员

5. 战俘

6. 国际刑事法院

7. 平民

8. 战争罪行

(二) 简答题

1. 国际法上战争与武装冲突的特点是什么?

2. 战争开始的法律后果是什么?

3. 国际法上对作战手段和方法加以限制的基本原则有哪些?

4. 简述中立国的权利和义务。

5. 国际刑事法院由哪些机关组成?

(三) 论述题

1. 论述国际法上禁止使用的作战手段和方法。

2. 论述战争法上对平民和战争受难者的保护。

---

[1] 参见高燕平:《国际刑事法院》,世界知识出版社1999年版,第53页。

二、实务应用

（一）案例分析示范

案例一

问：如何从国际法角度来看伊拉克战争的性质？伊拉克战争对传统国际法框架有哪些突破与冲击？

【评析】1. 伊拉克战争的性质。对伊拉克战争的合法性问题，世界舆论的看法是，伊拉克问题应在联合国框架内和平地解决，而美国在没有联合国授权的情况下，通过发动战争来解决，是违背《联合国宪章》精神的。中国人民大学刑事法律科学研究中心研究员、国际刑法学者邵沙平教授认为，从国际法角度看，只有以下两种战争是合法的：一是自卫战争；二是按照与《联合国宪章》相符合的方式使用武力。显然美国发动的伊拉克战争并不属于这两种情况。中国人民大学刑事法律科学研究中心主任赵秉志教授提出，伊拉克战争问题不仅仅是一个军事政治问题，也是一个法律问题。国际社会共同遵守的国际准则，不允许任何强国来破坏，目前媒体评说伊拉克战争中美国是绕开了联合国安理会，美国是联合国安理会常任理事国之一，其实，美国发动这场战争不仅仅是"绕过"安理会而是无所顾忌地"越过"或是"跨过"安理会，这在法律上有很大的不同。

然而，中国人民大学刑事法律科学研究中心研究员、前卢旺达国际刑事法庭上诉检察官朱文奇教授认为，虽然自联合国成立以来，和平解决国际争端、"禁止使用武力"已经成为现代国际法中一项强行法规则，但联合国是否授权并不是国际法上使用武力是否合法的惟一判断标准。因为联合国在规定不准使用武力解决成员国相互之间争端的同时，还规定了联合国不得干预原则上或本质上属于一国国内的内部事务以及其他的国际法准则。例如"自卫权原则"，即国家为了生存而自卫，这是国家在国际法上所固有的权利。

因此，朱教授认为，美国对伊拉克行使武力的合法性依据，关键要看美国对自卫权的解释是否符合国际法的规定。根据《联合国宪章》第 51 条关于国家自卫权的规定，会员国受到武力攻击时，有行使单独或集体自卫之自然权利，可见，行使自卫权是有一定的条件和限制的，即它必须在一国在受到武力攻击时方可行使，而现在美国攻打伊拉克，并不是在受到伊拉克武力攻击时所作出的回应，而是一个主动的行为，是其对自卫权扩大解释的结果。

北京大学法学院王世洲教授认为，在伊拉克战争开始前和开始后，美国一直在寻找发动战争的合法性、合理性和正当性依据。美国指责伊拉克拥有大规模杀伤性武器和化学武器，如果美国能在伊拉克搜出这些武器，并经联合国证实，人们将会用这种正当性替代合法性而忽略美国对国际法有关原则的破坏，这是我们应该清醒地认识到的。

2. 伊拉克战争对传统国际法框架的突破与冲击。

（1）对自卫权的扩大解释。曾经当过外交官的朱教授谈到，美国在 9·11 事件后开始调整包括法律在内的各方面政策，开始把大规模杀伤性武器的扩散与恐怖分子的活动，视为目前对美国安全最严重的现实威胁。它以珍珠港事件为教训，认为"当你受到攻击时再回击，你已经受到损失"，故为维护自己的利益而对传统的国际法的自卫权作了扩大解释。2002年6月1日，美国总统布什在西点军校发表讲话，明确提出今后对拥有生化武器和核武器的恐怖分子和敌对国家采取"先发制人"的打击。这在国际法学界引起很大震动，关于先发制人或预防性措施在国际法上有多大的合理性成分，值得置疑。显然，自卫权的扩大解释会导致采取武力的随意性，将给世界和平与安全带来不稳定性。

（2）取消了国际法中的中立国地位和中立法理论。传统国际法上的宣战是指国家对国家的行为，而美国在9·11事件后伊拉克战争开始前，表示对恐怖分子宣战，在对象上是针对某一行为而不是国家，并且布什表示在这场对恐怖分子的战争中，是正义和邪恶的战争，他国如果不是站在美国一边，就是站在恐怖分子一方，这就取消了国际法中的中立国地位和中立法理论。战争开始后，在伊拉克政府还未更迭、萨达姆政权还在联合国中代表伊拉克的情况下，美国要求世界各国驱逐伊拉克外交官，并且英国、意大利已经如此办理，这在国际法上也没有先例。

（3）干预普遍管辖权的问题。比利时在普遍管辖权方面立法较别的国家起步早，其在1993年通过立法把《日内瓦公约》转化为国内立法规定。据此，任何关于违反《日内瓦公约》的行为的诉讼，比利时国内法庭都有权受理。2001年比利时受理了卢旺达种族灭绝大屠杀一案并判决两人犯有战争罪，这成为世界上主权国家国内司法行使普遍管辖权的第一个具体案例，受到国际社会普遍关注。随后即有很多组织和个人把类似的案例带到了比利时。美国有了前车之鉴，警告比利时修改国内立法。于是，比利时立法机关在2010年3月25日修改了法律中有关行使普遍管辖权方面的条款，以避免在伊拉克战争中有人在比利时提起诉讼控告美国总统布什。

案例二

使用核武器引起的问题早已为国际社会关注，禁止使用核武器成为国际社会长期努力奋斗的目标。从20世纪50年代起，世界卫生组织就逐渐研究核武器的法律问题。在世界仍然处于核威胁以及主要核大国时常威胁使用核武器的情况下，使用核武器是否符合国际法引起国家间争议。1993年5月，世界卫生组织请求国际法院就下述问题发表咨询意见："就对健康和环境产生的影响而言，一国在战争或其他武装冲突中使用核武器是否违反该国的国际法义务，包括世界卫生组织的章程。"1994年12月15日，联合国大会通过决议，请求国际法院就"国际法是否允许在任何情况下威胁和使用核武器"的问题发表咨询意见。

1996年7月8日，法院以世界卫生组织提出的问题与该组织的活动范围无关为由，拒绝对该组织提出的问题发表咨询意见。但法院接受了联合国大会的请求，并提出了咨询意见。法院认为，威胁或使用核武器的问题虽然带有政治性，但无论如何都不能否认这个问题的法律性质，因此它有权发表咨询意见。

　　法院认为，与本问题最直接相关的可适用法律是《联合国宪章》有关使用武力的规定、适用于武装冲突的法律以及有关核武器的特定条约。宪章中有几个条款涉及威胁或使用武力，即第 2 条第 4 款、第 51 条和第 42 条。这些条款没有提到特定的武器，但它们适用于任何的使用武力，而不管使用什么武器。宪章既没有明确禁止，也没有允许使用任何特定的武器，包括核武器。根据条约或习惯本身就是非法的武器，不会因为用于宪章下的合法目的就成为合法。自卫中无论使用什么武力手段，都必须适用必要性和相称性的国际习惯法规则。因此，相称性原则本身并不排除在自卫时在一切情况下使用核武器。但是，根据自卫法具有相称性的使用武力要成为合法，还必须满足适用于武装冲突中的法律，特别是人道法原则和规则所规定的条件。

　　国际习惯法和条约法都没有包含允许在一般或某些情况下，特别是在行使合法自卫的情况下威胁或使用核武器或任何其他武器的任何特定规定。然而，也不存在任何国际法原则或规则使威胁或使用核武器或任何其他武器的合法性取决于特别的授权。国家实践表明，使用某种武器的非法性不是因为没有授权，相反，它是以禁止性条款来明确规定的。在条约法上，在有关禁止使用有毒武器、某种大规模杀伤性武器、生化武器以及专门涉及获得、制造、拥有、部署和试验核武器的条约中都不能找到禁止使用核武器的具体条款。在国际习惯法上，不存在有关禁止使用核武器的法律确信，联合国大会通过的一系列禁止使用核武器的决议也不能证明存在使用核武器是非法的法律确信。

　　至于在适用于武装冲突中的国际人道法和中立法方面，保护平民和民用目标以及区分战斗员和非战斗员、不致使战斗员遭受不必要痛苦这两项基本原则为所有国家所遵守，无论它们是否批准载有这些原则的公约。人道法原则和规则适用于核武器。中立原则也适用于国际武装冲突，无论使用什么类型的武器。但是，使用核武器并不必然在所有情况下都违反适用于武装冲突中的法律原则和规则。所有国家在面临生死存亡时有生存的基本权利，因此有诉诸自卫的权利。法院不能对此视而不见。因此，从总体上看，在一国的生存受到威胁的极端情况下，以自卫使用核武器是否合法的问题还不能得出肯定结论。

　　法院最后发表如下意见：习惯国际法或条约国际法都未特别允许、也未全面地、普遍地禁止威胁或使用核武器；违反《联合国宪章》第 2 条第 4 款以及不符合第 51 条所有条件以核武器进行威胁或使用武力是非法的；威胁或使用核武器还必须符合适用于武装冲突中的国际法的要求，尤其是那些国际人道法的原则和规则以及明确涉及核武器的特定条约义务和其他承诺；因此，威胁或使用核武器一般是违反适用于武装冲突的国际法规则的，特别是人道法的原则和规则。然而，就国际法的现状和法院所掌握的事实情况来看，法院对于在一国的生存受到威胁而进行自卫的极端情况下，威胁或使用核武器是否合法还不能作出肯定结论。各国有义务秉持善意，谈判缔结一项在各个方面都处于严格和有效国际控制下的核裁军的协议。

问：如何评价国际法院对本案的咨询意见？

【评析】保护平民及民用目标、区别对待和人道是现代战争法和国际人道法的基本原则。因此，极端残酷的武器、不分青红皂白的作战手段和方法是被禁止的。鉴于核武器的毁灭性和破坏性，它也应该属于被禁止的武器。但现行国际法没有明文禁止威胁或使用核武器的条款。就如国际法院的咨询意见所表明的，《联合国宪章》禁止威胁和使用武力原则不意味着在所有情况下都禁止使用核武器。在国家生存的基本权利受到威胁而进行自卫的极端情况下，威胁或使用核武器是不被禁止的。尽管如此，国际人道法和中立法的原则和规则仍然适用。国际法院的咨询意见可能引起不尽相同的反应。但无论如何，该意见是符合现行国际法的现状和现存事实的。

案例三[1]

在东欧剧变后，"前南"地区（即前南斯拉夫社会主义联邦共和国）一分为五，即斯洛文尼亚、克罗地亚、波黑（波斯尼亚和黑塞哥维纳）、马其顿以及由塞尔维亚和黑山共和国组成的南联盟，其中南联盟是最大的国家。塞尔维亚、克罗地亚、斯洛文尼亚、马其顿和黑山都属于斯拉夫族；波黑由塞族、穆族和克族组成。前南地区另外还有少数阿尔巴尼亚族、匈牙利族、土耳其族等。整个前南位于巴尔干半岛，是一个多民族聚居地区，各民族间存在着尖锐的民族和种族矛盾。历史上曾以第一次世界大战发源地闻名而被称为引发欧战的火药桶。第二次世界大战期间，克罗地亚族和塞尔维亚族之间又发生过大规模流血冲突。以美国为首的北约集团从本身利益出发，特别是为了实现其北约东扩和整垮南联盟的政策，从波黑冲突一开始，就利用民族矛盾，在当地煽起武装冲突，并把战火从波黑引向科索沃，在所谓"人道主义干涉"的旗帜下，大力镇压塞族一方，出动飞机对南联盟进行狂轰滥炸，以便进一步瓦解南联盟，把米洛舍维奇拉下台。

问：西方审判米洛舍维奇的所谓"战争罪行"究竟是什么"罪行"？如何看待前南国际法庭的法律地位？"米洛舍维奇问题"的实质到底是什么？

【评析】米洛舍维奇是以美国为首的北约力图实现北约东扩，将北约势力范围扩大到俄罗斯西部边界的总战略的牺牲品。

众所周知，南联盟曾由社会民主党总书记米洛舍维奇担任总统，是当时东欧唯一由社会民主党执政的国家。在经过东欧剧变，苏联解体之后，米洛舍维奇实际上成了北约东扩的绊脚石。西方国家无法容忍这一障碍的存在。因此，以美国为首的西方国家把米洛舍维奇看成眼中钉、肉中刺，下决心要把米洛舍维奇赶下台，以改变南联盟的政策。米洛舍维奇实际是以美国为首的北约集团推行错误的巴尔干政策的牺牲品。这正是强权政治和霸权主义在国际关系中造成的恶果。

中国网：究竟应如何看待前南国际法庭的审判？

---

[1]　摘自中国网对中国外交学院国际法专家刘文宗教授的专访。

刘：西方的政策计划是，从波黑开始，然后把战火引向科索沃，并最终摧毁南联盟。但他们这样做必须有一个借口，才能"师出有名"。这个借口就是所谓"种族清洗"或"种族灭绝"。事实上，美国等西方国家早就利用人权问题来干涉社会主义和发展中国家的内政。他们制造了所谓"人权高于主权""人权无国界"以及"人道主义干涉"等谬论，以便绕开联合国，擅自对其他国家发动侵略。但他们认为这还不够，还必须有一个国际法庭把那些不听话或敢于抗拒他们的人宣布为"战犯"，以便杀鸡给猴看，在国际关系中开创一种先例，使得今后任何国家的领导人如果不听话，都可能被他们以人权为借口宣布为"战犯"。他们对波黑和南联盟就是这么干的。他们已经把波黑战争中塞族一方的领导人卡拉季奇和姆拉迪奇宣布为战争罪犯并进行了"缺席审判"，现在又把南联盟的米洛舍维奇宣布为战犯。他们的这一招非常毒辣，是从美国奉行"人权外交"以来的一个新发展，是对别国主权、独立和尊严的严重侵犯。如果他们的这种做法得逞，国际关系就将大乱，就将退回到20世纪30年代的混乱状况。

其实，无论在波黑或科索沃冲突中，双方都有人员和平民伤亡。联合国安理会成立的国际法庭，把主要战争罪责推给塞族领导人卡拉季奇、姆拉迪奇和米洛塞维奇，这显然是不公正的。从最近暴露出来的阿族军队在科索沃的暴行和对马其顿边境的侵犯可以看出，所谓前南国际法庭很难说有何司法公正，这个法庭作出的判决不过是美国等西方国家偏袒阿族一方政策的反映。具有讽刺意味的是，今天当北约国家又把南联盟军队请回科索沃去镇压阿族军队的暴乱的时候，前南国际法庭又将如何按照北约的新政策去审判阿族军队的罪行呢？或者干脆认为他们没有罪行？

中国网：根据宪章规定，安理会成立这样的法庭是否合法？法庭能实现国际司法公正吗？

刘：实际上，早就有很多学者和政府对成立前南国际法庭的法律基础提出疑问，怀疑安理会是否有权建立国际法庭。这些怀疑大致包括以下方面：

第一，安理会以决议方式建立国际法庭已超出其职权范围。不少人认为，国际法庭应通过国际条约来建立，如前任联合国秘书长在1993年5月3日的报告中就谈到，"在正常情况下，建立国际法庭应该由各国签订条约并批准其以《规约》的方式来实现。"这样，可使各国对所有有关问题进行充分的讨论和审议，以完全表达自己的主权意志，同时也才能"为国际法庭提供应有的坚实法律基础并保证其有成效地工作"（见1993年5月25日中国代表在安理会讨论第827号决议的发言）。

安理会设立前南国际法庭事实上并不符合宪章规定。"宪章从未设想过安理会可以根据第七章成立司法机构，更不用说是一个刑事法庭了。"尽管该法庭在1995年10月2日对"塔蒂奇案"的判决中声称，安理会对采取宪章第七章第41条和42条所规定的措施拥有自由裁量权，但是宪章第41条和42条并未规定安理会有权设立国际法庭。相反，安理会作为一个政治机构按照宪章规定不享有司法权，因而它是不能设立前南国际法庭作为其下属司法机构的。

第二，前南国际法庭审理案件缺乏刑罚法则。前南国际法庭是一个司法机构，从根本上讲，它的任务就是将有关法律适用于具体争端。法庭适用什么法律具有重要意义。前南国际法庭的宪法性文件是安理会制定的《国际法院规约》，但《国际法院规约》仅列举了一些可适用的国际公约，没有明确的刑罚法则，因而许多规定很不具体，可松可紧，能作出各种不同的解释。按照一般法律原则，"法无明文规定者无罪""法无明文规定者不罚"，对任何罪行如果没有相关的刑罚法则和明确的定义，仅凭公约的广泛概念是不能定罪的。

有人把前南国际法庭与二战后纽伦堡审判纳粹德国法西斯和东京审判日本军国主义者的两个法庭相提并论，这是不适合的。因为德意日法西斯发动了第二次世界大战，使全人类遭受空前浩劫。法西斯国家作为战败国，根据战争法应该对其侵略罪行进行审判，这反映了世界人民特别是所有战胜国人民的共同愿望，而发生在前南地区的民族冲突和战争是不能与两次世界大战同日而语的。何况前南国际法庭是根据安理会部分国家通过的决议成立的，不能反映世界各国人民的共同意志。

所以，安理会成立国际法庭从法理上看是站不住脚的，特别是当安理会目前还处在以美国为首的霸权主义和强权政治的影响下时，它所通过的决议基本上反映了西方的意志，对社会主义和广大发展中国家是不利的。

第三，前南国际法庭的缺席审判违反国际刑法的基本原则。通常，审判方式按被告出庭与否可分为出庭审判和缺席审判。一般国家都同时使用两种方式，但缺席审判在民事案件里使用较多，在刑事案件中尽量不使用。在普通法系国家，如果被告不能出席，那就意味着他丧失了为自己辩护的权利，构成对被告公民权利的侵犯，也可能使人们对审判的公正性发生怀疑。即使1945年《纽伦堡国际军事法庭宪章》规定了可以进行缺席审判，但后来也遭到许多学者的批评，认为它没有充分保护被告的基本权利。被誉为国际人权文书两大基石之一的《公民权利和政治权利国际公约》第14条第3款就规定了被告在接受刑事审判时最低权利保障措施，其中包括"到庭受审及亲自答辩或由其选择的辩护人答辩"。事实上，在设立前南国际法庭的过程中，丹、德、荷及新西兰都反对在法庭《规约》中规定缺席审判。由于上述原因，《规约》第21条第4款规定被告有权亲自出席审判，不允许缺席审判。但是，前南国际法庭对包括卡拉季奇和姆拉迪奇在内的一系列被告都采取了"缺席审判"的方式定罪，对米洛舍维奇也可能采取这种方式，这一切都不符合公认的国际刑事审判程序规则。

第四，从法庭经费的角度看，前南国际法庭更暴露了它必然在以美国为首的北约集团的控制下行事，根本不可能作出公正的判决。关于这个问题，不妨看看克林顿政府时的国务卿奥尔布赖特于2000年5月5日在美国弗吉尼亚州关于"在战争犯罪计划和自由论坛赞助的编辑研讨会上的讲话"。在这篇讲话里，她大谈"惩治战争罪犯"，宣称一定要把卡拉季奇、姆拉迪奇和米洛舍维奇逮捕归案，任何"提供信息，以致成功抓捕南法庭被告，或成功将其定罪的任何个人，都可以从我们的奖励计划中获取 500 万美金"。不但如此，她还宣布美国要向该法庭提供 850 万美金，"以补偿它在 1999 年科索沃调查中所付出的意外开销"。奥尔布赖特并且宣告，美国将负担卢旺达法庭和南法庭的全部开支，计 1999 年为 4130 万美元，2000 年的预算总额为 4480 万美元。这些事实充分说明：①美国已通过金钱收买，将前南法庭等由安理会所设司法机构一变而为替美国对外政策服务的机构；②美国甚至不惜以悬赏方式，鼓励用绑架、劫持等特务恐怖活动，来达到它抓捕罪犯的政治目的。这不但严重损害各国主权，也破坏了联合国的威信。众所周知，美国至今仍拖欠联合国会费 15 亿多美元，虽然联合国秘书处曾经多次催缴，但它拒不缴纳。可是对这两个法庭它却格外青睐。这究竟是什么原因呢？司马昭之心，路人皆知。难怪前南国际法庭要把波黑塞族一方的政治领袖卡拉季奇和军事领袖姆拉迪奇宣判为战争罪犯，并对米洛舍维奇发出通缉令，要求把他引渡到海牙受审。这样的判决完全是反映美国霸权主义意志，与国际司法公正是毫不相干的。

（二）案例分析实训

案例一

多行不义必自毙。日本战败投降后，同盟国为了严惩犯下滔天罪行的日本战犯，设立军事法庭对日本战犯进行了正义的审判，严惩了日本战犯，伸张了正义和公理。中国作为最大的受害国也设立了审判日本战犯和汉奸的军事法庭，严惩了一批日本战犯和汉奸，告慰九泉之下所有死难者。

"任凭战犯逃到天涯海角，也一定要捉拿归案，严惩不贷"，这是中、美、苏、英等同盟国决心严惩日德意法西斯战犯的誓言。1945 年 8 月 15 日，日本战败投降。一些恶贯满盈的日本战犯自知罪责难逃，纷纷以自杀的方式结束了罪恶的一生。第一个畏罪自杀的是日本陆军元帅杉山元，原关东军司令官本庄繁、原内阁首相、侵华主谋之一近卫文麿等也相继自寻短见。

1946 年 1 月 19 日，盟国占领军总司令麦克阿瑟发布特别公告，宣布在日本东京成立由中、美、英、苏等 11 国法官、检察官组成的远东国际军事法庭，并于同日公布了《远东国际军事法庭宪章》，法庭有权审理三种犯罪：破坏和平罪，违反战争法规及惯例，违反人道主义罪。犯有以上三种罪行的为甲级战犯。国际军事法庭以审判甲级战犯为主，乙、丙级战犯由设在各受害国的法庭单独审理。

4 月 29 日，远东国际军事法庭对以东条英机为首的 28 名日本甲级战犯进行正式起诉。这 28 名战犯是：头号战犯东条英机，提出灭亡中国"广田三原则"的广田弘毅，特务头子、"中国通"的土肥原贤二，九·一八事变主谋之一板垣征四郎，南京大屠杀的罪魁祸首松井石根，残酷虐杀战俘的木村兵太郎，参与南京大屠杀、制造马尼拉大惨案的武藤章，要尽阴谋、擅长权术的天皇首席机要顾问木户幸一，积极策划发动侵略中国战争的小矶国昭，日本法西斯极端组织"国本社"总裁平沼骐一郎，日本军阀"皇道派"分子之一荒木贞夫，原日本中国派遣军总司令畑俊六，日本法西斯组织"政治会"总裁南次郎，东条英机的得力助手岛田繁太郎，《何梅协定》的策划者梅津美治郎，偷袭珍珠港的主要策划者之一永野修身，狂热的法西斯分子铃木贞一，日本外务省"少壮派"白鸟敏夫，擅长发动政变的桥本欣五郎，日本海军"少壮派"冈敬纯，勾结德意法西斯的大岛浩，日本陆军"少壮派"佐藤贤了，用鸦片毒害中国人民的星野直树，日本战时外交路线的策划者和执行者东乡茂德，拖着一条腿签订投降书的重光葵，日本"法西斯主义之父"大川周明。

东京审判从 1946 年 5 月 3 日第一次开庭至 1948 年 11 月 12 日宣判止，持续时间长达两年多，共开庭 818 次，审判记录 48 412 页，判决书长达 1231 页，可谓历史上最大的一次审判。

巧合的是，远东国际军事法庭设在原日本陆军省大楼，庭长室设在东条英机的原办公室。在这幢大楼内，战犯们曾炮制并推行过危害人类的侵略计划。现在，那些破坏世界和平与安宁、摧残人类的法西斯战犯却要在这里接受惩罚。在这幢大楼内，战犯们曾经试图决定世界命运，而现在军事法庭却将决定他们的命运，被告人往昔的"成功"均被定为国际性滔天罪行，成为走向断头台的阶梯。

1948 年 11 月 12 日，经过两年多的正义与邪恶、机智与阴谋、巧辩与诡辩的激烈较量，远东国际军事法庭最终判处东条英机等 7 名甲级战犯绞刑，木户幸一等 16 名甲级战犯无期徒刑，2 名甲级战犯分别被判处 20 年和 7 年有期徒刑。另外 3 名甲级战犯，一名因患精神病中止审判，另外 2 名因在审判期间死亡免于追究。

1948 年 12 月 22 日 24 时整，在东京草巢鸭监狱开始执行绞刑。执行绞刑的是美国陆军中士约翰·伍德，两年前于德国纽伦堡用双手结束了纳粹德国战犯的罪恶的一生。后人有幸从电影纪录片中清楚地看到，约翰·伍德熟练地分别将恶贯满盈的 7 名甲级战犯分别蒙上头罩，系好绞索，然后双手松开，一具具僵尸终于将日本军国主义的丑恶埋葬地狱。

问：如何理解战争罪行及对战争罪犯的审判？

案例二

第二次世界大战期间，轴心国的战争暴行受到了全世界的一致谴责。为了惩罚战争犯罪，1945 年 8 月美、英、法、苏四国在伦敦签署了《起诉及惩治欧洲轴心国首要战犯协定》，规定设立国际军事法庭，审判德国的首要战争罪犯。后来有澳大利亚等 19 国加入该协定，所以这 23 国就成了原告国。

该协定还附有一份《国际军事法庭宪章》，该宪章规定了法庭审理的罪行是：破坏和平罪；战争罪；违反人道罪。宪章明确了法庭的权限是审判和惩罚为欧洲轴心国的利益而犯有破坏和平罪、战争罪、违反人道罪的所有人员，不论其为个人或为某组织或集团的成员。该宪章还规定了被告的官方身份不能免责或减刑、遵照上级命令行事不能免责或减刑的判罪原则。

法庭最后对 150 多名被告分别判处了死刑、无期徒刑、有期徒刑等刑罚。

问：纽伦堡审判的法理依据何在？它在国际法上的意义是什么？

案例三

2004 年 4 月 28 日，美国哥伦比亚广播公司在其王牌节目中公布了美军虐待伊拉克战俘的照片。紧随其后，《纽约客》周刊、《华盛顿邮报》《纽约时报》及英国的《每日镜报》都相继刊登了本国士兵在伊拉克虐待战俘的文字、消息和图片。虐囚消息一经发出，顿时引起了世界范围的强烈舆论震动。许多国家政府、立法机关对此表示强烈谴责，并要求严惩责任人，包括阿拉伯世界在内的世界许多民间组织，更是对此事表达了强烈的谴责与声讨。从国际法的角度看，美军虐待伊战俘是违反国际人道法和《日内瓦公约》等的严重罪行。

问：什么是国际人道法？《日内瓦公约》对战俘又有怎样的规定？

 主要参考文献

1. 邵津主编：《国际法》，北京大学出版社、高等教育出版社 2000 年版。
2. 王铁崖主编：《国际法》，法律出版社 1995 年版。
3. 慕亚平、周建海、吴慧：《当代国际法论》，法律出版社 1998 年版。
4. 张爱宁编著：《国际法原理与案例解析》，人民法院出版社 2000 年版。
5. 高燕平：《国际刑事法院》，世界知识出版社 1999 年版。